D1734647

Düsseldorfer Rechtswissenschaftliche Schriften

Herausgegeben von der

Juristischen Fakultät der
Heinrich-Heine-Universität Düsseldorf

Band 130

Angela Kramp

Arzthaftung bei fehlerhafter Präimplantationsdiagnostik

Nomos

Dissertation der Juristischen Fakultät der Heinrich-Heine-Universität Düsseldorf
Erstgutachter: Prof. Dr. Dirk Olzen
Zweitgutachter: Prof. Dr. Jan Busche

Tag der mündlichen Prüfung: 23. Oktober 2014

Die Deutsche Nationalbibliothek verzeichnet diese Publikation in der Deutschen Nationalbibliografie; detaillierte bibliografische Daten sind im Internet über http://dnb.d-nb.de abrufbar.

Zugl.: Düsseldorf, Univ., Diss., 2014

ISBN 978-3-8487-1906-8 (Print)

ISBN 978-3-8452-5971-0 (ePDF)

Die Bände 1 – 34 sind in der Reihe „Nomos Universitätsschriften Recht“ erschienen.

D61

1. Auflage 2015
© Nomos Verlagsgesellschaft, Baden-Baden 2015. Printed in Germany. Alle Rechte, auch die des Nachdrucks von Auszügen, der fotomechanischen Wiedergabe und der Übersetzung, vorbehalten. Gedruckt auf alterungsbeständigem Papier.

Meinen Eltern und Tim

Vorwort

Die vorliegende Arbeit lag der Juristischen Fakultät der Heinrich-Heine-Universität Düsseldorf als Dissertation im Sommersemester 2014 vor. In der aktualisierten Druckfassung fanden Literatur und Rechtsprechung bis Dezember 2014 Berücksichtigung.

Ganz herzlich danken möchte ich an erster Stelle meinem Doktorvater, Herrn Prof. Dr. Dirk Olzen, der mich durch seine wertvollen Anregungen, die hervorragende Unterstützung und Motivation sowie das mir entgegengebrachte Vertrauen stets gefördert hat. Gerne werde ich an die schönen und lehrreichen Jahre an seinem Lehrstuhl als studentische Hilfskraft und später als wissenschaftliche Mitarbeiterin zurückdenken, die mich nicht nur fachlich, sondern auch persönlich besonders geprägt haben.

Herrn Prof. Dr. Jan Busche danke ich sehr für die außerordentlich zügige Erstellung des Zweitgutachtens.

Ferner gebührt Herrn Dr. h.c. Harry Radzyner besonderer Dank für die sehr großzügige Unterstützung bei der Veröffentlichung dieser Arbeit.

Ein besonderer Dank gilt auch meinen lieben Kolleginnen und Kollegen am Lehrstuhl und am Institut für Rechtsfragen der Medizin und insbesondere meinem Bürokollegen Dr. Max Mommertz für die schöne gemeinsame Zeit.

Schließlich bin ich meinen lieben Eltern Ursula und Paul-Heinz Kramp sowie meinem Freund Tim Seifert zu tiefem Dank verpflichtet. Sie haben durch ihre Liebe, stetige Ermutigung und fortwährende Unterstützung meine Ausbildung und den Abschluss dieser Arbeit erst ermöglicht. Ihnen ist dieses Buch gewidmet.

Gevelsberg im Januar 2015 *Angela Kramp*

Inhaltsverzeichnis

Erstes Kapitel: Einleitung 21

A. Einführung 21
B. Gang der Untersuchung 22

Zweites Kapitel: Medizinische Grundlagen der PID 25

A. Begriffsbestimmung aus medizinischer Sicht 25
B. Abgrenzung der PID zur Präfertilisations- und Pränataldiagnostik 27
C. Ablauf der PID 29
I. Extrakorporale Befruchtung 31
1. Gewinnung der Gameten 31
2. Befruchtung 32
a) In-vitro-Fertilisation 32
b) Intrazytoplasmatische Spermieninjektion 33
3. Weiterkultivierung der 2-Pronuklein-Zellen 33
II. Die Durchführung der PID im engeren Sinne 34
1. Gewinnung des Untersuchungsmaterials für eine PID 34
a) Blastomerenbiopsie 35
b) Blastozystenbiopsie 39
2. Untersuchungsverfahren für die PID 41
a) Polymerase Kettenreaktion 41
b) Fluoreszenz-in-situ-Hybridisierung 42
c) Vergleichende Genom-Hybridisierung 43
III. Das Vorgehen nach der genetischen Untersuchung 44
1. Auswertung der Untersuchungsergebnisse 44
2. Implantationsentscheidung 44
3. Embryotransfer 45
4. Kryokonservierung 45
5. Verwerfung der überzähligen Embryonen 46
D. Gründe für den Einsatz der PID 46
I. Verdacht auf eine monogen erbliche Krankheitsanlage 46
1. Autosomal-rezessiv vererbte Krankheiten 47
2. Autosomal-dominant vererbte Krankheiten 48
3. X-chromosomal-rezessive Krankheiten 49
4. X-chromosomal-dominante Krankheiten 49

II. Verdacht auf genetische Risiken für eine multifaktoriell bedingte Krankheit 50
III. Verdacht auf eine Chromosomenstörung 50
IV. Identifikation gewünschter genetischer Merkmale 52
V. Verbesserung der Erfolgsaussichten bei In-vitro-Fertilisation 53
E. Zusammenfassung 54

Drittes Kapitel: Rechtliche Grundlagen der PID 55

A. Rechtliche Entwicklungsgeschichte der PID 55
I. Alte Rechtslage bis zum Inkrafttreten des § 3a ESchG 55
1. PID an totipotenten Zellen 56
2. PID an nicht mehr totipotenten Zellen 57
a) Strafbarkeit im Hinblick auf § 1 I Nr. 2 ESchG 59
b) Strafbarkeit im Hinblick auf § 1 I Nr. 5 ESchG 60
c) Strafbarkeit im Hinblick auf § 2 I Var. 4 ESchG 60
d) Zusammenfassung 61
II. BGH-Urteil 62
1. § 1 I Nr. 2 ESchG 62
2. § 2 I Var. 4 ESchG 63
III. Gesetzesentwürfe zur PID 64
1. Göring-Eckardt-Entwurf 65
2. Röspel-Entwurf 66
3. Flach-Entwurf 66
IV. Gesetz und Verordnung zur PID 67
B. Rechtliche Grundlagen für den Einsatz der PID 67
I. Überblick über die für die PID relevanten Normen 68
1. § 3a ESchG 68
a) § 3a I, II ESchG 68
b) § 3a III ESchG 69
aa) § 3a III 1 Nr. 1 ESchG 69
bb) § 3a III 1 Nr. 2 ESchG 69
cc) § 3a III 1 Nr. 3 ESchG 69
dd) § 3a III 2, VI ESchG 70
ee) 3a III 3 Nr. 1-4 ESchG 70
c) § 3a IV ESchG 71
d) § 3a V ESchG 71
2. Verordnung zur Regelung der Präimplantationsdiagnostik (PIDV) 72
3. Gendiagnostikgesetz (GenDG) 72

II. Einzelheiten zu den Voraussetzungen und Problemen des § 3a EschG 73
1. § 3a I ESchG 73
a) Genetische Untersuchung 73
b) In Vitro 73
c) Vor seinem intrauterinen Transfer 74
d) Zellen eines Embryos 75
aa) Grammatikalische Auslegung 75
bb) Systematische Auslegung 76
(1) Verhältnis des § 3a I ESchG zu den anderen Vorschriften des ESchG 77
(2) Verhältnis des § 3a I ESchG zu § 2 PIDV 77
(a) Systematische Auslegung eines formellen Gesetzes mithilfe einer rangniedrigeren Verordnung 78
(b) Systematische Auslegung des Zellbegriffs in § 3a I ESchG speziell durch § 2 Nr. 1, 3 PIDV 79
(c) Ermittlung der Bedeutung des Zellbegriffs in § 2 Nr. 1, 3 PIDV 80
(d) Zwischenergebnis 83
(3) Ergebnis der systematischen Auslegung 83
cc) Historische und genetische Auslegung 84
(1) Historische Auslegung 85
(2) Genetische Auslegung 85
(3) Ergebnis zur historischen und genetischen Auslegung 87
dd) Teleologische Auslegung 87
(1) Auslegungsvarianten 88
(2) Vereinbarkeit der Auslegungsalternativen mit den Wertungen des Gesetzgebers 88
(3) Zwischenergebnis 93
(4) Nur möglicherweise noch totipotente Zellen 93
ee) Ergebnis der Auslegung 96
2. § 3a II ESchG 96
a) § 3a II 1 ESchG 96
aa) Genetische Disposition für eine schwerwiegende Erbkrankheit 96
bb) Absicht zur Herbeiführung einer Schwangerschaft 98

cc) Schriftliche Einwilligung der Frau, von der die Eizelle stammt 98
dd) Genetische Untersuchung auf die Gefahr dieser Erbkrankheit 98
b) § 3a II 2 ESchG 99
aa) Schriftliche Einwilligung der Frau, von der die Eizelle stammt 99
bb) Genetische Untersuchung zur Feststellung einer schwerwiegenden Schädigung des Embryos, die mit hoher Wahrscheinlichkeit zu einer Tot- oder Fehlgeburt führen wird 99
cc) Erfordernis einer genetischen Indikation im Falle des § 3a II 2 ESchG 101
(1) Grammatikalische Auslegung 101
(2) Systematische Auslegung 103
(3) Historische und genetische Auslegung 104
(4) Ergebnis der Auslegung 105
dd) Erfordernis einer medizinischen Indikation im Falle des § 3a II 2 ESchG 105
(1) Grammatikalische Auslegung 106
(2) Systematische Auslegung 106
(3) Historische und genetische Auslegung 109
(4) Teleologische Auslegung 110
(5) Ergebnis der Auslegung 111
(6) Rechtsfortbildung im Rahmen einer teleologischen Reduktion 111
ee) Folgen des Erfordernisses einer medizinischen Indikation im Falle des § 3a II 2 ESchG 112
(1) Aus strafrechtlicher Sicht 112
(2) Aus öffentlich-rechtlicher Sicht 113
3. Vereinbarkeit des § 3a II ESchG mit § 1 I Nr. 5 ESchG 113
a) »Dreierregel« 114
b) »Deutscher Mittelweg« 115
c) Anwendbarkeit der »Dreierregel« im Hinblick auf die begrenzte Zulassung der PID 116
C. Zusammenfassung 117

Viertes Kapitel: Ersatzansprüche der Frau 119

A. Anspruchsgegner 120

I. Berufs- und vertragsarztrechtlich zulässige Formen ärztlicher Kooperation 121
1. Organisationsgemeinschaft 122
2. Berufsausübungsgemeinschaft 122
II. GbR 126
III. PartGG 126
IV. GmbH 127
B. Vertragstypus 127
I. Abgrenzung zum Vertrag über die Kryokonservierung 128
II. Rechtsnatur des Vertrages über die PID 128
1. Werkvertrag iSd. § 631 BGB 130
2. Behandlungsvertrag iSd. § 630a BGB 132
a) Embryo als Patient iSd. § 630a I BGB 133
b) Wunschmutter als Patientin iSd. § 630a I BGB 134
aa) PID bei infertilen Paaren 134
bb) PID nach § 3a II 2 ESchG 135
cc) PID nach § 3a II 1 ESchG 136
dd) Weitere Gründe für die Einordnung des Vertrages über die PID als Behandlungsvertrag 139
III. Zusammenfassung 140
C. Vertragliche Haftung nach § 280 I 1 BGB 140
I. Wirksames Schuldverhältnis 140
1. Wirksamkeit und Inhalt des Behandlungsvertrages über die PID 141
a) Verstoß gegen § 134 BGB 141
aa) § 3a I ESchG als Verbotsgesetz iSd. § 134 BGB 142
bb) Verstoß gegen das Verbotsgesetz des § 3a I ESchG 143
cc) Rechtsfolge des Verstoßes gegen § 3a I ESchG 144
b) Verstoß gegen § 138 BGB 145
2. Zwischenergebnis 146
II. Pflichtverletzung 146
1. Allgemeines 146
2. Behandlungsfehler 146
a) Geschuldetes Pflichtenprogramm des PID-Zentrums aus dem Behandlungsvertrag 147
b) Der Sorgfaltsmaßstab 148

aa) Bestimmung des medizinischen Standards durch Richtlinien, Leitlinien und Empfehlungen 150
bb) Bestimmung des medizinischen Standards im Übrigen 151
(1) Diagnosefehler 152
(2) Befunderhebungsfehler 153
3. Aufklärungsfehler 154
a) Aufklärungspflichten bei einem PID-Vertrag 155
aa) Allgemeines 155
bb) Aufklärungspflicht bei Zusatzbefunden 156
(1) Verbot zur Erhebung von Zusatzbefunden bei der PID 158
(2) Aufklärungspflicht über die Möglichkeit von Zusatzbefunden 160
(3) Aufklärungspflicht über diagnostizierte Zusatzbefunde 162
(a) Diagnostizierte Zusatzbefunde, die mit dem Rechtfertigungsgrund des § 3a II 1 ESchG zusammenhängen 163
(aa) Grammatikalische Auslegung 163
(bb) Systematische Auslegung 164
(α) Verhältnis des § 630e I 1 BGB zu den anderen Vorschriften des BGB 164
(β) Verhältnis des § 630e I 1 BGB zu den Vorschriften des ESchG und des GenDG 166
(γ) Ergebnis zur systematischen Auslegung 169
(cc) Historische und genetische Auslegung 170
(α) Historische Auslegung 170
(β) Genetische Auslegung 172
(γ) Ergebnis zur historischen und genetischen Auslegung 172
(dd) Teleologische Auslegung 172
(α) Auslegungsvarianten 173
(β) Vereinbarkeit der Auslegungsvarianten mit den Wertungen des Gesetzgebers 173
(γ) Ergebnis der teleologischen Auslegung 174
(ee) Gesamtergebnis zur Auslegung 174
(b) Diagnostizierte Zusatzbefunde, die nicht im Zusammenhang mit den Rechtfertigungsgründen des § 3a II ESchG stehen 175
(aa) Grammatikalische Auslegung 175

(bb) Systematische Auslegung 176
(α) Verhältnis des § 630e I 1 BGB zu den anderen Vorschriften des BGB 176
(αα) Verhältnis des § 630e I 1 BGB zu § 630e I 2 BGB 177
(ββ) Verhältnis des § 630e I 1 BGB zu § 630e III BGB 177
(γγ) Verhältnis des § 630e I 1 BGB zu § 630c I, II 1 BGB 178
(δδ) Verhältnis des § 630e I 1 BGB zu § 134 BGB 179
(β) Verhältnis des § 630e I 1 BGB zu den Vorschriften des ESchG sowie des GenDG 180
(γ) Ergebnis der systematischen Auslegung 183
(cc) Historische und genetische Auslegung 184
(α) Historische Auslegung 184
(β) Genetische Auslegung 185
(dd) Teleologische Auslegung 185
(α) Auslegungsvarianten 186
(β) Vereinbarkeit der Auslegungsvarianten mit den Wertungen des Gesetzgebers 186
(ee) Gesamtergebnis zur Auslegung 190
(4) Aufklärungsverzicht der Frau über diagnostizierte Zusatzbefunde 191
cc) Aufklärungspflicht über eine Konduktoreigenschaft 192
b) Aufklärungsfehler bei einem PID-Vertrag 194
aa) Allgemeines 194
bb) Haftung für Fehler im Zusammenhang mit Zusatzbefunden 194
(1) Haftung für das Nichterkennen von Zusatzbefunden, die mit dem Rechtfertigungsgrund des § 3a II 1 ESchG zusammenhängen 195
(2) Haftung für das Nichterkennen von Zusatzbefunden, die mit den Rechtfertigungsgründen des § 3a II ESchG nicht zusammenhängen 198
III. Vertretenmüssen 201
IV. Schaden 202
1. Schaden bei Behandlungsfehlern 203
a) Erste Fallkonstellation 203

b) Zweite Fallkonstellation 203
c) Dritte Fallkonstellation 203
d) Vierte Fallkonstellation 204
e) Fünfte Fallkonstellation 204
f) Sechste Fallkonstellation 204
g) Siebte Fallkonstellation 204
h) Achte Fallkonstellation 205
i) Schuldhaft richtig negative bzw. richtig positive Diagnose 205
j) Schuldhaft falsch positive Diagnose 206
aa) Schaden bei falsch positiver Diagnose und positiver Implantationsentscheidung 206
bb) Schaden bei falsch positiver Diagnose und negativer Implantationsentscheidung 207
(1) Vorliegen eines immateriellen Schadens wegen der Vernichtung des vermeintlich genetisch geschädigten Embryos 208
(a) Schmerzensgeld wegen einer Körper- und/oder Gesundheitsverletzung gem. § 253 II BGB durch die Vernichtung des Embryos 209
(aa) Gesundheitsverletzung der Frau durch die Nachricht von der Vernichtung eines nur irrtümlich für genetisch auffällig gehaltenen Embryos 209
(bb) Körperverletzung durch die Vernichtung des Embryos 211
(α) Körperverletzung nach der klassischen Definition der Körperverletzung 211
(β) Körperverletzung nach der funktionsspezifischen Definition der Körperverletzung 213
(γ) Kritik an der funktionsspezifischen Definition der Körperverletzung 216
(b) Billige Entschädigung in Geld wegen einer Verletzung des Allgemeinen Persönlichkeitsrecht gem. Art. 1 I iVm. Art. 2 I GG durch die Vernichtung des Embryos 218
(aa) Anerkennung des Rechts auf Familienplanung 219

(bb) Zur Geldentschädigung verpflichtender Eingriff in das Recht auf Familienplanung 224
(c) Zusammenfassung 226
(2) Materieller Schaden 227
k) Schuldhaft falsch negative Diagnose 228
aa) Schaden bei schuldhaft falsch negativer Diagnose und negativer Implantationsentscheidung 228
bb) Schaden bei schuldhaft falsch negativer Diagnose und positiver Implantationsentscheidung 228
(1) Materielle Schäden 229
(a) Unterhaltsbedarf für ein behindertes Kind als kausaler und ersatzfähiger Schaden 229
(b) Schutzzweck des PID-Vertrages 231
(c) Umfang der Ersatzpflicht 232
(d) Andere materielle Schäden 233
(2) Immaterielle Schäden 235
2. Schaden bei Aufklärungsfehlern 237
V. Vorteilsausgleichung 238
1. Berücksichtigung von immateriellen Vorteilen bei der Berechnung des Unterhalts- und Verdienstausfallschadens 239
2. Berücksichtigung von materiellen Vorteilen bei der Berechnung des Unterhaltsschadens bzw. Verdienstausfallschadens 240
a) Familien- und erbrechtliche Vorteile 241
aa) Nur latent vorhandene Vorteile 241
bb) Tatsächlich eingetretene Vorteile 242
(1) Positionen familienrechtlicher Art 243
(2) Vorteile erbrechtlicher Art 244
b) Anderweitige gegenwärtige Vorteile 246
c) Durchführung der Vorteilsausgleichung 247
3. Zwischenergebnis zur Vorteilsausgleichung 248
VI. Mitverschulden 248
VII. Haftungsbeschränkungen 250
1. Individualvertragliche Haftungsbeschränkung 250
a) Kompletter Haftungsausschluss 252
aa) Nichtigkeit wegen Verstoßes gegen die guten Sitten nach § 138 I BGB 252
(1) Verstoß der Haftungsfreizeichnung gegen anerkannte Ordnungen 253

(a) Verstoß gegen Standesrecht 253
(b) Verstoß gegen Grundrechte der Frau 254
(2) Sittenwidrigkeit eines Haftungsausschlusses wegen Ausnutzung einer Machtposition 255
(a) Ausnutzung einer Monopolstellung des Behandelnden bei der PID 255
(b) Missbrauch einer Vertrauensstellung 257
bb) Gesamtbeurteilung 257
cc) Verstoß eines vollständigen Haftungsausschlusses gegen Treu und Glauben nach § 242 BGB 258
(1) Anwendbarkeit des § 242 BGB im Verhältnis zu § 138 BGB 259
(2) Interessen des Arztes 260
(3) Interessen der Frau 262
(4) Gesetzliche Risikozuordnung 263
(5) Gesamtabwägung 264
dd) Ergebnis 265
b) Individualvertragliche Beschränkung des Sorgfaltsmaßstabs 265
c) Summenmäßige Haftungsbeschränkung 267
2. Haftungsausschluss oder -beschränkung durch AGB 271
D. Zusammenfassung zur vertraglichen Haftung der Frau 272
E. Überblick über die deliktischen Schadensersatzansprüche der Frau 274

Fünftes Kapitel: Ersatzansprüche des Mannes 279

A. Vertragliche Ersatzansprüche 279
I. Schuldverhältnis 279
1. Eigene vertragliche Ansprüche des Vaters 279
2. Einbeziehung des Mannes in den PID-Vertrag nach den Grundsätzen des Vertrages mit Schutzwirkung zugunsten Dritter 279
a) Bestimmungsgemäße Leistungsnähe des Mannes 280
b) Berechtigtes Interesse der Frau an der Einbeziehung des Mannes 280
c) Erkennbarkeit von Leistungs- und Gläubigernähe für den Schuldner 281
d) Schutzbedürftigkeit des Dritten 281

3. Zwischenergebnis 281
4. § 1357 BGB 282
II. Pflichtverletzung und Vertretenmüssen 283
III. Schaden 283
1. Falsch positive Diagnose mit negativer Implantationsentscheidung 284
2. Falsch positive Diagnose mit positiver Implantationsentscheidung 284
3. Falsch negative Diagnose mit positiver Implantationsentscheidung 285
IV. Vorteilsausgleichung 285
V. Haftungsbeschränkungen 286
B. Überblick über die deliktischen Ansprüchen des Mannes 287
C. Zusammenfassung 287

Sechstes Kapitel: Ersatzansprüche des Kindes 289

A. Rechtsfähigkeit des Anspruchstellers 289
B. Vertragliche Ansprüche des Kindes 289
I. Schuldverhältnis 289
1. Eigene vertragliche Ansprüche des Kindes gegen das Behandlungszentrum 289
2. Echter Vertrag zugunsten Dritter 293
3. Vertrag mit Schutzwirkung zugunsten Dritter 294
a) Extrakorporaler Embryo als »Dritter« im Sinne des Vertrages mit Schutzwirkung zugunsten Dritter 294
b) Bestimmungsgemäße Leistungsnähe des Kindes 296
c) Berechtigtes Interesse der Frau und gegebenenfalls des Mannes an der Einbeziehung des Kindes 298
d) Erkennbarkeit von Leistungs- und Gläubigernähe für den Schuldner 298
e) Schutzbedürftigkeit des Dritten 299
f) Zwischenergebnis 299
II. Pflichtverletzung und Vertretenmüssen 299
III. Schaden 300
1. Schaden, wenn das Kind gar nicht lebend geboren wird 300

2. Schaden bei pflichtwidriger, richtig positiver bzw. richtig negativer Diagnose des Arztes und Lebendgeburt des Kindes 300
3. Schaden bei pflichtwidrig falsch positiver bzw. falsch negativer Diagnose und der Geburt eines Kindes 301
IV. Zusammenfassung zu den vertraglichen Ansprüchen des Kindes wegen fehlerhafter PID 305
C. Deliktische Ansprüche des Kindes 306

Siebtes Kapitel: Schlussbetrachtung 307

A. Zusammenfassung der gewonnenen Untersuchungsergebnisse 307
B. Ausblick 313

Literaturverzeichnis 315

Erstes Kapitel: Einleitung

A. *Einführung*

Die medizinischen Fortschritte im Bereich der Reproduktionsmedizin haben in den letzten vier Jahrzehnten zu einer Vielzahl an neuen Behandlungsmethoden geführt. Neben der Möglichkeit, Eizellen in vitro zu befruchten, zählt hierzu auch die bereits 1968 von Sir Robert Edwards[1] beschriebene, aber zu diesem Zeitpunkt technisch noch nicht mögliche Präimplantationsdiagnostik.[2] Die hierfür benötigten diagnostischen Verfahren stehen seit ca. 25 Jahren zur Verfügung. Sie ermöglichen eine Untersuchung des Embryos im Hinblick auf bestimmte genetische Veränderungen, die z.B. zu schweren Erbkrankheiten des Kindes oder Fehlgeburten führen können und zwar noch vor der Implantation in den Mutterleib. Paare können somit bereits im Vorfeld einer Schwangerschaft entscheiden, ob sie die Implantation eines Embryos, der bestimmte genetische Eigenschaften aufweist, wünschen. Dies stellt insbesondere für Paare mit Kinderwunsch, die bereits an einer Erbkrankheit leidende Kinder oder zahlreiche Fehlgeburten erlitten haben, trotz der mit einer extrakorporalen Befruchtung einhergehenden Belastungen eine große Chance dar. Durch die PID haben sie die Option, die Geburt eines an der jeweiligen Erbkrankheit leidenden Kindes oder eine weitere Fehlgeburt mit hoher Wahrscheinlichkeit auszuschließen. Ohne dieses Untersuchungsverfahren müssten sie entweder eine Fehlgeburt oder eine Behinderung des Kindes in Kauf nehmen bzw. bei einem auffälligen Befund die Schwangerschaft abbrechen oder auf eigene Kinder verzichten. Die Möglichkeit, Embryonen im Vorfeld einer Schwangerschaft auf genetische Eigenschaften zu untersuchen und gegebenenfalls zu verwerfen, wirft aber sowohl ethische als auch juristische Fragestellungen auf. Aus ethischer Sicht wird insbesondere die Frage, ob der Mensch Leben anhand der Kategorien lebenswert und nicht lebenswert einteilen und letzteres aussortieren darf, höchst kontro-

---

1 Edwards entwickelte zusammen mit Patrick Steptoe die In-vitro-Fertilisation, *Aschhoff* Ansprüche gegen gesetzliche und private Krankenversicherungen bei künstlicher Fortpflanzung S. 15 Fn. 1.

2 *Gardner/Edwards* Nature 218 (1968), 346 ff.

vers diskutiert.[3] Auch aus juristischer Sicht treten durch die Einführung des § 3a ESchG, der die Präimplantationsdiagnostik in speziellen Fällen nunmehr gestattet, neue Fragestellungen und Probleme auf. Diese betreffen aus zivilrechtlicher Sicht insbesondere die Haftung des Arztes. Die Darstellung dieser bisher noch ungeklärten Problematik bildet den wesentlichen Untersuchungsgegenstand dieser Arbeit.

B. Gang der Untersuchung

Die nachfolgenden Ausführungen geben zunächst einen Überblick über die medizinischen Grundlagen der Präimplantationsdiagnostik (PID).[4] Dieses Wissen ist insbesondere für den Nichtmediziner unerlässlich, weil er nur so nachvollziehen kann, was man unter einer PID versteht, wie sie abläuft und welche diagnostischen Fragestellungen nach dem aktuellen Stand der Medizin mit ihrer Hilfe beantwortet werden können. Zudem sind solche Hintergrundinformationen auch zur Beantwortung der vertraglichen Haftungsfragen, die sich bei einer fehlerhaften PID stellen, notwendig. So hängen etwa die typologische Einordnung des PID-Vertrages sowie die Darstellung der möglichen Pflichtverletzungen und Schäden in erheblichem Maße von den medizinischen Gegebenheiten ab.

Im Anschluss daran wird die unklare Rechtslage zur PID in Deutschland vor Inkrafttreten des § 3a ESchG im notwendigen Umfang beleuchtet, die ursächlich für die Entscheidung des BGH zur PID und für die Neuregelung war.[5] Es folgt eine Darstellung der aktuellen Rechtsgrundlagen für den Einsatz der PID in Deutschland sowie eine nähere Erläuterung der hiermit verbundenen Unklarheiten, weil diese Fragen auch die Haftung des Behandlungszentrums bei fehlerhafter PID beeinflussen.[6]

Hieran schließen sich die zentralen Fragen dieser Bearbeitung hinsichtlich der vertraglichen Haftung des Behandlungszentrums bei fehlerhafter PID an.[7] Um eine bessere Übersichtlichkeit zu gewährleisten, werden zu-

---

3 Ausführlich zu den bei der PID auftretenden ethischen Fragen *Schmider* Die Präimplantationsdiagnostik als Herausforderung für Medizin und Gesellschaft – Eine ethische Analyse S. 6 ff.

4 Siehe dazu unten S. 25 ff.

5 Siehe hierzu unten S. 55 ff.

6 Siehe unten S. 67 ff.

7 Siehe zu den vertraglichen Ersatzansprüchen bei fehlerhafter PID unten S. 119 ff.

nächst vertragliche Ersatzansprüche der Wunschmutter gegen das Behandlungszentrum bei fehlerhafter PID erörtert.[8] Es folgt eine knappe Darstellung der deliktischen Ansprüche, die jedoch nur kurz beleuchtet werden, weil mit ihnen nur ein Teil der möglichen Schäden bei fehlerhafter PID ersetzt werden kann und sie daher praktisch von untergeordneter Bedeutung sind. Hierauf folgen die etwaigen vertraglichen Ansprüche des Mannes[9] sowie des Kindes[10] sowie kurze Hinweise zu den deliktischen Ansprüchen.[11]

Die Arbeit schließt mit einer Zusammenfassung und abschließenden Bewertung der zentralen Untersuchungsergebnisse.[12]

---

8 Siehe unten S. 119 ff.

9 Siehe unten S. 279 ff.

10 Siehe unten S. 289 ff.

11 Zu den deliktischen Ansprüchen des Mannes siehe unten S. 287 und zu denen des Kindes siehe unten S. 306.

12 Siehe unten S. 311 ff.

Zweites Kapitel: Medizinische Grundlagen der PID

Das zweite Kapitel befasst sich mit den medizinischen Grundlagen der PID, d.h. dem Ablauf der PID, den Einsatzmöglichkeiten dieser genetischen Untersuchung sowie der Aussagekraft der zur Verfügung stehenden genetischen Testverfahren. Die entsprechenden medizinischen Grundkenntnisse bilden die erforderliche Basis für die Untersuchung der vertraglichen Haftung bei fehlerhafter PID und zwar insbesondere für die typologische Einordnung des PID-Vertrages[13] sowie die bei der PID in Betracht kommenden Pflichtverletzungen[14].

A. Begriffsbestimmung aus medizinischer Sicht

Meist[15] versteht man aus medizinischer Sicht unter dem Begriff PID[16] eine Untersuchung des Erbguts eines extrakorporal gezeugten[17] Embryos vor

---

13 Siehe zur typologischen Einordnung des PID-Vertrages unten S. 128 ff.

14 Zu den Pflichtverletzungen des Anspruchsgegners bei einem PID-Vertrag siehe unten S. 146 ff.

15 In der Medizin wird der Begriff der Präimplantationsdiagnostik nicht einheitlich verwendet. Die weiteste Verwendung fasst unter den Begriff Präimplantationsdiagnostik jedwede Untersuchung der Eltern oder des Embryos vor der Implantation, d.h. auch eine genetische Beratung noch vor jeglicher Reproduktionsmaßnahme; vgl. *Buchholz/Clement-Sengewald* Reproduktionsmedizin 2000, 343, 352. Andere bezeichnen hingegen nur die Untersuchung von Eizellen sowie Embryonen als Präimplantationsdiagnostik; *Kaelin* Biotechnik am Beginn menschlichen Lebens S. 31 sowie *Montag/Toth/Strowitzki* in Reproduktionsmedizin S. 270. Zum Teil wird auch nur die Untersuchung von Embryonen als Präimplantationsdiagnostik bezeichnet, *Egozcue* Human Reproduction 1996, 2077, 2078. Da § 3a I ESchG nur die genetische Untersuchung von Zellen eines Embryos als Präimplantationsdiagnostik definiert, wird hier die engste medizinische Begriffsbestimmung zugrunde gelegt. Ausführlich zu der unterschiedlichen Verwendung der Begriffe Präfertilisations- und Präimplantationsdiagnostik in der Medizin: *Buchholz/Clement-Sengewald* Reproduktionsmedizin 2000, 343, 352.

16 Auch PID bzw. PGD (**p**reimplantation **g**enetic **d**iagnosis) genannt. Gegen die Bezeichnung der Präimplantationsdiagnostik als PID spricht, dass diese Abkürzung in der Medizin seit langem für die pelvic inflammatory disease, eine bakterielle Unterbauchentzündung, benutzt wird, vgl. *Ludwig/Diedrich* Ethik Med 1999, 38, 39 Fn. 1. Allerdings ist die Präimplantationsdiagnostik im deutschspra-

der Implantation in den Mutterleib.[18] Gegenstand der Untersuchung können numerische[19] und/oder strukturelle[20] Chromosomenaberrationen sein, die zu genetisch bedingten Erkrankungen führen können.[21] Die PID ermöglicht nach dem heutigen Stand der Medizin aber auch weitere Eigenschaften des Embryos, wie z.B. das Geschlecht oder die Eignung als Organ- bzw. Gewebespender für ein erkranktes Geschwisterkind[22] festzustellen.[23] Im Regelfall zielt die PID darauf ab, Embryonen, die nicht an der

---

chigen Raum insbesondere unter medizinischen Laien als PID bekannt, sodass trotz der Doppeldeutigkeit der Abkürzung im Folgenden dennoch die Bezeichnung PID verwendet wird.

17 Extrakorporale Befruchtung meint die Zeugung eines Embryos in vitro (=im Reagenzglas) entweder durch In-Vitro-Fertilisation (IVF) oder durch intrazytoplasmatische Spermieninjektion (ICSI), *Nationaler Ethikrat* Genetische Diagnostik vor und während der Schwangerschaft S. 15 Fn. k. Dazu auch unten S. 32 ff.

18 *Deutsches Referenzzentrum für Ethik in den Biowissenschaften* Präimplantationsdiagnostik, abrufbar unter http://www.drze.de/im-blickpunkt/pid/medizinisch-naturwissenschaftliche-aspekte (zuletzt besucht am 22.05.2013); *Pschyrembel* „Präimplantationsdiagnostik"; *Strech* Analyse und Kritik der medizinisch-ethischen Diskussion zur Präimplantationsdiagnostik S. 10.

19 Eine numerische Chromosomenaberration (auch Aneuploidie genannt) kennzeichnet sich dadurch, dass die Anzahl einzelner Chromosomen verändert ist, d.h. dass die normale diploide Chromosomenzahl von 46 Chromosomen (bestehend aus jeweils 23 mütterlichen und väterlichen Chromosomen) entweder erhöht (z.B. 46+1=47) oder vermindert (z.B. 46-1=45) ist. Liegt anstelle eines Chromosomenpaares ein Chromosom nur einfach vor, spricht man von einer Monosomie. Sofern anstelle eines Chromosomenpaares drei Chromosomen vorhanden sind, liegt eine Trisomie vor.

20 Bei einer strukturellen Chromosomenaberration (auch Chromosomenmutation genannt) weicht der Aufbau des Chromosoms von der normalen Struktur ab, z.B. durch Verlust eines Teilstücks, Verdopplung eines Teilstücks etc.

21 *Strech* Analyse und Kritik der medizinisch-ethischen Diskussion zur Präimplantationsdiagnostik S. 10.

22 Die PID zielt in diesem Fall auf die Selektion eines Embryos ab, dessen humanes Leukozytenantigen-System (HLA-System) mit dem des erkrankten Geschwisterkindes kompatibel ist. Nur dann kann das sog. Retter-Geschwister nach seiner Geburt als Stammzellspender fungieren. Ausführlich dazu: *Deutsches Referenzzentrum für Ethik in den Biowissenschaften* Präimplantationsdiagnostik, abrufbar unter http://www.drze.de/im-blickpunkt/pid/module/retter-geschwister-saviour-siblings sowie http://www.drze.de/im-blickpunkt/pid/module/hla-kompatibilitaet (zuletzt besucht am 22.05.2013).

23 Zur *Deutsches Referenzzentrum für Ethik in den Biowissenschaften* Präimplantationsdiagnostik S. 1, abrufbar unter http://www.drze.de/im-blickpunkt/pid /medizinisch-naturwissenschaftliche-aspekte (zuletzt besucht am 15.08.2012).

durch die PID auszuschließenden genetischen Veränderung leiden[24] bzw. die gewünschte Eigenschaft aufweisen[25], zu selektieren und nur diese anschließend in die Gebärmutter zu übertragen.[26]

In Deutschland gestattet das ESchG nur eine begrenzte Anwendung der PID auf die in § 3a II ESchG genannten Fälle.[27] Eine Geschlechtsbestimmung mithilfe der PID ohne ein erhöhtes Krankheitsrisiko, sog. »social sexing« mit dem Ziel des »family balancing«[28] ist in Deutschland im Gegensatz zu den meisten amerikanischen Bundesstaaten[29] ebenso wie die Identifikation gewünschter Eigenschaft wie z.B. des HLA-Systems zur Rettung eines erkrankten Geschwisterkindes[30] nicht von den Rechtfertigungsgründen des § 3a II ESchG erfasst und daher gem. § 3a I ESchG verboten.

B. Abgrenzung der PID zur Präfertilisations- und Pränataldiagnostik

Zur Begriffsbestimmung muss die im Jahre 1990 in Großbritannien[31] erstmals an menschlichen Embryonen durchgeführte PID zunächst von der Präfertilisationsdiagnostik und der Pränataldiagnostik (PND)[32] abgegrenzt werden.

Unter der Präfertilisations- bzw. Präkonzeptionsdiagnostik versteht man eine genetische Untersuchung des aus der Oogenese stammenden ersten und zweiten Polkörpers, um daraus Rückschlüsse auf den genetischen Zustand der Eizelle ziehen zu können. Da die Präfertilisationsdiagnostik noch vor Abschluss der Befruchtung stattfindet, ist sie im Vergleich zur

---

24 *Diedrich/Griesinger* Der Gynäkologe 2012, 41, 41.

25 Ausnahmsweise kann auch der Wunsch nach einem Kind mit einem Gendefekt bestehen, z.B. wenn die Eltern beide gehörlos sind und sich ebenfalls ein gehörloses Kind wünschen; Artikel vom 28.4.2008 abrufbar unter http://www.spiegel.de/spiegel/print/d-56756386.html (zuletzt besucht am 04.07.2013).

26 *Steinke/Rahner et al.* Präimplantationsdiagnostik S. 29.

27 Ausführlich dazu s.u. S. 96.

28 Unter dem Begriff des „family balancing" versteht man ein ausgewogenes Verhältnis zwischen Männern und Frauen innerhalb einer Familie.

29 *Deutsches Referenzzentrum für Ethik in den Biowissenschaften* Präimplantationsdiagnostik, abrufbar unter http://www.drze.de/im-blickpunkt/pid/rechtliche-aspekte (zuletzt besucht am 15.08.2012).

30 Siehe hierzu den Fall Adam Nash aus den USA, *Weschka* Präimplantationsdiagnostik, Stammzellforschung und therapeutisches Klonen S. 33 f.

31 *Handyside/Kontogianni* Nature 1990, 768, 768; *Ruso/Thöni* MedR 2010, 74, 74.

32 Im Folgenden wird die Pränataldiagnostik als PND abgekürzt.

PID zeitlich früher angesiedelt.[33] Um genetisches Material für eine Präfertilisationsdiagnostik zu erhalten, wird das Verfahren der Polkörperbiopsie angewendet.[34] Im Gegensatz zur PID wird die Polkörperdiagnostik[35] am ersten und/oder zweiten Polkörper und damit vor der Kernverschmelzung der Gameten durchgeführt.[36] Somit kann nur das mütterliche Erbgut untersucht werden.[37] Außerdem werden im Rahmen eines Polkörperscreenings meist nur Aneuploidien von 6 der insgesamt 23 Chromosomenpaare untersucht, sodass etwaige Fehlverteilungen bei den übrigen 17 Chromosomenpaaren unentdeckt bleiben.[38] Aus medizinischer Sicht bietet die PID gegenüber der Polkörperbiopsie den Vorteil, dass sowohl das väterliche als auch das mütterliche Erbgut Untersuchungsgegenstand sind.[39] Zudem besteht bei der Polkörperdiagnostik aufgrund von Crossing-Over-Ereignissen[40] im Vergleich zur PID eine deutlich höhere Gefahr von Fehl-

---

33 Vgl. *Diedrich/Griesinger* Der Gynäkologe 2012, 41, 42; *Pschyrembel* „Präfertilisationsdiagnostik"; zur uneinheitlichen Verwendung des Begriffs Präimplantationsdiagnostik siehe auch *Buchholz/Clement-Sengewald* Reproduktionsmedizin 2000, 343, 352.

34 *Diedrich/Griesinger* Der Gynäkologe 2012, 41, 42; ausführlich zum Untersuchungsverfahren der Polkörperdiagnostik *Krüssel/Baston-Büst* Der Gynäkologe 2012, 141, 141 f.

35 Ausführlich zu den medizinischen Möglichkeiten und Grenzen der Polkörperdiagnostik *Buchholz/Clement-Sengewald* Reproduktionsmedizin 2000, 343 ff; zur erhöhten Gesundheitsbelastung der Mutter bei der Polkörperdiagnostik im Vergleich zur PID *BÄK* Memorandum zur Präimplantationsdiagnostik S. 5 abrufbar unter http://www.bundesaerztekammer.de/downloads/Memorandum-PID_Memorandum_17052011.pdf (zuletzt besucht am 16.04.2013).

36 *Diedrich/Griesinger* Der Gynäkologe 2012, 41, 42.

37 *De Vos/Van Steirteghem* Prenatal Diagnosis 2001, 767, 768; *Diedrich/Griesinger* Der Gynäkologe 2012, 41, 42; *Kollek* Präimplantationsdiagnostik S. 31 f.; *Oglivie/Braude/Scriven* Journal of Histochemistry & Cytochemistry 2005, 255, 256.

38 *Krüssel/Baston-Büst* Der Gynäkologe 2012, 141, 142.

39 *Deutsches Referenzzentrum für Ethik in den Biowissenschaften* Präimplantationsdiagnostik, abrufbar unter http://www.drze.de/im-blickpunkt/pid/medizinsch-naturwissenschaftliche-aspekte (zuletzt besucht am 24.08.2012).

40 Grundsätzlich teilt sich eine weibliche Keimzelle bei der Reifeteilung in eine Eizelle und 2 Polkörper, bei denen der Chromosomensatz nur noch einmal (haploid) vorhanden ist. Aus den Polkörpern lassen sich dann Rückschlüsse auf den Chromosomensatz der Eizelle ziehen. Allerdings besteht hierbei die Gefahr einer Fehldiagnose durch das sog. Crossing-over, das durch eine Umverteilung von Teilstücken der Chromosomen bei der Reifeteilung entsteht, sodass sich die krankmachende Ausprägung des Gens auf einem bestimmten Chromosom ausnahmsweise doch in der Eizelle wiederfindet, vgl. hierzu *Strech* Analyse und Kritik der medizinisch-ethischen Diskussion zur Präimplantationsdiagnostik S.11.

diagnosen.[41] Da es sich bei den Polkörpern mangels Kernverschmelzung noch nicht um einen Embryo iSd. § 8 I ESchG handelt, wird die Polkörperdiagnostik nicht von der in § 3a I ESchG legal definierten PID erfasst[42] und unterliegt demgemäß auch nicht deren Beschränkungen.

Die PND im engeren Sinne umfasst Untersuchungen des ungeborenen Kindes sowie der Schwangeren im Stadium nach der Implantation und Einnistung des Embryos in die Gebärmutter, um Erkrankungen oder Fehlbildungen des Kindes zu diagnostizieren.[43] Sie findet also zeitlich später als die PID statt. Zudem führt die Diagnostik einer Erkrankung nicht wie bei der PID regelmäßig zur Verwerfung dieses Embryos, sondern kann auch dessen Erhaltung dienen, etwa indem die Geburt rechtzeitig eingeleitet wird oder eine Operation in utero vorgenommen wird. Denkbar erscheint aber auch hier, dass der Befund dazu führt, dass eine Abtreibung vorgenommen wird. Des Weiteren umfasst die PND neben den beiden invasiven gendiagnostischen Verfahren der Amniozentese (Fruchtwasseruntersuchung)[44] und der Chorionzottenbiopsie[45], die wie die PID unter anderem der Diagnose von Genanomalien dienen, weitere nicht invasive Untersuchungen, wie das maternale Serumscreening und Ultraschall.[46]

C. Ablauf der PID

Die Durchführung einer PID setzt selbst bei fertilen Wunscheltern zwingend eine extrakorporale Befruchtung[47] der Eizelle voraus.[48] Nur die Be-

---

41 *BÄK* Memorandum zur Präimplantationsdiagnostik S. 5 abrufbar unter http://www.bundesaerztekammer.de/downloads/Memorandum-PID_Memorandum _17052011.pdf (zuletzt besucht am 16.04.2013); BT-Drucks. 17/5451 S. 3.

42 Zur Anwendung des ESchG vor der Kernverschmelzung vgl. *Nationaler Ethikrat* Genetische Diagnostik vor und während der Schwangerschaft S. 65.

43 *Pschyrembel* „Pränataldiagnostik".

44 Bei der Fruchtwasserdiagnostik werden im Fruchtwasser befindliche embryonale Zellen genetisch untersucht; *Pschyrembel* „Fruchtwasserdiagnostik".

45 Bei der Chorionzottenbiopsie werden mittels Biopsie gewonnene Throphoblastzellen gendiagnostisch untersucht; *Pschyrembel* „Chorionbiopsie".

46 Ausführlich zu den pränatalen Diagnostikverfahren nach Eintritt der Schwangerschaft *Murken/Kainer* in: Taschenlehrbuch Humangenetik S. 397, 409 ff.

47 Der Begriff extrakorporale Befruchtung darf nicht mit den weitergehenden Begriffen künstliche Befruchtung bzw. assistierte Reproduktion gleichgesetzt werden, weil diese neben der Befruchtung der Eizelle mithilfe von IVF bzw. ICSI auch weitere Behandlungsmethoden wie z.B. die artifizielle Insemination umfas-

fruchtung außerhalb des Körpers ermöglicht es dem Arzt, einige Zellen des Embryos vor dem Transfer in die Gebärmutter zu entnehmen und zu untersuchen. Anschließend werden im Regelfall nur Embryonen ohne Gendefekte transferiert.[49] Daher kann die PID nur mit den extrakorporalen reproduktionsmedizinischen Behandlungsmethoden der In-vitro-Fertilisation (IVF) sowie der Intrazytoplasmatischen Spermieninjektion (ICSI) kombiniert werden. Die im Rahmen der Kinderwunschbehandlung ebenfalls verwendete Methode der artifiziellen Insemination kann bei der PID nicht angewendet werden, denn hierbei werden die Spermien zur Befruchtung der Eizelle in die Gebärmutter (intra-uterine Insemination, IUI)[50], in die Eileiter (intratubare Insemination)[51] oder in den tiefsten Punkt der Bauchhöhle (intraperitoneale Insemination)[52] verbracht, sodass eine genetische Untersuchung vor der Implantation des Embryos unmöglich ist.

Anders als bei der IVF ohne PID, die zur Behandlung der Krankheit[53] »ungewollte Kinderlosigkeit«[54] durchgeführt wird, wird eine IVF in Kombination mit einer PID im Regelfall bei Paaren angewendet, die fertil sind.[55] Das Ziel der PID besteht darin, Paaren mit genetischen Vorbelastungen den Wunsch nach einem eigenen gesunden Kind zu erfüllen[56] und ihnen das Leben mit einem schwer kranken Kind bzw. das Trauma einer Tot- oder Fehlgeburt bzw. einer Abtreibung zu ersparen, die mit einer schwerwiegende Schädigung des Embryos zusammenhängt.

---

sen; *Nationaler Ethikrat* Genetische Diagnostik vor und während der Schwangerschaft S. 15 Fn. k.

48 *Pschyrembel* „Präimplantationsdiagnostik".

49 *Pschyrembel* „Präimplantationsdiagnostik".

50 *Nieschlag/Behre/Nieschlag* Andrologie S. 482; *Pschyrembel* „Insemination".

51 *Nieschlag/Behre/Nieschlag* Andrologie S. 482; *Pschyrembel* „Insemination".

52 *Pschyrembel* „Insemination".

53 Günther/Taupitz/*Kaiser* ESchG A 166.

54 Eine ungewollte Kinderlosigkeit liegt vor, wenn eine Frau im gebärfähigen Alter trotz Kinderwunsches und regelmäßigem ungeschützten Geschlechtsverkehrs innerhalb eines Jahres nicht schwanger wird. Dies betrifft ca. jedes siebte Paar in Deutschland. Vgl. *Universitäres Interdisziplinäres Kinderwunschzentrum Düsseldorf* S. 6 abrufbar unter http://www.uniklinik-duesseldorf.de/fileadmin/Datenpool/einrichtungen/unikid_id459/dateien/Kinderwunsch-Broschuere.pdf (zuletzt besucht am 16.08.2012).

55 Diedrich/*Riedel* Reproduktionsmedizin S. 100 Fn. 160; *McArthur/Leigh* Prenatal Diagnosis 2008, 434, 434; *Olzen/Kubiak* JZ 2013, 495, 498.

56 *Kunz-Schmidt* NJ 2011, 231, 232; *Ogilvie/Braude/Scriven* Journal of Histochemistry & Cytochemistry 2005, 255, 255.

Zur besseren Verständlichkeit wird der Ablauf einer extrakorporalen Befruchtung mittels IVF bzw. ICSI mit anschließendem Embryotransfer, in den dann die PID integriert ist, im Folgenden näher erläutert.

I. Extrakorporale Befruchtung

Die Durchführung einer extrakorporalen Befruchtung setzt zwei Schritte voraus. Zunächst müssen Gameten gewonnen werden, um im Anschluss die Befruchtung außerhalb des Mutterleibs durchführen zu können.

1. Gewinnung der Gameten

Um eine extrakorporale Befruchtung mit anschließendem Embryotransfer mit einer hinreichenden Erfolgswahrscheinlichkeit von ca. 20-30 %[57] für eine spätere Schwangerschaft durchführen zu können, müssen zunächst mehrere Eizellen gewonnen werden.[58] Da in jedem Zyklus normalerweise nur eine befruchtungsfähige Eizelle zur Verfügung steht, wird der Zyklus der Frau mithilfe einer Hormonstimulation beeinflusst. Dies führt dazu, dass gleichzeitig mehrere Eizellen heranreifen.[59] Sobald der Arzt mithilfe einer Ultraschalluntersuchung feststellt, dass in ca. 40 Stunden ein spontaner Eisprung bevorsteht, wird der Frau das Hormon hCG injiziert, welches den Eisprung auslöst.[60] Ca. 36 Stunden nach der hCG-Injektion werden die Eizellen operativ mithilfe der Ultraschallpunktion aus den Follikeln entnommen.[61]

---

57 *Universitäres Interdisziplinäres Kinderwunschzentrum Düsseldorf* S. 7 abrufbar unter http://www.uniklinik-duesseldorf.de/fileadmin/Datenpool/einrichtungen/unikid_id459/dateien/Kinderwunsch-Broschuere.pdf (zuletzt besucht am 16.08.2012).

58 *Universitäres Interdisziplinäres Kinderwunschzentrum Düsseldorf* S. 21 abrufbar unter http://www.uniklinik-duesseldorf.de/fileadmin/Datenpool/einrichtungen/unikid_id459/dateien/Kinderwunsch-Broschuere.pdf (zuletzt besucht am 16.08.2012).

59 *Steinke/Rahner et al.* Präimplantationsdiagnostik S. 31.

60 *Tinneberg/Michelmann/Naether* „In-vitro-Fertilisation".

61 *Tinneberg/Michelmann/Naether* „Follikelpunktion", „In-vitro-Fertilisation"; *Universitäres Interdisziplinäres Kinderwunschzentrum Düsseldorf* S. 23 abrufbar unter http://www.uniklinik-duesseldorf.de/fileadmin/Datenpool/einrichtungen/

Eine extrakorporale Befruchtung setzt weiterhin die Gewinnung von Spermien voraus. In den meisten Fällen masturbiert der Mann. Sofern die Samenflüssigkeit ausnahmsweise keine ausreichende Spermienanzahl enthält, muss das Sperma durch eine testikuläre Spermienextraktion, d.h. mithilfe einer Hodenbiopsie[62] gewonnen werden. Das Sperma wird anschließend aufbereitet, um die beweglichen Spermien zu konzentrieren und sie von Prostatasekret zu befreien.[63]

2. Befruchtung

Als Verfahren zur Befruchtung der Eizelle stehen dem Reproduktionsmediziner die im Folgenden näher erläuterte »klassische« IVF sowie die ICSI zur Verfügung.

a) In-vitro-Fertilisation

Bei der IVF werden die aufbereiteten Spermien ca. 2-6 Stunden nach der Follikelpunktion zu den Eizellen in ein Kulturmedium gegeben[64], wo sie versuchen in die Eizelle zu gelangen. Sobald ein Spermium die Schutzhülle der Eizelle (auch Zona pellucida genannt) durchdrungen hat, können keine weiteren Spermien mehr in die Eizelle gelangen.[65] Für die PID ist diese Form der extrakorporalen Befruchtung allerdings nicht unproblematisch, weil sich die Spermien, die nicht in die Eizelle eingedrungen sind, an die Schutzhülle der Eizelle anheften. Dadurch kann das Untersuchungsmaterial bei der Biopsie mit Sperma, das nicht in die Eizelle eingedrungen ist, verunreinigt werden, sodass falsche Untersuchungsergebnisse

---

unikid_id459/dateien/Kinderwunsch-Broschuere.pdf (zuletzt besucht am 16.08.2012).

62 *Pschyrembel* „Spermienextraktion, testikuläre“.

63 *Universitäres Interdisziplinäres Kinderwunschzentrum Düsseldorf* S. 23 abrufbar unter http://www.uniklinik-duesseldorf.de/fileadmin/Datenpool/einrichtungen/unikid_id459/dateien/Kinderwunsch-Broschuere.pdf (zuletzt besucht am 17.08.2012).

64 *Universitäres Interdisziplinäres Kinderwunschzentrum Düsseldorf* S. 24 abrufbar unter http://www.uniklinik-duesseldorf.de/fileadmin/Datenpool/einrichtungen/unikid_id459/dateien/Kinderwunsch-Broschuere.pdf (zuletzt besucht am 17.08.2012).

65 *Steinke/Rahner et al.* Präimplantationsdiagnostik S. 32.

drohen. Daher wird die IVF ohne die sogleich zu schildernde ICSI in Verbindung mit der PID nur in Ausnahmefällen eingesetzt.[66]

b) Intrazytoplasmatische Spermieninjektion

Der Unterschied zwischen IVF und ICSI besteht darin, dass die Samenzelle bei der IVF selbständig in die Eizelle eindringt, während dieser natürliche Vorgang bei der ICSI durch die Injektion eines einzelnen Spermiums in die Eizelle nachgeahmt wird.[67] Zunächst wurde die ICSI nur bei männlicher Subfertilität[68] eingesetzt.[69] Allerdings findet diese Befruchtungsmethode inzwischen auch bei der PID Anwendung, obwohl der Mann bei der PID in der Regel zeugungsfähig ist, da bei der ICSI im Gegensatz zur klassischen IVF, wie soeben geschildert, nicht das Risiko besteht, dass an der Eizelle klebende Spermien die DNA verunreinigen und es so zu falschen Untersuchungsergebnissen kommt.[70]

3. Weiterkultivierung der 2-Pronuklein-Zellen

Die Imprägnation, d.h. das Eindringen des Spermiums in die Eizelle[71], führt unabhängig davon, ob sie wie bei der IVF selbständig oder wie bei der ICSI durch Injektion erfolgt, zur Entstehung von 2-Pronuklein-Zellen. Damit es zur Fertilisation, also zur Verschmelzung des weiblichen und des männlichen Zellkerns[72] und damit zur Entstehung eines Embryos kommt,

---

66 *Steinke/Rahner et al.* Präimplantationsdiagnostik S. 32.

67 *Universitäres Interdisziplinäres Kinderwunschzentrum Düsseldorf* S. 19 abrufbar unter http://www.uniklinik-duesseldorf.de/fileadmin/Datenpool/einrichtungen/unikid_id459/dateien/Kinderwunsch-Broschuere.pdf (zuletzt besucht am 21.08.2012); *BÄK* DÄBl. 2006, A 1392, 1394; *Steinke/Rahner et al.* Präimplantationsdiagnostik S. 32.

68 Eingeschränkte Zeugungsfähigkeit des Mannes.

69 *Strech* Analyse und Kritik der medizinisch-ethischen Diskussion zur Präimplantationsdiagnostik S. 10 Fn. 18.

70 *Strech* Analyse und Kritik der medizinisch-ethischen Diskussion zur Präimplantationsdiagnostik S. 10 Fn. 18, S. 12; *Steinke/Rahner et al.* Präimplantationsdiagnostik, S. 32.

71 *Pschyrembel* „Imprägnation"; *Tinneberg/Michelmann/Naether* „Imprägnation"; bei der sog. ICSI-Methode dringt das Spermium nicht selbständig in die Eizelle ein; siehe auch S. 33.

72 *Pschyrembel* „Konjugation".

müssen die 2-Pronuklein-Zellen in einem Wärmeschrank weiterkultiviert werden. Idealerweise sollten sich aus medizinischer Sicht ca. sechs bis acht[73] der 2-Pronuklein-Zellen zu Embryonen entwickeln.[74] Nur so bleiben nach der PID mit hinreichender Wahrscheinlichkeit noch genetisch unauffällige Embryonen für den Transfer übrig.[75]

II. Die Durchführung der PID im engeren Sinne

Damit die genetische Untersuchung mit einer der unten dargestellten Methoden erfolgen kann, muss dem Embryo zunächst eine Zellprobe entnommen werden. Dazu stehen die im Folgenden dargestellten Verfahren zur Verfügung.

1. Gewinnung des Untersuchungsmaterials für eine PID

Um das Untersuchungsmaterial für eine PID zu gewinnen, stehen aus medizinischer Sicht zwei Verfahren zur Auswahl, die sich durch den Zeitpunkt der Zellentnahme unterscheiden. Zeitlich zuerst kommt die Blastomerenbiopsie, gefolgt von der Blastozystenbiopsie zur Anwendung.[76] Bei beiden Verfahren muss der Embryo (Blastomeren- und Blastozystenbiop-

---

73 Aus rechtlicher Sicht stellt sich bei der Weiterkultivierung von mehr als drei 2-Pronuklein-Zellen das Problem, ob es für die von § 1 I Nr. 5 ESchG geregelte Befruchtung von Eizellen im Vorkernstadium, *Frommel* Journal für Reproduktionsmedizin und Endokrinologie 2007, 27, 28 Fn. 2, wie für den in § 1 I Nr. 3 ESchG geregelten und auf drei Embryonen beschränkten Transfer ebenfalls eine Begrenzung auf drei 2-Pronuklein-Zellen gibt. Ausführlich zu den hierzu vertretenen Ansichten und zur Frage, wie sich die aus medizinischer Sicht ergebende Notwendigkeit bei der PID mehr als drei 2-Pronuklein-Zellen zu Embryonen weiterzuentwickeln mit § 1 I Nr. 5 ESchG vereinbaren lässt, siehe unten S. 113.

74 Zu beachten ist, dass sich nicht jede 2-Pronukleinzelle zu einem Embryo entwickelt. *Beitz,* Zur Reformbedürftigkeit des Embryonenschutzgesetzes S. 147; *Frister/Lehmann* JZ 2012, 659, 664 sprechen sich für deutlich mehr als drei Embryonen aus; *Kreß* ZRP 2011, 68, 68; *Kubiciel* NStZ 2013, 382, 385 geht von durchschnittlich 7 Embryonen aus.

75 *Beitz* Zur Reformbedürftigkeit des Embryonenschutzgesetzes S. 147; *Frister/Lehmann* JZ 2012, 659, 664; *Kreß* ZRP 2011, 68, 68; *Kubiciel* NStZ 2013, 382, 385.

76 *De Vos/Van Steirteghem* Prenatal Diagnosis 2001, 767, 767.

sie) fixiert und zunächst von umgebenden Zellen gesäubert werden.[77] Anschließend wird die Schutzhülle des Embryos mithilfe einer Nadel, eines Lasers oder einer chemischen Behandlung geöffnet, damit die Zellen für die Untersuchung entnommen werden können.[78]

a) Blastomerenbiopsie

Das Zellmaterial für die genetische Untersuchung kann durch eine Blastomerenbiopsie[79] gewonnen werden. Blastomeren sind durch Furchung entstandene Zellen ab dem 2-Zell-Furchungsstadium bis einschließlich dcs Morulastadiums.[80] Bci dcr mcnschlichcn Embryogenese dauert das Blastomerenstadium ungefähr vom ersten bis einschließlich zum vierten Tag nach der Befruchtung.[81] Theoretisch können die Zellen für die PID zu jedem Zeitpunkt des Blastomerenstadiums entnommen werden.[82] Im Ausland wurde die PID, jedenfalls bis 2007[83], am häufigsten im 6- bis 16-Zellstadium, d.h. am dritten Tag nach der Befruchtung durchgeführt.[84]

---

77 *Steinke/Rahner et al.* Präimplantationsdiagnostik S. 34.

78 *Ogilvie/Braude/Scriven* Journal of Histochemistry & Cytochemistry 2005, 255, 256; *Steinke/Rahner et al.* Präimplantationsdiagnostik S. 34; ausführlich zu den verschiedenen Öffnungsmethoden *De Vos/Van Steirteghem* Prenatal Diagnosis 2001, 767, 769 ff.; eine genaue Beschreibung der Durchführung der Zellentnahme in den unterschiedlichen Entwicklungsstadien findet sich bei *Montag/Toth/Strowitzki* in: Reproduktionsmedizin S. 273 ff.

79 Dazu auch *Müller-Terpitz* Der Schutz des pränatalen Lebens S. 540.

80 Vgl. *Pschyrembel* „Blastomeren"; *Ogilvie/Braude,/Scriven* Journal of Histochemistry & Cytochemistry 2005, 255, 256 Abbildung 1.

81 *Ogilvie/Braude/Scriven* Journal of Histochemistry & Cytochemistry 2005, 255, 256 Abbildung 1.

82 *De Vos/Van Steirteghem* Prenatal Diagnosis 2001, 767, 767. Tatsächlich empfiehlt sich aber weder eine Biopsie vor dem 8-Zellstadium, weil es in diesem Fall zu einer überproportionalen Reduzierung der inneren Zellmasse (Zellen, aus denen sich der Embryo entwickelt) kommt, noch während des Morulastadiums (ab dem 16-Zellstadium bei menschlichen Embryonen, *Hardy/Warner* Molecular Human Reproduction 1996, 621, 628), weil die Zellen zu diesem Zeitpunkt besonders verdichtet sind, sodass eine Biopsie schwierig ist; *De Vos/Van Steirteghem* Prenatal Diagnosis 2001, 767, 768.

83 *Krüssel/Baston-Büst* Der Gynäkologe 2012, 141, 143.

84 BT-Drucks. 17/5450 S. 7; BT-Drucks. 17/6400 S. 4; *De Vos/Van Steirteghem* Prenatal Diagnosis 2001, 767, 769; *Diedrich/Griesinger* Der Gynäkologe 2012, 41, 41; *Krüssel/Baston-Büst* Der Gynäkologe 2012, 141, 142 f.; *Montag/Toth/Strowitzki* in: Reproduktionsmedizin S. 271; *Ogilvie/Braude/Scriven*

Aus medizinischer Sicht bietet die Biopsie in diesem frühen Embryonalstadium den Vorteil, dass für die genetische Untersuchung der Zellen eine Zeitspanne von ca. 3 Tagen verbleibt, weil eine Implantation des Embryos bis zum sechsten Tag nach der Befruchtung[85] möglich ist.[86] Zudem erreicht ein deutlich höherer Prozentsatz von Embryonen dieses frühe Embryonalstadium, verglichen mit dem späteren Blastozystenstadium[87], sodass weniger Embryonen befruchtet werden müssen. Ein Nachteil der Biopsie im Blastomerenstadium liegt darin, dass im 8-Zellstadium nur maximal zwei[88] Zellen entnommen werden können.[89] Aufgrund des begrenzten Untersuchungsmaterials und der in diesem Stadium häufigen Mosaikbildung[90] besteht im Vergleich zur Blastozystenbiopsie ein erhöhtes Fehldiagnoserisiko.[91] Zudem wurde 2007[92] entgegen früherer Annahmen[93] festgestellt, dass sich die Blastomerenbiopsie nachteilig auf die weitere Embryogenese auswirkt.[94] Insbesondere aufgrund dieses Nachteils und der

---

Journal of Histochemistry & Cytochemistry 2005, 255, 256; *Steinke/Rahner et al.* Präimplantationsdiagnostik S. 35.

85 *Körner* Ethik in der Medizin 2003, 68, 69.

86 *De Vos/Van Steirteghem* Prenatal Diagnosis 2001, 767, 776; *Ogilvie/Braudee/Scriven* Journal of Histochemistry & Cytochemistry 2005, 255, 256.

87 Vgl. *De Vos/Van Steirteghem* Prenatal Diagnosis 2001, 767, 775 f.

88 Werden zwei Zellen entfernt, steigt zwar die Wahrscheinlichkeit eine richtige Diagnose zu erhalten, weil die Ergebnisse der genetischen Untersuchung der Zellen miteinander verglichen werden können, *De Vos/Van Steirteghem* Prenatal Diagnosis 2001, 767, 772. Inzwischen wurde allerdings durch eine Studie gezeigt, dass die Entnahme von zwei Zellen, verglichen mit der Entnahme von nur einer Zelle im 8-Zellstadium, mit einer deutlich schlechteren Embryonalentwicklung einhergeht, *De Vos/Staessen* Human Reproduction 2009, 2988, 2988, 2992 f.

89 *De Vos/Van Steirteghem* Prenatal Diagnosis 2001, 767, 772; *Krüssel/Baston-Büst* Der Gynäkologe 2012, 141, 143; *Steinke/Rahner et al.* Präimplantationsdiagnostik S. 35.

90 Von Mosaikbildung spricht man, wenn in Zellen eines Individuums das Genom unterschiedlich zusammengesetzt ist, *Pschyrembel* „Mosaik“. Sofern also ein Mosaik untersucht wird, ist die Diagnose der PID nicht repräsentativ für die anderen Zellen des Embryos; *Masterbroek/Twisk* The New England Journal of Medicine 2007, 9, 16; *Montag/Toth/Strowitzki* in: Reproduktionsmedizin S. 282; *Steinke/Rahner et al.* Präimplantationsdiagnostik S. 36.

91 *De Vos/Van Steirteghem* Prenatal Diagnosis 2001, 767, 772.

92 *Mastenbroek/Twisk* The New England Journal of Medicine 357 (2007), 9, 9, 14.

93 *De Vos/Van Steirteghem* Prenatal Diagnosis 2001, 767, 772.

94 *Krüssel/Baston-Büst* Der Gynäkologe 2012, 141, 143. Dass die Blastomerenbiopsie im 6- 8-Zellstadium die Embryonalentwicklung stört, wurde inzwischen auch durch eine weitere Studie, *Kirkegaard/Hindkjaer/Ingerslev* Human Reproduction

besseren Implantationsrate bei der Trophoblastbiopsie im Vergleich zur Blastomerenbiopsie[95] wenden inzwischen viele Reproduktionsmediziner die Blastomerenbiopsie, zumindest zum Auffinden von Erbkrankheiten[96], nicht mehr an, sondern bevorzugen die schonendere Blastozystenbiopsie.[97]

Für die rechtliche Zulässigkeit der PID in diesem Embryonalstadium und damit auch für die Haftung bei Fehlern ist das Entwicklungspotential der untersuchten Zellen entscheidend, sodass dieses hier bereits vorab erörtert wird.

Grundsätzlich weisen die Zellen des Embryos je nach Fortschritt der Embryonalgenese drei verschiedene Entwicklungspotentiale auf: Das zeitlich erste Entwicklungspotential der embryonalen Zellen nennt man Totipotenz: Darunter versteht man die Fähigkeit einer Zelle, ein ganzes Individuum zu bilden.[98] Auf dieses Stadium folgt das Stadium der Pluripotenz. Pluripotente Zellen können sich nicht mehr zu einem Individuum entwickeln, haben aber noch die Fähigkeit, unterschiedliche Gewebetypen zu bilden.[99] Mit der weiteren Entwicklung verlieren die Zellen auch dieses Potential. Sie können dann nur noch Zellen eines Gewebetyps bilden, sind also multipotent.

Sofern die PID im Blastomerenstadium durchgeführt wird, weist die Beurteilung des Entwicklungspotentials der Zellen erhebliche Schwierigkeiten auf. Aus naturwissenschaftlicher Sicht ist nämlich nach wie vor nicht bewiesen, in welchem Stadium der Embryonalentwicklung die Zellen ihre Totipotenz verlieren.[100] Mit Sicherheit lässt sich nur die Totipo-

---

2012, 97 ff., belegt, *Frommel/Geisthövel* Journal für Reproduktionsmedizin und Endokrinologie 2013, 6, 11.

95 *McArthur/Leigh* Prenatal Diagnosis 2008, 434, 434, 438.

96 *Montag/Toth/Strowitzki* in: Reproduktionsmedizin S. 274 mwN.

97 *Frommel/Geisthövel* Journal für Reproduktionsmedizin und Endokrinologie 2013, 6, 11; *Krüssel/Baston-Büst* Der Gynäkologe 2012, 141, 143. Dies gilt auch für Ärzte in Ländern, in denen eine PID im 8-Zellstadium legal ist, *Krüssel/Baston-Büst* Der Gynäkologe 2012, 141, 143.

98 *Beier* Reproduktionsmedizin 1999, 190, 190; *Böckenförde-Wunderlich* Präimplantationsdiagnostik als Rechtsproblem S. 25.

99 *Beier* Reproduktionsmedizin 1999, 190, 190; *Frommel/Geisthövel* Journal für Reproduktionsmedizin und Endokrinologie 2013, 6, 9.

100 Erbs/Kohlhaas/*Pelchen/Häberle* § 8 ESchG Rn. 1; *Frommel/Geisthövel* Journal für Reproduktionsmedizin und Endokrinologie 2013, 6, 9 mwN; *Ruso/Thöni,* MedR 2010, 74, 76; Günther/*Taupitz*/Kaiser § 8 ESchG Rn. 43; Ein wissenschaftlicher Beweis würde voraussetzen, dass mit einer möglicherweise noch totipotenten Blastomere eine Schwangerschaft herbeigeführt wird, aus der im Falle der Totipotenz der Blastomere ein lebensfähiger Mensch hervorgehen würde,

tenz des ersten Embryonalstadiums, der Zyogte, beurteilen.[101] Einigkeit besteht in der medizinischen Wissenschaft zudem insofern, dass der Embryo bis zum 8-Zellstadium - zumindest noch einige[102]- totipotente Zellen enthält.[103] Für die darauf folgenden Embryonalstadien ist das Differenzierungspotential der einzelnen Zellen des embryonalen Gewebeverbandes allerdings nach wie vor nicht abschließend wissenschaftlich geklärt.[104] Während die meisten aktuell davon ausgehen, dass die Zellen ihre Totipotenz kontinuierlich bis zum 8-Zellstadium[105] verlieren[106], findet sich insbesondere in älteren Veröffentlichungen die Annahme, dass alle bzw. einige Zellen ihre Totipotenz bis zum 16- bzw. 32-Zellstadium behalten[107]. Manche legen sich hingegen nur darauf fest, dass eine Totipotenz der Blastomeren nicht ausgeschlossen werden könne, sodass erst im Blastozystenstadium sicher keine totipotenten Zellen mehr vorhanden seien.[108]

Beier in: Stammzellenforschung und therapeutisches Klonen, S. 36, 46; *Denker* in: Stammzellenforschung und therapeutisches Klonen, S. 19, 21 f. Sollte sich ergeben, dass die Blastomere noch totipotent ist, würde ein menschlicher Klon, § 6 I ESchG, entstehen, *Müller-Terpitz* Der Schutz des pränatalen Lebens S. 259.

101 *Denker* in: Stammzellenforschung und therapeutisches Klonen S. 19, 24; *Frommel/Geisthövel* Journal für Reproduktionsmedizin und Endokrinologie 2013, 6, 9.

102 *Frommel/Geisthövel* Journal für Reproduktionsmedizin und Endokrinologie 2013, 6, 9 mwN; Günther/*Taupitz*/Kaiser § 8 ESchG Rn. 43.

103 BT-Drucks. 13/11263 S. 23; *Brewe* Embryonenschutz und Stammzellgesetz S. 6; Erbs/Kohlhaas/*Pelchen/Häberle* § 8 ESchG Rn. 1; Günther/Taupitz/*Kaiser* ESchG A 39; *Günther*/Taupitz/Kaiser 1. Aufl. § 2 ESchG Rn. 56; *Laimböck* Deutsche Hebammenzeitschrift 2012, 46, 47; Spickhoff/*Müller-Terpitz* Medizinrecht § 8 ESchG Rn. 3.

104 Erbs/Kohlhaas/*Pelchen/Häberle* § 8 ESchG Rn. 1 sowie ausführlich zum Streitstand BT-Drucks. 13/11263 S. 23; ebenfalls für einen Verlust der Totipotenz jenseits des 8-Zellstadiums *BÄK* Memorandum zur Präimplantationsdiagnostik S. 13 abrufbar unter http://www.bundesaerztekammer.de/downloads/Memorandum-PID_ENDFASSUNG_71052011.pdf (zuletzt besucht am 27.05.2013) sowie *Diedrich/Griesinger* Der Gynäkologe 2012, 41, 44.

105 *Beier* Reproduktionsmedizin 2000, 332, 338; *Brewe* Embryonenschutz und Stammzellgesetz S. 6 mwN.; Erbs/Kohlhaas/*Pelchen/Häberle* § 8 ESchG Rn. 1; *Günther*/Taupitz/Kaiser 1. Aufl. § 2 ESchG Rn. 56; Spickhoff/*Müller-Terpitz* Medizinrecht § 8 ESchG Rn. 3.

106 Günther/*Taupitz*/Kaiser § 8 ESchG Rn. 43 mwN.

107 Vgl. dazu die Stellungnahme der Wissenschaftlerkommission in BT-Drucks. 13/11263 S. 23 mwN.

108 *Frommel/Geisthövel* Journal für Reproduktionsmedizin und Endokrinologie 2013, 6, 9; *Krüssel/Baston-Büst* Der Gynäkologe 2012, 141, 142 f.

b) Blastozystenbiopsie

Neben der Blastomerenbiopsie kann das Untersuchungsmaterial für die PID auch durch eine Biopsie im Blastozystenstadium[109] gewonnen werden, das dem Morulastadium nachfolgt. In der menschlichen Embryonalentwicklung spricht man vom Blastozystenstadium, sobald die befruchtete Eizelle fünf bis sechs Tage nach der Befruchtung aus ungefähr 32 bis 58 Zellen besteht.[110] Die Blastozyste enthält zwei voneinander abgegrenzte Zellmassen, die innere Zellmasse, den Embryoblast, und die äußere Zellhülle, den Trophoblast.[111] Aus der inneren Zellmasse entwickelt sich später der Embryo.[112] Trophoblastzellen bilden hingegen später die Zellen der Plazenta.[113] Die Gewinnung des Untersuchungsmaterials erfolgt im Blastozystenstadium ausschließlich durch die Entnahme von Trophoblastzellen[114], um eine Schädigung des Embryos zu vermeiden.[115] Da auch bei der Chorionzottenbiopsie als Verfahren der PND die Plazentazellen biopsiert werden, handelt es sich bei der Trophoblastbiopsie im Blastozystenstadium um eine frühe Form dieses Verfahrens.[116] Ein Nachteil der Blastozystenbiopsie besteht darin, dass aufgrund der Biopsie am fünften Tag kaum Zeit für die genetische Untersuchung verbleibt[117], weil der Embryo spätestens am nächsten Tag transferiert werden muss. Außerdem

---

109 Hierzu auch *Müller-Terpitz* Der Schutz des pränatalen Lebens S. 540 f.

110 *Deutsches Referenzzentrum für Ethik in den Biowissenschaften* Forschungsklonen abrufbar unter http://www.drze.de/im-blickpunkt/forschungsklonen/module/blastozystenstadium (zuletzt besucht am 23.05.2013); *Kaelin* Biotechnik am Beginn menschlichen Lebens S. 32, 35.

111 *Pschyrembel* „Blastozyste“; *Frommel/Geisthövel* Journal für Reproduktionsmedizin und Endokrinologie 2013, 6, 9; siehe auch die Abbildungen bei *Frommel/Geisthövel* Journal für Reproduktionsmedizin und Endokrinologie 2013, 6, 9 Abbildung 1 und *Krüssel/Baston-Büst* Der Gynäkologe 2012, 141, 143 Abbildung 2.

112 *Beier* Reproduktionsmedizin 2000, 332, 335; *Kaelin* Biotechnik am Beginn menschlichen Lebens S. 35.

113 *Frommel* JZ 2013, 488, 489; *Kaelin* Biotechnik am Beginn menschlichen Lebens, S. 35; *Kunz-Schmidt* NJ 2011, 231, 234.

114 *Montag/Toth/Strowitzki* in: Reproduktionsmedizin S. 276; meist werden zwei bis sechs Zellen entnommen, *Seifert/Paulmann/Seifert* Journal für Reproduktionsmedizin und Endokrinologie 2014, 12, 13.

115 *De Vos/Van Steirteghem* Prenatal Diagnosis 2001, 767, 775.

116 *Krüssel/Baston-Büst* Der Gynäkologe 2012, 141, 142 f.

117 *De Vos/Van Steirteghem* Prenatal Diagnosis 2001, 767, 776; *Schmutzler/Filges* Der Gynäkologe 2014, 263, 265; *Steinke/Rahner et al.* Präimplantationsdiagnostik S. 36.

entwickeln sich bei weitem nicht alle Zygoten zu Blastozysten[118], sodass nur eine begrenzte Anzahl von Embryonen für die Biopsie zur Verfügung steht.[119] Weiterhin droht bei der Biopsie im Blastozystenstadium ebenso wie im Blastomerenstadium eine Mosaikbildung. Es besteht also auch in diesem späteren Stadium aufgrund der Tatsache, dass die entnommene Zelle nicht repräsentativ für den restlichen Embryo sein muss, die Gefahr von Fehldiagnosen, wenn auch in einem weitaus geringeren Ausmaß.[120] Anders als im Blastomerenstadium kann das Risiko für Fehldiagnosen dadurch reduziert werden, dass im Blastozystenstadium deutlich mehr Zellen (ca. 10-30) entnommen und untersucht werden können und die Diagnose so besser abgesichert werden kann.[121] Zudem bleibt bei der Biopsie von Trophoblastzellen der Embryo selbst unberührt[122], sodass eine im Vergleich zur Blastomerenbiopsie bessere Implantations- und Schwangerschaftsrate erzielt wird.[123]

Bei der Frage nach dem Entwicklungspotential von Blastozysten muss zwischen den Zellen des Embryoblasten und denen des Trophoblasten unterschieden werden. Aus ersteren entwickelt sich später der Embryo mit seinen unterschiedlichen Gewebetypen, sodass diese Zellen pluripotent sind. Aus dem Trophoblastzellen kann sich hingegen nur Trophektoderm[124], d.h. Eihaut und Plazenta bilden. Somit sind sie diese Zellen nicht mehr pluripotent[125], sondern nur noch multipotent.

---

118 *De Vos/Van Steirteghem* Prenatal Diagnosis 2001, 767, 775 f. nehmen an, dass nur die Hälfte oder weniger der Embryonen das Blastozystenstadium erreicht. *Körner* Ethik in der Medizin 2003, 68, 69 geht sogar davon aus, dass nur eine Quote von 35-40% der Zygoten das Blastozystenstadium erreicht.

119 *De Vos/Van Steirteghem* Prenatal Diagnosis 2001, 767, 776.

120 *De Vos/Van Steirteghem* Prenatal Diagnosis 2001, 767, 775.

121 *De Vos/Van Steirteghem* Prenatal Diagnosis 2001, 767, 775.

122 *De Vos/Van Steirteghem* Prenatal Diagnosis 2001, 767, 775; es handelt sich daher um eine sehr frühe Form der Chorionzottenbiopsie, *Krüssel/Baston-Büst* Der Gynäkologe 2012, 141, 143.

123 *Krüssel/Baston-Büst* Der Gynäkologe 2012, 141, 143 mwN.

124 Aus dem Trophektoderm bilden sich die Plazenta sowie die Eihaut, vgl. *Frommel* JZ 2013, 488, 494 Fn. 15.

125 Der BGH nimmt zwar zu Recht an, dass die Trophoblastzellen nicht mehr totipotent sind, setzt dies aber fälschlich mit dem Begriff pluripotent gleich, vgl. BGHSt 55, 206, 208. Dies trifft allerdings nur auf die innere Zellmasse der Blastozyste, den sog. Embroyblast, zu. Vgl. auch *Schroth* ZStW 2013, 627, 633.

2. Untersuchungsverfahren für die PID

Für die genetische Untersuchung stehen mehrere Verfahren zur Auswahl, die jeweils zur Beantwortung unterschiedlicher genetischer Fragestellungen geeignet sind. Alle Methoden weisen zur Zeit noch keine 100 %ige Sensitivität (Fähigkeit eines diagnostischen Tests, alle Personen, die ein entsprechendes genetisches Merkmal aufweisen, tatsächlich als Träger dieses genetischen Merkmals anzuzeigen)[126] bzw. 100 %ige Spezifität (Fähigkeit eines diagnostischen Tests, Nicht-Merkmalsträger auch als solche zu erkennen)[127] auf. Unter anderem aufgrund dieser Ungenauigkeit der aktuell zur Verfügung stehenden genetischen Testverfahren resultiert bei der PID ein 0,5-5 %iges Risiko für Fehldiagnosen.[128] Näheres zu den möglichen Untersuchungsverfahren wird im Folgenden beschrieben.

a) Polymerase Kettenreaktion

Die Polymerase Kettenreaktion (polymerase chain reaction – PCR) als molekularbiologisches Verfahren erlaubt die Amplifikation[129] einzelner Gene oder Genabschnitte mithilfe von DNA-Polymerasen.[130] Anschlie-

---

126 *Deutscher Ethikrat* Die Zukunft der genetischen Diagnostik S. 50, abrufbar unter http://www.ethikrat.org/dateien/pdf/stellungnahme-zukunft-der-genetischen-diagnostik.pdf (zuletzt besucht am 17.9.2013); *Pschyrembel* „Sensitivität".

127 *Deutscher Ethikrat* Die Zukunft der genetischen Diagnostik S. 50, abrufbar unter http://www.ethikrat.org/dateien/pdf/stellungnahme-zukunft-der-genetischen-diagnostik.pdf (zuletzt besucht am 17.9.2013); *Pschyrembel* „Spezifität".

128 Vgl. Günther/Taupitz/*Kaiser* 1. Aufl. ESchG Einf A 204; *Kaelin* Biotechnik am Biotechnik am Beginn menschlichen Lebens S. 32 geht sogar von einer Fehlerquote von 4-10% aus; vgl. hierzu auch *BÄK* Memorandum zur Präimplantationsdiagnostik S. 4 bezogen auf falsch negative Diagnosen (der Embryo ist krank, obwohl ihn der Arzt als genetisch unauffällig eingestuft hat) abrufbar unter http://www.bundesaerztekammer.de/downloads/Memorandum-PID_Memorandum_17052011.pdf (zuletzt besucht am 16.04.2013); speziell für die Fehlerquote bei der PID mittels PCR *Schneider* Rechtliche Aspekte der Präimplantations- und Präfertilisationsdiagnostik S. 44.

129 Amplifikation meint die gezielte Vervielfältigung von DNA-Abschnitten.

130 *Pschyrembel* „Polymerase-Kettenreaktion"; *Deutscher Ethikrat* BT-Drucks. 17/5210 S. 7; Günther/Taupitz/*Kaiser* ESchG A 68 f., ausführlich zur PCR auch *Eiben/Held/Hammans/Schmidt* in: Molekulare Medizin in der Frauenheilkunde S. 85, 88 ff. sowie *Montag/Toth/Strowitzki* in: Reproduktionsmedizin S. 279.

ßend werden die vervielfältigten Gene sequenziert[131], um so vermutete Genmutationen aufzuspüren.[132] Da mithilfe der PCR immer nur einzelne DNA-Abschnitte untersucht werden können, eignet sich diese Untersuchungsmethode nur zur gezielten Diagnostik monogenetischer Krankheiten[133], deren Sequenz bekannt ist, sowie zur Geschlechtsbestimmung, nicht aber zum Aneuploidiescreening.[134] Daher wird die PCR im Rahmen der PID nur beim Verdacht auf eine monogene[135] Erkrankung sowie zur Geschlechtsbestimmung[136] eingesetzt.[137] Bei der Amplifikation der DNA-Abschnitte kann es in seltenen Fällen zu Fehlern kommen[138], die dann zu einem falschen Untersuchungsergebnis führen. Weiterhin setzt eine erfolgreiche PCR voraus, dass die Einschätzung des Arztes hinsichtlich der vermuteten Erbkrankheit und die Lokalisation des entsprechenden Genortes korrekt sind, weil nur dann die Untersuchung zu einer richtigen Diagnose führen kann.

b) Fluoreszenz-in-situ-Hybridisierung

Bei der Fluoreszenz-in-situ-Hybridisierung (FISH-Technik) werden einige numerische (sog. Aneuploidien)[139] und/oder strukturelle Chromosomenaberrationen mithilfe eines fluoreszierenden Farbstoffs sichtbar gemacht.[140] Angewendet wird die FISH-Technik, um x-chromosomal ver-

131 Sequenzierung bedeutet die Bestimmung der Abfolge der Nukleotide in der DNA. Aus der Abfolge der Nukleotide lässt sich erkennen, ob eine strukturelle Chromosomenaberration vorliegt.

132 *Pschyrembel* „Sequenzierung“.

133 *Montag/Toth/Strowitzki* in: Reproduktionsmedizin S. 279.

134 *Deutscher Ethikrat* BT-Drucks. 17/5210 S. 7; *Schwinger* Präimplantationsdiagnostik Medizinische Indikation oder unzulässige Selektion? S. 13 f.; *Steinke/Rahner et al.* Präimplantationsdiagnostik S. 41.

135 Eine monogene Erkrankung entsteht durch einen Defekt in einem einzelnen Gen.

136 Die Geschlechtsbestimmung mithilfe der PID ist in Deutschland allerdings grundsätzlich verboten. Dies gilt lediglich nicht, wenn die Sequenz einer schwerwiegenden Erbkrankheit unbekannt ist, die Geschlechtsbestimmung aber zur Vermeidung dieser Krankheit dient, § 3a II 1 ESchG.

137 Günther/Taupitz/*Kaiser* ESchG A 202; *Ludwig/Diedrich* Ethik Med 1999, 38, 39; *Steinke/Rahner et al.* Präimplantationsdiagnostik S. 41.

138 *Linz/Degenhardt* Naturwissenschaften 77, 515, 526 f.

139 *Ogilvie/Braude/Scriven* Journal of Histochemistry & Cytochemistry 53, 255, 255.

140 *Deutscher Ethikrat* BT-Drucks. 17/5210 S. 7; *Montag/Roth/Strowitzki* in: Reproduktionsmedizin S. 270; vgl. zum FISH-Verfahren auch *Schwinger* Präimplanta-

erbte Krankheiten[141] sowie einige Translokationen und Aneuploidien auszuschließen.[142] Die FISH-Technik dient dem Nachweis bestimmter chromosomaler balancierter bzw. unbalancierter Aberrationen bei Carrier-Eltern[143] sowie zur Bestimmung von im Regelfall neu aufgetretenen numerischen Chromosomenaberrationen an den Chromosomen X, Y, 13, 16, 18 und 21[144], die besonders häufig als Monosomien oder Trisomien vorkommen.[145]

c) Vergleichende Genom-Hybridisierung

Die PID kann ebenfalls mithilfe der vergleichenden Genom-Hybridisierung (comparative genomic hybridization – CGH) durchgeführt werden.[146] Dabei wird, im Gegensatz zur FISH-Technik, die sich auf die Untersuchung einiger Chromosomen beschränkt[147], das komplette Chromosomenmuster der zu untersuchenden Zelle mit der einer anderen Zelle mit normalem Chromosomensatz verglichen[148], um so Abweichungen

---

tionsdiagnostik Medizinische Indikation oder unzulässige Selektion? S. 12 f.; *Eiben/Held/Hammans/Schmidt* in: Molekulare Medizin in der Frauenheilkunde S. 85, 85 ff. sowie *Montag/Toth/Strowitzki* in: Reproduktionsmedizin S. 277 f. Im Regelfall werden mit der FISH-Technik nur 5-10 Chromosomen untersucht, *Montag/Toth/Strowitzki* in: Reproduktionsmedizin S. 281.

141 *Dije* Präimplantationsdiagnostik aus rechtlicher Sicht S.9; *Ludwig/Diedrich* Ethik Med 1999, 38, 39.

142 *Deutscher Ethikrat* BT-Drucks. 17/5210 S. 7; *Montag/Toth/Strowitzki* in: Reproduktionsmedizin S. 277 f.

143 Carrier-Eltern haben selbst eine balancierte Chromosomenaberration, d.h. ihr genetisches Material ist nur umverteilt, nicht aber erhöht oder reduziert, sodass sie selbst nicht erkrankt sind. Allerdings besteht bei ihren Abkömmlingen das Risiko einer unbalancierten Chromosomenaberration, die durch ein zu viel oder ein zu wenig von genetischem Material gekennzeichnet ist. Folgen einer unbalancierten Chromosomenaberration sind Fehlgeburten oder Fehlbildungen sowie schwere Entwicklungsverzögerungen, vgl. auch *Steinke/Rahner et al.* Präimplantationsdiagnostik S. 24.

144 *Steinke/Rahner et al.* Präimplantationsdiagnostik S. 44.

145 Günther/Taupitz/*Kaiser* ESchG A 202, 197.

146 *Krüssel/Baston-Büst* Der Gynäkologe 2012, 141, 142; *Oglivie/Braude/Scriven* The Journal of Histochemistry & Cytochemistry 2005, 255, 256; ausführlich zur CGH *Montag/Toth/Strowitzki* in: Reproduktionsmedizin S. 278 f.

147 *Montag/Toth/Strowitzki* in: Reproduktionsmedizin S. 278 f.

148 *Deutscher Ethikrat* BT-Drucks. 17/5210 S. 7; *Montag/Toth/Strowitzki* in: Reproduktionsmedizin S. 270; *Steinke/Rahner et al.* Präimplantationsdiagnostik S. 44.

festzustellen. Dies geschieht, indem man auf einen DNA-Chip, der bereits einzelne Gensequenzen enthält, sowohl die zu untersuchende DNA als auch zu Referenzzwecken eine normale DNA aufträgt, die jeweils farblich markiert sind. Aus der Verteilung der Farbwerte ergeben sich dann etwaige strukturelle oder numerische Chromosomenaberrationen.[149] Im Gegensatz zur FISH-Technik lassen sich mit der vergleichenden Genom-Hybridisierung nicht nur bestimmte Mutationen einzelner Chromosomen, sondern das gesamte Genom analysieren.[150] Allerdings ermöglicht die CGH keinen Nachweis von balancierten Chromosomenaberrationen und von Polyploidien.[151] Ein erheblicher Vorteil der CGH besteht darin, dass für die genetische Analyse mit dieser Untersuchungsmethode kleinste DNA-Mengen genügen.[152]

III. Das Vorgehen nach der genetischen Untersuchung

1. Auswertung der Untersuchungsergebnisse

Nach der genetischen Untersuchung muss der Humangenetiker die Ergebnisse der genetischen Analyse im Hinblick auf die von ihm zu beantwortende Fragestellung auswerten und das Untersuchungsergebnis der Frau mitteilen.[153]

2. Implantationsentscheidung

Auf der Basis der ärztlichen Diagnose entscheidet die Frau, ob und wenn ja, welche Embryonen ihr implantiert werden. Regelmäßig wird sie den- oder diejenigen Embryonen auswählen, die sich als genetisch unauffällig

---

149 *Montag/Köster* Journal für Reproduktionsmedizin und Endokrinologie 2010, 498, 498; *Strech* Analyse und Kritik der medizinisch-ethischen Diskussion zur Präimplantationsdiagnostik S. 22, *Steinke/Rahner et al.* Präimplantationsdiagnostik S. 44.

150 *Deutscher Ethikrat* BT-Drucks. 17/5210 S. 7; *Steinke/Rahner et al.* Präimplantationsdiagnostik S. 35.

151 *Steinke/Rahner et al.* Präimplantationsdiagnostik S. 45.

152 *Steinke/Rahner et al.* Präimplantationsdiagnostik S. 45.

153 Zu einer etwaigen Einschränkung der Aufklärungspflicht bei Zusatzbefunden siehe unten S. 156 ff.

erwiesen haben, da die Frau die PID gerade zu diesem Zweck hat durchführen lassen.[154]

Um keine rechtswidrige Körperverletzung zu begehen, muss der Arzt die Frau vor dem Transfer zudem aufklären und eine wirksame Einwilligung in Bezug auf den Embryotransfer einholen, § 4 I Nr. 2 ESchG. Die Einwilligung des Wunschvaters in den Embryotransfer ist nach dem ESchG hingegen nicht erforderlich. Das ESchG lässt es genügen, wenn er in die künstliche Befruchtung eingewilligt hat, § 4 I Nr. 1 ESchG. Allerdings ergibt sich das Erfordernis der Einwilligung des Vaters auch zum Embryotransfer aus § 8b I, II Transplantationsgesetz.[155]

3. Embryotransfer

Sofern sich die Patientin für einen Embryotransfer entschieden hat, überträgt der Arzt ihr im Regelfall maximal zwei Embryonen mittels eines Katheters in die Gebärmutterhöhle.[156] Zwar gestattet § 1 I Nr. 3 ESchG den Transfer von bis zu drei Embryonen. Allerdings haben medizinische Studien ergeben, dass höhergradige Mehrlingsschwangerschaften mit gravierenden Risiken für die Mutter, die Feten, die Neugeborenen und die Kinder verbunden sind.[157] Der Transfer von drei Embryonen stellt daher nach heutigen internationalen Standards regelmäßig keine Behandlung lege artis mehr dar.[158]

4. Kryokonservierung

Für den Fall, dass sich unerwartet mehr Eizellen im Vorkernstadium zu Embryonen entwickelt haben als der Patientin innerhalb eines Behandlungszyklus transferiert werden, können die überzähligen Embryonen kryokonserviert[159], d.h. in flüssigem Stickstoff bei -196° C eingefroren werden, um sie gegebenenfalls zu einem späteren Zeitpunkt in die Gebärmut-

154 *Kunz-Schmidt* NJ 2011, 231, 234.

155 *Frister/Börgers* in: Reproduktionsmedizin S. 93, 114.

156 *Frommel* Journal für Reproduktionsmedizin und Endokrinologie 2007, 27, 30.

157 *Frommel* Journal für Reproduktionsmedizin und Endokrinologie 2007, 27, 30.

158 *Frommel* Journal für Reproduktionsmedizin und Endokrinologie 2007, 27, 30.

159 *Schnorbus* JuS 1994, 830, 831; *Voß* Vernichtung tiefgefrorenen Spermas als Körperverletzung? S. 8 Fn. 39 mwN.

ter zu übertragen. Dies erspart der Frau die oben geschilderte erneute Hormonstimulation mit anschließender Follikelpunktion.[160]

5. Verwerfung der überzähligen Embryonen

Sofern die überzähligen Embryonen nicht kryokonserviert werden, werden sie verworfen, d.h. nicht weiterkultiviert. Dies betrifft insbesondere Embryonen mit einem genetischen Defekt.

D. Gründe für den Einsatz der PID

Mithilfe der PID lassen sich viele genetische Fragestellungen schon vor einer Schwangerschaft beantworten, über die im Folgenden ein Überblick gegeben wird. Dies ist auch zum Verständnis der rechtlichen Regelungen der PID erforderlich, da die medizinisch möglichen und die rechtliche zulässigen Anwendungsfälle der PID erheblich divergieren.

I. Verdacht auf eine monogen erbliche Krankheitsanlage

Mithilfe der »klassischen«[161] PID kann im Regelfall nicht festgestellt werden, ob der Embryo an einer monogen erblichen Krankheit leidet, sondern nur, ob er Träger einer monogen erblichen Krankheitsanlage ist. Diese kennzeichnet sich dadurch, dass nur ein einzelnes Gen eine Mutation aufweist.[162] Um eine solche Krankheitsanlage mithilfe der PID zu diagnostizieren, muss sowohl die ursächliche Genmutation bekannt sein als auch ein Risiko für die Weitervererbung bestehen.[163] Selbst wenn der Embryo die jeweilige Krankheitsanlage von einem Elternteil erbt, lässt sich in den allermeisten Fällen[164] mit der PID nicht ermitteln, ob der Embryo selbst unter der durch diese Genmutation hervorgerufenen Krankheit leiden wird. Der Grund dafür liegt zum einen darin, dass nicht alle Erbkrankhei-

160 Siehe oben S. 31.
161 BT-Drucks. 17/5450 S. 6.
162 *Deutscher Ethikrat* BT-Drucks. 17/5210 S. 58.
163 *Steinke/Rahner et al.* Präimplantationsdiagnostik S. 38.
164 Eine Ausnahme bildet etwa die Chorea Huntington, siehe ausführlich dazu unten S. 48.

ten mit einer vollständigen Penetranz, d.h. einer 100%igen Wahrscheinlichkeit, dass der Mutationsträger erkranken wird, einhergehen.[165] Zum anderen hängt das Ausbrechen einer monogenen Erbkrankheit von dem ihr zugrundeliegenden Erbgang ab, der jedoch nicht immer bekannt ist. Je nachdem, ob die Krankheit autosomal-rezessiv, autosomal-dominant, x-chromosomal-rezessiv oder x-chromosomal-dominant vererbt wird, kann es sein, dass das Kind die Mutation und damit die Anlage für die entsprechende Krankheit aufweist, also die Krankheit gegebenenfalls an seine Nachkommen überträgt, aber nicht selbst von dieser betroffen ist.[166] Schließlich lässt sich mithilfe der PID die Expressivität, d.h. der Ausprägungsgrad einer monogen vererbten Krankheit im Fall ihres Auftretens nicht abschätzen.

1. Autosomal-rezessiv vererbte Krankheiten

Eine bloße Überträgereigenschaft kann etwa bei den autosomal-rezessiv vererbten Krankheiten vorkommen. Sie können nur ausbrechen, wenn beide homologen[167] Chromosomen eine Mutation aufweisen, d.h. wenn beide Elternteile Träger der Genmutation sind und jeweils den veränderten Chromosomensatz vererben. Das Risiko hierfür beträgt 25%.[168] Mit einer Wahrscheinlichkeit von 50% erbt das Kind nur vom Vater oder der Mutter die Mutation, so dass das jeweils andere Chromosom derselben Nummer die Genfunktion sicherstellt und das Kind nicht erkrankt.[169] Allerdings ist das Kind in diesem Fall Anlageträger für die Krankheit und kann sie daher seinerseits weitervererben.[170] Sofern das Kind jeweils das unveränderte mütterliche und väterliche Chromosom erbt, bleibt es von der Krankheit verschont. Die Wahrscheinlichkeit hierfür beträgt 25%.[171] Da das Risiko des Ausbruchs einer autosomal-rezessiven Krankheit bei Kindern nur be-

---

165 Von einer vollständigen Penetranz spricht man, wenn alle Träger eines Genotyps auch den entsprechenden Phänotyp ausbilden. Eine unvollständige Penetranz findet sich insbesondere bei dominant vererbten Krankheitsanlagen, *Pschyrembel* „Penetranz".

166 Zur Frage, ob der Arzt über eine Überträgereigenschaft aufklären muss, siehe unten S. 192.

167 Homolog bedeutet Chromosomen der gleichen Nummer.

168 *Steinke/Rahner et al.* Präimplantationsdiagnostik S. 27.

169 *Steinke/Rahner et al.* Präimplantationsdiagnostik S. 27.

170 *Steinke/Rahner et al.* Präimplantationsdiagnostik S. 27.

171 *Steinke/Rahner et al.* Präimplantationsdiagnostik S. 27.

steht, wenn beide Eltern die entsprechende Genmutation aufweisen, betrifft dies im Regelfall nur eine Generation.[172] Zu den autosomal-rezessiven Krankheiten, zu deren Diagnose die PID am häufigsten angewendet wird, gehören die Mukoviszidose[173], die Beta-Thalassämie und die Spinale Muskelathropie.[174]

2. Autosomal-dominant vererbte Krankheiten

Zu den autosomal-dominant vererbten monogenen Krankheiten zählen unter anderem die ursächlich nicht behandelbare Chorea Huntington und die Myotone Dystrophie.[175] Der Gendefekt und damit das Risiko an einer derartigen Krankheit zu leiden, bestehen bereits, wenn nur eines der beiden homologen Chromosomen mutiert ist.[176] Ob die Krankheit zum Ausbruch kommt, hängt hingegen davon ob, ob die Krankheit eine vollständige oder unvollständige Penetranz aufweist.[177] Weist ein Elternteil die entsprechende Genveränderung auf, so besteht für das Kind ein Risiko von 50% die Chromosomenmutation zu erben.[178] Mit einer Wahrscheinlichkeit von 50% wird das Kind nicht Merkmalsträger. Aufgrund der 50%igen Wahrscheinlichkeit für die Weitervererbung betrifft die durch die entsprechende genetische Veränderung ausgelöste Krankheit typischerweise mehrere Generationen.[179]

---

172 *Steinke/Rahner et al.* Präimplantationsdiagnostik S. 27.

173 *Grimm/Holinski-Feder* in: Taschenlehrbuch Humangenetik S. 280, 289 ff.; *Montag/Toth/Strowitzki* in: Reproduktionsmedizin S. 271.

174 *Steinke/Rahner et al.* Präimplantationsdiagnostik S. 38 f.; *Gossens et al.* Human Reproduction 2008, 2629, 2630.

175 *Grimm/Holinski-Feder* in: Taschenlehrbuch Humangenetik S. 280 ff.; *Steinke/Rahner et al.* Präimplantationsdiagnostik S. 38.

176 *Deutscher Ethikrat* BT-Drucks. 17/5210 S. 6.

177 Sofern eine autosomal-dominant vererbte Krankheit wie z.B. die Chorea Huntington eine vollständige Penetranz aufweist, vgl. *Buselmaier/Tariverdian* Humangenetik für Biologen S. 148, kann mit der PID bereits der Krankheitseintritt mit Sicherheit vorausgesagt werden.

178 *Montag/Toth/Strowitzki* in: Reproduktionsmedizin S. 271; *Steinke/Rahner et al.* Präimplantationsdiagnostik S. 26.

179 *Steinke/Rahner et al.* Präimplantationsdiagnostik S. 27.

3. X-chromosomal-rezessive Krankheiten

Wird eine Krankheitsanlage x-chromosomal-rezessiv vererbt, besteht im Regelfall nur für männliche Nachkommen ein vom Penetranzgrad der jeweiligen Krankheit abhängiges Erkrankungsrisiko, weil bei Mädchen normalerweise das zweite X-Chromosom die Genfunktion sicherstellt.[180] Sofern der Vater die Krankheitsanlage besitzt, erkranken seine Söhne nicht, weil sie vom Vater nur das nicht veränderte Y-Chromosom erhalten. Töchter eines betroffenen Vaters erben hingegen die Krankheitsanlage mit einer Wahrscheinlichkeit von 100%. Sie erkranken aber im Regelfall nicht, sondern sind nur Überträgerinnen der Krankheit. Sofern sich die Krankheitsanlage auf einem der beiden X-Chromosomen der Mutter befindet, besteht für ihre Kinder eine Wahrscheinlichkeit von 50% das defekte Gen zu erben. Bei Jungen führt die Merkmalsträgerschaft dazu, dass sie ein vom Penetranzgrad der jeweiligen Krankheit abhängiges Erkrankungsrisiko aufweisen. Mädchen, die den entsprechenden Genotyp aufweisen, bilden allerdings den entsprechenden Phänotyp normalerweise wegen ihres zweiten gesunden X-Chromosoms nicht aus, sondern sind nur Konduktorinnen der entsprechenden Krankheitsanlage. Viele x-chromosomal-rezessive Erkrankungen, wie z. B. die Muskeldystrophie Typ Duchenne, das Fragile X-Syndrom, die Morbus Fabry und die Retinitis pigmentosa haben einen schweren Verlauf und sind zudem oft nicht behandelbar.[181] Daraus ergibt sich, dass die PID zur Diagnose von X-chromosomal-rezessiven Erkrankungen wahrscheinlich einen Großteil der Untersuchungen nach § 3a II 1 ESchG ausmachen wird.

4. X-chromosomal-dominante Krankheiten

Bei den wenigen x-chromosomal-dominant vererbten Krankheiten[182] sind die Söhne von Vätern, die die entsprechende Mutation aufweisen, niemals selbst von dem genetischen Defekt betroffen, weil sie vom Vater das Y-Chromosom erben.[183] Töchter weisen hingegen immer die entsprechende

---

180 *Deutscher Ethikrat* BT-Drucks. 17/5210 S. 6; *Steinke/Rahner et al.* Präimplantationsdiagnostik S. 27.

181 *Steinke/Rahner et al.* Präimplantationsdiagnostik S. 39.

182 Hierzu gehört z.B. das Rett-Syndrom *Pschyrembel* „Rett-Syndrom“.

183 *Steinke/Rahner et al.* Präimplantationsdiagnostik S. 28.

Krankheitsanlage auf.[184] Sofern die Mutter Merkmalsträgerin ist, sind ihre Kinder mit einer Wahrscheinlichkeit von 50% Träger der entsprechenden Krankheitsanlage.[185] Da die meisten Krankheiten mit dominantem Erbgang eine unvollständige Penetranz haben, lässt sich mit der PID hier nur die Krankheitsanlage, aber nicht eine spätere Manifestation der Krankheit feststellen.

II. Verdacht auf genetische Risiken für eine multifaktoriell bedingte Krankheit

Das Risiko einer multifaktoriell bedingten Krankheit, wie Diabetes mellitus oder Asthma, kann durch verschiedene genetische Veränderungen erhöht werden.[186] Allerdings bricht die Krankheit nicht allein aufgrund der genetischen Veränderungen aus, sondern es müssen noch weitere Faktoren (z.B. Umwelteinflüsse, Lebensstil) hinzukommen. Daher eignet sich die PID nicht, um Feststellungen in Bezug auf den Ausbruch einer multifaktoriell bedingten Krankheit zu treffen. Zudem müssten, um die Wahrscheinlichkeit für eine solche Krankheit zu reduzieren, alle genetischen Veränderungen, die das Risiko für eine multifaktoriell bedingte Krankheit erhöhen, erkannt werden. Somit bedürfte es der Untersuchung vieler Embryonen, um anschließend nur solche zu übertragen, die keine, eine Krankheit fördernde genetische Veranlagung haben.[187] Die PID wird daher nicht dazu eingesetzt, um genetische Risikoerhöhungen für bestimmte multifaktoriell bedingte Krankheiten zu erkennen.[188]

III. Verdacht auf eine Chromosomenstörung

Einen zentralen Anwendungsfall der PID stellt die Untersuchung auf numerische und strukturelle Chromosomenstörungen dar. Numerische Chromosomenstörungen, sog. Aneuploidien, treten im Regelfall spontan

184 *Steinke/Rahner et al.* Präimplantationsdiagnostik S. 28.
185 *Steinke/Rahner et al.* Präimplantationsdiagnostik S. 28.
186 *Deutscher Ethikrat* BT-Drucks. 17/5210 S. 6.
187 *Steinke/Rahner et al.* Präimplantationsdiagnostik S. 41.
188 *Deutscher Ethikrat* BT-Drucks. 17/5210 S. 6; *Steinke/Rahner et al.* Präimplantationsdiagnostik S. 41.

bei der Zellteilung auf.[189] Daher kann es im Einzelfall sinnvoll sein, auch bei genetisch nicht vorbelasteten Paaren eine PID zum Auffinden dieser numerischen Störungen durchzuführen.[190] Dies gilt insbesondere dann, wenn im Rahmen einer vorangegangen extrakorporalen Befruchtung bereits Chromosomenstörungen aufgetreten sind, bzw. wenn ein erhöhtes mütterliches Alter vorliegt.[191] Strukturelle Chromosomenstörungen können hingegen sowohl spontan auftreten als auch auf einer genetischen Vorbelastung durch einen oder beide Elternteile beruhen.[192]

Beim Aneuploidiescreening wird der Chromosomensatz auf Abweichungen in der Zahl der Chromosomen, d.h. auf numerische Störungen untersucht.[193] Fehlt in einem diploiden Chromosomensatz ein Chromosom, so spricht man von einer Monosomie.[194] Beim dreifachen Vorliegen eines Chromosoms handelt es sich hingegen um eine Trisomie.[195] Die meisten Chromosomenstörungen (Monosomien an den Chromosomen 1 bis 22 sowie die Mehrzahl der Trisomien) sind für den Embryo tödlich.[196]

Weiterer Anwendungsfall der PID ist die Feststellung von strukturellen Chromosomenstörungen. Sofern die Chromosomenstörung balanciert ist, zeigen sich im Regelfall keine Krankheitssymptome. In der Folgegeneration kann jedoch eine unbalancierte Chromosomenstörung entstehen, die regelmäßig zu einem Abort oder schweren Behinderungen führt.[197]

Ebenso wie bei monogen bedingten Erbkrankheiten kann mithilfe der PID die Expressivität einer durch eine Chromosomenstörung ausgelösten Erkrankung nicht festgestellt werden.

189 *Nationaler Ethikrat* Genetische Diagnostik vor und während der Schwangerschaft S. 39; BT-Drucks. 17/5450 S. 6; *Gillessen-Kaesbach/Hellenbroich* in: Pädiatrie S. 23, 25; Günther/Taupitz/*Kaiser* ESchG A 197.

190 BT-Drucks. 17/5450 S. 6.

191 *Steinke/Rahner et al.* Präimplantationsdiagnostik S. 37.

192 *Nationaler Ethikrat* Genetische Diagnostik vor und während der Schwangerschaft S. 39.

193 *Pschyrembel* „Aneuploidie".

194 *Pschyrembel* „Monosomie".

195 *Pschyrembel* „Trisomie".

196 *Deutscher Ethikrat* BT-Drucks. 17/5210 S. 6; *Gillessen-Kaesbach/Hellenbroich* in: Pädiatrie S. 23, 25.

197 *Deutscher Ethikrat* BT-Drucks. 17/5210 S. 6; *Montag/Toth/Strowitzki* in: Reproduktionsmedizin S. 272.

IV. Identifikation gewünschter genetischer Merkmale

Medizinisch ist es heute bis auf einige wenige Ausnahmen unmöglich, einen Embryo mit bestimmten körperlichen oder geistigen Merkmalen zu selektieren, weil diese Merkmale außer durch die Gene durch zahlreiche weitere Faktoren beeinflusst werden.[198] Einige Eigenschaften des Kindes wie zum Beispiel die HLA-Kombination[199] oder das Geschlecht lassen sich jedoch bestimmen.[200]

Grund für eine Geschlechtsbestimmung kann zum Beispiel der Wunsch der Eltern nach einem Mädchen oder Jungen sein, der sich oft aus den gesellschaftlichen Wertvorstellungen eines Landes ergibt.[201] Hierbei sind in Deutschland aber die rechtlichen Einschränkungen durch das ESchG zu beachten. Die durch Spermienselektion herbeigeführte Geschlechtswahl ist gem. § 3 1 ESchG verboten, es sei denn, sie dient der Vermeidung der Muskeldystrophie Typ Duchenne oder einer ähnlich schwerwiegenden geschlechtsgebundenen Erbkrankheit, die von der nach Landesrecht zuständigen Stelle als entsprechend schwerwiegend anerkannt worden ist, § 3 2 ESchG. Das Verbot gilt gem. § 3a I ESchG auch für die Geschlechtsbestimmung von Embryonen mittels PID. Ausnahmsweise rechtfertigt § 3a II 1 ESchG die Geschlechtsbestimmung, wenn sie die einzige Möglichkeit ist, das bestehende Risiko einer X-chromosomal-rezessiven Erbkrankheit, die auf einer nicht identifizierten genetischen Veränderung beruht, zu vermeiden, sofern auch die übrigen Voraussetzungen des Rechtfertigungsgrundes vorliegen.[202]

Zudem können mithilfe der PID Embryonen mit einem bestimmten Immunitätsmuster, wie zum Beispiel einem bestimmten HLA-Komplex, selektiert werden, um anschließend einen geeigneten Stammzellspender

---

198 *Deutscher Ethikrat* BT-Drucks. 17/5210 S. 7.

199 Die möglichst genaue Übereinstimmung der Kombination des humanen Leukozytenantigen-Systems (kurz HLA-System) von Spender und Empfänger ist für die Gewebeverträglichkeit von Transplanten entscheidend. Nur bei ähnlichen HLA-Komplexen besteht eine Wahrscheinlichkeit dafür, dass keine immunologische Abwehrreaktion beim Transplantempfänger erfolgt.

200 *Deutscher Ethikrat* BT-Drucks. 17/5210 S. 7; *Steinke/Rahner et al.* Präimplantationsdiagnostik S. 40 f.

201 In diesen Fällen spricht man vom sog. social sexing oder family balancing, *Steinke/Rahner et al.* Präimplantationsdiagnostik S. 40.

202 Siehe zu den übrigen Voraussetzungen des § 3a II 1 ESchG unten S. 73 ff. sowie S. 96 ff.

z.B. für ein erkranktes Geschwisterkind zu finden (sog. saviour baby).[203] Allerdings ist die PID zu diesem Zweck im Gegensatz zu anderen Ländern wie z.B. Belgien, Großbritannien, Frankreich, den USA oder Kanada[204] in Deutschland verboten, weil sie nicht unter die Rechtfertigungsgründe[205] des § 3a II ESchG fällt.[206]

Medizinisch ist es nicht möglich, phänische Merkmale wie Intelligenz, Größe, Haarfarbe etc. zu ermitteln, weil sie von einer Vielzahl von Genen bestimmt werden.[207]

Zusammenfassend besteht also für die Anwendung der PID zur Identifikation gewünschter genetischer Merkmale bereits aus medizinischer Sicht nur ein sehr kleiner Raum. Dieser wird durch die engen Vorgaben des § 3a II ESchG weiter eingeengt. Zusammenfassend lässt sich festhalten, dass für die Identifikation gewünschter Merkmale mittels PID in Deutschland nur die Geschlechtsbestimmung bei solchen schwerwiegenden Erbkrankheiten verbleibt, die ausschließlich bei einem Geschlecht auftreten und die durch bisher nicht identifizierte genetische Veränderungen ausgelöst werden.

V. Verbesserung der Erfolgsaussichten bei In-vitro-Fertilisation

Auch die Verbesserung der Erfolgsaussichten bei einer künstlichen Befruchtung wurde lange Zeit als ein weiteres mögliches Einsatzfeld der PID betrachtet. Man nahm an, dass die Chancen für das betroffene Paar, die Kinderwunschbehandlung erfolgreich abzuschließen, steigen, wenn nur Embryonen transferiert werden, die sich in der PID als unauffällig erwiesen haben.[208] Allerdings hat sich inzwischen ergeben, dass die PID nicht zur Erhöhung der Schwangerschaftsrate bei einer IVF-Behandlung führt.[209]

---

203 *Steinke/Rahner et al.* Präimplantationsdiagnostik S. 40.

204 *Steinke/Rahner et al.* Präimplantationsdiagnostik S. 41.

205 Ausführlich zu den beiden Rechtfertigungsgründen des § 3a II ESchG siehe unten S. 96 ff.

206 *Kubiciel* NStZ 2013, 382, 385.

207 *Kunz-Schmidt* NJ 2011, 231, 232; vgl. auch Günther/Taupitz/*Kaiser* ESchG A 24.

208 *Reiß* Rechtliche Aspekte der Präimplantationsdiagnostik S. 29; *Quaas/Zuck* Medizinrecht 2. Aufl. § 68 Rn. 83.

209 *Steinke/Rahner et al.* Präimplantationsdiagnostik S. 37.

E. Zusammenfassung

Die vorangegangenen Ausführungen ergeben, dass mithilfe der PID bereits heute viele genetische Fragestellungen beantwortet werden können. Dieses Anwendungsspektrum wird sich aller Voraussicht nach in Zukunft durch die stetige Verbesserung der Untersuchungsverfahren und die fortschreitenden Kenntnisse über genetisch bedingte Erkrankungen weiter vergrößern. Ein erheblicher Nachteil besteht aber nach wie vor darin, dass die PID bis auf wenige Ausnahmen[210] keinen Aufschluss darüber geben kann, ob sich die festgestellte Merkmalsträgerschaft für eine monogen bedingte Erbkrankheit tatsächlich in der entsprechenden Erkrankung manifestieren wird. Je nach Penetranzgrad der monogenen Erbkrankheit kann der Arzt daher nur ein Urteil über die Wahrscheinlichkeit des Ausbruchs der Krankheit bei einer mittels PID festgestellten Merkmalsträgerschaft fällen. Auch über die Expressivität einer durch ein einzelnes Gen oder eine Chromosomenaberration ausgelösten Krankheit kann die PID nach heutigem Stand keine Auskunft geben. Schließlich besteht ein Schwachpunkt der PID darin, dass sie zwingend eine extrakorporale Befruchtung voraussetzt, sodass selbst die Frauen von Wunschelternpaaren, die auf natürlichem Wege Kinder zeugen könnten, den teils erheblichen Nebenwirkungen der extrakorporalen Befruchtung ausgesetzt sind.

210 Hierzu zählt etwa die Chorea Huntington, die mit einer vollständigen Penetranz einhergeht, sodass alle Merkmalsträger auch erkranken, siehe dazu auch oben S. 48.

Drittes Kapitel: Rechtliche Grundlagen der PID

Wie soeben gezeigt[211], weist die PID aus medizinischer Sicht einen breiten Anwendungsbereich aus. Inwiefern die Weite ihres medizinischen Einsatzspektrums rechtlich durch das ESchG in der Vergangenheit und auch heute beschränkt wird, bildet den Gegenstand dieses Kapitels.

A. Rechtliche Entwicklungsgeschichte der PID

Zur besseren Verständlichkeit der aktuellen Rechtslage wird zunächst die Entwicklung des ESchG in Bezug auf die PID skizziert. Die § 1 I Nr. 2, 5 sowie § 2 I Var. 4 ESchG, nach denen die Zulässigkeit der PID bis zum Inkrafttreten des § 3a ESchG am 8.12.2011, der die PID nunmehr explizit regelt, beurteilt wurde, bestehen nämlich nach wie vor unverändert fort. Der Streit um die Auslegung der § 1 I Nr. 2, 5 sowie § 2 I Var. 4 ESchG bezüglich der Zulässigkeit der PID an pluripotenten Zellen hat sich allerdings inzwischen durch die Einfügung des § 3a ESchG erübrigt. Hingegen gilt das Verbot der PID an totipotenten Zellen, das sich aus § 8 I ESchG iVm. § 2 I Var. 4 ESchG sowie aus § 6 I ESchG ergibt, auch nach Inkrafttreten des § 3a ESchG.

I. Alte Rechtslage bis zum Inkrafttreten des § 3a ESchG

Obwohl die PID bereits seit über zwei Jahrzehnten medizinisch etabliert ist und in vielen Ländern praktiziert wird[212], wurde dieses Diagnosever-

---

211 Siehe oben S. 46 ff.

212 Die PID wurde bislang weltweit mehr als 10.000 Mal angewendet, vgl. *Hübner/Pühler* MedR 2011, 789, 789. Sie wird in vielen Staaten, wie z.B. Belgien, Dänemark, Finnland, Frankreich, Griechenland, Großbritannien, Italien, den Niederlanden, Norwegen, Schweden, Spanien und Zypern durchgeführt. Ein Verbot besteht hingegen in Irland, Österreich, der Schweiz und Kanada; *Nationaler Ethikrat* Genetische Diagnostik vor und während der Schwangerschaft S. 52 f. Ausführlich zur Zulässigkeit der PID im europäischen Ausland: *Henking* Wertungswidersprüche zwischen Embryonenschutzgesetz und den Regelungen des Schwangerschaftsabbruchs? S. 99 ff.

fahren in Deutschland erstmals im Jahre 2005 von Dr. Matthias Bloechle[213] angewendet. Die Gründe dafür werden im Folgenden näher erläutert.

1. PID an totipotenten Zellen

Zum Zeitpunkt des Inkrafttretens des ESchG im Jahre 1991 war eine PID technisch nur an totipotenten[214] und noch nicht an pluripotenten[215] sowie multipotenten[216] Zellen möglich.[217] Somit befasste sich der Gesetzgeber bei den Beratungen zum ESchG auch nur mit der genetischen Untersuchung von Zellen des extrakorporalen Embryos in diesem frühen Zellteilungsstadium.[218] Letztlich entschied er sich für ein, wenn auch nicht explizites, Verbot der PID an totipotenten Zellen.[219] Dieses ergibt sich implizit zum einen aus den auch noch heute geltenden § 2 I Var. 4 iVm. § 8 I ESchG und zum anderen aus § 6 I ESchG.[220]

§ 2 I Var. 4 ESchG stellt die Verwendung von extrakorporal erzeugten Embryonen zu einem nicht ihrer Erhaltung dienenden Zweck unter Strafe. Bei der PID an totipotenten Zellen wird zwar nicht der gesamte Embryo durch die Untersuchung vernichtet und damit zu einem nicht seiner Erhaltung dienendem Zweck verwendet. Allerdings führt die zur genetischen Untersuchung erforderliche Biopsie einer totipotenten Zelle des Embryos zu deren Zerstörung. Da nicht nur der gesamte Embryo von § 2 I Var. 4 ESchG geschützt wird, sondern jede einzelne totipotente Zelle des Embryos ihrerseits gem. § 8 I ESchG als Embryo gilt, führt bereits die Zerstörung einer solchen Zelle zu einem Verstoß gegen das Missbrauchsverbot

---

213 Dr. Matthias Bloechle wendete die PID in Deutschland im Jahre 2005 trotz der zu diesem Zeitpunkt unsicheren Rechtslage zum ersten Mal bei einem Paar an, das aufgrund seiner genetischen Disposition ein sehr hohes Risiko für die Geburt eines schwerstbehinderten Kindes hatte. Anschließend zeigte er sich zur Klärung der Rechtslage selbst an. FAZ vom 21.12.2010 abrufbar unter http://www.faz.net/aktuell/politik/inland/praeimplantationsdiagnostik-der-pid-pionier-und-die-grenzen-des-gesetzes-1581462.html (zuletzt besucht am 21.8.2013).

214 Siehe zur Totipotenz oben S. 35.

215 Siehe zum Begriff der Pluripotenz oben S. 35.

216 Hierzu zählen z.B. Trophoblastzellen.

217 *Henking* ZRP 2012, 20, 21.

218 *Günther*/Taupitz/Kaiser 1. Aufl. § 2 ESchG Rn. 16 mwN.

219 BT-Drucks. 11/5460 S. 11.

220 *Günther*/Taupitz/Kaiser 1. Aufl. § 2 ESchG Rn. 16; *Erlinger* in: Rechtfragen der Präimplantationsdiagnostik S. 67; vgl. auch *Henking* ZRP 2012, 20, 21.

des § 2 I Var. 4 ESchG.[221] Zudem wird durch die Entnahme einer totipotenten Zelle, die gem. § 8 I ESchG selbst als Embryo gilt, zugleich künstlich bewirkt, dass ein Embryo entsteht, der dieselben Erbinformationen wie ein anderer aufweist, sodass auch ein strafbares Klonen gem. § 6 I ESchG vorliegt.[222] Das Verbot, eine PID an totipotenten Zellen durchzuführen, war bereits vor Inkrafttreten des § 3a ESchG angesichts der eindeutigen Regelungen im ESchG aus juristischer Sicht unumstritten.[223] Es besteht nach wie vor, weil die genetische Untersuchung von sicher totipotenten Zellen nicht vom Zellbegriff des § 3a ESchG erfasst wird.[224]

2. PID an nicht mehr totipotenten Zellen

Problematisch wurde das Verbot der PID durch das ESchG aF. erst, nachdem der medizinische Fortschritt es erlaubte, eine PID auch an nicht mehr totipotenten[225] Zellen durchzuführen[226] und der Gesetzgeber hierzu keine

---

221 *Quaas/Zuck* Medizinrecht 2. Aufl. § 68 Rn. 85; *Renzikowski* NJW 2001, 2753, 2754 mwN.

222 *Nationaler Ethikrat* Genetische Diagnostik vor und während der Schwangerschaft S. 64; *Renzikowski* NJW 2011, 2753, 2754 mwN.

223 *Bioethik-Kommission des Landes Rheinland-Pfalz* Präimplantationsdiagnostik S. 42; *Günther*/Taupitz/Kaiser 1. Aufl. § 2 ESchG Rn. 16; *Hufen* MedR 2001, 440, 441; *Kunz-Schmidt* NJ 2011, 231, 236; *Neidert* MedR 1998, 347, 352; *Ratzel/Heinemann* MedR 1997, 540, 541; *Renzikowski* NJW 2001, 2753, 2754; *Schneider* MedR 2000, 360, 360 f.

224 Siehe dazu auch unten S. 77.

225 In der juristischen Literatur wird häufig der Begriff pluripotente Zellen verwendet, selbst wenn es sich tatsächlich schon um multipotente Zellen wie etwa Trophoblasten handelt.

226 *Renzikowski* NJW 2001, 2753, 2754; *Henking* ZRP 2012, 20, 21: Konkret ging es dabei um eine PID im Blastozystenstadium. Der Embryo besteht in diesem Stadium zum einen aus der inneren Zellmasse, deren Zellen aufgrund der Fähigkeit sich nicht mehr zu einem Individuum, aber noch zu allen Organgeweben differenzieren, pluripotent sind, *Frommel/Geisthövel* Journal für Reproduktionsmedizin und Endokrinologie 2013, 6, 9; Günther/Taupitz/*Kaiser* ESchG A 40, 221. Der äußere Teil des Blastozyste, die Trophoblastzellen sind hingegen schon weiter differenziert. Sie können später nur den embryonalen Teil der Plazenta bilden, Günther/Taupitz/*Kaiser* ESchG A 40. Aufgrund des fehlenden Potentials, sich in unterschiedliche Gewebetypen zu differenzieren, sind die Trophoblastzellen nicht mehr pluripotent, sondern bereits multipotent, *Frommel/Geisthövel* Journal für Reproduktionsmedizin und Endokrinologie 2013, 6, 9. Viele Autoren und auch die Gerichte verkennen, dass nicht mehr totipotente Zellen nicht automatisch pluripotent sein müssen (z.B. Trophoblastzellen). Terminologisch meinen sie mit

weitere ausdrückliche Regelung erließ.[227] Es entstand ein Streit darüber, ob auch die PID in diesem späteren Embryonalstadium durch das ESchG aF. verboten sei. Sowohl nach der wohl bis zum Urteil des BGH[228] im Jahre 2010 herrschenden juristischen Meinung[229] als auch nach der überwiegenden politischen und wissenschaftlichen Ansicht[230] stellte die PID an pluripotenten Zellen einen Verstoß gegen das ESchG aF. dar.[231] Zwar regelte weder das GenDG noch das ESchG aF. die PID an nicht mehr totipotenten Zellen explizit. Das Verbot, die PID an Zellen im Blastozystenstadium durchzuführen, wurde aber mit § 1 I Nr. 2, 5 und § 2 I ESchG zu begründen versucht.[232] Bis zum Inkrafttreten des § 3a ESchG wurde diskutiert, ob die PID an pluripotenten Zellen als missbräuchliche Anwendung einer Fortpflanzungstechnik gem. § 1 I Nr. 2, 5 ESchG oder als missbräuchliche Verwendung menschlicher Embryonen gem. § 2 I Var. 4 ESchG zu qualifizieren sei. Inzwischen hat sich dieser Streit durch den nunmehr geltenden § 3a ESchG, der die PID explizit regelt, überholt. Um allerdings besser zu verstehen, warum diese Regelung überhaupt erforderlich wurde, schildert der folgende Abschnitt die bis zum Inkrafttreten des § 3a ESchG vertretenen Ansichten zu der Frage, ob die PID an nicht mehr totipotenten Zellen gem. § 1 I Nr. 2, 5 ESchG sowie § 2 I Var. 4 ESchG strafbar sei.[233] Aufgrund der umstrittenen Rechtslage bestand für Repro-

---

pluripotenten Zellen daher wohl Zellen, die nicht mehr totipotent sind. Dies ergibt sich auch daraus, dass der BGH pluripotente Zellen derart umschreibt, dass sie nicht mehr die Fähigkeit haben einen eigenen Organismus zu bilden, vgl. BGHSt 55, 206, 208.

227 *Henking* ZRP 2012, 20, 21.

228 BGHSt 55, 206; vgl. näher dazu S. 62.

229 BT-Drucks. 17/6400 S. 4; *Quaas*/Zuck Medizinrecht 2. Aufl. § 68 Rn. 84-86; *Beckmann* MedR 2001, 169 ff., beide jeweils mwN; *Böckenförde* JZ 2003, 809, 814; *Renzikowski* NJW 2001, 2753, 2756; **a.A.**: *Schroth* in: Handbuch des Medizinstrafrechts S. 543 ff u. 568; *Hufen* MedR 2001, 440, 440; *Schneider* MedR 2000, 360, 364; *Weschka* Präimplantationsdiagnostik, Stammzellforschung und therapeutisches Klonen S. 35 ff.; vgl. zum Streitstand auch *Beitz* Zur Reformbedürftigkeit des Embryonenschutzgesetzes S. 147 ff.

230 BT-Drucks. 14/9020 S. 27; *Nationaler Ethikrat* Genetische Diagnostik vor und während der Schwangerschaft S. 65.

231 *Hübner/Pühler* MedR 2011, 789, 789; *Faßbender* NJW 2001, 2745, 2747; *Frister/Lehmann* JZ 2012, 659, 659; *Nationaler Ethikrat* Genetische Diagnostik vor und während der Schwangerschaft S. 64; ähnlich auch: *Henking* ZRP 2012, 20, 21.

232 *Henking* ZRP 2012, 20, 21.; *Schneider* MedR 2000, 360, 361 ff.

233 Siehe dazu S. 59 ff.

duktionsmediziner bis zum Inkrafttreten des § 3a ESchG ein hohes strafrechtliches Risiko für den Fall, dass sie die PID im Blastozystenstadium durchführten. Dies führte zu einem »faktischen Verbot« der PID.[234]

a) Strafbarkeit im Hinblick auf § 1 I Nr. 2 ESchG

Nach § 1 I Nr. 2 ESchG macht sich strafbar, wer es unternimmt, eine Eizelle zu einem anderen Zweck künstlich zu befruchten, als eine Schwangerschaft der Frau herbeizuführen, von der die Eizelle stammt. Ob dieses Verbot auch die PID an nicht mehr totipotenten Zellen umfasst, wurde bis zum Inkrafttreten des § 3a ESchG unterschiedlich beurteilt.[235] Manche lehnten einen Verstoß gegen § 1 I Nr. 2 ESchG mit folgender Begründung ab: Der Arzt bezwecke mit der künstlichen Befruchtung alleine die Herbeiführung einer Schwangerschaft.[236] Die Diagnose eines Gendefekts durch die PID mit der Folge der Nichtweiterkultivierung dieses Embryos sei hingegen nicht Ziel des Arztes, sondern eine von ihm an sich unerwünschte Nebenfolge[237] bzw. ein Bedingungseintritt, der seiner Absicht zur Herbeiführung der Schwangerschaft nicht entgegenstehe.[238] Zudem solle die PID gerade durchgeführt werden, um Vorbehalte gegen die Implantation auszuräumen, sodass die PID nicht zuletzt dem Schutz des Embryos diene.[239]

Nach anderer Ansicht machte sich der Arzt, der eine PID an nicht mehr totipotenten Zellen durchführe, nach § 1 I Nr. 2 ESchG strafbar.[240] Die Befürworter dieser Auffassung begründeten dies damit, dass Zweck der künstlichen Befruchtung nicht die Herbeiführung einer Schwangerschaft sei, sondern dazu diene, eine Selektionsmöglichkeit zu eröffnen.[241]

---

234 *Faßbender* NJW 2001, 2745, 2747.

235 Ausführlich dazu *Schneider* MedR 2000, 360, 361 f.

236 *Bioethik-Kommission des Landes Rheinland-Pfalz* Präimplantationsdiagnostik S. 57; *Günther*/Taupitz/Kaiser 1. Aufl. § 1 I Nr. 2 ESchG Rn. 21; *Ratzel/Heinemann* MedR 1997, 540, 542; *Schneider* MedR 200, 360, 362.

237 *Ratzel/Heinemann* MedR 1997, 540, 542.

238 *Schneider* MedR 2000, 360, 362.

239 *Bioethik-Kommission des Landes Rheinland-Pfalz* Präimplantationsdiagnostik S. 43.

240 *Beckmann* MedR 2001, 169, 170; *Quaas/Zuck* Medizinrecht 2. Aufl. § 68 Rn. 84; ähnlich: *Böckenförde* JZ 2003, 809, 814.

241 *Beckmann* MedR 2001, 169, 170; *Böckenförde* JZ 2003, 809, 814; *Quaas/Zuck* Medizinrecht 2. Aufl. § 68 Rn. 84; ähnlich *Laufs* NJW 2000, 2716, 2717, der in

b) Strafbarkeit im Hinblick auf § 1 I Nr. 5 ESchG

Zudem wurde vertreten, dass sich derjenige, der eine PID an nicht mehr totipotenten Zellen vornehme, gem. § 1 I Nr. 5 ESchG strafbar mache.[242] Die Begründung für die Strafbarkeit sollte darin liegen, dass derjenige, der nur genetisch unauffällige Embryonen übertragen wolle, schon bei der Befruchtung der Embryonen wisse, dass er mehr Embryonen erzeugt, als er der Frau innerhalb eines Zyklus transferieren wolle.[243] Diesem Ansatzpunkt stand das Argument entgegen, dass dem Arzt, der die Absicht zur Übertragung aller gesunden Embryonen habe, nicht vorgeworfen werden könne, er mache den Embryotransfer von der Bedingung der genetischen Unauffälligkeit des Embryos abhängig.[244] Nur in Fällen, in denen der Arzt unabhängig vom Ergebnis der PID schon bei der Befruchtung der Eizellen die Absicht habe, nicht alle Embryonen zu transferieren, sei er nach § 1 I Nr. 5 ESchG zu bestrafen.[245]

c) Strafbarkeit im Hinblick auf § 2 I Var. 4 ESchG

Kontrovers wurde zudem diskutiert, ob die PID an nicht mehr totipotenten Zellen und die sich gegebenenfalls anschließende Verwerfung eine missbräuchliche Verwendung von Embryonen darstelle und zwar in der Variante des »Verwendens zu einem nicht ihrer Erhaltung dienendem Zweck«.[246] Als Tathandlungen kommen zum einen die Untersuchung

---

seiner Argumentation allerdings nicht zwischen der PID an pluripotenten und totipotenten Zellen trennt.

242 Ausführlich dazu auch *Henking* Wertungswidersprüche zwischen Embryonenschutzgesetz und den Regelungen des Schwangerschaftsabbruchs? S. 83 f.

243 *Beitz* Zur Reformbedürftigkeit des Embryonenschutzgesetzes S. 152.

244 *Giwer* Rechtsfragen der Präimplantationsdiagnostik S. 39; *Schneider* MedR 2000, 360, 362, die mit ähnlicher Argumentation auch eine Strafbarkeit nach § 1 I Nr. 2 ESchG ablehnt; *Schneider* Rechtliche Aspekte der Präimplantations- und Präfertilisationsdiagnostik S. 57; dazu auch: *Beitz* Zur Reformbedürftigkeit des Embryonenschutzgesetzes S. 153.

245 *Schneider* MedR 2000, 360, 362; *Schneider* Rechtliche Aspekte der Präimplantations- und Präfertilisationsdiagnostik S. 57.

246 Für eine Strafbarkeit der PID an pluripotenten Zellen sprachen sich unter anderem aus *Beckmann* ZfL 1999, 65, 68; *Günther*/Taupitz/Kaiser § 1 I Nr. 2 ESchG Rn. 56; *Laufs* NJW 2000, 2716, 2717; *Renzikowski* NJW 2001, 2753, 2757; für zulässig hielten die PID z.B. *Bioethik-Kommission des Landes Rheinland-Pfalz* Präimplantationsdiagnostik S. 43; *Neidert* MedR 1998, 347, 353; *Rat-*

selbst und zum anderen die Verwerfung des Embryos im Falle einer von der Frau gewünschten Nichtimplantation in Betracht.[247] In Bezug auf die Untersuchung des Embryos argumentierten die Befürworter einer Strafbarkeit nach § 2 I Var. 4 ESchG, wie schon im Rahmen des § 1 I Nr. 2 ESchG, mit dem Argument, dass die Untersuchung eine Verwendung darstelle, die nicht der Erhaltung des Embryos diene.[248] Die Gegenansicht wies darauf hin, dass die Untersuchung schon deshalb nicht von § 2 I Var. 4 ESchG erfasst sei, weil sie keine Verwendung des Embryos selbst, sondern nur eine nicht strafbare Verwendung einer multipotenten Zelle des Embryos sei.[249] Auch die Verwerfung sei nicht als missbräuchliche Verwendung zu qualifizieren. Teilweise wurde dies damit begründet, dass das Beseitigen bzw. Absterbenlassen des Embryos kein Verwerfen iSd. § 2 I Var. 4 ESchG sei, was jedoch voraussetze, dass der Tatbestand des § 2 I Var. 4 ESchG nur durch Tun verwirklicht werden könne.[250] Selbst wenn man annimmt, dass § 2 I Var. 4 ESchG auch durch Unterlassen erfüllt werden könne, scheitere eine Strafbarkeit an der fehlenden Garantenstellung des Arztes für den Embryo.[251] Zumindest sei dem Arzt, selbst wenn er Garant wäre, seine Pflicht zur Erhaltung des Embryos jedenfalls nicht möglich, wenn die Frau der Übertragung nicht zustimme.[252] Der Arzt würde sich bei einem Transfer gegen ihren Willen sowohl nach § 223 I StGB[253] als auch nach § 4 I Nr. 2 ESchG strafbar machen.

d) Zusammenfassung

Die soeben geschilderte uneinheitlich bewertete Strafbarkeit der PID an nicht mehr totipotenten Zellen nach dem ESchG führte in Deutschland

---

zel/Heinemann MedR 1997, 540, 541; *Schneider* MedR 2000, 360, 364; *Schroth* JZ 2002, 170, 174 f.

247 Erbs/Kohlhaas/*Pelchen/Häberle* § 3a ESchG Rn. 3; *Schneider* MedR 2000, 360, 362 ff.

248 *Günther*/Taupitz/Kaiser 1. Aufl. § 2 ESchG Rn. 56.

249 *Schroth* JZ 2002, 170, 175.

250 *Schroth* JZ 2002, 170, 174; *Eser/Koch* Forschung mit humanen embryonalen Stammzellen im In- und Ausland S. 32 mwN abrufbar unter http://www.dfg.de/download/pdf/dfg_im_profil/reden_stellungnahmen/2003/gutachten_eser_koch.pdf (zuletzt besucht am 1.3.2013).

251 *Schroth* JZ 2002, 170, 175.

252 *Schroth* JZ 2002, 170, 175.

253 *Schroth* JZ 2002, 170, 175.

lange Jahre zu einem faktischen Verbot der PID, da kein Mediziner das erhebliche Strafbarkeitsrisiko, das aus der unterschiedlichen Auslegung des ESchG folgte, in Kauf nahm und somit auch keine Klärung der Strafbarkeit durch die Gerichte erfolgen konnte. Erst nachdem ein Berliner Arzt die PID an zu Unrecht[254] als pluripotent bezeichneten Trophoblastzellen einer Blastozyste durchführte und sich anschließend selbst anzeigte[255], befassten sich die Gerichte mit der Strafbarkeit der PID. Sowohl das LG Berlin als auch der BGH kamen aufgrund einer von den oben geschilderten Ansichten[256] abweichenden Auslegung des ESchG zu dem Ergebnis, dass die PID an Throphoblastzellen vor dem Transfer in die Gebärmutter nicht nach dem ESchG strafbar sei.[257]

II. BGH-Urteil

Der 5. Strafsenat des BGH entschied mit Urteil vom 6.7.2010, dass eine PID mittels Blastozystenbiopsie mit anschließender genetischer Untersuchung der Trophoblastzellen auf schwere genetische Schäden weder eine missbräuchliche Verwendung von Fortpflanzungstechniken nach § 1 I Nr. 2 ESchG noch eine missbräuchliche Verwendung von Embryonen nach § 2 I Var. 4 ESchG darstelle.[258] Die Durchführung einer PID an totipotenten Zellen sei aber weiterhin nach dem ESchG strafbar.[259]

1. § 1 I Nr. 2 ESchG

Die mangelnde Strafbarkeit des o.g. Verhaltens nach § 1 I Nr. 2 ESchG begründet der Senat wie folgt: Strafbar sei gem. § 1 I Nr. 2 ESchG, eine Eizelle zu einem anderen Zweck künstlich zu befruchten, als eine Schwangerschaft der Frau herbeizuführen, von der die Eizelle stamme. Sofern der Handelnde also mit der künstlichen Befruchtung eine Schwangerschaft bezwecke, liege kein strafbares Verhalten gem. § 1 I Nr. 2

254 Siehe hierzu S. 57.
255 *Frister/Lehmann* JZ 2012, 659, 659.
256 Siehe zu den verschiedenen vertretenen Auffassungen S. 57 ff.
257 BGHSt 55, 206 im Anschluss an LG Berlin ZfL 2009, 93.
258 BGHSt 55, 206; ausführlich dazu *Dederer* MedR 2010, 819 ff.
259 BGHSt 55, 206.

ESchG vor.[260] Der Arzt, der im Rahmen einer künstlichen Befruchtung eine PID durchführe, beabsichtige die Herbeiführung einer Schwangerschaft, wenn auch im Regelfall nur mit einem genetisch unauffälligen Embryo.[261] Diese Einschränkung ändere jedoch nichts daran, dass der Wille zur Herbeiführung einer Schwangerschaft das Leitmotiv des Arztes bliebe.[262] Zum einen stelle sich die genetische Untersuchung nur als unselbständiges Zwischenziel innerhalb des Gesamtvorgangs der künstlichen Befruchtung dar.[263] Zum anderen sei der Wille des Arztes, die Schwangerschaft nur bei negativem Befund der PID durchzuführen, als objektive Bedingung für den Embryotransfer[264] und nicht als strafbare Alternativabsicht iSd. § 1 I Nr. 2 ESchG zu qualifizieren[265], weil sich ein Verbot zur genetischen Untersuchung von pluripotenten Zellen weder aus dem Gesamtzusammenhang des ESchG noch aus seiner Entstehungsgeschichte ergebe.[266]

2. § 2 I Var. 4 ESchG

Die Straflosigkeit desjenigen, der eine PID an Trophoblastzellen durchführt, ergibt sich aus einer vom BGH vorgenommenen teleologischen Reduktion des Tatbestandsmerkmals »Verwenden« in § 2 I Var. 4 ESchG.[267] Nach dieser Norm ist grundsätzlich jede Verwendung eines extrakorporal erzeugten Embryos zu einem nicht seiner Erhaltung dienenden Zweck strafbar. Verwenden meint dabei jeden zweckgerichteten Gebrauch.[268] Aufgrund der Weite der Definition lassen sich vielfältige Handlungen unter dieses Tatbestandsmerkmal subsumieren, etwa das Beobachten eines Embryos zu Lern- oder Lehrzwecken oder zur Identifikation schwer ge-

260 BGHSt 55, 206, 210.
261 BGHSt 55, 206, 210 f.
262 BGHSt 55, 206, 211.
263 BGHSt 55, 206, 211 f.
264 BGHSt 55, 206, 211; *Günther*/Taupitz/Kaiser § 1 Abs. 1 Nr. 2 ESchG Rn. 21; *Schneider* MedR 2000, 360, 362; *Schroth* NStZ 2009, 233, 234; **a.A**: *Beckmann* ZfL 2009, 125, 127 ff.: Die Durchführung der PID ist der vom Arzt angestrebte Zweck der künstlichen Befruchtung.
265 BGHSt 55, 206, 212.
266 BGHSt 55, 206, 212 f.
267 BGHSt 55, 206, 219.
268 BGHSt 55, 206, 217 f.

schädigter Embryonen.[269] Da nach Auffassung des BGH jedoch das strafrechtliche Übermaßverbot beachtet werden müsse und nur das vom Gesetzgeber als strafwürdig eingestufte Unrecht bestraft werden solle, müsse die Strafbarkeit eingeschränkt werden.[270] Dieses Ziel ließe sich zum einen mithilfe des weiteren Tatbestandsmerkmals des § 2 I ESchG »zu einem nicht seiner Erhaltung dienenden Zweck« erreichen.[271] Zum anderen könnte das Merkmal »Verwenden« teleologisch reduziert werden. Das ESchG bezwecke mit § 2 I den Schutz menschlichen Lebens davor, nicht bloßes Objekt fremdnütziger Zwecke zu werden.[272] Konkret wolle der Gesetzgeber zum einen die Embryonenforschung und zum anderen die Abspaltung totipotenter Zellen verhindern.[273] Bei der im Rahmen der PID durchgeführten Blastozystenbiopsie werde der Embryo aber nicht zu fremdnützigen Zwecken, sondern zur Herbeiführung einer Schwangerschaft verwendet.[274] Zudem bestehe bei der Biopsie im Blastozystenstadium nicht die Gefahr der Abspaltung von totipotenten Zellen, weil die entnommenen Zellen nur noch pluripotent[275] seien.[276] Da die PID an Trophoblastzellen das vom Gesetzgeber mit § 2 I ESchG geschützte Rechtsgut nicht berühre, müsse das Merkmal des »Verwendens« für diesen Fall teleologisch reduziert werden.[277] Somit mache sich der behandelnde Arzt auch nicht nach § 2 I Var. 4 ESchG strafbar.

III. Gesetzesentwürfe zur PID

Obwohl der BGH entschieden hat, dass sich der Berliner Reproduktionsmediziner Dr. Matthias Bloechle durch die genetische Untersuchung im Blastozystenstadium nicht strafbar gemacht habe, wies er darauf hin, dass eine ausdrückliche gesetzliche Regelung der PID dennoch wünschenswert sei.[278] Die Notwendigkeit einer Regelung ergibt sich insbesondere daraus,

---

269 BGHSt 55, 206, 218.
270 BGHSt 55, 206, 218; *Günther*/Taupitz/Kaiser 1. Aufl. § 2 ESchG Rn. 32.
271 *Günther*/Taupitz/Kaiser 1. Aufl. § 2 ESchG Rn. 32; **a.A.:** BGHSt 55, 206, 218.
272 BGHSt 55, 206, 218; BT-Drucks. 11/5460 S. 10.
273 BGHSt 55, 206, 218 f.; BT-Drucks. 11/1856 S. 8.
274 BGHSt 55, 206, 219.
275 Tatsächlich handelt es sich sogar schon um multipotente Zellen.
276 BGHSt 55, 206, 219; vgl. zur Blastozystenbiopsie auch oben S. 39.
277 BGHSt 55, 206, 219.
278 BGHSt 55, 206, 217.

dass der Senat zwar die PID zur Identifikation schwerwiegender genetischer Schäden für zulässig erklärt hat, allerdings offen gelassen hat, was unter schwerwiegenden genetischen Schäden zu verstehen ist.[279] Des Weiteren betrifft die PID hochwertige Rechtsgüter[280], namentlich das sich aus dem allgemeinen Persönlichkeitsrecht ergebende (gegebenenfalls auch negative) Recht der Eltern auf Fortpflanzung, das Recht der Mutter auf körperliche Unversehrtheit sowie das Recht des Embryos auf Unversehrtheit. Zur Vermeidung von Rechtsunsicherheiten[281] und zur Gewährleistung ethischer und medizinischer Standards[282] erschien daher eine gesetzliche Regelung erforderlich. Im Anschluss an eine intensive politische Debatte wurden drei Gesetzesentwürfe in den deutschen Bundestag eingebracht[283], für die die Abgeordneten des Deutschen Bundestages ohne Bindung an den Fraktionszwang stimmen konnten.

1. Göring-Eckardt-Entwurf

Am striktesten war der Gesetzesentwurf Göring-Eckardt, der ein Verbot der PID vorsah, das im GenDG kodifiziert werden sollte.[284] Begründet wurde die Notwendigkeit eines vollständigen Verbotes in erster Line mit der Erwägung, dass bei einer begrenzten Zulassung der PID immer eine Entscheidung darüber getroffen werden müsse, welches Leben gelebt werden dürfe.[285] Zudem wies der Entwurf auf die tatsächlichen Probleme bei einer Zulassung der PID hin: Aufgrund des medizinischen Fortschritts würden sich die Indikationen für eine PID stetig ausweiten, wie es auch in anderen Ländern bereits geschehen sei.[286] Somit würde eine gesetzliche Regelung Probleme haben, mit der medizinischen Entwicklung Schritt zu halten. Zudem bliebe unklar, wie der Arzt mit Zusatzbefunden, die er im

279 BT-Drucks. 17/5450 S. 2; BT-Drucks. 17/6400 S. 4.
280 BT-Drucks. 17/5451 S. 7.
281 BT-Drucks. 17/5450 S. 2, 6; BT-Drucks. 17/5451 S. 3; BT-Drucks. 17/5452 S. 1 f.
282 BT-Drucks. 17/5451 S. 7.
283 *Frister/Lehmann* JZ 2012, 659, 659.
284 BT-Drucks. 17/5450 S. 3, 4.
285 BT-Drucks. 17/5450 S. 3.
286 BT-Drucks. 17/5450 S. 3.

Rahmen einer Untersuchung auf Chromosomenanomalien diagnostiziere, umgehen solle.[287]

2. Röspel-Entwurf

Der Röspel-Entwurf verbot die PID im Regelfall, ließ aber eine Ausnahme zu, wenn eine genetische Vorbelastung eines oder beider Elternteile für die Vererbung von genetischen Schäden vorliege, die mit hoher Wahrscheinlichkeit zu einer Fehl- oder Totgeburt oder zum Tod des Kindes innerhalb des ersten Lebensjahres führe.[288] Durch diese begrenzte Zulassung der PID sollte Eltern mit genetischer Vorbelastung die Chance gegeben werden, sich ihren Kinderwunsch erfüllen zu können.[289]

3. Flach-Entwurf

Ebenso wie der Röspel-Entwurf sprach sich der dem jetzigen § 3a ESchG zugrundeliegende Flach-Entwurf für ein grundsätzliches Verbot der PID aus. Allerdings sah er umfassendere Ausnahmefälle vor, in denen eine PID nicht rechtswidrig sein sollte. Zum einen betraf dies den Fall, dass aufgrund der genetischen Disposition eines oder beider Elternteile für deren Nachkommen eine hohe Wahrscheinlichkeit für eine schwerwiegende Erbkrankheit bestehe.[290] Zum anderen sollte die PID nicht rechtswidrig sein, wenn sie zur Feststellung einer schwerwiegenden Schädigung des Embryos vorgenommen werde, die mit hoher Wahrscheinlichkeit zu einer Tot- oder Fehlgeburt führen würde.[291] Im Gegensatz zum Röspel-Entwurf gestattete der Flach-Entwurf daher eine Untersuchung auch auf solche schweren Erbkrankheiten, die nicht zu einer Fehl- oder Totgeburt oder zum Tod des Kindes innerhalb des ersten Lebensjahres führen. Zudem sollte die Durchführung einer PID nach dem Flach-Entwurf selbst ohne genetische Disposition der Eltern für eine Erbkrankheit nicht rechtswidrig sein, wenn sie zur Diagnose einer schwerwiegenden Schädigung des Emb-

287 BT-Drucks. 17/5450 S. 3.
288 BT-Drucks. 17/5452 S. 2, 5.
289 BT-Drucks. 17/5452 S. 2.
290 BT-Drucks. 17/5451 S. 4.
291 BT-Drucks. 17/5451 S. 4.

ryos vorgenommen werde, die mit hoher Wahrscheinlichkeit zu einer Tot- oder Fehlgeburt führe.

IV. Gesetz und Verordnung zur PID

Mit 326 zu 260 Stimmen und 8 Enthaltungen haben die Mitglieder des Deutschen Bundestages den liberalsten Entwurf zur PID, den sog. Flach-Entwurf, in einer durch den Gesundheitsausschuss leicht modifizierten Fassung[292] am 7.7.2011 verabschiedet.[293] Die gesetzliche Regelung zur begrenzten Zulassung der PID, § 3a ESchG, trat am 8.12.2011 in Kraft. Seit dem 1.2.2014 gilt zudem die Präimplantationsdiagnostikverordnung (PIDV) der Bundesregierung vom 21.2.2013[294], die Näheres zur PID nach § 3a ESchG regelt.[295]

B. Rechtliche Grundlagen für den Einsatz der PID

Zunächst bedarf es einer Darstellung und Erörterung derjenigen Normen, die regeln, unter welchen Voraussetzungen die PID angewendet werden darf. Dies sind neben dem gegebenenfalls anwendbaren Gendiagnostikgesetz insbesondere § 3a ESchG sowie die Verordnung zur Präimplantationsdiagnostik. Zwar handelt es sich dabei um strafrechtliche und öffentlich-rechtliche Normen, sodass sie auf den ersten Blick für die zivilrechtliche Haftung bei einer fehlerhaften PID irrelevant sind. Allerdings haben insbesondere § 3a I, II ESchG erheblichen Einfluss darauf, ob und unter welchen Voraussetzungen die PID Gegenstand eines wirksamen Vertrages sein kann, der dann die Grundlage für eine etwaige vertragliche Haftung bildet. Auch das Pflichtenprogramm des Behandlungszentrums wird insbesondere durch die Regelungen des ESchG und der PIDV beeinflusst. Zudem kann die zivilrechtliche Haftung für Fehler im Zusammenhang mit Überschussinformationen nicht ohne Bezug auf § 3a II ESchG geklärt werden. Danach ist die PID nämlich nur in den dort genannten Ausnahmefällen gerechtfertigt, sodass sich die Frage aufdrängt, inwiefern eine Haf-

---

292 BT-Drucks. 17/6400.

293 *Frister/Lehmann* JZ 2012, 659, 659 Fn. 11.

294 BGBl. I 2013 S. 323.

295 Für einen Überblick über die PIDV *Di Bella* RDG 2014, 38, 38 f.; ausführlich zur PIDV *Pestalozza* MedR 2013, 343, 343 ff.

tung des Arztes für Fehler bei Zusatzbefunden besteht, die nicht unter die Rechtfertigungsgründe des § 3a II ESchG fallen. Aus den genannten Gründen erscheint daher die folgende Darstellung und Erläuterung der gesetzlichen Voraussetzungen für die PID als Grundlage für die anschließende Untersuchung der zivilrechtlichen Haftung bei einer fehlerhaften PID unerlässlich.

I. Überblick über die für die PID relevanten Normen

Um einen ersten Überblick zu gewinnen, werden zunächst die für die PID relevanten Normen kurz vorgestellt.

1. § 3a ESchG

§ 3a ESchG bildet die zentrale Norm für die Anwendung der PID in Deutschland.

a) § 3a I, II ESchG

Danach ist die PID grundsätzlich gem. § 3a I ESchG verboten, es sei denn, einer der beiden in § 3a II ESchG geschilderten Ausnahmefälle liegt vor. Durch Inkrafttreten des § 3a ESchG am 8.12.2011 hat sich daher der oben geschilderte Streit[296], ob § 1 I Nr. 2, 5 ESchG und § 2 I Var. 4 ESchG die PID verbieten, auf Grund des Grundsatzes *lex specialis derogat legi generali* erledigt. Die Zulässigkeit der PID an nicht mehr totipotenten Zellen bestimmt sich nun alleine nach dem hierfür spezielleren § 3a ESchG. Aufgrund der vielen Auslegungsprobleme, die sich bei der Anwendung des § 3a I, II ESchG stellen, werden diese im Anschluss ausführlich dargestellt.

---

296 Siehe dazu oben S. 55ff.

b) § 3a III ESchG

Neben den für die Anwendung der PID und für die Haftung bei Fehlern zentralen strafrechtlichen Vorschriften der Abs. 1 und 2 des § 3a ESchG müssen auch die folgenden verfahrensrechtlichen Anforderungen für die Durchführung einer PID beachtet werden.

aa) § 3a III 1 Nr. 1 ESchG

§ 3a III 1 Nr. 1 ESchG bestimmt, dass die Frau in die PID nur nach vorheriger Aufklärung und Beratung über die medizinischen, psychischen und sozialen Folgen der genetischen Untersuchung einwilligen kann. Da ein medizinischer Eingriff stets eine Aufklärung über die hiermit verbundenen medizinischen und psychischen Folgen sowie eine Einwilligung voraussetzt, hat die Regelung des § 3a III 1 Nr. 1 bezogen auf die Aufklärungspflicht lediglich klarstellenden Charakter.[297] Eine Besonderheit ergibt sich jedoch aus § 3 II Nr. 3 PIDV, der besagt, dass die Aufklärung nicht durch den Arzt erfolgen darf, der selbst die reproduktionsmedizinische Maßnahme oder die genetische Untersuchung durchführt, § 3 II Nr. 3 PIDV.

bb) § 3a III 1 Nr. 2 ESchG

Zu den verfahrensrechtlichen Voraussetzungen des Absatzes 3 gehören auch die Überprüfung des Vorliegens der materiellen Voraussetzungen des Abs. 2 sowie ein positives Votum der Ethikkommission nach § 3a III 1 Nr. 2 ESchG.

cc) § 3a III 1 Nr. 3 ESchG

§ 3a III 1 Nr. 3 ESchG bestimmt, dass die PID nur durch hierfür besonders qualifizierte Ärzte in einem für die PID zugelassenem Zentrum, das über die für die Durchführung der Maßnahmen der PID notwendigen diagnostischen, medizinischen und technischen Möglichkeiten verfügt, vorgenom-

297 *Frister/Lehmann* JZ 2012, 659, 665; *Henking* ZRP 2012, 20, 22.

men werden darf. Diese Anforderungen sollen einen hohen medizinischen Standard der PID gewährleisten.[298]

dd) § 3a III 2, VI ESchG

§ 3a III 2 ESchG sieht eine Melde- und Dokumentationspflicht der zugelassenen Zentren sowohl für die Durchführung einer PID als auch für deren Ablehnung durch die Ethikkommission in anonymisierter Form an eine Zentralstelle vor. Diese Datenerfassung dient dazu, den nach § 3a VI ESchG vorgesehenen Bericht der Bundesregierung über die PID zu erstellen.

ee) 3a III 3 Nr. 1-4 ESchG

§ 3a III 3 ESchG ermächtigt die Bundesregierung mit Zustimmung des Bundesrates eine Verordnung zu erlassen, die die Anzahl und die Voraussetzungen für die Zulassung der PID-Zentren, einschließlich der Qualifikation der dort tätigen Ärzte und die Dauer der Zulassung bestimmt, § 3a III 3 Nr. 1 ESchG. Zudem soll die Verordnung die Einrichtung, Zusammensetzung, Verfahrensweise und Finanzierung der für die PID zuständigen Ethikkommission regeln, § 3a III 3 Nr. 2 ESchG. Zuletzt sieht die Verordnungsermächtigung nähere Bestimmungen zur Einrichtung und Ausgestaltung der Zentralstelle, der die Dokumentation von PID-Maßnahmen obliegt (§ 3a III 3 Nr. 3 ESchG), sowie zu den Anforderungen an die Meldung von im Rahmen der PID durchgeführten Maßnahmen an diese Stelle und die Anforderungen an die Dokumentation (§ 3a III 3 Nr. 4 ESchG) vor.

Obwohl die Bundesregierung mit Zustimmung des Bundesrates nach der amtlichen Überschrift des § 3a ESchG nur zum Erlass einer Verordnung ermächtigt ist, obliegt dem Ermächtigungsempfänger im Falle des § 3a III 3 ESchG eine Pflicht, von der Ermächtigung Gebrauch zu machen.[299] Zwar kann der Ermächtigungsadressat grundsätzlich frei darüber entscheiden, ob er von der Ermächtigung Gebrauch macht.[300] Etwas ande-

298 BT-Drucks. 17/5451 S. 3.

299 *Frister/Lehmann* JZ 2012, 659, 666.

300 Maunz/Dürig/*Remmert* Art. 80 GG Rn. 119; BeckOK/*Uhle* Art. 80 GG Rn. 30.

res gilt jedoch, wenn die gesetzliche Regelung ohne die Verordnung nicht praktikabel ist.[301] Da die Voraussetzungen nach § 3a III 1, 2 ESchG nur eingehalten werden können, wenn durch Rechtsverordnung z.B. bestimmt ist, welches Zentrum für die PID zugelassen ist, liegt hier ein solcher Fall eines Regelungsauftrages vor.[302] Diesem ist die Bundesregierung durch Erlass der PIDV inzwischen nachgekommen.[303]

c) § 3a IV ESchG

Gem. § 3a IV 1 ESchG stellt die Vornahme der PID unter Nichteinhaltung der verfahrensrechtlichen Anforderungen des § 3a III 1 ESchG eine Ordnungswidrigkeit dar, die mit einer Geldbuße von bis zu 50.000 € gem. § 3a IV 2 ESchG geahndet werden kann. Die Verletzung der Mitteilungspflicht nach § 3a III 2 ESchG stellt hingegen keine Ordnungswidrigkeit dar.

Da bei Verstößen gegen § 3a III 1 Nr. 1 und Nr. 3 ESchG meistens zugleich eine Straftat vorliegt, scheidet eine Ahndung als Ordnungswidrigkeit aufgrund des Subsidiaritätsgrundsatzes des § 21 I OWiG aus.[304] In den Fällen des § 3a III 1 Nr. 1 ESchG ist dies etwa der Fall, wenn die Frau nicht über die medizinischen und psychischen Folgen aufgeklärt wird und die von ihr erteilte Einwilligung daher unwirksam ist.[305] Bei einem Verstoß gegen § 3a III 1 Nr. 3 ESchG wird zudem häufig die Untersuchung nicht dem anerkannten Stand der medizinischen Wissenschaft und Technik genügen, sodass die Vornahme der PID in diesen Fällen schon nach § 3a I ESchG strafbar ist.[306]

d) § 3a V ESchG

§ 3a V 1 ESchG enthält eine Regelung, nach der kein Arzt dazu verpflichtet werden kann, eine PID nach § 3a II ESchG durchzuführen oder an ihr mitzuwirken. Da sich diese Gewissensklausel bereits in § 10 iVm. § 9 Nr.

301 BVerfGE 16, 332, 338; BVerfGE 13, 248, 254.
302 *Frister/Lehmann* JZ 2012, 659, 666.
303 Siehe zur PIDV unten S. 72.
304 *Frister/Lehmann* JZ 2012, 659, 665 f.
305 *Frister/Lehmann* JZ 2012, 659, 665.
306 *Frister/Lehmann* JZ 2012, 659, 665 f.

2 ESchG findet, stellt sich § 3a V 1 ESchG als obsolet dar.[307] Von Relevanz ist lediglich die Klarstellung in § 3a V 2 ESchG, nach der dem Arzt aus einer verweigerten Mitwirkung an einer PID kein Nachteil erwachsen darf.[308]

2. Verordnung zur Regelung der Präimplantationsdiagnostik (PIDV)

Die aufgrund des § 3a III 3 ESchG erlassene Verordnung zur Regelung der Präimplantationsdiagnostik (PIDV)[309] vom 21.2.2013, die gem. § 10 PIDV am 1.2.2014 in Kraft getreten ist, enthält insbesondere verfahrensrechtliche Anforderungen im Hinblick auf die in § 1 PIDV genannten Regelungsgegenstände. Dazu zählen zum einen die Voraussetzungen an die PID-Zentren und Ethikkommissionen in §§ 3-8 PIDV. Zum anderen regelt § 9 PIDV Näheres zur Zentralstelle, der die Dokumentation von Maßnahmen im Rahmen der PID obliegt, § 3a III 3 Nr. 3 ESchG.

3. Gendiagnostikgesetz (GenDG)

Neben dem ESchG und der PIDV könnte auch das Gendiagnostikgesetz (GenDG)[310] vom 31.7.2009, das gem. § 27 I GenDG am 1.2.2010 in Kraft getreten ist, Regelungen im Hinblick auf die PID enthalten, da sich dieses Gesetz mit den Voraussetzungen für genetische Untersuchungen sowie dem Umgang mit den daraus resultierenden Ergebnissen befasst. Da sich der Anwendungsbereich des GenDG gem. § 2 I GenDG allerdings auf genetische Untersuchungen und genetische Analysen bei Embryonen und Föten *während* der Schwangerschaft beschränkt, wird die PID, die bereits im Vorfeld einer Schwangerschaft erfolgt, vom GenDG nicht erfasst.

---

307 Erbs/Kohlhaas/*Pelchen/Häberle* § 10 ESchG Rn. 1; *Frister/Lehmann* JZ 2012, 659, 666.

308 *Frister/Lehmann* JZ 2012, 659, 666 weisen darauf hin, dass auch die Regelung des § 3a V 2 ESchG nur deklaratorisch sei, weil auch das Nachteilsverbot schon aus § 10 ESchG folge.

309 BGBl. I 2013 S. 323.

310 BGBl. I 2009 S. 2529.

II. Einzelheiten zu den Voraussetzungen und Problemen des § 3a ESchG

Aufgrund des Umstands, dass die Beantwortung der sich bei einer fehlerhaften PID stellenden vertraglichen Haftungsfragen wesentlich durch § 3a ESchG beeinflusst wird, widmet sich die folgende Darstellung den einzelnen Voraussetzungen des § 3a I, II ESchG sowie den Problemen, die sich bei der Anwendung dieser Norm stellen.

1. § 3a I ESchG

Aus dem Straftatbestand des § 3a I ESchG ergeben sich das grundsätzliche Verbot[311] sowie die Legaldefinition der PID. Die Bedeutung der einzelnen Tatbestandsmerkmale des Abs. 1 wird im Folgenden näher erläutert.

a) Genetische Untersuchung

Das Tatbestandsmerkmal »genetische Untersuchung« erfasst alle Handlungen, die darauf gerichtet sind, Auskunft über genetische Eigenschaften zu gewinnen. Darunter fallen insbesondere die Anwendung der Fluoreszenz-in-situ Hybridisierung, der vergleichenden Genomanalyse sowie der Polymerasen-Kettenreaktion.[312]

b) In Vitro

Der objektive Straftatbestand des § 3a I ESchG setzt weiterhin voraus, dass Zellen eines Embryos »in vitro« untersucht werden. Wörtlich bedeutet »in vitro« im Glas, wird in der Medizin aber weitergehend auch als Synonym für »außerhalb des lebenden Organismus« verwendet.[313] Das »in vitro« könnte sich zum einen auf den gesamten Embryo, zum anderen aber auch nur auf die zu untersuchenden Zellen des Embryos beziehen. Da die Untersuchung gem. § 3a I ESchG aber »vor *seinem* intrauterinen Trans-

---

311 BT-Drucks. 17/5451 S. 8.

312 Siehe dazu oben S. 41 ff.

313 *Pschyrembel* „in vitro“.

fer«[314] erfolgen muss, stellt das »in vitro« auf den gesamten Embryo ab, der sich außerhalb des Mutterleibs befinden muss. Da ein solcher Embryo nach dem heutigen medizinischen Stand nur durch die Methoden der extrakorporalen Befruchtung[315] erzeugt werden kann und nicht durch die Entnahme eines auf natürlichem Wege gezeugten Embryos aus der Gebärmutter, erfasst § 3a I ESchG nur die Untersuchung von Zellen eines Embryos, der durch extrakorporale Befruchtung erzeugt wurde und sich noch außerhalb des Mutterleibs befindet. Genetische Untersuchungen des im Mutterleib befindlichen Embryos wie etwa die Chorionzottenbiopsie[316] werden hingegen nicht durch das ESchG geregelt, sondern vom GenDG[317] erfasst, da § 3a I ESchG, wie soeben gezeigt, voraussetzt, dass sich der gesamte Embryo und nicht nur die zu untersuchenden Zellen des Embryos außerhalb des Mutterleibs befinden.

c) Vor seinem intrauterinen Transfer

Das Merkmal »vor seinem intrauterinen Transfer« begrenzt den Zeitraum, in dem eine genetische Untersuchung von Zellen des Embryos eine PID iSd. § 3a I ESchG darstellt. Nur wenn das dem Embryo entnommene Zellmaterial *vor* der Übertragung des Embryos in die Gebärmutter genetisch untersucht wird, handelt es sich um eine PID iSd. § 3a I ESchG. Genetische Untersuchungen von Zellen des Embryos *nach* dem Transfer des Embryos in die Gebärmutter wie etwa die Chorionzottenbiopsie sind demnach keine PID iSd. § 3a I ESchG. Zudem verdeutlicht das Merkmal »vor seinem intrauterinen Transfer«, dass die genetische Untersuchung des Embryos sowie die gegebenenfalls aufgrund des Untersuchungsergebnisses erfolgende Verwerfung des Embryos noch vor der Implantation und damit auch noch vor Abschluss der Einnistung des befruchteten Eis in die Gebärmutter erfolgen, sodass die PID nicht den Regelungen über den Schwangerschaftsabbruch unterfällt, § 218 I 2 StGB.

---

314 Näher zu diesem Tatbestandsmerkmal siehe unten S. 74.

315 Zur extrakorporalen Befruchtung siehe oben S. 31 ff.

316 Siehe zu den genetischen Untersuchungen des Embryos im Mutterleib oben S. 27.

317 Siehe hierzu bereits oben S. 72.

d) Zellen eines Embryos

Das Tatbestandsmerkmal »Zellen eines Embryos« ist nicht von vergleichbarer Klarheit, sondern kann diverse Bedeutungen haben. Es könnten Zellen des Embryos, unabhängig von ihrem Entwicklungspotential, dem Zellbegriff des § 3a I ESchG unterfallen, sodass eine PID zumindest rechtlich in jedem Stadium der Embryonalgenese, vom Blastomeren-[318], über das Morula-[319] bis hin zum Blastozystenstadium[320] vom Verbot des § 3a I ESchG erfasst wäre. Ebenso erscheint denkbar, dass sich der Zellbegriff auf einzelne der genannten Embryonalstadien oder Zellen mit einem bestimmten Entwicklungspotential[321] (Totipotenz, Pluripotenz, Multipotenz) beschränkt. Welche Auslegungsvarianten in Betracht kommen sowie mit dem Regelungszweck des § 3a ESchG am besten vereinbar sind, wird daher im Folgenden durch Auslegung ermittelt.

aa) Grammatikalische Auslegung

Die Wortlautauslegung bildet zunächst den Ausgangspunkt jeder Gesetzesauslegung.[322] Nach überwiegender Auffassung begrenzt zugleich der mögliche Wortsinn im Strafrecht die Auslegung.[323] Dies gilt für jede Strafnorm und damit auch für § 3a I ESchG, unabhängig davon, ob die strafrechtliche Regelung später zur Erörterung zivilrechtlicher Haftungsfragen herangezogen wird, da ein und dieselbe Norm stets einen einheitlichen Aussagegehalt haben muss und nicht je nach betroffenem Rechtsgebiet unterschiedliche Bedeutungen aufweisen kann.

§ 3a I ESchG definiert die PID als genetische Untersuchung von »Zellen eines Embryos« und nicht als Untersuchung »eines Embryos«. Aus dem Wortlaut ergibt sich daher, dass die PID nicht eine genetische Unter-

---

318 Zu den Vor- und Nachteilen einer PID im Blastomerenstadium siehe oben S. 35.

319 Aus medizinischer Sicht ist eine PID im Morulastadium allerdings soweit ersichtlich zur Zeit noch nicht möglich, siehe oben S. 35, allerdings wird daran gearbeitet; *Schmutzler/Filges* Der Gynäkologe 2014, 263, 265.

320 Zur PID im Blastozystenstadium siehe oben S. 39.

321 Zu den verschiedenen Entwicklungsstadien siehe oben S. 35.

322 *Larenz/Canaris* Methodenlehre der Rechtswissenschaft S. 141; *Wank* Die Auslegung von Gesetzen S. 39; *Zippelius* Juristische Methodenlehre S. 37.

323 Ausführlich dazu *Frister* Strafrecht Allgemeiner Teil Kap. 4 Rn. 27; Kindhäuser/Neumann/Paeffgen/*Hassemer/Kargl* NK-StGB § 1 Rn. 106b.

suchung des Embryos in toto, sondern nur die Untersuchung einzelner Zellen des Zellverbandes des Embryos regelt.[324] Auf eine bestimmte Eigenschaft der Zellen, insbesondere deren Entwicklungspotential[325] oder deren Zugehörigkeit zur inneren oder äußeren Zellmasse[326], kommt es nach dem Wortlaut des § 3a I ESchG nicht an.[327] Zudem ergibt sich aus der Formulierung »eines Embryos«, dass nur Zellen, die nach der Kernverschmelzung der Gameten untersucht werden, erfasst sind. Die Polkörperdiagnostik[328] unterfällt daher nicht dem § 3a ESchG, da sie nicht an einem Embryo, sondern an einer Eizelle vor der Kernverschmelzung durchgeführt wird. Die grammatikalische Auslegung ergibt also lediglich, dass der Wortlaut des § 3a I ESchG jedwede genetische Untersuchung von Zellen eines Embryos in vitro vor dem intrauterinen Transfer erfasst.[329] Da mithilfe der grammatikalischen Auslegung die Bedeutung des Merkmals »Zellen eines Embryos« nicht zweifelsfrei geklärt werden kann, besteht Anlass zu einer weitergehenden Auslegung mithilfe der übrigen Auslegungskriterien.[330]

bb) Systematische Auslegung

Mithilfe der systematischen Auslegung soll die Bedeutung der auslegungsbedürftigen Norm anhand ihrer Stellung im betreffenden Gesetz oder aus dem Inhalt anderer Normen ermittelt werden.[331] Die Notwendigkeit systematischer Auslegung lässt sich damit begründen, dass jede Norm einen Teil eines Gesetzes bzw. der Rechtsordnung als solcher bildet und daher nur unter Berücksichtigung der anderen Normen sinnvoll verstanden

324 *Frister* in: FS Tolksdorf S. 223, 226.

325 Zu den unterschiedlichen Entwicklungspotentialen der Totipotenz, Pluripotenz und der noch weiterreichenden Spezialisierung siehe oben S. 35.

326 Zur inneren und äußeren Zellmasse des Embryos siehe oben S. 39.

327 *Frister* in: FS Tolksdorf S. 223, 226 f.; bei bloßer Auslegung nach dem Wortlaut des § 3a I ESchG sieht dies auch *Frommel* JZ 2013, 488, 490 so, die im Ergebnis allerdings die Auffassung vertritt, dass die PID an Trophoblastzellen nicht von § 3a ESchG geregelt sei, sondern nur nach § 2 ESchG zu beurteilen sei; *Frommel* JZ 2013, 488, 488 ff.

328 Ausführlich zur Polkörperdiagnostik siehe oben S. 27.

329 *Frommel* JZ 2013, 488, 490.

330 Vgl. *Looschelders/Roth* Juristische Methodik S. 23 f.

331 *Looschelders/Roth* Juristische Methodik S. 149; *Wank* Die Auslegung von Gesetzen S. 55.

werden kann.[332] Deswegen müssen einzelne Rechtssätze, die sachlich Zusammenhängendes regeln, so ausgelegt werden, dass sie logisch miteinander vereinbar sind und die Regelungen einen durchgehenden und einheitlichen Sinn ergeben.[333]

(1) Verhältnis des § 3a I ESchG zu den anderen Vorschriften des ESchG

Aufschluss über die Bedeutung des Merkmals »Zellen eines Embryos« in § 3a ESchG gibt möglicherweise § 8 ESchG. Dieser enthält diverse Begriffsbestimmungen zum ESchG, darunter in Abs. 1 auch eine zum Embryonenbegriff. Danach gilt als Embryo im Sinne des ESchG neben der bereits befruchteten und entwicklungsfähigen menschlichen Eizelle vom Zeitpunkt der Kernverschmelzung an auch jede einem Embryo entnommene totipotente Zelle, die sich bei Vorliegen der dafür erforderlichen weiteren Voraussetzungen zu teilen und zu einem Individuum zu entwickeln vermag. Aufgrund dieser Fiktion erfasst der Begriff »Zellen eines Embryos« in § 3a I ESchG nicht die genetische Untersuchung von sicher totipotenten Zellen, weil diese ihrerseits Embryonen iSd. ESchG sind und eine Untersuchung des Embryos in toto bereits vom Wortlaut her nicht als Untersuchung von »Zellen eines Embryos« iSd. § 3a I ESchG qualifiziert werden kann.[334]

(2) Verhältnis des § 3a I ESchG zu § 2 PIDV

Einen weiteren systematischen Hinweis auf die Bedeutung des Merkmals »Zellen eines Embryos« könnte § 2 PIDV liefern, der ebenso wie § 8 ESchG Begriffsbestimmungen, allerdings bezogen auf die PIDV und nicht auf das ESchG, enthält.

332 *Looschelders/Roth* Juristische Methodik S. 149.
333 BVerfGE 48, 246, 257.
334 Siehe dazu bereits oben S. 75.

(a) Systematische Auslegung eines formellen Gesetzes mithilfe einer rangniedrigeren Verordnung

Hierbei stellt sich allerdings das grundsätzliche Problem, inwiefern die PIDV, die von der Bundesregierung erlassen wurde und damit einen anderen Normgeber aufweist als das ESchG, das vom Parlament stammt, zur systematischen Auslegung dieses formellen und ranghöheren Gesetzes herangezogen werden kann.

Grundsätzlich zielt die systematische Auslegung darauf ab, den Inhalt der auszulegenden Norm durch eine Analyse der Stellung dieser Vorschrift in dem betreffenden Gesetz oder in der Gesamtrechtsordnung zu ermitteln.[335] Hierzu werden diejenigen Normen herangezogen, die sachlich mit der auszulegenden Norm in Zusammenhang stehen.[336] Die PIDV stellte einen Teil der gesamten Rechtsordnung dar und befasst sich ebenso wie § 3a ESchG mit der PID. Somit erscheint es nicht von vornherein ausgeschlossen, die im Vergleich zum ESchG rangniedrigere PIDV als systematische Auslegungshilfe bei der Bestimmung des Zellbegriffs in § 3a I ESchG heranzuziehen. Für diese Annahme spricht zudem der Grundsatz des Stufenbaus der Rechtsordnung, der besagt, dass eine rangniedrigere Norm eine ranghöhere zutreffend konkretisieren kann.[337] Eine solche Konkretisierung des § 3a I ESchG erscheint insbesondere im Hinblick auf die in § 2 Nr. 3 PIDV enthaltene Begriffsbestimmung zum Zellbegriff möglich.

Die Bedenken, dass der Verordnungsgeber die übergeordnete Kompetenz des Parlaments verletzt, sofern eine Verordnung bei der systematischen Auslegung eines formellen Gesetzes berücksichtigt wird, können mit folgendem Hinweis überwunden werden: Die systematische Auslegung stellt nur eins von vier Auslegungskriterien dar. Maßgeblich bleibt damit stets - auch wenn man eine Verordnung bei der systematischen Auslegung eines Gesetzes heranzieht -, ob das Auslegungsergebnis insbesondere vom Wortlaut und vom Zweck des formellen Gesetzes gedeckt ist. Durch diese Grenze bei der Auslegung droht somit keine Gefahr, den Stufenbau der Rechtsordnung durch Heranziehung einer Verordnung im

---

335 *Kramer* Juristische Methodenlehre S. 88 f.; *Larenz/Canaris* Methodenlehre der Rechtswissenschaft S. 145; *Looschelders/Roth* Juristische Methodik S. 149; *Sauer* in: Grundlagen des Rechts § 9 Rn. 25; *Saueressig* Jura 2005, 525, 527.

336 *Bydlinski* Grundzüge der juristischen Methodenlehre S. 31; *Looschelders/Roth* Juristische Methodik S. 149.

337 Vgl. *Wank* Die Auslegung von Gesetzen S. 57.

Rahmen der systematischen Auslegung eines formellen Gesetzes zu verletzen. Zusammenfassend lässt sich daher festhalten, dass Verordnungen grundsätzlich zur systematischen Auslegung formeller Gesetze herangezogen werden können.

(b) Systematische Auslegung des Zellbegriffs in § 3a I ESchG speziell durch § 2 Nr. 1, 3 PIDV

Speziell bei der Auslegung des Zellbegriffs in § 3a I ESchG mithilfe des § 2 Nr. 1, 3 PIDV stellt sich noch ein weiteres Problem: Die PIDV sowie § 3a ESchG stehen nicht nur in einem schlichten Sachzusammenhang, sondern die PIDV wurde von der Bundesregierung mit Zustimmung des Bundesrates erlassen, um den Regelungsauftrag des § 3a III 3 ESchG umzusetzen. Damit der Verordnungsgeber die übergeordnete Kompetenz des Parlaments nicht verletzt, setzt eine etwaige systematische Auslegung des Zellbegriffs in § 3a I ESchG anhand der Begriffsbestimmung des § 2 Nr. 1, 3 PIDV nicht nur voraus, dass das unter Berücksichtigung der Verordnung erlangte Auslegungsergebnis vom Wortlaut und Zweck des formellen Gesetzes gedeckt ist, wie dies bei Verordnungen, die in einem schlichten Sachzusammenhang zum auszulegenden formellen Gesetz stehen, genügt. Vielmehr kann die Begriffsbestimmung in der PIDV für die Auslegung des § 3a I ESchG nur dann beachtlich sein, wenn eine etwaige andere Auslegung des Zellbegriffs in der PIDV, die dann aus systematischen Gründen auch bei der Bestimmung des Zellbegriffs im ESchG zu berücksichtigen wäre, unter die Verordnungsermächtigung des § 3a III 3 ESchG fiele.[338] Andernfalls würde nämlich die gegenüber dem Verordnungsgeber übergeordnete Kompetenz des Parlaments unterlaufen, Art. 80 I GG.

Da die Frage nach einer bestehenden gesetzlichen Ermächtigung für eine etwaige Erweiterung oder Beschränkung des Zellbegriffs in § 3a I ESchG durch die Begriffsbestimmung in der PIDV und damit die Berücksichtigung der PIDV für die systematische Auslegung des § 3a I ESchG nur bei divergierenden Bedeutungen des Merkmals »Zellen eines Embryos« für die Auslegung des Zellbegriffs in § 3a I ESchG relevant ist, muss zunächst die Bedeutung des Zellbegriffs in § 2 Nr. 1, 3 PIDV geklärt werden. Nur wenn sich die Begriffe inhaltlich unterscheiden, bedarf es einer Auseinandersetzung mit der Verordnungsermächtigung des § 3a III 3

338 *Frister* in: FS Tolksdorf S. 223, 228.

ESchG, da sich andernfalls aus § 2 Nr. 1, 3 PIDV keine systematischen Rückschlüsse auf die Bedeutung des Zellbegriffs in § 3a I ESchG ergeben.

(c) Ermittlung der Bedeutung des Zellbegriffs in § 2 Nr. 1, 3 PIDV

Sofern man nur § 2 Nr. 1 PIDV sowie § 3a I ESchG betrachtet, stellt man fest, dass die PID in beiden Fällen als eine genetische Untersuchung von Zellen eines Embryos in vitro vor seinem intrauterinen Transfer definiert wird. Dies deutet auf den ersten Blick darauf hin, dass das Merkmal »Zellen eines Embryos« sowohl im ESchG als auch in der PIDV dieselbe Bedeutung hat, d.h. dass der Zellbegriff der PIDV lediglich totipotente Zellen nicht erfasst. Zu beachten ist allerdings die nähere Definition des Begriffs »Zellen« iSd. § 2 Nr. 1 PIDV[339] durch § 2 Nr. 3 PIDV in Anlehnung an die in § 3 Nr. 1 StZG[340] verwendete Legaldefinition von pluripotenten[341] Stammzellen.[342] Danach unterfallen dem Zellbegriff iSd. PIDV nur Stammzellen, die einem in vitro erzeugten Embryo entnommen worden sind und die Fähigkeit besitzen, sich in entsprechender Umgebung selbst durch Zellteilung zu vermehren, und die sich selbst oder deren Tochterzellen sich unter geeigneten Bedingungen zu Zellen unterschiedlicher Spezialisierung, jedoch nicht zu einem Individuum zu entwickeln vermögen. Vom Wortlaut des § 2 Nr. 3 PIDV unterfallen dem Zellbegriff daher nur pluripotente und keine weiterspezialisierte Zellen, wie etwa die bei einer PID mittels Blastozystenbiopsie[343] verwendeten Trophoblastzellen.[344] Diese sind nämlich weder Stammzellen[345] noch sind sie pluripotent[346],

339 Zellen iSd. § 2 Nr. 1 PIDV sind die des Embryos.

340 Gem. § 3 Nr. 1 Stammzellgesetz (StZG) sind Stammzellen alle menschlichen Zellen, die die Fähigkeit besitzen, in entsprechender Umgebung sich selbst durch Zellteilung zu vermehren, und die sich selbst oder deren Tochterzellen sich unter geeigneten Bedingungen zu Zellen unterschiedlicher Spezialisierung, jedoch nicht zu einem Individuum zu entwickeln vermögen (pluripotente Stammzellen).

341 BR-Drucks. 717/12 S. 16.

342 *Frister* in: FS Tolksdorf S. 223, 227.

343 Zur Blastozystenbiopsie siehe oben S. 39.

344 *Frister* in: FS Tolksdorf S. 223, 227; *Frommel* JZ 2013, 488, 490.

345 *Frommel* JZ 2013, 488, 494 Fn. 15.

346 Der BGH nimmt zwar zu Recht an, dass die Trophoblastzellen nicht mehr totipotent sind, setzt dies aber fälschlich mit dem Begriff pluripotent gleich, vgl. BGHSt 55, 206, 208. Dies trifft allerdings nur auf die innere Zellmasse der Blastozyste, den sog. Embroyblast, zu. Die Trophoblastzellen sind hingegen schon multipotent.

sondern multipotent, da sie sich nur noch zu Trophektoderm[347] entwickeln können[348] und ihnen daher die für die Pluripotenz entscheidende Fähigkeit zur Differenzierung und Spezialisierung in nahezu alle Zelltypen[349] fehlt.

Betrachtet man somit nur den Wortlaut des § 2 Nr. 1, 3 PIDV, wäre der Zellbegriff in der PIDV enger als der des § 3a I ESchG. Hiernach wären nämlich nicht nur totipotente Zellen keine Zellen des Embryos, sondern auch Zellen, die nicht mehr pluripotent, sondern schon multipotent sind wie die Trophoblastzellen. Eine PID im Blastozystenstadium unterfiele demnach bei einer wörtlichen Auslegung des § 2 Nr. 3 PIDV nicht dem Zellbegriff der PIDV, da die PID in diesem Stadium nur an Trophoblast- und nicht an den pluripotenten Embryoblastzellen durchgeführt werden kann.[350]

Neben dem Wortlaut müssen zur endgültigen Bestimmung des Zellbegriffs in § 2 Nr. 3 PIDV noch die anderen Auslegungskriterien herangezogen werden.

Gegen die Beschränkung des Zellbegriffs in der PIDV auf pluripotente Stammzellen spricht bei näherer Betrachtung die Genese dieser Verordnung:[351] Als Vorbild für die Begriffsbestimmung in § 2 Nr. 3 PIDV diente dem Verordnungsgeber § 3 Nr. 1 StZG.[352] Allerdings erscheint zweifelhaft, ob der Verordnungsgeber mit der an das StZG angelehnten Begriffsbestimmung tatsächlich bewusst den Ausschluss der PID im Blastozystenstadium an Trophoblastzellen aus dem Anwendungsbereich der PIDV bezweckte.[353] Hierfür spricht zunächst, dass bereits der Gesetzgeber in der Begründung zu § 3 Nr. 1 StZG nicht zwischen totipotenten, pluripotenten, multipotenten und unipotenten Stammzellen differenziert hat, sondern nur zwischen totipotenten und pluripotenten Zellen[354], sodass es durchaus wahrscheinlich ist, dass auch die Bundesregierung diese eher undifferenzierte Vorstellung hinsichtlich des Differenzierungspotentials von Zellen der einzelnen Embryonalstadien übernommen haben könnte. Dieser Ein-

---

347 Aus dem Trophektoderm bilden sich die Plazenta sowie die Eihaut, vgl. *Frommel* JZ 2013, 488, 494 Fn. 15; *Schroth* ZStW 2013, 627, 632 f.

348 Siehe auch oben S. 39.

349 *Beier* Reproduktionsmedizin 1999, 190, 190.

350 Siehe dazu oben S. 39.

351 Ebenso *Frister* in: FS Tolksdorf S. 223, 227 f.; für einen Ausschluss der PID an Blastozysten aber *Frommel* JZ 2013, 488, 490.

352 BR-Drucks. 717/12 S. 16.

353 *Frister* in: FS Tolksdorf S. 223, 227.

354 Vgl. BT-Drucks. 14/8394 S. 9.

druck wird noch durch die Begründung zur PIDV verstärkt, wonach die Anlehnung an die Definition des StZG nur sicherstellen solle, »dass Untersuchungen an Zellen im Rahmen der Verordnung nur an pluripotenten und nicht an totipotenten Zellen durchgeführt werden dürfen« und somit »das bereits nach § 2 I iVm. § 8 I ESchG bestehende Verbot der missbräuchlichen Verwendung von totipotenten Zellen eines Embryos bekräftigt« werde.[355] Auch geht die Begründung zur PIDV nicht auf die erforderlichen Anforderungen (Fähigkeit zur Differenzierung und Spezialisierung in unterschiedliche Zelltypen) zur Qualifikation einer Zelle als pluripotent ein, sondern setzt den Begriff ohne nähere Erläuterung voraus.[356] Gegen eine Beschränkung des Zellbegriffs auf pluripotente Blastomeren spricht schließlich, dass die Bundesregierung durch die PIDV nur »das Nähere zu den organisatorischen und verfahrensmäßigen Voraussetzungen zur Durchführung einer PID« regeln wollte[357], aber an keiner Stelle der Begründung zur PIDV darauf hinweist, einen inhaltlichen Ausschluss der PID an Trophoblastzellen durch die PIDV zu bezwecken. Dafür, dass die vom Verordnungsgeber verwendete Formulierung in § 2 Nr. 3 PIDV nur ein Versehen darstellt, lässt sich noch anführen, dass auch der BGH in seinem Urteil zur Strafbarkeit der PID im Blastozystenstadium die untersuchten Trophoblastzellen fälschlicherweise als pluripotent bezeichnete.[358]

Diese Vermutung wird schließlich noch dadurch bekräftigt, dass die Begrenzung des Zellbegriffs auf im biologischen Sinne pluripotente Zellen de facto dazu führen würde, dass für die Regelung kaum noch ein sinnvoller Anwendungsbereich bliebe. Aus medizinischer Sicht besteht nämlich nach wie vor Unklarheit darüber, wann genau einzelne Blastomeren ihre Totipotenz verlieren[359], sodass eine Subsumtion unter den Begriff der Pluripotenz im Blastomerenstadium schon aus tatsächlichen Gründen scheitern würde. Im Blastozystenstadium sind hingegen nur die Bestandteile der inneren Zellmasse pluripotent, während die äußeren Trophoblastzellen schon weiter entwickelt[360] sind.[361] Da die PID aber stets an den Trophoblastzellen und nicht an Zellen der inneren Zellmasse durchgeführt

355 BR-Drucks. 717/12 S. 16.
356 Vgl. BR-Drucks. 717/12 S. 16.
357 BR-Drucks. 717/12 S. 10.
358 BGHSt 55, 206, 208.
359 Siehe dazu oben S. 35.
360 *Frommel* JZ 2013, 488, 494.
361 Siehe auch oben S. 39.

wird[362], verbleibt für die Auslegung des Zellbegriffs im Sinne der PIDV zumindest solange, bis wissenschaftlich bewiesen ist, in welchem Stadium Blastomeren pluripotent sind, bei einer engen Auslegung kein sinnvoller Anwendungsbereich.

Aufgrund all dieser Anhaltspunkte ist somit davon auszugehen, dass die Bundesregierung ebenso wie der BGH[363] der biologischen Fehlvorstellung unterlag, dass Pluripotenz und Totipotenz in einem Exklusivitätsverhältnis stehen, d.h. fälschlich annahm, dass alle nicht totipotenten Zellen des Embryos stets pluripotent seien.[364]

(d) Zwischenergebnis

Die Auslegung des Zellbegriffs in der PIDV hat ergeben, dass der Verordnungsgeber § 2 Nr. 3 PIDV missverständlich formuliert hat, aber eine PID an Trophoblastzellen nicht ausschließen wollte.[365] Zudem wäre selbst eine vom Verordnungsgeber vorgenommene Beschränkung auf im biologischen Sinne pluripotente Zellen und damit der Ausschluss der PID an Trophoblastzellen unbeachtlich, da eine solche Einschränkung von der Verordnungsermächtigung in § 3a III 3 ESchG nicht gedeckt wäre und damit auch keine Auswirkungen auf die Auslegung des Zellbegriffs in § 3a I ESchG haben kann.[366]

(3) Ergebnis der systematischen Auslegung

Nach der systematischen Auslegung des Zellbegriffs unter Hinzuziehung des § 8 I ESchG steht fest, dass der Begriff »Zellen eines Embryos« jedenfalls nicht die genetische Untersuchung von totipotenten Zellen erfasst.[367] Mithilfe der auf den ersten Blick enger erscheinenden Bestimmung des Zellbegriffs in der PIDV lässt sich die Bedeutung des Zellbegriffs in § 3a I ESchG hingegen nicht näher bestimmen. Zum einen hat die Auslegung

362 Siehe hierzu oben S. 39.
363 Dieser spricht sogar biologisch falsch von „pluripotenten Trophoblastzellen" BGHSt 55, 206, 217.
364 *Frister* in: FS Tolksdorf S. 223, 228.
365 *Frister* in: FS Tolksdorf S. 223, 228; **a.A.**: *Frommel* JZ 2013, 488, 490.
366 *Frister* in: FS Tolksdorf S. 223, 228.
367 Siehe hierzu oben S. 77.

des Zellbegriffs in der PIDV ergeben, dass der Verordnungsgeber durch den in der PIDV verwendeten Zellbegriff die PID an Trophoblastzellen nicht ausschließen wollte, sondern § 2 Nr. 3 PIDV nur missverständlich formuliert hat.[368] Zum anderen wäre für die Auslegung des Zellbegriffs in § 3a I ESchG selbst eine gewollte Einschränkung des Zellbegriffs in der PIDV auf im biologischen Sinne pluripotente Zellen wegen der hierfür fehlenden Verordnungsermächtigung nach Art. 80 I GG unbeachtlich.[369] Festzuhalten ist nur, dass das Merkmal zur Wahrung der Einheit der Rechtsordnung[370] sowohl in der Verordnung als auch im ESchG einheitlich ausgelegt werden muss und zwar aufgrund des Stufenbaus der Rechtsordnung[371] so, wie es das gegenüber der PIDV höherrangigen ESchG vorsieht. Nur so bleibt die Rechtsordnung in sich stimmig und widerspruchsfrei.[372]

Da somit aber auch nach der systematischen Auslegung die Bedeutung des Zellbegriffs in § 3a I ESchG noch nicht sicher festgestellt werden kann, muss auf die verbleibenden Auslegungskriterien zurückgegriffen werden.

cc) Historische und genetische Auslegung

Die textexternen Auslegungsmethoden zielen darauf ab, den ausdrücklichen Willen des Gesetzgebers zu ermitteln.[373] Dazu orientiert sich die historische Auslegung an der Entwicklungsgeschichte der Norm und des gesamten Rechtsgebiets sowie gegebenenfalls vorangegangenen Normen.[374] Die genetische Auslegung versucht hingegen den Inhalt der Norm anhand ihrer konkreten Entstehungsgeschichte, d.h. insbesondere aus den Gesetzesmaterialien, zu ermitteln.[375]

---

368 Siehe hierzu oben S. 79 ff.; ebenso *Frister* in: FS Tolksdorf S. 223, 228.

369 Siehe hierzu oben S. 80; ebenso *Frister* in: FS Tolksdorf S. 223, 228.

370 *Zippelius* Juristische Methodenlehre S. 43.

371 *Wank* Die Auslegung von Gesetzen S. 59.

372 Vgl. *Wank* Die Auslegung von Gesetzen S. 57.

373 *Looschelders/Roth* Juristische Methodik S. 153.

374 *Looschelders/Roth* Juristische Methodik S. 155 f.

375 *Looschelders/Roth* Juristische Methodik S. 157; *Wank* Die Auslegung von Gesetzen S. 66.

(1) Historische Auslegung

§ 3a I ESchG wurde durch das Gesetz zur Regelung der Präimplantationsdiagnostik (PräimpG) vom 21.11.2011[376] ins ESchG eingeführt, welches am 8.12.2011 in Kraft trat. Zwar wurde auch schon vorher heftig über die Zulässigkeit der PID an nicht mehr totipotenten Zellen nach dem ESchG aF. diskutiert[377], allerdings fehlt im ESchG aF. eine Norm, die die PID ausdrücklich regelte. Mangels Vorgängervorschrift lassen sich daher keine Rückschlüsse im Hinblick auf die Auslegung des Merkmals »Zellen eines Embryos« ziehen.

(2) Genetische Auslegung

Weitergehende Hinweise auf den Willen des Gesetzgebers könnten die Gesetzesmaterialien zum PräimpG und zur PIDV geben. Den Materialien zum PräimpG lässt sich die vom Gesetzgeber gewollte Bedeutung des Zellbegriffs in § 3a I ESchG nicht explizit entnehmen. Erste Hinweise auf die vom Gesetzgeber intendierte Bedeutung dieses Merkmals liefern allerdings die Problemdarstellung[378], der Allgemeine Teil[379] sowie die Einzelbegründung[380] des Flach-Entwurfs.[381] Innerhalb der Problemdarstellung wird zunächst erläutert, dass zwar die vom BGH zu entscheidende Konstellation der PID (Untersuchung von Trophoblastzellen) nicht gegen das ESchG verstoße, eine eindeutige gesetzgeberische Grundentscheidung, ob und inwieweit die PID in Deutschland zulässig sein solle, aber trotzdem noch ausstehe.[382] Zudem ergibt sich aus dem Allgemeinen Teil der Entwurfsbegründung, dass die vorgeschlagene Regelung darauf abziele, »durch eine ausdrückliche Bestimmung im ESchG die gesetzliche Grundlage für eine eng begrenzte Anwendung der PID in Deutschland zu schaffen«.[383] Aus diesen Formulierungen lässt sich daher schließen, dass die Verfasser des Flach-Entwurfs die PID abschließend in einer hierfür spezi-

376 BGBl. I, Nr. 58 S. 2228.
377 Siehe oben S. 57 ff.
378 BT-Drucks. 17/5451 S. 2f.
379 BT-Drucks. 17/5451 S. 7f.
380 BT-Drucks. 17/5451 S. 8.
381 BT-Drucks. 17/5451.
382 BT-Drucks. 17/5451 S. 3.
383 BT-Drucks. 17/5451 S. 7.

ell geschaffenen Norm regeln wollten. Dies spricht dann auch dafür, dass die PID gerade nicht mehr anhand der bisherigen Normen des ESchG beurteilt werden soll, sondern nur noch anhand des neuen § 3a ESchG[384] und zwar unabhängig davon, ob sie an pluripotenten Blastomeren oder an multipotenten Trophoblastzellen im Blastozystenstadium durchgeführt wird.

Einen weiteren Hinweis auf den Inhalt des Merkmals »Zellen eines Embryos« gibt der Allgemeine Teil der Entwurfsbegründung. Dort heißt es, dass beim Verfahren der PID »das Erbgut eines Embryos durch die Entnahme von ein bis zwei Zellen ca. drei Tage nach der Befruchtung [...] untersucht«[385] wird. Da hier nur die PID im Blastomerenstadium geschildert wird, könnte man annehmen, dass der Gesetzgeber durch § 3a ESchG nur die genetische Untersuchung in diesem Stadium und nicht im späteren Blastozystenstadium mit dem Zellbegriff erfassen wollte. Dieser würde dann nur die sich im Blastomerenstadium befindlichen pluripotenten Zellen erfassen, da es im Blastomerenstadium nur totipotente und pluripotente Zellen gibt, die PID an totipotenten Zellen aber wegen § 8 I ESchG, wie bereits festgestellt, keine Untersuchung von Zellen eines Embryos, sondern des Embryos selbst wäre. Für eine vom Gesetzgeber gewollte Beschränkung des Zellbegriffs auf pluripotente Zellen im Blastomerenstadium spricht, dass der fehlende Hinweis im Gesetzesentwurf auf die genetische Untersuchung im Blastozystenstadium im Lichte des Umstands betrachtet werden muss, dass die PID in diesem Embryonalstadium Gegenstand der BGH Entscheidung[386] war, die das Gesetzgebungsverfahren zur Regelung der PID veranlasst hat. Dies deutet darauf hin, dass der Gesetzgeber die PID im Blastozystenstadium in seiner Gesetzesbegründung nicht nur versehentlich unerwähnt gelassen, sondern bewusst nicht genannt hat. Auf der anderen Seite erscheint es aber auch nicht ausgeschlossen, dass der Gesetzgeber, ebenso wie der BGH und der Verordnungsgeber der PIDV, keine genaue Vorstellung von der Embryonalentwicklung hatte und daher die PID im Blastozystenstadium nur versehentlich nicht beschrieben hat. Die Materialien zum PräimpG treffen somit keine klare Aussage, ob der Zellbegriff in § 3a I ESchG jegliche Zellen jenseits der Totipotenz erfasst oder nur pluripotente Zellen im Blastomerenstadium.

Die Materialen zur PIDV sind zwar auf den ersten Blick aussagekräftiger, da sie explizit darauf hinweisen, dass der Zellbegriff in der PIDV nur

384 *Schroth* ZStW 2013, 627, 634.

385 BT-Drucks. 17/5451 S. 7.

386 BGHSt 55, 206.

pluripotente Zellen erfasse.[387] Wie aber bereits oben festgestellt[388], beruht diese Formulierung des Verordnungsgebers auf einer biologischen Fehlvorstellung hinsichtlich des Entwicklungspotentials von Zellen einzelner Embryonalstadien und kann somit nicht als bewusste Entscheidung hinsichtlich der Eingrenzung des Zellbegriffs gedeutet werden, sodass sich aus den Materialien zur PIDV im Ergebnis keine Rückschlüsse auf den Inhalt des Zellbegriffs ziehen lassen.

(3) Ergebnis zur historischen und genetischen Auslegung

Aus den Materialien zum PräimpG lässt sich der Inhalt des Begriffs »Zellen eines Embryos« in § 3a I ESchG nicht sicher ermitteln, da einige Äußerungen auf einen umfassenden Zellbegriff hindeuten, der alle Zellen jenseits der Totipotenz und damit auch Trophoblastzellen erfassen würde. Andere Formulierungen lassen es hingegen auch möglich erscheinen, dass der Gesetzgeber mit dem Zellbegriff nur pluripotente Zellen erfassen wollte.

dd) Teleologische Auslegung

Da die Bedeutung des Merkmals »Zellen eines Embryos« in § 3a I ESchG mithilfe der bisher angewandten Auslegungsmethoden nicht sicher erforscht werden konnte, muss der mutmaßliche Wille des Gesetzgebers in einem letzten Schritt mithilfe der teleologischen Auslegung ermittelt werden. Dazu werden zunächst die möglichen Auslegungsvarianten dargestellt, um anschließend klären zu können, welche Auslegungsmöglichkeit mit dem vom Gesetzgeber mit Erlass der Norm verfolgten Zweck am besten korrespondiert.[389]

387 BR-Drucks. 717/12 S. 16.
388 Siehe dazu oben S. 80.
389 *Looschelders/Roth* Juristische Methodik S. 167.

(1) Auslegungsvarianten

Zum einen kann man das Merkmal »Zellen eines Embryos« in § 3a I ESchG weit interpretieren, sodass es sich sowohl auf die genetische Untersuchung von pluripotenten Blastomeren als auch auf die PID an weiter spezialisierten Trophoblastzellen im Blastozystenstadium erstrecken würde.

Zum anderen erscheint aber auch eine enge Auslegung des Zellbegriffs iSd. § 3a I ESchG nur auf pluripotente Zellen im Blastomerenstadium möglich. Bei dieser Auslegungsalternative wären totipotente Zellen bzw. Zellen, die schon die Fähigkeit zur Entwicklung in unterschiedliche Gewebetypen verloren hätten, nicht von der Regelung des § 3a I ESchG erfasst.

(2) Vereinbarkeit der Auslegungsalternativen mit den Wertungen des Gesetzgebers

Erstes Zeichen für eine gewollte Beschränkung des Zellbegriffs auf pluripotente Blastomeren ist zunächst die Bezeichnung als Gesetz zum Schutz von Embryonen. Diese Formulierung lässt vermuten, dass der Gesetzgeber mit dem ESchG und speziell durch § 3a ESchG jedenfalls vordergründig extrakorporale Embryonen vor Vernichtung bzw. physischer Beeinträchtigung schützen wollte.[390] Da eine PID im Blastozystenstadium nur an Trophoblastzellen vorgenommen wird, die später die Plazenta bilden, und nicht an den Embryoblastzellen, aus denen sich später der Fötus entwickelt, scheidet eine physische Beeinträchtigung des extrakorporalen Embryos durch die Entnahme und genetische Untersuchung der Trophoblasten aus.[391] Somit wäre jedenfalls, wenn das ESchG tatsächlich den soeben genannten Schutzzweck verfolgt, eine Beschränkung des Zellbegriffs auf pluripotente Blastomeren nach dem mutmaßlichen Willen des Gesetzgebers naheliegend.[392]

Gegen eine derartige enge Auslegung des Zellbegriffs spricht jedoch Folgendes: Zwar wird der Embryo selbst durch die Entnahme und genetische Untersuchung seiner Trophoblasten nicht beeinträchtigt, allerdings

390 Spickhoff/*Müller-Terpitz* Medizinrecht Vorbemerkungen zum ESchG Rn. 2.

391 *Frister* in: FS Tolksdorf S. 223, 229; *Frommel* JZ 2013, 488, 489.

392 *Frister* in: FS Tolksdorf S. 223, 229.

handelt es sich hierbei um eine sehr schematische und künstlich aufgespaltene Betrachtung eines einheitlichen Lebensvorgangs. Denn auch bei der PID an pluripotenten Blastomeren droht eine Vernichtung des Embryos selbst, nicht in erster Linie durch die Zellentnahme und die genetische Untersuchung, sondern ebenso wie bei der PID an Trophoblasten durch die regelmäßig stattfindende Verwerfung des Embryos bei einem auffälligen Befund. Da sich das Risiko für die Vernichtung des extrakorporalen Embryos somit unabhängig davon, ob die PID an pluripotenten Blastomeren oder Trophoblasten durchgeführt wird, nicht nennenswert unterscheidet, wenn man die gebotene Gesamtbetrachtung von der Entnahme über die genetische Untersuchung bis hin zur Implantationsentscheidung und der hierdurch gegebenenfalls verursachten Vernichtung des Embryos vornimmt, trägt dieses Argument – selbst wenn der Gesetzgeber mit § 3a ESchG den Schutz der Unversehrtheit des extrakorporalen Embryos bezweckt – nicht zum Ausschluss von Trophoblasten aus dem Zellbegriff des § 3a I ESchG bei.

Daneben muss aber einer genaueren Betrachtung unterzogen werden, ob der Gesetzgeber mit dem ESchG, wie die Bezeichnung zunächst vermuten lässt[393], tatsächlich den Schutz extrakorporaler Embryonen vor Vernichtung und physischer Beeinträchtigung verfolgt. Dies erscheint nämlich bei näherem Hinsehen zweifelhaft, weil die bloße Vernichtung eines Embryos ohne Verfolgung eines weitergehenden Zwecks nicht als missbräuchliche Verwendung iSd. § 2 I Var. 4 ESchG angesehen wird[394], obwohl in diesem Fall eine aktive vorsätzliche Tötung eines extrakorporalen Embryos vorliegt.[395] Unter diesem Aspekt kann Schutzzweck des ESchG dann aber letztlich nicht der Schutz extrakorporaler Embryonen vor Vernichtung oder physischer Beeinträchtigung sein.[396] Ferner entspricht ein schrankenloser Schutz des extrakorporalen Embryos auch deshalb nicht dem mutmaßlichen Willen des Gesetzgebers, weil er mit der begrenzten Zulassung der PID unabhängig vom Zellbegriff bewusst in Kauf genommen hat, dass einzelne Embryonen vernichtet werden können und zwar sogar unabhängig davon, ob sie einen genetischen Defekt aufweisen oder nicht, § 4 I Nr. 2 ESchG. Schließlich deuten die Materialien zum ESchG auf einen anderen als den soeben genannten Schutzzweck hin.

---

393 Siehe oben S. 88.
394 BGHSt 55, 206, 219 f.
395 *Frister* in: FS Tolksdorf S. 223, 229.
396 *Frister* in: FS Tolksdorf S. 223, 229.

Ihn beschrieb der historische Gesetzgeber dahingehend, er wolle »jeder Manipulierung menschlichen Lebens bereits im Vorfeld zu begegnen[397]«. Dass dieser Zweck auch nach wie vor dem Willen des Gesetzgebers entspricht, ergibt sich aus den Begründungen zu den unterschiedlichen Gesetzesentwürfen zur PID[398], die die Gefahr der PID allesamt nicht in der Vernichtung einzelner Embryonen, sondern in der Selektion menschlichen Lebens anhand genetischer Merkmale erblickten.[399] Legt man diesen Schutzzweck des ESchG zugrunde, gibt es jedoch keinen Grund dafür, Trophoblasten aus dem Zellbegriff auszugliedern, da die Gefahr der Manipulierung menschlichen Lebens unabhängig vom Differenzierungspotential der untersuchten Zellen besteht.[400] Zudem gewährleistet nur eine weite Auslegung des Zellbegriffs, dass die PID durch das erforderliche positive Votum der Ethikkommission auf die Ausnahmefälle des § 3a II ESchG begrenzt bleibt, in denen nach Auffassung des Gesetzgebers die Ängste und Nöte der betroffenen Paare die Bedenken wegen der Nichtimplantation eines geschädigten Embryos überwiegen[401], sodass sich die Nichtimplantation nicht als missbräuchlich darstellt.

Als weiterer Anhaltspunkt für einen Ausschluss der Trophoblasten aus dem Zellbegriff des § 3a I ESchG könnte noch der Vergleich mit der Polkörperdiagnostik[402] sowie den pränataldiagnostischen genetischen Untersuchungsverfahren[403] der Chorionzottenbiopsie sowie der Amniozentese sprechen.[404] Diese Untersuchungen sind nämlich nicht an die Einhaltung strenger und mit § 3a ESchG vergleichbarer Voraussetzungen geknüpft[405], obwohl sie - anders als die PID an pluripotenten Blastomeren, aber ebenso wie die PID an Trophoblasten[406] - nicht unmittelbar am Embryo durchgeführt werden, sondern nur an Bestandteilen der Eizelle (Polkörperdiagnostik), an Trophoblastzellen (Chorionzottenbiopsie) bzw. an embryonalen Zellen, die vom Embryo abgestoßen wurden (Amniozentese). Es muss daher erörtert werden, ob die Wertungen, die den Gesetzgeber dazu bewogen

---

397 BT-Drucks. 11/5460 S. 1.

398 BT-Drucks. 17/5451 S. 7; BT-Drucks. 17/5450 S. 2; BT-Drucks. 17/5452 S. 1 f.

399 *Frister* in: FS Tolksdorf S. 223, 230.

400 *Frister* in: FS Tolksdorf S. 223, 230.

401 Vgl. BT-Drucks. 17/5451 S. 7.

402 Siehe zur Polkörperdiagnostik oben S. 27.

403 Zur PND siehe oben S. 27.

404 *Frommel* JZ 2013, 488, 488, 488 f.

405 *Frommel* JZ 2013, 488, 488, 488 f.

406 Siehe hierzu oben S. 39.

haben, diese Untersuchungen weniger streng als die PID zu regeln, nach dem mutmaßlichen Willen des Gesetzgebers auch einen Ausschluss von Trophoblasten aus dem Zellbegriff des § 3a I ESchG begründen können.

Hiergegen spricht Folgendes: Die Aussagekraft einer Polkörperdiagnostik ist verglichen mit einer PID - unabhängig davon, ob sie an pluripotenten Blastomeren oder weiter entwickelten Trophoblasten erfolgt - deutlich geringer, da nur das mütterliche Erbgut untersucht wird und zudem ein deutlich höheres Fehldiagnoserisiko besteht.[407] Demnach wiegt aber auch die Gefahr der Selektion menschlichen Lebens anhand genetischer Merkmale deutlich geringer als bei der PID, sodass nicht davon ausgegangen werden kann, dass es dem mutmaßlichen Willen des Gesetzgebers entspricht, die PID an Trophoblasten weniger streng zu reglementieren als die PID an pluripotenten Blastomeren.[408]

Auch der Vergleich mit pränatalen genetischen Untersuchungen kann den Ausschluss von Trophoblasten aus dem Zellbegriff des § 3a I ESchG nicht begründen. Zwar können die Amniozentese und die Chorionzottenbiopsie ebenso wie die PID Aufschluss über eine Vielzahl genetischer Merkmale geben.[409] Zeigt sich hierbei ein auffälliger Befund, kann die Frau jedoch nicht wie bei der PID ohne weiteres auf die Implantation des Embryos verzichten, sondern es besteht allenfalls die Möglichkeit eines deutlich belastenderen Schwangerschaftsabbruchs bei Vorliegen der Voraussetzungen des § 218a StGB.[410] Aufgrund dieses gravierenden Unterschieds kann nicht davon ausgegangen werden, dass es dem mutmaßlichen Willen des Gesetzgebers entspricht, die PID an Trophoblasten sogar noch an weniger strenge Voraussetzungen zu knüpfen als die pränatalen genetischen Untersuchungen, die bereits bei Einhaltung der im Vergleich zu § 3a ESchG weniger strengen Voraussetzungen des § 15 GenDG durchgeführt werden dürfen.

Da sich weder aus dem Schutzzweck noch aus dem Vergleich mit der Polkörperdiagnostik und der PND eine Beschränkung des Zellbegriffs auf pluripotente Blastomeren ableiten lässt, verbleibt für die enge Auslegung nur noch der sehr knappe Hinweis des Gesetzgebers, dass bei der PID »das Erbgut eines Embryos durch die Entnahme von ein bis zwei Zellen

---

407 *Frister* in: FS Tolksdorf S. 223, 232 f.; siehe auch oben S. 27.
408 Vgl. *Frister* in: FS Tolksdorf S. 223, 233.
409 Näher zu den Möglichkeiten der PND und er PID oben S. 27 und S. 46 ff.
410 *Frister* in: FS Tolksdorf S. 223, 232.

ca. drei Tage nach der Befruchtung [...] untersucht«[411] werde. Dies allein erscheint allerdings zu wenig, um die Begrenzung des Zellbegriffs auf pluripotente Blastomeren zu begründen, zumal nicht sicher ausgeschlossen werden kann, dass der Gesetzgeber des PräimpG ebenso wie der BGH keine genaue Vorstellung von der Embryonalentwicklung und dem jeweiligen Entwicklungspotential der Zellen hatte. Somit ist jedenfalls die Auslegungsvariante, die die Trophoblasten nicht als Zellen iSd. § 3a I ESchG qualifiziert, abzulehnen.[412]

Zu klären bleibt somit lediglich, ob der Zellbegriff des § 3a I ESchG tatsächlich alle Zellen jenseits der Totipotenz erfasst. Hierfür spricht neben den bereits angeführten Gründen, dass der Gesetzgeber die PID durch § 3a ESchG ausdrücklich regeln und die eng begrenzte Zulassung der PID an die Einhaltung strenger Voraussetzungen und Verfahren knüpfen wollte, § 3a II, III ESchG.[413] Bei einer engen Auslegung des Zellbegriffs könnte man diese Anforderungen allerdings ohne weiteres dadurch umgehen, dass man die Untersuchung wenige Tage nach hinten verschiebt. Dann würde sich die Strafbarkeit nämlich nur nach § 2 I Var. 4 ESchG bestimmen, sodass die PID bei jeder Kinderwunschbehandlung, die sich einer extrakorporalen Befruchtungsmethode bedient, straflos wäre, solange der Arzt die Absicht zur Herbeiführung einer Schwangerschaft hätte. Dies widerspricht aber eindeutig dem Willen des Gesetzgebers, der die Durchführung der PID in jedem Einzelfall von dem positiven Votum einer Ethikkommission abhängig machen und die PID auf eng begrenzte Ausnahmefälle beschränken wollte.[414] Zudem wird die Untersuchung im Blastozystenstadium von Ärzten inzwischen zunehmend gegenüber der Blastomerenbiopsie präferiert, weil sie nach aktuellen wissenschaftlichen Erkenntnissen mit einer höheren Implantations- und Lebendgeburtenrate einhergeht.[415] Es erscheint daher nicht überzeugend, dass der Gesetzgeber die inzwischen lediglich noch in Ausnahmefällen durchgeführte Untersuchung im Blastomerenstadium *nur* unter den strengen Voraussetzungen des § 3a II, III ESchG gestatten wollte, die heute gängige Untersuchung ca. 2 Tage später aber bereits ohne das zustimmende Votum einer Ethik-

411 BT-Drucks. 17/5451 S. 7.

412 So im Ergebnis aber *Frommel* JZ 2013, 488, 488 ff.; *Schroth* ZStW 2013, 627, 633.

413 BT-Drucks. 17/5451 S. 7, 8.

414 BT-Drucks. 17/5451 S. 7.

415 *Krüssel/Baston-Büst* Der Gynäkologe 2012, 141, 143 mwN.

kommission und in jedem Fall zulassen wollte, in dem der Arzt den Embryo nicht missbräuchlich verwendet.

(3) Zwischenergebnis

Die teleologische Auslegung hat gezeigt, dass nur die Auslegung des Begriffs »Zellen eines Embryos« dahingehend, dass jedwede Untersuchung von Bestandteilen des Embryos nach dem Stadium der Totipotenz und vor dem Embryotransfer den im PräimpG zum Ausdruck kommenden Wertungen am besten entspricht.[416]

(4) Nur möglicherweise noch totipotente Zellen

Trotz des an sich eindeutigen Auslegungsergebnisses bleibt die Frage offen, inwiefern die Untersuchung von Zellen eines Embryos gestattet ist, sofern sich naturwissenschaftlich nicht ausschließen lässt, dass zumindest noch einzelne Zellen totipotent sind.[417] Dieses Problem taucht bei der PID im Blastomerenstadium auf, weil aus medizinischer Sicht nach wie vor unbewiesen ist, in welchem Stadium der Embryonalentwicklung die Zellen ihre Totipotenz verlieren.[418] Für die praktische Durchführung der PID weist dieses Problem hingegen kaum Relevanz auf, weil die PID an Blastomeren aufgrund der hiermit im Vergleich zur Blastozystenbiopsie verbundenen medizinischen Nachteile nur in Ausnahmefällen von Ärzten in Betracht gezogen werden wird.[419]

Dennoch muss aufgrund der ungeklärten Totipotenz von Blastomeren geklärt werden, ob das Verbot in § 3a I ESchG auch die PID an Zellen erfasst, von denen man nicht weiß, ob sie noch totipotent oder bereits pluripotent sind. Dies betrifft nach aktuellem naturwissenschaftlichem Kenntnisstand insbesondere die PID an Blastomeren jenseits des 8-Zellstadiums,

416 Im Ergebnis ebenso Günther/*Taupitz*/Kaiser ESchG § 3a Rn. 17; Spickhoff/Müller-Terpitz Medizinrecht § 3a ESchG Rn. 7.

417 Ausführlich zur Strafbarkeit des Arztes bei der Biopsie einer nur möglicherweise noch totipotenten Zelle nach dem ESchG aF. vgl. ausführlich *Henking* Wertungswidersprüche zwischen Embryonenschutzgesetz und den Regelungen des Schwangerschaftsabbruchs? S. 70 ff.

418 Siehe ausführlich dazu oben S. 35 ff.

419 Vgl. dazu oben S. 35 ff. sowie S. 39 ff.

die aber noch nicht das Blastozystenstadium erreicht haben. Bis zum 8-Zellstadium steht aus naturwissenschaftlicher Sicht fest, dass alle oder zumindest noch mindestens eine Zelle totipotent sind.[420] Zwar besteht, insbesondere wenn nur eine Zelle totipotent sein sollte, eine relativ geringe Wahrscheinlichkeit[421], genau diese totipotente Zelle zu biopsieren. Da sich diese Zelle aber morphologisch nicht von den schon pluripotenten Blastomeren unterscheidet und daher das Risiko besteht, genau diese totipotente Zelle zu untersuchen, ist davon auszugehen, dass die PID bis zu diesem Stadium verboten ist, weil sich nicht ausschließen lässt, dass eine totipotente Zelle und damit ein Embryo untersucht wird. Dies gilt erst recht, wenn tatsächlich noch alle Zellen bis zum 8-Zellstadium totipotent sein sollten[422], weil dann immer eine totipotente Zelle und damit ein Embryo untersucht würden. Der Arzt kann, selbst wenn nur eine Zelle und nicht alle Zellen bis zum 8-Zellstadium totipotent sein sollten, die Verwendung dieser totipotenten Zelle zu einem nicht ihrer Erhaltung dienenden Zweck nicht sicher vermeiden, sodass er deren missbräuchliche Verwendung zumindest billigend in Kauf nimmt. Da bedingter Vorsatz genügt, macht er sich somit gem. §§ 2 I Var. 4, III, 8 I ESchG, 22, 23 I StGB strafbar, wenn er einzelne Zellen bis zum 8-Zellstadium genetisch untersucht. Zudem kommt auch eine Strafbarkeit nach § 6 I, III, ESchG, 22, 23 I StGB durch das Abspalten der unter Umständen noch totipotenten Zelle in Betracht. Die PID bis zum 8-Zellstadium wird also von §§ 2, 6 ESchG und nicht von § 3a I ESchG erfasst, weil hier das Tatobjekt zum Tatzeitpunkt noch ein Embryo und nicht schon die Zelle eines Embryos ist.

Zu klären bleibt allerdings, ob § 3a I ESchG die genetische Untersuchung von Zellen jenseits des 8-Zellstadiums erfasst, die wahrscheinlich bereits pluripotent sind.[423] Dies lässt sich allerdings nicht beweisen, sodass zumindest aus heutiger Sicht auch in Betracht gezogen werden muss, dass es sich hierbei doch noch um totipotente Zellen handelt.[424]

---

420 Günther/Taupitz/*Kaiser* ESchG A Rn. 39; Günther/*Taupitz*/Kaiser § 8 ESchG Rn. 43; *Laimböck* Deutsche Hebammenzeitschrift 2012, 46, 47.

421 Sofern, wie im Regelfall, nur eine der 8 Zellen totipotent ist, besteht gerade mal eine Wahrscheinlichkeit von 12,5% diese Zelle zu biopsieren.

422 Siehe oben S. 35.

423 Für die Annahme, dass Zellen jenseits des 8-Zellstadiums noch totipotent sind, gibt es bisher keine wissenschaftlichen Beweise, *Beier* in: Stammzellenforschung und therapeutisches Klonen S. 36, 47.

424 Siehe dazu bereits oben S. 35.

Eine ausdrückliche Regelung darüber, ob § 3a ESchG auch auf die Untersuchung von Zellen anwendbar ist, von denen man nicht weiß, ob sie noch totipotent oder schon pluripotent sind, findet sich weder im Gesetz noch in den Materialien zum PräimpG oder in der Entwicklungsgeschichte[425].

Zum einen ließe sich vertreten, § 3a I ESchG stelle klar, dass die PID an nur möglicherweise noch totipotenten Zellen unter den Einschränkungen des § 3a II ESchG gerechtfertigt sei.[426] Zum anderen könnte man aufgrund der Tatsache, dass die PID an definitiv totipotenten Zellen verboten ist, schließen, dass zumindest, solange naturwissenschaftliche Unklarheit darüber besteht, wann die Totipotenz einzelner Blastomeren endet, auch die Untersuchung von möglicherweise nur totipotenten Zellen verboten sei, was dazu führen würde, dass zumindest nach heutigem Wissenstand nur eine PID im Blastozystenstadium erlaubt wäre, weil erst in diesem Stadium die Totipotenz einzelner Zellen sicher ausgeschlossen werden kann.[427]

Für die erstgenannte Auslegungsvariante spricht die Begründung zum PräimpG. Dort wird das Untersuchungsverfahren bei der PID dahingehend beschrieben, dass die PID durch die Biopsie von ein bis zwei Zellen ca. drei Tage nach der Befruchtung durchgeführt wird[428] und damit im Blastomerenstadium. Da jedenfalls nach aktuellem Wissensstand die Totipotenz einzelner Blastomeren am dritten Tag nach der Befruchtung nicht sicher ausgeschlossen werden kann[429], lässt sich aus den Ausführungen des Gesetzgebers bezüglich der Durchführung der PID schließen, die Regelung des § 3a I ESchG sollte auch die Untersuchung von nur noch möglicherweise totipotenten Zellen erfassen. Der Schutz der nur noch unter Umständen totipotenten Zelle tritt in diesem Fall hinter der begrenzten Zulassung der PID zurück. Sofern sich zukünftig gesicherte Aussagen über das Entwicklungspotential einzelner Blastomeren machen lassen, muss die

425 So *Frommel* JZ 2013, 488, 490, die diese These allerdings nicht näher belegt.

426 *Frommel* JZ 2013, 488, 489 f.; *Frommel* Gutachten zur PIDV 2014 S. 2 abrufbar unter http://www.jura.uni-kiel.de/de/personen/professorinnen-und-professoren-im-ruhestand/GutachtenPIDV2014.pdf (zuletzt besucht am 23.06.2014).

427 So im Ergebnis *Seifert/Paulmann* Journal für Reproduktionsmedizin und Endokrinologie 2014, 12, 12, allerdings ohne Begründung, siehe dazu oben S. 39.

428 BT-Drucks. 17/5451 S. 7.

429 Erst im späteren Blastozystenstadium kann die Verwendung totipotenter Zellen definitiv ausgeschlossen werden, *Krüssel/Baston-Büst* Der Gynäkologe 2012, 141, 142 f.

Frage nach der Zulässigkeit der PID im Blastomerenstadium anhand dieser Erkenntnisse neu getroffen werden.

ee) Ergebnis der Auslegung

Zusammenfassend lässt sich festhalten, dass das Merkmal »Zellen eines Embryos« in § 3a I ESchG alle Untersuchungen von extrakorporalen Zellen des Embryos jenseits des 8-Zellstadiums bis einschließlich der Untersuchung von Trophoblasten im Blastozystenstadium erfasst und nicht auf die Untersuchung von pluripotenten Blastomeren beschränkt ist.

2. § 3a II ESchG

Die an § 218a II StGB angelehnte Regelung des § 3a II ESchG[430] enthält zwei strafrechtliche Rechtfertigungsgründe für die PID an Zellen des Embryos. Soweit die in § 3a II 1 bzw. § 3a II 2 ESchG genannten Voraussetzungen vorliegen, erfüllt der Arzt, der die PID vornimmt, zwar den Tatbestand des § 3a I ESchG, handelt jedoch nicht rechtswidrig und bleibt deshalb straflos.

a) § 3a II 1 ESchG

Eine Rechtfertigung nach § 3a II 1 ESchG hat folgende materielle Voraussetzungen:

aa) Genetische Disposition für eine schwerwiegende Erbkrankheit

Zunächst setzt eine Rechtfertigung der PID nach § 3a II 1 ESchG voraus, dass die genetische Untersuchung medizinisch indiziert ist.[431] Es muss also im Vorfeld der genetischen Untersuchung der Zellen des Embryos eine Veranlagung der Frau, von der die Eizelle stammt, oder des Mannes, vom dem die Samenzelle stammt, oder von beiden festgestellt werden, die das

430 BT-Drucks. 17/5451 S. 8; Erbs/Kohlhaas/*Pelchen/Häberle* § 3a ESchG Rn. 6.
431 BT-Drucks. 17/5451 S. 8; BT-Drucks. 17/6400 S. 6.

hohe Risiko für eine schwerwiegende Erbkrankheit der Nachkommen mit sich bringt. Auf eine Auflistung schwerwiegender Erbkrankheiten hat der Gesetzgeber bewusst verzichtet.[432] Stattdessen soll die Qualifikation als schwerwiegende Erbkrankheit dem Arzt und der Ethik-Kommission obliegen.[433] Diese können sich dabei an den folgenden in der Gesetzesbegründung genannten Kriterien orientieren. Nach der Gesetzesbegründung umfasst der Begriff »Erbkrankheit« zum einen monogen bedingte Erkrankungen und zum anderen vererbbare[434] strukturelle bzw. numerische Chromosomenstörungen.[435] »Schwerwiegend« ist die Krankheit insbesondere dann, wenn sie mit einer geringen Lebenserwartung einhergeht, ein schweres Krankheitsbild zeigt oder sich durch die schlechte Behandelbarkeit von anderen Erbkrankheiten wesentlich unterscheidet.[436] Die genannten Kriterien müssen nicht kumulativ vorliegen, sondern es ist in jedem Einzelfall zu beurteilen, ob die zu erwartende Krankheit schwerwiegend ist.[437] Dies dürfte sich in der Praxis aufgrund des gerade bei Erbkrankheiten stark variierenden Ausprägungsgrades[438] als schwierig erweisen. Ein hohes Risiko für eine Erbkrankheit liegt bereits dann vor, wenn die Wahrscheinlichkeit für diese Krankheit vom üblichen Risiko der Bevölkerung in Deutschland wesentlich abweicht, wobei eine Wahrscheinlichkeit von 25 bis 50% nach der Vorstellung des Gesetzgebers genügt.[439] Da bei allen Erbkrankheiten nach den Vererbungsgesetzen[440] stets ein Mindesteintrittsrisiko von 25% besteht, liegt im Ergebnis bei jeder monogenen Erbkrankheit ein hohes Risiko vor.[441]

---

432 BT-Drucks. 17/5451 S. 7.

433 BT-Drucks. 17/5451 S. 7.

434 *Frister/Lehmann* JZ 2012, 659, 660.

435 BT-Drucks. 17/5451 S. 8; zu den medizinischen Erläuterungen der Begriffe monogene Erkrankung und Chromosomenstörung siehe oben S. 46 sowie S. 50.

436 BT-Drucks. 17/5451 S. 8.

437 Erbs/Kohlhaas/*Pelchen/Häberle* § 3a ESchG Rn. 7; *Frister/Lehmann* JZ 2012, 659, 660.

438 *Laufs*/Kern Handbuch des Arztrechts § 129 Rn. 89.

439 BT-Drucks. 17/5451 S. 8.

440 Siehe dazu oben S. 47 ff.

441 Erbs/Kohlhaas/*Pelchen/Häberle* § 3a ESchG Rn. 7; *Frister/Lehmann* JZ 2012, 659, 660.

bb) Absicht zur Herbeiführung einer Schwangerschaft

Die Rechtfertigung des Arztes setzt weiterhin voraus, dass die Absicht zur Herbeiführung einer Schwangerschaft besteht. Da ohne diese Absicht schon tatbestandlich kein Fall des § 3a I ESchG vorliegt und daher auch eine Rechtfertigung nach § 3a II ESchG ausscheidet, hat dieses Merkmal für die Rechtfertigung keine eigenständige Bedeutung.[442]

cc) Schriftliche Einwilligung der Frau, von der die Eizelle stammt

Zudem setzt § 3a II ESchG eine schriftliche[443] Einwilligung der Frau, von der die Eizelle stammt, für die Durchführung der PID voraus.[444] Die Rechtfertigung des Arztes erfordert eine wirksame Einwilligung. Die Patientin muss also insbesondere wissen, worin er einwilligt.[445] Daraus ergibt sich, dass eine wirksame Einwilligung stets eine vorangegangene hinreichende Selbstbestimmungsaufklärung voraussetzt (sog. informed consent).[446] Bei einer geplanten PID muss dabei insbesondere über die medizinischen, psychischen und sozialen Folgen der von der Frau gewünschten genetischen Untersuchung von Zellen des Embryos aufgeklärt und beraten werden, § 3a III 1 Nr. 1 ESchG.

dd) Genetische Untersuchung auf die Gefahr dieser Erbkrankheit

Wird die PID aufgrund des § 3a II 1 ESchG durchgeführt, dürfen nur solche genetischen Untersuchungen erfolgen, die auf die Erkennung der aufgrund der genetischen Disposition vermuteten Krankheit gerichtet sind.[447] Dies ergibt sich aus dem Wortlaut des § 3a II 1 ESchG »auf die Gefahr

---

442 *Frister/Lehmann* JZ 2012, 659, 662.

443 Grundsätzlich ist die Einwilligung an keine bestimmte Form gebunden, *Frister/Lindemann/Peters* Arztstrafrecht Kap. 1 Rn. 11.

444 Vgl. hierzu auch Günther/Taupitz/Kaiser ESchG § 3a Rn. 35; zu den allgemeinen Voraussetzungen der rechtfertigenden Einwilligung, *Frister/Lindemann/Peters* Arztstrafrecht Kap. 1 Rn. 11 ff.

445 *Quaas/Zuck* Medizinrecht § 14 Rn. 82; Spickhoff/*Knauer/Brose* Medizinrecht § 223 StGB Rn. 26.

446 *Geiß/Greiner* Arzthaftpflichtrecht C Rn. 2.

447 Erbs/Kohlhaas/*Pelchen/Häberle* § 3a ESchG Rn. 9; *Frister/Lehmann* JZ 2012, 659, 662.

dieser Krankheit« untersucht. Weiterhin muss die genetische Untersuchung »dem allgemein anerkannten Stand der medizinischen Wissenschaft und Technik« entsprechen, § 3a II 1 ESchG.[448]

b) § 3a II 2 ESchG

Der Rechtfertigungsgrund des § 3a II 2 ESchG stellt sich aufgrund seiner im Vergleich zu § 3a II 1 ESchG unspezifischeren Tatbestandsmerkmale als wesentlich auslegungsbedürftiger dar.

aa) Schriftliche Einwilligung der Frau, von der die Eizelle stammt

Auch bei einer PID nach § 3a II 2 ESchG muss ebenso wie bei einer Untersuchung nach § 3a II 1 ESchG eine schriftliche Einwilligung der Frau, von der die Eizelle stammt, vorliegen.[449]

bb) Genetische Untersuchung zur Feststellung einer schwerwiegenden Schädigung des Embryos, die mit hoher Wahrscheinlichkeit zu einer Tot- oder Fehlgeburt führen wird

Die Anforderungen, die § 3a II 2 ESchG an die Rechtfertigung des Arztes stellt, sind - zumindest dem Wortlaut nach[450] - deutlich geringer als die des § 3a II 1 ESchG. Hier genügt es bereits, wenn der Arzt die PID zur Feststellung *irgend*einer schwerwiegenden genetischen Schädigung des Embryos durchführt, die mit hoher Wahrscheinlichkeit zu einer Tot- oder Fehlgeburt[451] führen wird[452] ohne, dass für einen solchen Befund im Vorfeld der genetischen Untersuchung der Zellen des Embryos konkrete An-

448 Zum Problem des medizinischen Standards bei der PID siehe unten S. 148 ff.

449 Siehe dazu bereits oben S. 98.

450 Zur Frage, ob auch im Falle des § 3a II 2 ESchG dennoch eine genetische Disposition vorliegen muss, siehe unten S. 101 ff.

451 Unter einer Fehlgeburt versteht man das Ende einer Schwangerschaft, bevor der sich entwickelnde Embryo bzw. Fötus lebensfähig ist. Eine Totgeburt liegt hingegen vor, wenn der tote Fötus bei der Geburt mind. 500 Gramm wiegt oder die Schwangerschaft seit mindestens 22 vollendeten Wochen bestand, vgl. BT-Drucks. 17/5451 S. 8.

452 *Frister/Lehmann* JZ 2012, 659, 662.

haltspunkte wie bei § 3a II 1 ESchG vorliegen müssen, sodass die PID nach § 3a II 2 ESchG zumindest bei wörtlicher Auslegung bei Vorliegen der übrigen Voraussetzungen des § 3a ESchG bei jeder extrakorporalen Befruchtung durchgeführt werden könnte.[453] Zudem erlaubt § 3a II 2 ESchG nicht nur die Suche nach einzelnen vermuteten Gendefekten wie § 3a II 1 ESchG[454], sondern gestattet eine umfassende genetische Untersuchung des entnommenen Zellmaterials, da sich schwerwiegende Schädigungen, d.h. solche, die mit hoher Wahrscheinlichkeit zu einer Tot- oder Fehlgeburt führen werden, sowohl aus strukturellen als auch aus numerischen Chromosomenstörungen[455] ergeben können. Problematisch ist dieser unbegrenzte Untersuchungsumfang zwar insofern, als sich auch Gendefekte zeigen können, die nicht mit hoher Wahrscheinlichkeit zu einer Tot- oder Fehlgeburt führen und daher nicht als schwerwiegend zu qualifizieren sind[456], sodass man überlegen könnte, die Suche von vornherein auf schwerwiegende Schädigungen zu beschränken, die mit hoher Wahrscheinlichkeit zu einer Tot- oder Fehlgeburt führen. Dies scheitert aber daran, dass sich im Vorfeld der genetischen Untersuchung nicht voraussagen lässt, ob beispielsweise eine mit hoher Wahrscheinlichkeit zu einer Tot- oder Fehlgeburt führende Monosomie 21 oder eine unbalancierte strukturelle Chromosomenstörung gefunden wird oder ob die Untersuchung desselben Chromosoms eine Trisomie 21 bzw. eine balancierte strukturelle Chromosomenstörung zeigt, die regelmäßig nicht zu einer Tot- oder Fehlgeburt führt. Aus rechtlicher Sicht gestattet § 3a II 2 ESchG somit sowohl das Aneuploidiescreening[457] als auch die umfassende genetische Untersuchung auf strukturelle Chromosomenstörungen, da nur so die Chance besteht, alle schwerwiegenden Schädigungen zu identifizieren, die mit hoher Wahrscheinlichkeit zu einer Tot- oder Fehlgeburt führen. Zu beachten ist jedoch, dass der umfassenden genetischen Untersuchung auf strukturelle Chromosomenstörungen noch medizinische Grenzen gesetzt sind[458], da

---

453 Eine PID nach § 3a II 1 ESchG darf nur vorgenommen werden, wenn bereits im Vorfeld der genetischen Untersuchung festgestellt wurde, dass die Eltern ein Mindestrisiko von 25% für die Vererbung eines Gendefekts haben, der zum Ausbruch einer schwerwiegenden Erbkrankheit führen kann, siehe dazu oben S. 96 ff.

454 Siehe oben S. 98.

455 Näher zu den Chromosomenstörungen siehe oben S. 50 f.

456 Zu diesen sog. Zufallsfunden und Überschussinformation siehe unten S. 156 ff.

457 Zum Begriff Aneuploidiescreening siehe auch S. 50.

458 Zu den derzeit möglichen genetischen Untersuchungsverfahren und ihren Grenzen siehe oben S. 41 ff.

bisher nicht für alle DNA-Abschnitte bekannt ist, welche Erbinformation sie tragen. Zudem erscheint eine Auswertung aller Geninformationen schon deshalb kaum möglich, weil sich aufgrund der heute vermuteten Zahl von ca. 30.000 menschlichen Genen[459] eine kaum überschaubare und auswertbare Informationsfülle ergäbe. Praktisch wird sich die PID nach § 3a II 2 ESchG daher aller Voraussicht nach auf das Aneuploidiescreening beschränken.

Ebenso wie im Falle des § 3a II 1 ESchG muss die genetische Untersuchung auch bei der Rechtfertigung nach Satz 2 dem allgemein anerkannten Stand der medizinischen Wissenschaft und Technik entsprechen.[460]

cc) Erfordernis einer genetischen Indikation im Falle des § 3a II 2 ESchG

Wie soeben gezeigt, gestattet § 3a II 2 ESchG dem Wortlaut nach eine umfassende Untersuchung auf numerische und strukturelle Chromosomenstörungen ohne konkreten Verdacht, da sich die Frage, ob diese mit hoher Wahrscheinlichkeit zu einer Tot- oder Fehlgeburt führen werden, erst nach der genetischen Untersuchung beantwortet lässt. Zudem sind an die Vornahme der PID deutlich geringere Voraussetzungen als im Falle des § 3a II 1 ESchG geknüpft, sodass sich die Frage stellt, ob nicht auch die Rechtfertigung nach § 3a II 2 ESchG ebenso wie § 3a II 1 ESchG eine genetische Disposition voraussetzt, damit die PID nicht schleichend zur Standardbehandlung bei extrakorporalen Befruchtungen wird. Dies ist durch Auslegung zu ermitteln.

(1) Grammatikalische Auslegung

Die Wortlautauslegung bildet - wie bereits oben dargestellt[461] - den Ausgangspunkt jeder Gesetzesauslegung[462] und im Strafrecht zumindest nach überwiegender Auffassung zugleich auch die Grenze der Auslegung.[463]

---

459 Günther/Taupitz/*Kaiser* ESchG A 77.

460 *Frister/Lehmann* JZ 2012, 659, 662.

461 Siehe oben S. 75.

462 *Larenz/Canaris* Methodenlehre der Rechtswissenschaft S. 141; *Wank* Die Auslegung von Gesetzen S. 39; *Zippelius* Juristische Methodenlehre S. 37.

463 Ausführlich dazu *Frister* Strafrecht Allgemeiner Teil Kap. 4 Rn. 27.

Da es sich bei § 3a II 2 ESchG jedoch nicht um einen Straftatbestand, sondern um einen Rechtfertigungsgrund handelt, der dem Täter zugute kommen kann, verstößt eine über den Wortlaut hinausgehende Auslegung nicht zwangsläufig gegen das sich aus Art. 103 II GG ergebende Gesetzlichkeitsprinzip und erscheint somit grundsätzlich möglich. Verlangt man für die Rechtfertigung des Arztes im Falle des § 3a II 2 ESchG allerdings neben den geschriebenen Rechtfertigungsvoraussetzungen zusätzlich eine genetische Disposition in § 3a II 2 ESchG, erweitert man die Rechtfertigungsmöglichkeiten des Arztes nicht, sondern schränkt sie ein. Somit würde die über den Wortlaut hinausgehende Auslegung in diesem Fall also doch einen Verstoß gegen Art. 103 II GG, § 1 StGB darstellen.[464]

Da aber erst nach Anwendung aller Auslegungskriterien sicher festgestellt werden kann, ob § 3a II 2 ESchG im Ergebnis überhaupt eine genetische Disposition verlangt, ist zunächst zu untersuchen, welches Ergebnis die Auslegung des § 3a II 2 ESchG ergibt. Erst wenn feststeht, dass § 3a II 2 ESchG eine genetische Disposition verlangt, muss geklärt werden, welche Folgen dies im Hinblick auf eine etwaige Strafbarkeit des Arztes und die sonstige rechtliche Bewertung der PID hat.

Dem Wortlaut nach verlangt § 3a II 2 ESchG für die Rechtfertigung nur, dass die PID mit schriftlicher Einwilligung der Frau, von der die Eizelle stammt, zur Feststellung einer schwerwiegenden Schädigung des Embryos vorgenommen wird, die mit hoher Wahrscheinlichkeit zu einer Tot- oder Fehlgeburt führen wird. Aus dem Wortlaut des Satzes 2 ergibt sich lediglich der Zweck, zu dem die PID vorgenommen werden muss. Eine spezifische genetische Disposition verlangt der Wortlaut der Norm hingegen nicht, sodass aufgrund der grammatikalischen Auslegung der Norm die Durchführung einer PID, die auf die Feststellung einer schwerwiegender Schädigung des Embryos gerichtet ist, die mit hoher Wahrscheinlichkeit zu einer Tot- oder Fehlgeburt führt, bei jeder IVF-Behandlung gerechtfertigt wäre.[465]

Zum Teil wird vertreten, dass in Fällen, in denen die Wortlautauslegung ein eindeutiges Ergebnis ergibt, das Ziel der Auslegung erreicht sei und daher nicht mehr auf die weiteren Auslegungskriterien zurückgegriffen

---

464 *Schroth* ZStW 2013. 627, 636; **a.A.**: *Roxin* Strafrecht Allgemeiner Teil Band 1 § 5 Rn. 42.

465 *Frister/Lehmann* JZ 2012, 659, 662.

werden dürfe.[466] Dem kann jedoch entgegengehalten werden, dass die Frage, ob der Wortlaut wirklich eindeutig ist, oft erst sicher beantwortet werden kann, nachdem man die Norm mithilfe der drei anderen Auslegungsmethoden untersucht hat.[467]

(2) Systematische Auslegung

Ermittelt man mithilfe der systematischen Auslegung die Bedeutung der auslegungsbedürftigen Norm anhand ihrer Stellung im betreffenden Gesetz oder aus dem Inhalt anderer Normen[468], so ergibt sich Folgendes:

Für das Erfordernis einer genetischen Disposition bei § 3a II 2 ESchG spräche, dass in § 3a II 2 ESchG nicht alle Rechtfertigungsvoraussetzungen des § 3a II 1 ESchG, wie z.B. die Wahrung des allgemein anerkannten Standes der medizinischen Wissenschaft und Technik sowie die Absicht zur Herbeiführung einer Schwangerschaft, erneut aufgeführt werden.[469] Der Rechtfertigungsgrund des § 3a II 2 ESchG könnte daher so zu lesen sein, dass nur der Zweck, zu dem die PID in Satz 2 durchgeführt wird, ein anderer als in Satz 1 ist und dass die übrigen Rechtfertigungsvoraussetzungen bereits vor die Klammer gezogen in Satz 1 zu finden sind. Für eine solche Auslegung ließe sich neben diesem systematischen Argument weiterhin anführen, dass sich das »auch« in Satz 2 neben der weiteren Rechtfertigungsmöglichkeit zudem auf die bereits in Satz 1 genannten Rechtfertigungsvoraussetzungen beziehen könnte. Zwar würde im letztgenannten Fall ein Reproduktionsmediziner, der eine PID ohne eine genetische Disposition vornimmt, aufgrund des strafrechtlichen Gesetzlichkeitsprinzips, Art. 103 II GG, § 1 StGB nicht bestraft werden.[470] Allerdings wäre die Durchführung der PID in diesem Fall rechtswidrig, sodass die Ethikkommission, die das Vorliegen der Rechtfertigungsvoraussetzungen nach § 3a

466 *Engisch/Würtenberger* Einführung in das juristische Denken S. 147; **a.A.**: *Wank* Die Auslegung von Gesetzen S. 51.

467 *Wank* Die Auslegung von Gesetzen S. 51.

468 *Looschelders/Roth* Juristische Methodik S. 149; *Wank* Die Auslegung von Gesetzen S. 55, siehe auch oben S. 76.

469 *Frister/Lehmann* JZ 2012, 659, 662.

470 *Frister/Lehmann* JZ 2012, 659, 663.

III 1 Nr. 2 ESchG überprüfen muss, keine zustimmende Bewertung abgeben dürfte.[471]

Da aber auch nach der systematischen Auslegung nicht zweifelsfrei feststeht, ob die Rechtfertigung nach Satz 2 eine genetische Disposition voraussetzt, muss der Inhalt des § 3a II 2 ESchG mithilfe der weiteren Auslegungskriterien bestimmt werden.

(3) Historische und genetische Auslegung

Die textexterne Auslegung kommt immer dann zur Anwendung, wenn sich die Bedeutung der Norm mithilfe der grammatikalischen und systematischen Auslegung nicht zweifelsfrei feststellen lässt.[472] Ziel der textexternen Auslegungsmethoden ist es, den ausdrücklichen Willen des Gesetzgebers zu ermitteln.[473] Dazu orientiert sich die historische Auslegung an der Entwicklungsgeschichte der Norm und des gesamten Rechtsgebiets sowie gegebenenfalls vorangegangenen Normen.[474] Die genetische Auslegung versucht hingegen den Inhalt der Norm anhand ihrer konkreten Entstehungsgeschichte, d.h. insbesondere aus den Gesetzesmaterialien zu ermitteln.[475]

§ 3a ESchG wurde durch Art. 1 des Gesetzes vom 21.11.2011 eingeführt[476] und trat zum 08.12.2011 in Kraft. Eine Vorgängervorschrift, die die PID ausdrücklich regelte, fehlt. Da auch die herrschende Meinung davon ausging, dass die PID durch das ESchG verboten sei[477], und sie deshalb in Deutschland nicht praktiziert wurde, gibt die historische Auslegung keinen Aufschluss darüber, ob die Rechtfertigung nach § 3a II 2 ESchG eine medizinische Indikation voraussetzt.

Hinweise auf den tatsächlichen Willen des Gesetzgebers zu dieser Frage könnten die Gesetzesmaterialien geben. Aus medizinischer Sicht steht fest, dass Tot- oder Fehlgeburten am häufigsten auf bestimmte Chromo-

---

471 Vgl. *Frister/Lehmann* JZ 2012, 659, 663 Fn. 46 zur ebenfalls strittigen Frage der medizinischen Indikation.

472 *Looschelders/Roth* Juristische Methodik S. 153.

473 *Looschelders/Roth* Juristische Methodik S. 153; siehe oben S. 84.

474 *Looschelders/Roth* Juristische Methodik S. 155 f.

475 *Looschelders/Roth* Juristische Methodik S. 157; *Wank* Die Auslegung von Gesetzen S. 66.

476 BGBl. I, S. 2228.

477 Siehe dazu oben S. 55 ff.

somenanomalien zurückzuführen sind »ohne dass chromosomale Veränderungen bei den Eltern vorliegen«.[478] Würde man also auch in § 3a II 2 ESchG das Erfordernis einer genetischen Disposition hineinlesen, könnte der von Satz 2 verfolgte Zweck schwerwiegende Schädigungen des Embryos festzustellen, die mit der hohen Wahrscheinlichkeit einer Tot- oder Fehlgeburt einhergehen, zumindest in einer Vielzahl von Fällen nicht erreicht werden.[479] Gewisse Zweifel an dem Ergebnis der genetischen Auslegung bleiben jedoch bestehen, weil die von Satz 2 genannten »schwerwiegende Schädigung des Embryos« nicht immer, sondern nur oft auf eine Chromosomenanomalie zurückzuführen ist, bei der die Eltern keine entsprechende genetische Disposition haben. Damit sind bei einer Auslegung, die eine genetische Disposition verlangt, noch einige, allerdings auch wenige Anwendungsfälle des § 3a II 2 ESchG denkbar. Da der Gesetzgeber im Hinblick auf § 3a II 2 ESchG *nur* Chromosomenanomalien als Ursache für eine Tot- oder Fehlgeburt erwähnt, die ohne chromosomale Veränderungen bei den Eltern einhergehen[480], ist zu schließen, dass er insbesondere auch die Feststellung dieser Anomalien mittels PID erfassen wollte.

(4) Ergebnis der Auslegung

Insbesondere aus der Wortlautauslegung und aus der genetischen Auslegung ergibt sich, dass eine Rechtfertigung nach § 3a II 2 ESchG keine genetische Disposition eines oder beider Elternteile voraussetzt.

dd) Erfordernis einer medizinischen Indikation im Falle des § 3a II 2 ESchG

Fraglich ist weiterhin, ob eine Rechtfertigung der Durchführung der PID nach § 3a II 2 ESchG eine medizinische Indikation voraussetzt, da ansonsten die Gefahr besteht, dass die PID zu einer Standardbehandlung bei jeder extrakorporalen Befruchtung werden könnte und nicht mehr auf Ausnahmefälle beschränkt wäre. Dies ist ebenfalls durch Auslegung zu ermitteln.

---

478 BT-Drucks. 17/5451 S. 8.
479 Vgl. *Frister/Lehmann* JZ 2012, 659, 662.
480 BT-Drucks. 17/5451 S. 8.

(1) Grammatikalische Auslegung

Aus dem Wortlaut des § 3a II 2 ESchG lässt sich das Erfordernis einer medizinischen Indikation für die Durchführung der PID nicht entnehmen. Trotz des insoweit eindeutigen Wortlautes muss die Auslegung aber auch noch anhand der weiteren Auslegungskriterien erfolgen.[481]

(2) Systematische Auslegung

Im Rahmen der systematischen Auslegung könnte der Vergleich mit dem GenDG Anhaltspunkte dafür liefern, ob die Rechtfertigung der PID gem. § 3a II 2 ESchG eine medizinische Indikation voraussetzt. Das GenDG ist zwar seinerseits nicht für die PID anwendbar, weil es gem. § 2 I GenDG nur für genetische Untersuchungen und in diesem Rahmen durchgeführte genetische Analysen bei Embryonen und Föten *während* der Schwangerschaft gilt.[482] Allerdings werden sowohl bei der PID gem. § 3a ESchG als auch bei der vorgeburtlichen genetischen Untersuchung nach § 15 GenDG Zellen eines Embryos bzw. Fötus genetisch untersucht, sodass die geregelten Sachverhalte Ähnlichkeiten aufweisen, die gegebenenfalls systematische Rückschlüsse erlauben.

Eine vorgeburtliche genetische Untersuchung nach § 15 I 1 Alt. 1 GenDG darf nur zu medizinischen Zwecken vorgenommen werden. Außerdem muss die Untersuchung auf die Erkennung bestimmter genetischer Eigenschaften des Embryos oder Fötus abzielen, die nach dem allgemein anerkannten Stand der Wissenschaft und Technik seine Gesundheit während der Schwangerschaft oder nach der Geburt beeinträchtigen.

Es ist daher zu klären, was eine genetische Untersuchung zu »medizinischen Zwecken« iSd. GenDG ist. Das GenDG bestimmt den Begriff der genetischen Untersuchung anhand des Zwecks, zu dem diese vorgenommen wird. Legitime Zwecke sind zum einen eine genetische Analyse zur Feststellung genetischer Eigenschaften gem. § 3 Nr. 1a GenDG und zum anderen die vorgeburtliche Risikoabklärung, § 3 Nr. 1b GenDG. Unter »genetischen Eigenschaften« versteht das Gesetz gem. § 3 Nr. 4 ererbte oder während der Befruchtung oder bis zur Geburt erworbene, vom Menschen stammende Erbinformationen. Daraus folgt, dass auch neu entstan-

---

481 Siehe oben S. 101.
482 Siehe oben S. 72.

dene Gendefekte von dieser Definition erfasst sind.[483] Unter »vorgeburtliche Risikoabklärung« fällt gem. § 3 Nr. 3 eine Untersuchung des Embryos oder Fötus, mit der die Wahrscheinlichkeit für das Vorliegen bestimmter genetischer Eigenschaften mit Bedeutung für eine Erkrankung oder gesundheitliche Störung des Embryos oder Fötus ermittelt werden soll. Die genetische Untersuchung wird immer dann zu medizinischen Zwecken vorgenommen, wenn es sich um eine diagnostische oder aber eine prädiktive Untersuchung[484] handelt, § 3 Nr. 6 GenDG. Somit erlaubt § 15 I GenDG genetische Untersuchungen, die ohne einen konkreten Verdacht durchgeführt werden, sofern das Ziel dieser Untersuchung die Feststellung von Gendefekten ist, die die Gesundheit des ungeborenen bzw. geborenen Kindes beeinträchtigen können. Diese ergeben sich unter Umständen aber auch, wie oben ausgeführt[485], zuweilen aus einer spontanen Genmutation, sodass die genetische Untersuchung nach § 15 I 1 Alt. 1 GenDG nicht nur in Fällen, in denen eine medizinische Indikation vorliegt, durchgeführt werden kann. Lediglich die Untersuchung auf genetische Eigenschaften für spätmanifestierende Krankheiten[486] darf nach § 15 II GenDG nicht vorgenommen werden. Zusammenfassend lässt sich daher festhalten, dass die Untersuchung nach § 15 I 1 GenDG keine medizinische Indikation voraussetzt.

Zu untersuchen ist nun, ob sich die Wertungen des § 15 GenDG auf § 3a II 2 ESchG übertragen lassen. Die genetische Untersuchung erfolgt im Falle des § 15 I 1 GenDG während einer Schwangerschaft. Zeigen sich bestimmte genetische Eigenschaften des Embryos oder Fötus, die seine Gesundheit während der Schwangerschaft oder nach der Geburt beeinträchtigen, besteht je nach Befund die Möglichkeit, das Kind zu therapieren und so seine Gesundheit zu schützen.[487] Allerdings sind auch Fälle denkbar, in denen eine Therapie unmöglich ist und die Mutter sich daher unter Umständen für eine Abtreibung entscheiden wird. Dieser Schritt erfordert aber zum einen, dass die engen Voraussetzungen des § 218a StGB vorliegen. Zum anderen ist es für die Mutter regelmäßig emotional

---

483 BT-Drucks. 16/10532 S. 17.

484 BT-Drucks. 16/10532 S. 17.

485 Siehe oben S. 50.

486 Hierzu zählt zum Beispiel die Chorea Huntington, Spickhoff/*Fenger* Medizinrecht § 15 GenDG Rn. 1.

487 Zum Beispiel, wenn eine Rhesusunverträglichkeit zwischen Mutter und Kind vorliegt, ausführlich dazu *Crombach/Giers* Molekulare Medizin in der Frauenheilkunde S. 109, 109 ff.

schwierig, sich zu der auch für sie nicht risikofreien Abtreibung zu entscheiden. Ansonsten besteht bei einer nicht therapierbaren Eigenschaft nur die Möglichkeit, dass Kind weiterhin auszutragen und dessen Gesundheitsbeeinträchtigung in Kauf zu nehmen.

Im Rahmen des § 3a II 2 ESchG stellt sich die Situation jedoch anders dar: Sofern eine schwerwiegende Schädigung des Embryos diagnostiziert wird, wird sich die Mutter in aller Regel gegen den Embryotransfer entscheiden. Dies ist nach § 4 I Nr. 2 ESchG im Gegensatz zu der von den §§ 218 ff. StGB geregelten Abtreibung ohne weiteres möglich. Das Untersuchungsergebnis wird anders als bei der PND fast immer zur Folge haben, dass der Embryo verworfen wird. Zudem fällt es der Mutter emotional wahrscheinlich regelmäßig auch leichter, sich dazu zu entscheiden, den extrakorporalen Embryo nicht weiter zu kultivieren, als ein Kind abtreiben zu lassen. Aus der unterschiedlichen Ausgangslage und den verschiedenen Handlungsvarianten bei der PID und bei der Untersuchung nach § 15 I GenDG folgt also, dass das fehlende Erfordernis der medizinischen Indikation im Rahmen des § 15 I GenDG nicht ohne weiteres auf § 3a II 2 ESchG übertragen werden kann.

Systematische Rückschlüsse hinsichtlich des Erfordernisses einer medizinischen Indikation bei einer PID nach § 3a II 2 ESchG könnte § 5 II 2 Nr. 4 PIDV liefern[488]. Danach setzt der Antrag auf Durchführung einer PID in den Fällen des § 3a II 2 ESchG eine ärztliche Beurteilung der Annahme voraus, dass eine schwerwiegende Schädigung des Embryos zu erwarten ist, die mit hoher Wahrscheinlichkeit zu dessen Tot- oder Fehlgeburt führen wird. Das Erfordernis der ärztlichen Beurteilung zeigt, dass offenbar nicht bei jeder extrakorporalen Befruchtung die PID standardmäßig durchgeführt werden soll, sondern stets konkrete Anhaltspunkte vorliegen müssen, die die PID als medizinisch indiziert erscheinen lassen.

Die systematische Auslegung hat gezeigt, dass die Situationen bei einer genetischen Untersuchung nach § 15 I GenDG und § 3a II 2 ESchG nicht vergleichbar sind. Entscheidend für die medizinischen und rechtlichen Handlungsoptionen ist nämlich selbst bei einer identischen Diagnose, ob bereits eine Schwangerschaft besteht. Aufgrund dieses gravierenden Unterschieds kann § 15 I GenDG nicht zur systematischen Auslegung des § 3a II 2 ESchG herangezogen werden. § 5 II 2 Nr. 4 PIDV deutet hingegen auf das Erfordernis einer medizinischen Indikation hin. Da aber nach wie vor Zweifel bestehen, ob die PID nach § 3a II 2 ESchG nur in Fällen

488 Zur PIDV siehe ausführlich oben S. 72 ff.

einer medizinischen Indikation angewendet werden darf, muss auf die weiteren textexternen Auslegungsmethoden zurückgegriffen werden.

(3) Historische und genetische Auslegung

Eine Vorgängervorschrift zu § 3a II 2 ESchG fehlt. Daher kann nur mithilfe der genetischen Auslegung untersucht werden, ob die Rechtfertigung der PID nach § 3a II 2 ESchG eine medizinische Indikation voraussetzt. Nach dem Flach-Entwurf[489], der § 3a ESchG in seiner jetzigen Fassung zugrunde liegt, sollte die PID neben der Feststellung von Erbkrankheiten auch zur Untersuchung von Schädigungen, die mit hoher Wahrscheinlichkeit zu einer Tot- oder Fehlgeburt führen, »nur in bestimmten Fällen medizinisch vertretbar« sein.[490] Aus dieser Formulierung folgt zwar, dass die PID gerade nicht bei jeder extrakorporalen Befruchtung durchgeführt werden soll, allerdings bleiben die Fälle offen, in denen sie gerechtfertigt sein soll.[491] Eine - wenn auch rechtlich nicht verbindliche - Orientierungshilfe gibt insofern die Stellungnahme des Deutschen Ethikrates zur PID. Danach besteht die Indikation für eine PID z.B. bei einem »hohen« Risiko für Reifungsstörungen der Keimzellen.[492] Dieses Risiko muss jedoch aufgrund vorangegangener Fehlgeburten oder des Ausbleibens des Behandlungserfolgs bei extrakorporalen Befruchtungen ärztlich festgestellt werden.[493] Zudem ergibt sich aus der Begründung zum Flach-Entwurf, dass nur eine »eng begrenzte Anwendung der PID in Deutschland« gewollt und dass zudem »über die Durchführung der PID (…) in jedem Einzelfall gesondert zu entscheiden« ist.[494] Dies erscheint bei den nach Angaben des Ausschusses für Gesundheit geschätzten wenigen hundert PID-Fällen im Jahr durchaus realistisch.[495] Hingegen dürfte dieses Einzelfallverfahren bei jeder extrakorporalen Befruchtung aus praktischen und ökonomischen Gründen kaum durchführbar sein, denn die Zahlen der extrakorporalen

489 Siehe dazu oben S. 66.

490 BT-Drucks. 17/5451 S. 7.

491 *Frister/Lehmann* JZ 2012, 659, 662; Sofern eine Chromosomenstörung erblich bedingt ist, wäre die Durchführung der PID bereits durch § 3a II 1 ESchG gerechtfertigt; *Frister/Lehmann* JZ 2012, 659, 662; Fn. 43.

492 *Deutscher Ethikrat* BT-Drucks. 17/5210 S. 27.

493 *Frister/Lehmann* JZ 2012, 659, 662 Fn. 43.

494 BT-Drucks. 17/5451 S. 7.

495 BT-Drucks. 17/6400 S. 8.

Befruchtungen[496], d.h. der IVF[497] und der ICSI[498] beliefen sich im Jahre 2011 auf 45.078 Behandlungszyklen.[499] Daher ergibt die genetische Auslegung, dass der Gesetzgeber die PID nur in *bestimmten Fällen* als nicht rechtswidrig qualifizieren wollte. Allerdings bestehen weiterhin Zweifel, ob der Gesetzgeber damit Fälle meinte, in denen die PID medizinisch indiziert ist.

(4) Teleologische Auslegung

Da der tatsächliche Wille des Gesetzgebers im Hinblick darauf, welche bestimmten Fälle von der Rechtfertigung nach § 3a II 2 ESchG erfasst sein sollen, nicht hinreichend bestimmt ist, muss mithilfe der teleologischen Auslegung der Inhalt der Norm ermittelt werden. Dieses Auslegungskriterium zielt darauf ab, den mutmaßlichen Willen des Gesetzgebers zu ermitteln.[500] Wie bereits festgestellt, stellte sich der Gesetzgeber vor, dass die PID nur in Ausnahmefällen Anwendung finden sollte und zwar dann, wenn »mit einer Tot- oder Fehlgeburt zu rechnen ist«[501]. Diese Frage soll nach dem Willen des Gesetzgebers durch eine der PID vorangehende »sorgfältige Diagnostik bei beiden Partnern nach strengen Kriterien«[502] beantwortet werden. Aus dem Erfordernis einer der PID zwingend vorgeschalteten Diagnostik ergibt sich somit, dass der Gesetzgeber eine Beschränkung der PID auf Fälle bezweckt, in denen sich schon im Vorfeld der PID konkrete medizinische Anzeichen bei einem oder beiden Partnern für eine schwerwiegende Schädigung des Embryos zeigen, die mit hoher Wahrscheinlichkeit zu dessen Tot- oder Fehlgeburt führen wird. Dann stellt sich die PID zur Vermeidung einer Tot- oder Fehlgeburt als medizinisch indiziert dar.

---

496 Im Jahre 2011 wurden 45.078 Behandlungszyklen mithilfe von IVF oder ICSI durchgeführt; *Deutsches IVF Register* Journal für Reproduktionsmedizin und Endokrinologie 2012, 453, 460.

497 Zur IVF siehe oben S. 32 ff.

498 Zur ICSI siehe oben S. 33.

499 *Deutsches IVF Register* Journal für Reproduktionsmedizin und Endokrinologie 2012, 453, 460.

500 *Looschelders/Roth* Juristische Methodik S. 222 f.

501 BT-Drucks. 17/5451 S. 3.

502 BT-Drucks. 17/5451 S. 3.

(5) Ergebnis der Auslegung

Die Auslegung ergibt also, dass die PID nach § 3a II 2 ESchG nur in medizinisch indizierten Fällen und nicht bei jeder extrakorporalen Befruchtung gerechtfertigt sein soll, bei der die geschriebenen Voraussetzungen des Rechtfertigungsgrundes vorliegen. Da sich dieses Auslegungsergebnis nicht mit dem Wortlaut des § 3a II 2 ESchG vereinbaren lässt und der Wortlaut bei der Auslegung zu Lasten des Täters im Strafrecht die Grenze der Auslegung darstellt, muss versucht werden, die durch Auslegung ermittelte Wertentscheidung im Rahmen der Rechtsfortbildung zu berücksichtigen.

(6) Rechtsfortbildung im Rahmen einer teleologischen Reduktion

Deutet insbesondere die genetische Auslegung oder der Telos auf einen bestimmten gesetzgeberischen Willen hin, der aber aufgrund der Wortlautgrenze im Rahmen der Auslegung nicht zum Tragen kommen kann, muss über eine Rechtsfortbildung nachgedacht werden.[503] Die Rechtsfortbildung ist nicht an den Wortlaut der Norm gebunden.[504] Somit lassen sich auch Wertentscheidungen berücksichtigen, die sich damit nicht vereinbaren lassen.[505] Sofern der Wortlaut der Norm mehr Fälle erfasst, als vom Gesetzgeber gewollt, kann der Anwendungsbereich unter Umständen teleologisch reduziert werden.[506] Da die Auslegung ergeben hat, dass der Wille des Gesetzgebers dahin geht, nur in bestimmten Einzelfällen die PID nach § 3a II 2 ESchG zu rechtfertigen, der Wortlaut aber in allen Fällen einer extrakorporalen Befruchtung eine PID zulässt, muss § 3a II 2 ESchG teleologisch reduziert werden, um die Wertentscheidung des Gesetzgebers zu verwirklichen.[507] Sinnvollerweise kann eine teleologische Reduktion nur dahingehend erfolgen, dass eine medizinische Indikation für die PID im Falle des § 3a II 2 ESchG erforderlich ist, d.h. dass aus medizinischer Sicht konkrete Anhaltspunkte für eine schwerwiegende Schädigung des Embryos vorliegen, die mit hoher Wahrscheinlichkeit zu dessen Tot- oder

---

503 *Looschelders/Roth* Juristische Methodik S. 220 f.; siehe auch oben S. 87.
504 *Zippelius* in: BVerfG und GG, S. 108, 115 f.
505 *Looschelders/Roth* Juristische Methodik S. 224 f.
506 *Looschelders/Roth* Juristische Methodik S. 259 f.
507 *Frister/Lehmann* JZ 2012, 659, 662.

Fehlgeburt führen wird.[508] Dies ist insbesondere bei höherem mütterlichen Alter, vorangegangen Tot- oder Fehlgeburten sowie dem Scheitern von vorherigen IVF-Behandlungen der Fall.[509] In Zukunft wird sich der Arzt aller Voraussicht nach bei der Frage, ob im konkreten Fall eine medizinische Indikation vorliegt, gegebenenfalls an (zukünftigen) Leitlinien[510] und an den Entscheidungen der Ethikkommission nach § 3a III 1 Nr. 2 ESchG orientieren können.[511]

ee) Folgen des Erfordernisses einer medizinischen Indikation im Falle des § 3a II 2 ESchG

(1) Aus strafrechtlicher Sicht

Aus dem aus Art. 103 II GG folgenden Grundsatz *nulla poene sine lege stricta* folgt, dass sich eine Strafbarkeit aufgrund der vorgenommenen[512] teleologischen Reduktion eines Rechtfertigungsgrundes nicht begründen lässt, wenn zu Gunsten des Täters die geschriebenen Merkmale des Rechtfertigungsgrundes vorliegen.[513] Im Hinblick auf Einschränkung des § 3a II 2 ESchG um das Merkmal der medizinischen Indikation bedeutet dies, dass sich der Arzt, der eine PID ohne medizinische Indikation durchführt, nicht strafbar macht, wenn die übrigen Voraussetzungen des § 3a II 2 ESchG erfüllt sind.[514]

---

508 *Frister/Lehmann* JZ 2012, 659, 662 f.

509 Günther/Taupitz/*Kaiser* ESchG A 205.

510 Bisher gibt es keine Leitlinien zur Durchführung der PID. Die Bundesärztekammer forderte in ihrem Memorandum zur PID, dass in die PIDV eine Ermächtigungsgrundlage zur Erarbeitung einer (Muster-)Richtlinie für die PID aufgenommen wird, in der u.a. die medizinischen Indikation und der medizinische Standard für die PID näher bestimmt werden, *BÄK* Memorandum zur Präimplantationsdiagnostik S. 16 abrufbar unter http://www.bundesaerztekammer.de/downloads/PID_Memorandum.pdf (zuletzt besucht am 17.04.2013). Diesem Vorschlag ist der Verordnungsgeber jedoch nicht gefolgt, vgl. hierzu die PIDV.

511 *Frister/Lehmann* JZ 2012, 659, 667.

512 Siehe oben S. 111 f.

513 *Frister* Strafrecht AT Kap. IV Rn. 22, 29.

514 *Frister/Lehmann* JZ 2012, 659, 663.

(2) Aus öffentlich-rechtlicher Sicht

Auswirkungen hat das zusätzliche Merkmal der medizinischen Indikation in § 3a II 2 ESchG allerdings für die nach § 3a III 1 Nr. 2 ESchG erforderliche Entscheidung der Ethikkommission. Sie ist nach § 3a III 1 Nr. 2 ESchG verpflichtet, die Einhaltung der Voraussetzungen des Absatzes 2 zu prüfen. Ihr obliegt daher weder eine ethische noch eine Strafbarkeitsprüfung, sondern eine Rechtmäßigkeitsprüfung, die auch ungeschriebene Tatbestandsmerkmale, wie die medizinische Indikation im Falle des § 3a II 2 ESchG umfasst.[515] Das zusätzliche Erfordernis der medizinischen Indikation in § 3a II 2 ESchG hat daher zur Folge, dass eine medizinisch nicht indizierte PID rechtswidrig ist, sodass die Ethikkommission keine zustimmende Bewertung abgeben darf.[516] Da die Entscheidung der Ethikkommission einen Verwaltungsakt iSd. § 35 VwVfG darstellt[517], kann die Frau bei einem Ablehnungsbescheid Rechtsschutz mithilfe der Verpflichtungsklage in Form der Versagungsgegenklage, § 42 I Alt. 2 VwGO, bzw. den Erlass einer einstweiligen Anordnung gem. § 123 VwGO begehren.

3. Vereinbarkeit des § 3a II ESchG mit § 1 I Nr. 5 ESchG

Der bereits seit langer Zeit bestehende Streit um die Auslegung des § 1 I Nr. 5 ESchG hat seit Einführung des § 3a ESchG an Relevanz gewonnen.[518] Grund dafür ist zum einen, dass die PID iSd. § 3a II ESchG es ermöglicht, Embryonen, die eine schwerwiegende Erbkrankheit oder eine schwerwiegende, mit hoher Wahrscheinlichkeit zu einer Tot- oder Fehlgeburt führende Schädigung aufweisen, auszusondern und eben nicht alle Embryonen, sondern nur die genetisch Unauffälligen zu implantieren. § 1 I Nr. 5 ESchG stellt hingegen das Unternehmen, mehr Eizellen einer Frau zu befruchten, als ihr innerhalb eines Zyklus übertragen werden sollen, unter Strafe. Anders ausgedrückt: § 1 I Nr. 5 ESchG gestattet die Befruchtung von Eizellen nur für den Fall, dass alle befruchteten Eizellen innerhalb des Zyklus auf die Frau übertragen werden sollen, allerdings keine

---

515 *Frister/Lehmann* JZ 2012, 659, 665; vgl. auch *Schroth* ZStW 2013, 627, 637.

516 *Frister/Lehmann* JZ 2012, 659, 663 Fn. 46.

517 *BMG* Fragen und Antworten zur Präimplantationsdiagnostikverordnung abrufbar unter http://www.bmg.bund.de/praevention/praeimplantationsdiagnostik/fragen-und-antworten-pidv.html (zuletzt besucht am 27.02.2013).

518 *Frister* GuP 2012, 10, 10; *Tolmein* GuP 2011, 161, 163f.

Befruchtung mit der Option, nur die genetisch unauffälligen befruchteten Eizellen zu transferieren, wie dies bei der PID regelmäßig der Fall ist.[519] Zum anderen wird die Diskrepanz zwischen den beiden Regelungen zudem noch dadurch verstärkt, dass die Durchführung einer PID aus medizinischer Sicht im Normalfall die Befruchtung von deutlich mehr als drei Eizellen voraussetzt, um wenigstens einen genetisch unauffälligen und implantationsfähigen Embryo zu erhalten.[520] Somit sind regelmäßig mehr Eizellen zu befruchten, als der Frau übertragen werden.[521] Ein weiteres Problem ergibt sich dadurch, dass § 1 I Nr. 3 und Nr. 5 ESchG zumindest nach Ansicht der Vertreter der sog. Dreierregel[522], die die genannten Normen als Einheit sehen[523], so ausgelegt werden, dass eine Befruchtung von mehr als 3 Eizellen gem. § 1 I Nr. 5 ESchG strafbar sei. Hält man an dieser Auslegungsvariante auch im Hinblick auf die PID fest, würde nur selten ein genetisch unauffälliger, implantationsfähiger Embryo zur Verfügung stehen.[524] Zu untersuchen ist daher zunächst, ob die sog. Dreierregel ebenfalls für die PID gilt. Im Anschluss wird erörtert, ob die Rechtfertigung nach § 3a II ESchG auch eine Strafbarkeit des Arztes nach § 1 I Nr. 5 ESchG ausschließt. Dies ist auch für die vertragliche Haftung bei fehlerhafter PID bedeutsam, da bei einer Strafbarkeit nach § 1 I Nr. 5 ESchG ein Verstoß gegen § 134 BGB und damit die Nichtigkeit des PID-Vertrages nicht von vornherein ausgeschlossen werden kann.

a) »Dreierregel«

Von einigen wird § 1 ESchG derart ausgelegt, dass § 1 I Nr. 3 und Nr. 5 ESchG eine untrennbare Einheit bilden, sodass die Quote des § 1 I Nr. 3

---

519 *Frister* Aktuelle in: Entwicklungen im Medizinstrafrecht S. 81, 90; *Frister/Lehmann* JZ 2012, 659, 664.

520 *Steck* Praxis der Fortpflanzungsmedizin S. 235.

521 Siehe dazu auch oben S. 33; zu beachten ist in diesem Zusammenhang, dass der Embryotransfer innerhalb eines Zyklus auch durch § 1 I Nr. 3 ESchG auf drei Embryonen beschränkt ist.

522 Dazu gehören etwa *Lindemann* in: Brennpunkte des Arztstrafrechts S. 9, 19 Fn. 62; Spickhoff/*Müller-Terpitz* Medizinrecht § 1 ESchG Rn 17 f.; Erbs/Kohlhaas/*Pelchen/Häberle* ESchG § 1 ESchG Rn. 8 mwN.

523 Ausführlich dazu siehe unten S. 114.

524 Zu den medizinischen Grundlagen siehe oben S. 25 ff.

ESchG auch für § 1 I Nr. 5 ESchG gelte.[525] Um zu verhindern, dass mehr als drei Embryonen innerhalb eines Zyklus übertragen werden, dürfen daher nach der »Dreierregel« also nur maximal drei Eizellen weiterkultiviert und anschließend befruchtet werden.[526] Diese Betrachtungsweise grenzt den Anwendungsbereich der PID erheblich ein, weil bei einer Befruchtung von nur drei Eizellen selten genetisch unauffällige Embryonen für den Embryotransfer verbleiben würden.[527]

b) »Deutscher Mittelweg«

Anders erfolgt hingegen die Auslegung des § 1 I Nr. 5 ESchG im Rahmen des sog. »Deutschen Mittelweges«[528], die auch viele Reproduktionsmediziner ihrer Arbeit zugrunde legen.[529] Danach darf der Arzt, sofern Eizellen das Vorkernstadium erreicht haben, zusammen mit dem Paar aufgrund dessen individueller Gegebenheiten (Alter, Anzahl der vorangegangenen Behandlungen etc.) entscheiden, wie viele dieser Zellen weiterkultiviert werden sollen, um aller Voraussicht nach maximal drei, § 1 I Nr. 3 ESchG, entwicklungsfähige und übertragbare Embryonen zu erhalten.[530] Der medizinische Grund für diese gegenüber der »Dreierregel« erweiterte Auslegung liegt darin, dass sich nicht aus jeder Eizelle im Vorkernstadium

---

525 *Lindemann* in: Brennpunkte des Arztstrafrechts S. 9, 19 Fn. 62; Spickhoff/*Müller-Terpitz* Medizinrecht § 1 ESchG Rn 17 f.; Erbs/Kohlhaas/*Pelchen/Häberle* ESchG § 1 ESchG Rn. 8 mwN.

526 *Aschhoff* Ansprüche gegen gesetzliche und private Krankenversicherungen bei künstlicher Fortpflanzung S. 27; *BÄK* DÄBl 2006, A 1392, 1400; *Beitz* Zur Reformbedürftigkeit des Embryonenschutzgesetzes S. 103; *Deutscher Ethikrat* BT-Drucks. 17/5210 S. 30; *Neidert* ZRP 2006, 85, 86; Prütting/*Höfling* Medizinrecht § 1 ESchG Rn. 21; Spickhoff/*Müller-Terpitz* Medizinrecht § 1 ESchG Rn 17 f.

527 *Duttge* ZStW 2013, 647, 656; *Frister/Lehmann* JZ 2012, 359, 664.

528 Vgl. *Günther*/Taupitz/Kaiser § 1 I Nr. 5 ESchG Rn. 23; Prütting/*Höfling* Medizinrecht § 1 ESchG Rn. 20 ausführlich dazu: *Frommel* Journal für Reproduktionsmedizin und Endokrinologie 2007, 27 ff., die diese Auffassung auch als „Deutschen Mittelweg" bezeichnet.

529 *Frister* GuP 2012, 10, 10.

530 AG Wolfratshausen Urteil vom 30.04.2008 AZ: 6 C 677/06; *Deutsches IVF Register* Journal für Reproduktionsmedizin und Endokrinologie 2011, 1, 12; *Deutscher Ethikrat* BT-Drucks. 17/5210 S. 30; *Frommel* Reproduktionsmedizin 2002, 158, 160; *Frommel* in: FS für Winfried Hassemer S. 831, 834; *Krüger* in: Ein zeitgemäßes Fortpflanzungsmedizingesetz für Deutschland S. 69, 87.

ein entwicklungsfähiger Embryo entwickelt.[531] Um dennoch eine akzeptable Schwangerschaftsrate zu erzielen und gegebenenfalls erforderliche weitere Eizellentnahmen mit der damit verbundenen erneuten Hormongabe und Follikelpunktion zu vermeiden, versuchen die Ärzte daher, möglichst innerhalb eines Behandlungszyklus 2-3 transferierbare Embryonen zu erhalten. Es lässt sich dabei allerdings nicht sicher ausschließen, dass im Einzelfall mehr als drei Embryonen entstehen.

c) Anwendbarkeit der »Dreierregel« im Hinblick auf die begrenzte Zulassung der PID

Sofern die sog. »Dreierregel« im Rahmen der PID keine Anwendung findet, kann ein Streitentscheid zwischen den o.g. Ansichten hier dahinstehen. Zu klären ist daher, ob die Dreierregel auch in diesem Zusammenhang oder nur in Fällen, in denen eine künstliche Befruchtung ohne Einsatz der PID zur Behandlung der ungewollten Kinderlosigkeit erfolgt, Geltung beansprucht. Wie bereits ausgeführt[532], würde die PID faktisch leerlaufen, wenn die Dreierregel auch darauf Anwendung finden würde, weil nur selten ein genetisch unauffälliger Embryo zur Implantation zur Verfügung stünde.[533] Zudem ist zu beachten, dass die Argumente für die Dreierregel bei der Auslegung des § 1 I Nr. 3 und Nr. 5 ESchG nicht ohne weiteres auf die PID übertragen werden können. Denn in diesem Fall muss das systematische Verhältnis von § 1 I Nr. 5 und dem neu in das Gesetz eingefügten § 3a II ESchG in die Auslegung miteinbezogen werden. Das problematische Verhältnis zwischen der Dreierregel und dem Erfordernis der Befruchtung von mehr als drei Eizellen war bereits vor der Verabschiedung des § 3a ESchG bekannt.[534] Es wurde im Röspel-Entwurf[535] dahingehend aufgelöst, dass für die PID die Befruchtung von mehr als drei Ei-

531 *Deutsches IVF Register* Journal für Reproduktionsmedizin und Endokrinologie 2011, 1, 12; zum Entstehungszeitpunkt des § 1 I Nr. 3, 5 ESchG wusste man noch nicht, dass es teilungsfähige, aber nicht entwicklungsfähige Embryonen gibt, *Frommel* Journal für Reproduktionsmedizin und Endokrinologie 2007, 27, 31.

532 Siehe bereits oben S. 113.

533 *Frister/Lehmann* JZ 2012, 659, 664; *Schroth* ZStW 2013, 627, 634.

534 *Frister/Lehmann* JZ 2012 659, 664 mwN.

535 Ausführlich zu diesem Gesetzesentwurf siehe oben S. 66.

zellen zulässig sein sollte.[536] Im Flach-Entwurf[537], der dem jetzigen § 3a ESchG zu Grunde liegt, fehlt eine solche Regelung allerdings. Aus diesem Schweigen des Gesetzgebers muss jedoch nicht zwangsläufig die Geltung der ohnehin umstrittenen Dreierregel[538] bei der PID folgen.[539] Stattdessen muss die Konkurrenz zwischen § 1 I Nr. 5 ESchG und § 3a ESchG mithilfe der methodischen Grundsätze aufgelöst werden, die für das Verhältnis nacheinander in Kraft getretener Normen gelten.[540] § 3a ESchG ist sowohl jünger als auch spezieller als § 1 I Nr. 5 ESchG.[541] Somit verdrängt die Rechtfertigung der PID gem. § 3a II ESchG nach den Grundsätzen des *lex specialis derogat legi generali* als auch des *lex posterior derogat legi priori* eine Strafbarkeit nach § 1 I Nr. 5 ESchG insoweit, als die Vornahme der PID zwingend mit der Befruchtung von mehr als drei Eizellen verbunden ist.[542] Deshalb scheidet auch eine Strafbarkeit nach § 1 I Nr. 5 ESchG aus[543] und der Streit um die Auslegung des § 1 I Nr. 5 ESchG muss im Zusammenhang mit der Vornahme einer PID nicht entschieden werden.

C. Zusammenfassung

Abschließend lässt sich festhalten, dass die PID den genannten Einschränkungen des § 3a II ESchG unterliegt. Trotz des Inkrafttretens des § 3a ESchG, der nach dem Willen des Gesetzgebers ausdrücklich und eindeutig regeln sollte, unter welchen Voraussetzungen die PID in Deutschland angewendet werden dürfe[544], ergeben sich nach wie vor eine Reihe von Problemen, die insbesondere den Zellbegriff in Abs. 1 sowie die Reich-

536 BT-Drucks. 17/5452 S. 3, 5.

537 Siehe dazu oben S. 66.

538 Ausführlich dazu *Frister* GuP 2011, 10 ff. mwN.

539 *Frister/Lehmann* JZ 2012 659, 664; **a.A.**: *Tolmein* GuP 2011, 161, 163 f.

540 *Frister/Lehmann* JZ 2012 659, 664; zu den methodischen Grundsätzen auch *Wank* Die Auslegung von Gesetzen S. 97 ff.

541 *Frister/Lehmann* JZ 2012 659, 664.

542 *Frister/Lehmann* JZ 2012 659, 664; Günther/*Taupitz*/Kaiser ESchG § 3a Rn. 40; *Schroth* ZStW 2013, 627, 634; *von Wietersheim* Strafbarkeit der Präimplantationsdiagnostik S. 315; in dieselbe Richtung argumentierend: *Krüger/Berchtold* Der Gynäkologe 2012, 65, 69; *Krüger* in: Ein zeitgemäßes Fortpflanzungsmedizingesetz für Deutschland S. 69, 87 f., der neben dem lex specialis Argument auch eine teleogolische Reduktion vorschlägt.

543 *Frister/Lehmann* JZ 2012 659, 664.

544 BT-Drucks. 17/5451 S. 2.

weite der Rechtfertigungsgründe in Abs. 2 umfassen. Ob diese in Zukunft - wie oben dargestellt[545]- gelöst werden, bleibt abzuwarten.

545 Siehe oben S. 73 ff.

Viertes Kapitel: Ersatzansprüche der Frau

Die folgenden Kapitel widmen sich dem zentralen Thema dieser Arbeit, der vertraglichen Arzthaftung bei fehlerhafter PID. Wie bereits oben geschildert[546], lassen sich die in diesem Zusammenhang auftretenden Fragen nicht ohne Verweis auf die geltende Rechtslage beantworten. So beeinflusst die Regelung des § 3a ESchG beispielsweise insbesondere die Wirksamkeit eines PID-Vertrages. Auch die im zweiten Kapitel[547] dargestellten medizinischen Grundlagen erleichtern das Verständnis der Behandlungssituationen und die möglichen Fehler, die dabei auftreten können.

Als Anspruchsteller eines vertraglichen Ersatzanspruchs kommen sowohl die Frau, als auch der Mann sowie das Kind in Betracht. Die Beantwortung vertraglicher Ersatzansprüche bei fehlerhafter PID hängt entscheidend davon, welche Rechtsbeziehungen zwischen dem Anspruchsgegner einerseits und der Frau, dem Mann und sowie dem Kind andererseits bestehen.[548] Auch kommt es für die Bewertung von vertraglichen Ansprüchen darauf an, ob die (Wunsch-)Mutter, der (Wunsch-)Vater oder das Kind diese geltend machen, weil jeweils unterschiedliche Schadenspositionen denkbar sind. Daher wird in den folgenden Kapiteln jeweils separat untersucht, ob vertragliche Ersatzansprüche der Frau, des Mannes oder des Kindes gegen die an der PID beteiligten Institutionen und Personen bestehen. Zudem wird in den jeweiligen Kapiteln auf etwaige deliktische Ansprüche eingegangen. Diese werden allerdings nur knapp behandelt, weil sie bei fehlerhafter PID weniger weitgehende Ersatzansprüche als die vertraglichen Ansprüche geben und daher von untergeordneter Bedeutung sind.

Das vierte Kapitel befasst sich zunächst mit möglichen Ersatzansprüchen der Frau bei fehlerhafter PID. In diesem Zusammenhang bedarf es zunächst der Feststellung, wer als Anspruchsgegner in Betracht kommt. Auch muss im Hinblick auf die unterschiedlichen Rechtsfolgen bei Pflichtverletzungen erörtert werden, welchem Vertragstypus ein Vertrag

---

546 Siehe oben S. 55.

547 Siehe dazu oben S. 25 ff.

548 *Olzen/Kubiak* JZ 2013, 495, 497.

über die PID zuzuordnen ist.[549] Zudem stellt sich die Frage nach möglichen Pflichtverletzungen und Schadenspositionen. Schließlich wird noch kurz erörtert, ob sich daneben deliktische Ansprüche ergeben.

A. Anspruchsgegner

Um festzustellen, ob und inwiefern vertragliche Ersatzansprüche der Frau bei fehlerhafter PID bestehen, muss zunächst festgestellt werden, gegen wen sich ein solcher Anspruch richten könnte. Hierbei sind zahlreiche Konstellationen denkbar. Dies hängt zum einen damit zusammen, dass an der PID stets mehrere Ärzte beteiligt sind.[550] Zum anderen bestehen diverse Möglichkeiten, das Rechtsverhältnis der beteiligten Ärzte untereinander auszugestalten. Da die vertragliche Anspruchsprüfung aber trotz der verschiedenen denkbaren Gegner eines Ersatzanspruchs weitestgehend parallel verläuft[551], erscheint eine separate Prüfung für jeden möglichen Gegner eines Arzthaftungsprozesses überflüssig. Daher beschränkt sich die folgende Darstellung darauf, die in Betracht kommenden Rechtsverhältnisse der beteiligten Ärzte untereinander zu benennen. Zudem wird der Frage nachgegangen, wer je nach zugrundeliegendem ärztlichem Kooperationsverhältnis Haftungssubjekt eines Ersatzanspruchs ist.

Konkret kommen als Anspruchsgegner einerseits der Arzt, der die reproduktionsmedizinische Maßnahme durchführt, andererseits der von diesem im Regelfall personenverschiedene Humangenetiker, der die genetische Untersuchung der Zellen an sich ausführt, sowie das Behandlungszentrum, in dem sowohl die künstliche Befruchtung als auch die genetische Untersuchung stattfinden sollen, in Betracht.

Grundsätzlich erscheint es möglich, dass die Frau sowohl mit dem Reproduktionsmediziner als auch mit dem Humangenetiker zwei separate Verträge, zum einen über die Durchführung einer extrakorporalen Be-

549 *Olzen/Kubiak* JZ 2013, 495, 497.

550 Da die PID zwingend eine extrakorporale Befruchtung voraussetzt, sind regelmäßig mind. zwei Ärzte beteiligt. Der Reproduktionsmediziner führt dabei alle Maßnahmen im Zusammenhang mit der künstlichen Befruchtung aus, während der Humangenetiker die PID im eigentlichen Sinne, nämlich die genetische Untersuchung der Zellen des Embryos vornimmt.

551 Abweichungen ergeben sich etwa beim Vertretenmüssen; siehe unten S. 201.

fruchtung, und zum anderen über die genetische Untersuchung von Zellen eines Embryos abschließt.[552]

Gegen eine solche Vertragsgestaltung spricht allerdings, dass die PID gem. § 3 I 1 Nr. 2 PIDV nur in einem von der zuständigen Behörde zugelassenen Zentrum durchgeführt werden darf. Dieses muss sowohl die reproduktionsmedizinische Maßnahme als auch die genetische Untersuchung selbst durchführen, vgl. § 3 I Nr. 1 PIDV, bzw. die Kooperation zwischen einer reproduktionsmedizinischen und einer genetischen Einrichtung durch Vertrag sicherstellen, § 3 I 2 PIDV. Ferner wird verlangt, dass innerhalb des Zentrums ein Facharzt für Frauenheilkunde und Geburtshilfe mit dem Schwerpunkt Gynäkologische Endokrinologie und Reproduktionsmedizin sowie ein Facharzt für Humangenetik die unterschiedlichen Bereiche leiten, § 3 II Nr. 4a, 5a PIDV. Dadurch, dass die PID nur in einem zugelassenen Zentrum erfolgen darf und mehrere Ärzte beteiligt sein müssen, wird der Vertrag regelmäßig zwischen der Frau und dem Behandlungszentrum geschlossen, sodass dieses Gegner eines vertraglichen Ersatzanspruchs ist.[553]

Abhängig von der Organisationsform kann ein PID-Zentrum in unterschiedlichen Rechtsformen geführt werden. Die Rechtsform gibt dabei Auskunft über den jeweiligen Vertragspartner sowie weitere Haftungsgegner und damit über den potentiellen Anspruchsgegner eines vertraglichen Ersatzanspruchs.

I. Berufs- und vertragsarztrechtlich zulässige Formen ärztlicher Kooperation

Zu untersuchen ist daher zunächst, in welcher Form die an der PID beteiligten Ärzte beruflich kooperieren können. Die zulässigen Formen ärztlicher Kooperation sind für das Berufsrecht in § 18 I 1 MBO-Ä bzw. bezo-

552 Hierbei könnte der Reproduktionsmediziner, mit dem die Frau direkt kontrahiert, auch den Vertrag mit dem Humangenetiker als Stellvertreter der Frau gem. § 164 I BGB schließen, vgl. zum Vertragsschluss durch den behandelnden Arzt als Vertreter des Patienten auch Laufs/*Kern* Handbuch des Arztrechts § 40 Rn. 32.

553 Da die PID sehr kostenintensiv ist und nur mit wenigen hundert Fällen pro Jahr in der gesamten Bundesrepublik Deutschland gerechnet wird, würde es sich für einen einzelnen Arzt zudem auch wirtschaftlich nicht lohnen, die PID in einer Einzelpraxis anzubieten.

gen auf das Vertragsarztrecht in § 33 Ärzte-ZV aufgezählt.[554] In Betracht kommen für die PID zum einen eine Organisationsgemeinschaft und zum anderen eine Berufsausübungsgemeinschaft.

1. Organisationsgemeinschaft

Den Hauptanwendungsfall der ärztlichen Organisationsgemeinschaft bildet die Praxisgemeinschaft. Sie zeichnet sich durch den Zusammenschluss mindestens zweier Ärzte gleicher oder verschiedener Fachrichtung aus, die gemeinsam die Räume, die Einrichtung sowie das Personal der Praxis nutzen.[555] Im Gegensatz zur Berufsausübungsgemeinschaft übt jedes Mitglied der Praxisgemeinschaft seinen Beruf unabhängig von den anderen aus.[556]

Die erfolgreiche PID setzt eine enge Zusammenarbeit von Reproduktionsmediziner und Humangenetiker voraus. Die einzelnen Arbeitsschritte, wie die extrakorporale Befruchtung, die Entnahme der Zellen, die genetische Untersuchung sowie die Implantation des Embryos müssen zeitlich aufeinander abgestimmt sein. Zudem muss der Reproduktionsmediziner dem Humangenetiker das Untersuchungsmaterial zukommen lassen und der Genetiker hat den anderen Arzt über das Ergebnis der genetischen Untersuchung zu informieren. Aufgrund dieser engen Zusammenarbeit übt nicht jeder an der PID beteiligte Arzt seine Tätigkeit separat aus, sondern es handelt sich um die gemeinsame Behandlung eines Patienten, die lediglich horizontal arbeitsteilig ausgeführt wird. Die PID kann daher nicht im Rahmen einer Organisationsgemeinschaft ausgeführt werden.

2. Berufsausübungsgemeinschaft

Gem. § 18 IIa 1 MBO-Ä stellt die Berufsausübungsgemeinschaft einen Zusammenschluss von Ärzten, Ärztegesellschaften oder ärztlich geleiteten Medizinischen Versorgungszentren zur gemeinsamen Berufsausübung

---

554 *Kaya* Rechtsfragen medizinischer Versorgungszentren auf Gründungs- und Zulassungsebene S. 73.

555 *Janda* Medizinrecht S. 103. Ausführlich zur Praxisgemeinschaft und gegebenenfalls erforderlichen Ausweitungen der genannten Definition Ratzel/Luxenburger/*Möller* § 16 Rn. 322.

556 Ratzel/Luxenburger/*Möller* § 16 Rn. 325.

dar. Sie muss auf Dauer angelegt sein und von selbständigen, freiberuflich tätigen Gesellschaftern ausgeübt werden, § 18 IIa 2 MBO-Ä. Ob eine gemeinsame Berufsausübung vorliegt, ist in jedem Einzelfall anhand folgender Kriterien zu bewerten: Für eine Berufsausübungsgemeinschaft sprechen neben dem Abschluss der Verträge durch die Gesellschaft, einem einheitlichen Außenauftritt, gemeinsamer Patientenkartei und Abrechnung auch die planmäßige Durchführung nicht ganz unwesentlicher gemeinsamer Untersuchungs- und Behandlungsmaßnahmen sowie ein Gewinnpool.[557]

Die PID setzt schon aus medizinischer Sicht, aber auch aus rechtlichen Gründen, § 3 I 1Nr. 1, II 1 Nr. 4, 5 PIDV, planmäßige Untersuchungs- und Behandlungsmaßnahmen verschiedener Ärzte - Reproduktionsmediziner und Humangenetiker - voraus. Wegen der verschiedenen Fachgebiete erscheint allerdings fraglich, ob dennoch eine gemeinsame Berufsausübung vorliegt. Dies ist nicht der Fall, wenn eine gemeinsame Berufsausübung unter Umständen erfordert, dass jedes Mitglied die ärztlichen Leistungen in gleicher Weise erbringen kann, denn dann käme sie allenfalls bei im Wesentlichen fachidentischen Leistungen in Betracht.[558] Die Zulässigkeit einer fachgebietsübergreifenden Berufsausübungsgemeinschaft lässt sich hingegen damit begründen, dass die beteiligten Ärzte die gemeinsamen Patienten zwar nur innerhalb ihres Fachgebietes behandeln, weil die gesamte Behandlung durch einen Arzt aus medizinischer Sicht ausgeschlossen ist, aber zugleich eine gemeinsame Abrechnung und Organisation vorliegt.[559] Zudem spricht auch die in § 18 IIa 1 MBO-Ä vorgesehene Beteiligung von ärztlich geleiteten Medizinischen Versorgungszentren für die Möglichkeit von fachgebietsübergreifenden Berufsausübungsgemeinschaften. Ein wesentliches Merkmal eines solchen Medizinischen Versorgungszentrums besteht darin, dass es sich um eine fachübergreifende Einrichtung[560] handeln muss, § 95 I 2, 3, 4 SGB V, sodass dementsprechend auch eine Berufsausübungsgemeinschaft zwischen Ärzten verschiedener

557 Ratzel/Luxenburger/*Möller* § 16 Rn. 12.

558 BGHZ 142, 126, 137; *Steffen* MedR 2006, 75, 76 f.

559 BSG MedR 1993, 279, 279; BSG MedR 1983, 196, 198; *Steffen* MedR 2006, 75, 77; vgl. hierzu auch *Janda* Medizinrecht S. 103 sowie Laufs/Kern/*Schlund* Handbuch des Arztrechts § 18 Rn. 14.

560 Zum Merkmal der „fachübergreifenden“ Einrichtung ausführlich *Kaya* Rechtsfragen medizinischer Versorgungszentren auf Gründungs- und Zulassungsebene S. 113 ff.

Fächer zulässig sein muss.[561] Da die verschiedenen Fachärzte bei der PID geplant zusammenarbeiten müssen und die Maßnahme nur in einem Zentrum erfolgen darf, dass sowohl die reproduktionsmedizinische als auch die humangenetische Behandlung sicherstellen kann, handelt es sich bei den PID-Zentren deshalb um Berufsausübungsgemeinschaften.

Diese können einen gemeinsamen Praxissitz haben. Es schadet aber auch nicht, wenn die reproduktionsmedizinische und die humangenetische Einrichtung an verschieden Orten angesiedelt sind, wie dies in den Fällen des § 3 I 2 PIDV regelmäßig der Fall sein wird, sofern an jedem Praxissitz eine ausreichende Versorgung sichergestellt ist, § 18 III 3 MBO-Ä.

Zu beachten ist allerdings, dass die Berufsausübungsgemeinschaften bei der PID regelmäßig nicht von zwei oder mehr (Vertrags-)Ärzten verschiedener Fachrichtung als Gemeinschaftspraxis betrieben wird, sondern von einem Medizinischen Versorgungszentrum (MVZ)[562] iSd. § 95 I 2 SGB V, das über eine eigene Vertragsarztzulassung verfügt. Die Gründung eines MVZ setzt zwar voraus, dass in ihm mindestens zwei Ärzte verschiedener Fachrichtung tätig sein müssen, § 95 I 2, 4 SGB V.[563] Dies ist bei der PID jedoch aufgrund der durch § 3 II PIDV zwingend vorgegebenen Beteiligung eines Facharztes für Frauenheilkunde und Geburtshilfe mit der Schwerpunktbezeichnung »Gynäkologische Endokrinologie und Reproduktionsmedizin« sowie eines Facharztes für Humangenetik ohnehin der Fall.

---

561 *Quaas/Zuck* Medizinrecht § 15 Rn. 5.

562 Ausführlich zu den Vor- und Nachteilen eines MVZ im Vergleich zu den herkömmlichen ärztlichen Kooperationen *Kaya* Rechtsfragen medizinischer Versorgungszentren S. 76 ff.; zu den sich bei Begründung eines MVZ stellenden Rechtsfragen vgl. ausführlich *Kaya* Rechtsfragen medizinischer Versorgungszentren auf Gründungs- und Zulassungsebene sowie Ratzel/Luxenburger/*Möller/Dahm* § 9 Rn. 1 ff. Ein MVZ dient gem. § 95 I 1 SGB V der ambulanten vertragsärztlichen Versorgung iSd. § 73 SGB V, d.h. der Versorgung der gesetzlich versicherten Patienten. Die PID ist nicht vom Leistungskatalog des § 73 I, II SGB V erfasst, sodass es sich nicht um eine vertragsärztliche Versorgung handelt. Allerdings kann ein MVZ neben der vertragsärztlichen Versorgung von GKV-Patienten auch Privatpatienten behandeln bzw. GKV-Patienten privatärztlich behandeln. Als vertragsärztliches Tätigkeitsfeld verbleibt dem MVZ z.B. die Behandlung von infertilen Paaren, die unter den Voraussetzungen des § 27a SGB V zur vertragsärztlichen Versorgung zählt, sowie die humangenetische Beratung bei Risikopaaren oder unerfülltem Kinderwunsch.

563 *Lindenau* Das Medizinische Versorgungszentrum Rn. 132.

Im Gegensatz zu den herkömmlichen Formen ärztlicher Kooperation[564] und zwar insbesondere der Gemeinschaftspraxis bietet ein MVZ für die PID den Vorteil, dass es auch von zugelassenen Krankenhäusern gegründet werden kann, § 95 Ia 1 SGB V. Die Zulassung eines PID-Zentrums ist nämlich gem. § 3a III 1 Nr. 3 ESchG, § 3 I, II PIDV an hohe technische und personelle Anforderungen gebunden, die normalerweise von einzelnen Ärzten, die sich zur gemeinsamen Berufsausübung zusammenschließen, insbesondere aufgrund der immensen Kosten, nicht erfüllt werden können. Zu bedenken ist zudem, dass zugleich die Gewinnmöglichkeiten aufgrund der geringen Anzahl zu erwartender Fälle beschränkt sind. Aus den genannten Gründen wird die PID aller Voraussicht nach daher regelmäßig nur von einer Universitätsklinik, die über die entsprechenden technischen, personellen Standards wie auch die entsprechenden finanziellen Voraussetzungen verfügt, angeboten werden. Diese kann aber, wie soeben geschildert, nur als MVZ, das ebenso wie die Gemeinschaftspraxis als Berufsausübungsgemeinschaft zu qualifizieren ist[565], tätig werden.

Die Berufsausübungsgemeinschaften können gem. § 18 II 1 MBO-Ä berufsrechtlich in allen für den Arztberuf zulässigen Gesellschaftsformen[566] bzw. gem. § 23a I 1 MBO-Ä auch als juristische Person des Privatrechts betrieben werden.[567] Zusätzlich eröffnet § 95 Ia 1 HS. 2 SGB V die Möglichkeit, ein MVZ als eingetragene Genossenschaft zu führen. Die gewählte Rechtsform entscheidet darüber, wer Vertragspartner der Frau und damit auch Anspruchsgegner eines potentiellen vertraglichen Ersatzanspruchs ist. Neben dem Vertragspartner selbst kommen je nach Rechtsform noch weitere Haftungssubjekte in Frage.

---

564 Praxen können vertragsarztrechtlich im Gegensatz zu MVZ nur durch Ärzte gegründet werden, *Kaya* Rechtsfragen medizinischer Versorgungszentren auf Gründungs- und Zulassungsebene S. 77. MVZ können hingegen von allen in § 95 Ia 1 SGB V genannten Leistungserbringern gegründet werden, d.h. auch von zur vertragsärztlichen Versorgung zugelassenen Krankenhäusern.

565 *Kaya* Rechtsfragen medizinischer Versorgungszentren S. 77; *Lindenau* Das Medizinische Versorgungszentrum Rn. 132.

566 Die ärztliche Berufsausübungsgemeinschaft kann nicht in Form einer OHG oder KG betrieben werden, weil der Arzt einen freien Beruf ausübt und daher kein Handelsgewerbe betreibt; § 1 II BÄO.

567 Die Möglichkeit Berufsausübungsgemeinschaften auch als juristische Person des Privatrechts zu betreiben, ist nicht in allen Kammersatzungen vorgesehen; Ratzel/Luxenburger/*Möller* § 16 Rn. 6.

II. GbR

Das PID-Zentrum kann in der Rechtsform einer GbR iSd. § 705 ff. BGB geführt werden. Sowohl bei einer Gemeinschaftspraxis[568] als auch bei einem MVZ[569] handelt es sich um eine rechtsfähige[570] Außen-GbR. Der Vertrag kommt folglich nicht mit dem einzelnen Arzt, sondern mit der GbR selbst zustande[571], sodass diese folglich auch Anspruchsgegner eines etwaigen vertraglichen Ersatzanspruchs ist. Eine originäre vertragliche Haftung der Gesellschafter besteht nicht, allerdings haften sie für Verbindlichkeiten der GbR persönlich, unbeschränkt und gesamtschuldnerisch entsprechend § 128 f. HGB.[572]

III. PartGG

Als weitere Rechtsform für ein PID-Zentrum steht die Partnerschaftsgesellschaft nach dem PartGG zur Verfügung. Diese ist gem. § 7 II PartGG iVm. § 124 I HGB rechtsfähig, sodass der Vertrag über die PID nicht mit den Gesellschaftern, sondern mit der Partnerschaftsgesellschaft als solcher zustande kommt.[573] Neben der Gesellschaft haften grundsätzlich auch die Gesellschafter persönlich und gesamtschuldnerisch für die Verbindlichkeiten der Gesellschaft, § 8 I 1 PartGG.[574] Sofern allerdings ein einzelner Partner, der alleine mit einem Auftrag befasst[575] war, einen beruflichen Fehler begangen hat, haftet nur er für den daraus resultierenden Ersatzanspruch des Gläubigers gegen die Partnerschaftsgesellschaft, § 8 II PartGG.[576]

Seit dem 19.7.2013 steht den Gesellschaftern einer Partnerschaftsgesellschaft durch die Einfügung des § 8 IV ins PartGG auch die Möglichkeit einer PartGmbH offen.[577] Diese Rechtsform ermöglicht es, die Haf-

568 Ratzel/Luxenburger/*Möller* § 16 Rn. 31.
569 Ratzel/Luxenburger/*Möller* § 16 Rn. 32.
570 BGHZ 146, 341, 343.
571 Ratzel/Luxenburger/*Möller* § 16 Rn. 32.
572 Vgl. BGHZ 146, 341, 358, Ratzel/Luxenburger § 16 Rn. 127.
573 Laufs/Kern/*Schlund* Handbuch des Arztrechts § 18 Rn. 15.
574 Laufs/Kern/*Schlund* Handbuch des Arztrechts § 18 Rn. 15.
575 Zur problematischen Frage, wann ein Partner alleine mit einem Auftrag befasst ist, z.B. *Römermann* NJW 2013, 2305, 2307 f. mwN.
576 *Braun* MedR 2009, 272, 273.
577 Ausführlich zur PartGmbH *Römermann* NJW 2013, 2305, 2305 ff.

tung für Fehler bei der Berufsausübung auf das Gesellschaftsvermögen zu beschränken, § 8 IV 1 PartGG, sofern auch die übrigen Voraussetzungen des § 8 IV PartGG, d.h. insbesondere ein die Haftungsbeschränkung anzeigender Namenszusatz, vorliegen. Neben der Haftungsbeschränkung auf das Gesellschaftsvermögen bietet eine solche Rechtsform insbesondere den Vorteil, dass es für die Bestimmung des Haftungsgegners nicht mehr auf die oftmals schwer aufzuklärende und zu beweisende Frage ankommt, ob wirklich nur ein Partner alleine mit dem Auftrag befasst war.

IV. GmbH

Sofern die jeweiligen Ärztekammern § 23a I 1 MBO-Ä übernommen haben, kann ein PID-Zentrum auch als juristische Person des Privatrechts betrieben werden. In Betracht kommt hier insbesondere die GmbH.[578] Diese ist dann ihrerseits Vertragspartner und alleiniger Gegner eines vertraglichen Ersatzanspruchs, beschränkt auf ihr Gesellschaftsvermögen. Eine vertragliche Haftung der Gesellschafter für Verbindlichkeiten der GmbH besteht hingegen nicht, § 13 II GmbHG.

B. Vertragstypus

Zur Bestimmung der vertraglichen Anspruchsgrundlage bei fehlerhafter PID muss zunächst die Rechtsbeziehung zwischen Patientin und Behandlungszentrum typologisch eingeordnet werden. Einige Vertragstypen, wie z.B. das Kaufrecht oder das Werkvertragsrecht weisen nämlich ein eigenes Gewährleistungsrecht (§§ 437 ff. bzw. §§ 634 ff. BGB) auf, während andere, wie beispielsweise das Dienstvertragsrecht, auf die Haftungsregeln des allgemeinen Schuldrechts (§§ 280 ff. BGB) zurückgreifen.

578 Ratzel/Luxenburger/*Möller* § 16 Rn. 305; zu den berufsrechtlichen Vorgaben bei einer Ärzte-GmbH siehe ausführlich Ratzel/Luxenburger/*Möller* § 16 Rn. 306 ff.

I. Abgrenzung zum Vertrag über die Kryokonservierung

Unabhängig davon, ob der Vertrag über die PID und die hierfür zwingend erforderliche extrakorporale Befruchtung eine Einheit bilden[579], muss zunächst eine Abgrenzung vom gegebenenfalls zusätzlich abgeschlossenen Vertrag über die Kryokonservierung getroffen werden.

Eine Kryokonservierung wird insbesondere durchgeführt, wenn nach Abschluss der PID mehr implantationsfähige Embryonen zur Verfügung stehen, als der Frau innerhalb eines Behandlungszyklus übertragen werden. Durch die Aufbewahrung der überzähligen Embryonen kann der Frau eine weitere belastende Hormontherapie und Eizellentnahme erspart werden, sofern keine Schwangerschaft eintritt, alle untersuchten Embryonen einen Gendefekt aufweisen oder die Frau sich später noch weitere Kinder wünscht.

Der Vertrag über die Lagerung der Embryonen teilt dabei nicht die Rechtsnatur des Vertrages über die PID oder die extrakorporale Befruchtung. Die Hauptleistungspflicht liegt in der Aufbewahrung der übergebenen Embryonen. Sofern man annimmt, dass extrakorporale Embryonen Sachen iSd. § 90 BGB sind[580], handelt es sich daher um einen entgeltlichen Verwahrungsvertrag, § 688 BGB.[581] Andernfalls können die Vorschriften über den Verwahrungsvertrag jedenfalls analog angewendet werden.[582]

II. Rechtsnatur des Vertrages über die PID

Zum einen könnte der Vertrag über die PID einem im Besonderen Teil des BGB geregelten Vertragstypus unterfallen. Denkbar erscheinen sowohl ein Werkvertrag (§ 631 BGB) als auch ein Behandlungsvertrag (§ 630a BGB) als Unterfall des Dienstvertrages sowie ein Dienstvertrag (§ 611 BGB). Zum anderen könnte es sich auch um einen typengemischten Vertrag sui generis handeln, dem Elemente der genannten Vertragstypen immanent sind. Entscheidendes Abgrenzungskriterium für die Rechtsnatur

---

579 Siehe dazu unten S. 128 ff.

580 *Schlüter* Schutzkonzepte für menschliche Keimbahnzellen in der Fortpflanzungsmedizin S. 144; **a.A.**: *Müller-Terpitz* ZfL 2006, 34, 38.

581 *Möller/Hilland* in: Reproduktionsmedizin S. 125, 137.

582 *Möller/Hilland* in: Reproduktionsmedizin S. 125, 137.

eines Vertrages sind die Hauptleistungspflichten, denn diese geben dem Schuldverhältnis sein charakteristisches Gepräge.[583] Die Hauptleistungspflichten bei der PID bestehen insbesondere in der genetischen Untersuchung von Zellen eines Embryos nach dem allgemein anerkannten Stand der medizinischen Wissenschaft und Technik hinsichtlich der Erkennung der vermuteten Erbkrankheit (§ 3a II 1 ESchG) bzw. zur Feststellung einer mit hoher Wahrscheinlichkeit zu einer Tot- oder Fehlgeburt führenden schwerwiegenden Schädigung des Embryos (§ 3a II 2 ESchG) sowie grundsätzlich[584] der Mitteilung des Befundes. Sofern man diese Pflicht isoliert von der zwingend notwendigen extrakorporalen Befruchtung[585] betrachtet, könnte man annehmen, dass es sich um eine dem Werkvertragsrecht zuzuordnende Laborleistung handelt.[586] Sicht man hingegen die PID und die dafür zwingend notwendige extrakorporale Befruchtung als Einheit an[587], gehört neben der genetischen Untersuchung auch die Durchführung der IVF iVm. der ICSI zu den Hauptleistungspflichten. Ob diese genannten Hauptleistungspflichten als bloße Dienstleistung in Form der Leistung einer versprochenen medizinischen Behandlung lege artis und damit als den Behandlungsvertrag iSd. § 630a BGB kennzeichnende Pflicht oder als Einstehen für einen für den Werkvertrag iSd. § 631 BGB typischen Behandlungs- oder sonstigen medizinischen Erfolg zu qualifizieren sind, wird daher im Folgenden erörtert.[588] Der Rückgriff auf einen typengemischten Vertrag sui generis ist nur erforderlich, wenn der Vertrag über die PID keinem der o.g. Vertragstypen unterfällt.[589]

583 MünchKomm/*Bachmann* § 241 BGB Rn. 29; Staudinger/*Olzen* § 241 Rn. 146.

584 Zu etwaigen Einschränkungen der Aufklärung in Bezug auf Zusatzbefunde siehe unten S. 156 ff.

585 Günther/Taupitz/*Kaiser* ESchG A 198.

586 *Olzen/Kubiak* JZ 2013, 495, 497; vgl. auch OLG Stuttgart NVwZ-RR 2006, 6, 7; Laufs/*Kern* Handbuch des Arztrechts § 38 Rn. 11 sowie MünchKomm/*Busche* § 631 BGB Rn. 239, die die Durchführung von Laborleistungen durch einen Arzt als werkvertragliche Leistung qualifizieren.

587 Günther/Taupitz/*Kaiser* ESchG A 198.

588 Trotz der Einfügung der §§ 630a ff. ins BGB müssen Werk- und Dienstvertrag, jetzt in Form des Behandlungsvertrages, weiterhin voneinander abgegrenzt werden, BT-Drucks. 17/10488 S. 17; *Schneider* JuS 2013, 104, 104; *Spickhoff* VersR 2013, 267, 268.

589 Vgl. Laufs/*Kern* Handbuch des Arztrechts § 38 Rn. 15.

1. Werkvertrag iSd. § 631 BGB

Ein Werkvertrag kennzeichnet sich dadurch aus, dass der Unternehmer nicht nur eine Tätigkeit, sondern einen Erfolg schuldet.[590] Der für diesen Vertragstypus notwendige Erfolg liegt bei isolierter Betrachtung der PID möglicherweise darin, dass der Befund der genetischen Untersuchung richtig ist.[591] Sofern man PID und die zwingend notwendige extrakorporale Befruchtung hingegen als Einheit betrachtet, könnte neben der richtigen Diagnose zudem noch ein Erfolg hinsichtlich der extrakorporalen Befruchtung geschuldet sein.

Gegen die Annahme eines vertraglich geschuldeten Diagnoseerfolges bei der PID bzw. sogar eines Behandlungserfolges bei der IVF iVm. der ICSI spricht aber Folgendes: Der Arzt kann nach dem gegenwärtigen Stand der Wissenschaft weder bei der PID eine zweifelsfreie Diagnose treffen, noch kann er aus medizinischer Sicht für das Eintreten einer Schwangerschaft oder sogar die Geburt eines Kindes garantieren. Der Grund dafür besteht darin, dass die Diagnose jedweder monogenen Erkrankung bzw. aller strukturellen und numerischen Chromosomenaberrationen noch nicht möglich ist. Dies liegt zum einen daran, dass mithilfe der zur Verfügung stehenden genetischen Untersuchungsverfahren[592] noch nicht alle genetischen Veränderungen erkannt werden können und auch noch keine 100%ige Sensitivität sowie Spezifität der Testverfahren vorliegt.[593] Zudem unterliegt die PID einem 0,5-5%igen Risiko für Fehldiagnosen[594], die zum Teil auf der Ungenauigkeit der genetischen Testverfahren beruhen. Zum anderen erfordert eine erfolgreiche PID, dass der Arzt die oftmals schwierige Diagnose, welche genetische Erkrankung beim

590 MünchKomm/*Busche* § 631 BGB Rn. 9.

591 *Olzen/Kubiak* JZ 2013, 495, 497.

592 Siehe zu den Untersuchungsverfahren bei einer PID oben S. 41 ff.

593 Siehe hierzu auch oben S. 41.

594 Günther/Taupitz/*Kaiser* 1. Aufl. ESchG Einf A 204; *Kaelin* Biotechnik am Beginn menschlichen Lebens S. 32 geht sogar von einer Fehlerquote von 4-10% aus; vgl. hierzu auch *BÄK* Memorandum zur Präimplantationsdiagnostik S. 4 bezogen auf falsch negative Diagnosen (der Embryo ist krank, obwohl ihn der Arzt als genetisch unauffällig eingestuft hat) abrufbar unter http://www.bundesaerztekammer.de/downloads/Memorandum-PID_Memorandum_17052011.pdf (zuletzt besucht am 16.04.2013); speziell für die Fehlerquote bei der PID mittels PCR *Schneider* Rechtliche Aspekte der Präimplantations- und Präfertilisationsdiagnostik S. 44; vgl. zu den möglichen Fehlern bei der PCR oben S. 41.

Embryo in Betracht kommt und an welchem Genort eine etwaige Veränderung auftreten könnte, richtig trifft. Dies scheitert aber oftmals bereits daran, dass viele monogene Erkrankungen und deren genetische Ursachen noch nicht bekannt sind. Ähnliche Gesichtspunkte sprechen auch gegen die Annahme eines Behandlungserfolges bei der extrakorporalen Befruchtung. Hier betrug die Schwangerschaftsrate bei Anwendung der IVF und ICSI im Jahre 2010 gerade einmal 29,3 %.[595] Somit ist davon auszugehen, dass der Arzt nur eine medizinische Behandlung lege artis erbringen und nicht für deren Erfolg haften will.[596]

Gegen die Einordnung als Werkvertrag spricht zudem, dass sich die werkvertraglichen Haftungsregeln, §§ 634 ff. BGB, nicht mit der PID vereinbaren lassen. Zum einen erscheint kaum vorstellbar, wie die Nacherfüllung bei einer mangelhaften PID aussehen soll und zwar insbesondere bei einer falsch negativen Diagnose, bei der das Vorliegen einer genetischen Veränderung vom Arzt verkannt wird, sodass sich die Frau regelmäßig für die Implantation dieses Embryos entscheiden wird. Zum anderen wäre der Frau die Nacherfüllung auch nicht zumutbar. Daher werden die werkvertraglichen Gewährleistungsregeln generell nicht auf klassische ärztliche Behandlungen angewendet, sondern allenfalls für zahnprothetische Behandlungen.[597] Wenn allerdings schon das Gewährleistungsrecht nicht zur PID passt, spricht vieles gegen die Einordnung als Werkvertrag. Zudem sind medizinische Behandlungen auch nur in Ausnahmefällen als Werkverträge zu qualifizieren, weil ein Erfolg bei der Behandlung eines Menschen aufgrund der Komplexität und Unbeherrschbarkeit der physiologischen Abläufe im Körper nur selten vom Arzt garantiert werden kann.[598] Zusammenfassend lässt sich daher festhalten, dass sich der Vertrag über die PID typologisch nicht als Werkvertrag iSd. § 631 BGB qualifizieren lässt.

---

595 *Deutsches IVF Register* Journal für Reproduktionsmedizin und Endokrinologie 2012, 453, 455. Die Schwangerschaftsrate darf nicht mit der baby-take-home-Rate verwechselt werden, denn nicht jede Schwangerschaft führt auch zu der Geburt eines Kindes.

596 Laufs/*Kern* Handbuch des Arztrechts § 38 Rn. 57.

597 Laufs/*Kern* Handbuch des Arztrechts § 38 Rn. 13 f.

598 Vgl. BT-Drucks. 17/10488 S. 17; *Janda* Medizinrecht S. 142.

2. Behandlungsvertrag iSd. § 630a BGB

Im Folgenden wird daher erörtert, ob sich der Vertrag über die PID dem Behandlungsvertrag gem. § 630a BGB zuordnen lässt. Dann muss es sich bei der PID um eine medizinische Behandlung eines Patienten iSd. § 630a I BGB handeln. Der Begriff der medizinischen Behandlung iSd. § 630a I BGB ist nicht legaldefiniert. Allerdings ergibt sich aus der Gesetzesbegründung, dass hierunter vor allem[599] Heilbehandlungen fallen, d.h. alle therapeutischen Maßnahmen und Eingriffe am Körper eines Menschen, die darauf gerichtet sind, Krankheiten, Leiden, Körperschäden, körperliche Beschwerden oder seelische Störungen nicht krankhafter Natur zu verhüten, zu erkennen, zu heilen oder zu lindern.[600]

Im Folgenden wird daher geprüft, wer bei der PID als Patient in Frage kommt, weil § 630a I BGB dessen medizinische Behandlung voraussetzt.[601] Denkbar erscheinen zum einen der Embryo, weil an seinen Zellen die PID vorgenommen wird, und zum anderen die Wunschmutter. Für diese hat das Ergebnis der PID nämlich insofern Bedeutung, als sie sich regelmäßig nur bei einem negativen Befund zum Transfer des Embryos entscheiden wird.

599 Der Begriff der medizinischen Behandlung iSd. § 630a I BGB umfasst darüber hinaus auch nicht medizinisch indizierte Maßnahmen wie etwa Schönheitsoperationen, BT-Drucks. 17/10488 S. 17; Palandt/*Weidenkaff* Vorb v § 630a BGB Rn. 2.

600 BT-Drucks. 17/10488 S. 17; Laufs/*Kern* Handbuch des Arztrechts § 50 Rn. 3 mwN.; *Olzen/Kubiak* JZ 2013, 495, 498; Palandt/*Weidenkaff* Vorb v § 630a BGB Rn. 2.

601 Vgl. Palandt/*Weidenkaff* § 630a BGB Rn. 2; **a.A.:** Jauernig/*Mansel* § 630a BGB Rn. 3, der davon ausgeht, dass die Legaldefinition des Patienten nur den Vertragspartner und nicht zwingend die Person erfasst, die medizinisch behandelt wird. Hiergegen spricht aber zum einen der natürliche Sprachgebrauch, wonach Patient derjenige ist, der medizinisch behandelt. Auch der Wortlaut des § 630a I BGB spricht gegen diese Auslegung, weil der Behandelnde „die medizinische Behandlung eine**s** Patienten“ und nicht eine**m** Patienten zusagt. Schließlich deutet auch die Begründung zum Patientenrechtegesetz gegen diese Auslegung, weil auch hier von der medizinischen Behandlung eines Patienten und nicht von der Behandlung einer anderen Person die Rede ist, vgl. BT-Drucks. 17/10488 S. 17.

a) Embryo als Patient iSd. § 630a I BGB

Da die PID, wie oben dargestellt[602], an embryonalen Zellen durchgeführt wird, erscheint es nicht ausgeschlossen, dass der Embryo selbst medizinisch behandelt wird und daher Patient iSd. § 630a I BGB ist. Dies setzt allerdings voraus, dass die PID eine medizinische Behandlung des Embryos darstellt.

Legt man die o.g.[603] Definition zugrunde, fällt die Diagnose von Krankheiten, also krankhaften physischen Störungen[604], unter den Behandlungsbegriff des § 630a I BGB. Da die PID darauf abzielt, pathologische Veränderungen der Gene des Kindes aufzuspüren, könnte sie dementsprechend als medizinische Behandlung des Embryos zu qualifizieren sein.

Eine Behandlung iSd. § 630a I BGB setzt jedoch darüber hinaus voraus, dass die Leistung des Behandelnden am Körper eines Menschen erfolgt.[605] Da unter einem Mensch iSd. § 630a I BGB nur natürliche Personen zu verstehen sind[606], und dem extrakorporalen Embryo dieser Status mangels Rechtsfähigkeit iSd. § 1 BGB nicht zukommt, lässt sich die PID nicht als medizinische Behandlung *des Embryos* einordnen.

Hierfür spricht auch, dass es Zweifeln begegnet, die PID - obwohl sie auf die Diagnose einer Krankheit des Kindes gerichtet ist - als medizinische Heilbehandlung des Embryos einzuordnen, weil keine Möglichkeit zur Heilung besteht. Zwar kann auch bei natürlichen Personen die medizinische Behandlung in der bloßen Diagnose einer unheilbaren Krankheit bestehen. Allerdings besteht selbst in einem solchen Fall zumindest noch die Möglichkeit, die Krankheitssymptome durch eine Schmerzbehandlung zu lindern. Bei der PID stellt sich die Situation hingegen anders dar: Sofern die genetische Untersuchung zu einem positiven Befund gelangt, wird der Embryo regelmäßig nicht weiterkultiviert, sodass er stirbt.[607] Wenn die Diagnose aber für den kranken Embryo solch gravierende Auswirkungen hat, erscheint es mit dem Wesen des Behandlungsvertrages unvereinbar,

---

602 Siehe oben S. 34 ff.

603 Siehe oben S. 132.

604 Laufs/*Kern* Handbuch des Arztrechts § 50 Rn. 3 mwN.; Palandt/*Weidenkaff* Vorb v § 630a BGB Rn. 2.

605 BT-Drucks. 17/10488 S. 17.

606 Jauernig/*Mansel* § 630a BGB Rn. 4 f.

607 Siehe zum Vorgehen nach der genetischen Untersuchung oben S. 44 ff.

die Feststellung eines Gendefekts als medizinische Behandlung eines Embryos einzuordnen.

Zusammenfassend lässt sich daher feststellen, dass der Embryo bei der PID jedenfalls nicht Patient ist, weil er nicht iSd. § 630a I BGB medizinisch behandelt wird, sondern seine Zellen lediglich das Untersuchungsobjekt der PID sind.

b) Wunschmutter als Patientin iSd. § 630a I BGB

Möglicherweise stellt die Diagnose von Krankheiten des Embryos bei der PID eine medizinische Behandlung der Wunschmutter dar, sodass sie als Patientin zu qualifizieren wäre. Gegen diese Einordnung spricht auf den ersten Blick, dass § 630a I BGB eine Behandlung des Patienten, d.h. der Wunschmutter und nicht die eines Dritten voraussetzt. Durch die PID soll aber nicht eine eigene krankhafte Veränderung der Frau, sondern die des Embryos ermittelt werden. Es stellt sich daher die Frage, ob ausnahmsweise auch die Diagnose von Krankheiten des extrakorporalen Embryos eine eigene medizinische Behandlung der Wunschmutter darstellen kann, bzw. ob andere Gründe ersichtlich sind, die für eine Qualifikation der PID als Behandlung der Wunschmutter iSd. § 630a I BGB sprechen. Dabei lässt sich nicht von vornherein ausschließen, dass die Einordnung der Wunschmutter als Patientin iSd. § 630a I BGB zum einen möglicherweise davon abhängt, ob das Wunschelternpaar fertil oder infertil ist und zum anderen, ob eine PID nach § 3a II 1 ESchG oder § 3a II 2 ESchG durchgeführt wird. Daher orientiert sich die folgende Darstellung an diesen unterschiedlichen Situationen.

aa) PID bei infertilen Paaren

Sofern das Paar oder ein Partner an Infertilität leidet, dient zumindest die extrakorporale Befruchtung der Behandlung der von der WHO anerkannten Krankheit der ungewollten Kinderlosigkeit.[608] Der Vertrag über die

608 Vgl. *Robert-Koch-Institut* Gesundheitsberichterstattung des Bundes S. 7; eine ungewollte Kinderlosigkeit liegt vor, wenn die Frau trotz regelmäßigem, ungeschützten Geschlechtsverkehrs innerhalb von 24 Monaten nicht schwanger wird, *Robert-Koch-Institut* Gesundheitsberichterstattung des Bundes S. 7.

Befruchtung zielt auf die Linderung einer Krankheit ab und ist daher als medizinische Behandlung iSd. § 630a BGB zu qualifizieren.[609] In Betracht kommt, dass die im Rahmen der Behandlung dieser Krankheit zusätzlich durchgeführte PID in Form des Präimplantationsscreenings nach § 3a II 2 ESchG ebenfalls noch der Behandlung der ungewollten Kinderlosigkeit dient und zwar durch eine Steigerung der Schwangerschaftsrate durch Implantation von genetisch unauffälligen Embryonen. Mittlerweile haben aber mehrere Studien bewiesen, dass das Aneuploidiescreening weder zu einer Steigerung der Schwangerschaftsrate noch zu einer Reduzierung der Abortrate führt und daher keine geeignete Methode zur Behandlung der ungewollten Kinderlosigkeit ist.[610] Zudem würde dies nur die PID nach § 3a II 2 ESchG und nicht die PID nach § 3a II 1 ESchG erfassen. Daraus folgt, dass zwar die extrakorporale Befruchtung, nicht aber die PID bei infertilen Paaren eine medizinische Behandlung der ungewollten Kinderlosigkeit darstellt. Die Frage, ob der Vertrag über die PID dennoch als Behandlungsvertrag iSd. § 630a BGB zu qualifizieren ist, muss also losgelöst von der Fertilität bzw. Infertilität der Partner beantwortet werden.

bb) PID nach § 3a II 2 ESchG

Zweifel an der Einordnung der PID als Behandlung der Wunschmutter ergeben sich zunächst daraus, dass eine medizinische Behandlung iSd. § 630a I BGB am Körper eines Menschen[611] erfolgen muss, die genetische Untersuchung selbst aber außerhalb des Körpers durchgeführt wird.[612] Dies gilt allerdings auch für die IVF[613] sowie das mütterliches Serumscreening bei einer PND. Trotzdem werden die Verträge über die IVF sowie eine PND typologisch als Behandlungsverträge zwischen dem Arzt und der Frau eingeordnet.[614] Bei genauerer Betrachtung wird zudem deut-

609 *Olzen/Kubiak* JZ 2013, 495, 498.

610 *BÄK* Memorandum zur Präimplantationsdiagnostik S. 4 abrufbar unter http://www.bundesaerztekammer.de/downloads/Memorandum-PID_Memorandum_17052011.pdf (zuletzt besucht am 16.04.2013); *Diedrich/Griesinger* Der Gynäkologe 2012, 41, 43, 44.

611 BT-Drucks. 17/10488 S. 17.

612 *Olzen/Kubiak* JZ 2013, 495, 498.

613 *Olzen/Kubiak* JZ 2013, 495, 498.

614 Vgl. Laufs/*Kern* Handbuch des Arztrechts § 38 Rn. 43, 57, allerdings noch zur Rechtslage vor der Kodifikation des Behandlungsvertrages im BGB.

lich, dass die genetische Untersuchung nicht am Körper erfolgt. Allerdings setzt die Durchführung der PID zwingend voraus, dass im Vorfeld der genetischen Untersuchung die Eizellen biopsiert werden, sodass ein Eingriff am Körper der Frau vorliegt. Weiterhin liegt auch insofern eine Maßnahme an ihrem Körper vor, weil ihr der untersuchte Embryo, sofern er genetisch unauffällig ist, implantiert wird.[615] Somit kann diese Hürde überwunden werden. Zu klären bleibt aber nach wie vor, ob die PID überhaupt eine medizinische Behandlung der Frau ist.

Sofern im Vertrag die Durchführung einer PID nach § 3a II 2 ESchG vereinbart wird, die auf die Feststellung einer schwerwiegenden Schädigung des Embryos gerichtet ist, die mit der hohen Wahrscheinlichkeit einer Tot- oder Fehlgeburt einhergeht, bezweckt die PID die Vermeidung von Krankheiten bzw. des Todes der Mutter, sodass sie dem Behandlungsbegriff des § 630a I BGB unterfällt. Bei einem intrauterinen Fruchttod[616] besteht für die Schwangere insbesondere bei zu später Diagnose die Gefahr von zum Teil lebensbedrohlichen Komplikationen, wie z.B. einer Verbrauchskoagulopathie.[617] Die PID nach § 3a II 2 dient daher auch der Vermeidung von Krankheiten der Wunschmutter und stellt somit eine medizinische Behandlung eines Patienten iSd. § 630a I BGB dar.

cc) PID nach § 3a II 1 ESchG

Ebenso wie bei einer PID nach § 3a II 2 ESchG führt auch bei einer Untersuchung nach § 3a II 1 ESchG der Umstand, dass die PID nicht am Körper der Frau erfolgt, nicht dazu, dass eine medizinische Behandlung der Wunschmutter von vornherein ausgeschlossen ist.[618] Schwieriger als bei § 3a II 2 ESchG stellt sich hingegen die Einordnung der PID nach § 3a II 1 ESchG als medizinische Behandlung der Wunschmutter dar. Die genetische Untersuchung nach § 3a II 1 ESchG zielt nämlich darauf ab, festzustellen, ob der Embryo an der aufgrund der genetischen Disposition der Eltern oder eines Elternteils vermuteten Erbkrankheit leidet. Manche dieser vererbbaren Chromosomenstörungen bzw. monogenen Erbkrankhei-

---

615 *Olzen/Kubiak* JZ 2013, 495, 498.

616 Ein intrauteriner Fruchttod liegt vor, wenn der Fötus in der 2. Schwangerschaftshälfte abstirbt *Pschyrembel* „Fruchttod, intrauteriner".

617 *Pschyrembel* „Fruchttod, intrauteriner".

618 Siehe dazu oben S. 135.

ten, wie z.B. das Desbuquois-Syndrom führen häufig schon zum Tod des Kindes während der Schwangerschaft.[619] In diesen Fällen dient die Feststellung, ob das Kind an der vermuteten Erbkrankheit leidet, daher, wie in den Fällen des § 3a II 2 ESchG, zugleich der Vermeidung von Krankheiten der Mutter, die durch den intrauterinen Fruchttod bedingt sind, sodass die PID jedenfalls eine medizinische Behandlung der Mutter darstellt.

Es gibt aber daneben auch schwerwiegende Erbkrankheiten, die nicht mit einem erhöhten Risiko für einen intrauterinen Fruchttod einhergehen. In Betracht kommen hier z.B. Befunde, dass das Kind die genetische Veranlagung für die Muskeldystrophie Typ Duchenne, die erst nach der Geburt des Kindes ausbricht, oder die sich meist erst im dritten bis vierten Lebensjahrzehnt manifestierenden Chorea Huntington aufweist. Fraglich erscheint, ob die PID in diesen Fällen als medizinische Behandlung der Frau iSd. § 630a I BGB zu qualifizieren ist.

Dafür könnte sprechen, dass die Erkennung von Krankheiten ebenfalls dem Begriff der medizinischen Behandlung unterfällt[620] und die PID nach § 3a II 1 ESchG gerade auf eine solche Diagnose abzielt.[621] Allerdings wird durch die PID kein Gendefekt diagnostiziert, der eine schwerwiegende Erbkrankheit der Mutter auslösen kann, sondern nur entsprechende genetische Veränderungen des Embryos. Da aber aufgrund der regelmäßigen Verwerfung des Embryos bereits keine medizinische Behandlung desselben vorliegt[622], stellt sich die Frage, ob allein das Erkennen eines Gendefekts des Embryos eine medizinische Behandlung der Frau darstellt.

Die Einordnung der PID als medizinische Behandlung einer natürlichen Person könnte damit begründet werden, dass die PID eine »Schwangerschaft auf Probe« verhindern und die Frau damit vor einer Abtreibung mit den damit verbundenen gesundheitlichen Komplikationen körperlicher und seelischer Art schützen solle. Zu beachten ist hierbei allerdings, dass bei der Feststellung einer zu einer schwerwiegenden Erbkrankheit führenden genetischen Veränderung im Schwangerschaftsverlauf mittels PND eine Abtreibung nicht immer rechtlich möglich ist, sofern die Empfängnis mehr als 12 Wochen zurückliegt. § 218a II StGB rechtfertigt den Schwangerschaftsabbruch nämlich nicht aufgrund einer Krankheit bzw. Krankheitsanlage des Kindes, sondern kann nur bei Vorliegen einer medizi-

---

619 *Diedrich/Griesinger* Der Gynäkologe 2012, 41, 42, 46.

620 BT-Drucks. 17/10488 S. 17.

621 *Olzen/Kubiak* JZ 2013, 495, 498.

622 Siehe oben S. 133 ff.

nisch-sozialen Indikation vorgenommen werden. Sie muss also die einzige für die Schwangere zumutbare Möglichkeit sein, um eine Gefahr für ihr Leben oder eine schwerwiegende Beeinträchtigung ihres körperlichen o-der seelischen Gesundheitszustands abzuwenden. Diese Gesundheitsge-fahr für die Mutter kann sich zwar grundsätzlich aus einer Erkrankung des Kindes ergeben, allerdings ist dies nicht zwingend. Folglich lässt sich mit-hilfe der PID nach § 3a II 1 ESchG nicht immer ein Schwangerschaftsab-bruch verhindern, sodass die PID mithilfe des o.g. Argumentes jedenfalls nicht generell als medizinische Behandlung der Frau qualifiziert werden kann.

Auch die normalen mit einer Schwangerschaft einhergehenden Risiken müssen außer Betracht bleiben, weil die Frau, die eine PID durchführen lässt, die Schwangerschaft will.

Es müssen also weitere Anknüpfungspunkte gefunden werden, um eine PID nach § 3a II 1 ESchG, unabhängig davon, ob die vermutete Erb-krankheit mit einem erhöhten Risiko für einen intrauterinen Fruchttod verbunden ist, als medizinische Behandlung der Frau einzuordnen.

Für die Annahme einer medizinischen Behandlung der Frau bei einer PID nach § 3a II 1 ESchG spricht, dass sie geeignet ist, dazu beizutragen, die Gefahr zukünftiger physischer und psychischer Gesundheitsschäden der Eltern, die durch die Pflege eines schwerkranken Kindes hervorgeru-fen werden können, zu vermeiden.[623] Diese Schäden körperlicher und see-lischer Art können zum einen aus der Pflege des schwerkranken Kindes[624], aber auch aus dem Entschluss, aufgrund des genetischen Krankheitsrisikos auf eigene Kinder zu verzichten, resultieren. Dass Eltern mit einer ent-sprechenden genetischen Disposition häufig unter einem hohen Leidens-druck stehen, zeigt sich vor allem daran, dass sie - obwohl im Regelfall fertil - die insbesondere für die Frau äußerst belastende extrakorporale Be-fruchtung mit all ihren möglichen Nebenwirkungen in Kauf nehmen[625] Somit dient die PID nach § 3a II 1 ESchG daher selbst in Fällen, in denen kein erhöhtes Risiko eines Fruchttodes besteht, zur Prävention künftiger Krankheiten der Frau aber auch des Mannes, sodass sie insofern jedenfalls auch eine medizinische Behandlung der Frau ist.

623 *Diedrich/Griesinger* Der Gynäkologe 2012, 41, 42.

624 *Diedrich/Griesinger* Der Gynäkologe 2012, 41, 42.

625 Hierzu gehören z.B. das ovarielle Hyperstimulationssyndrom und die mit der operativen Entnahme der Eizellen verbundenen Risiken.

dd) Weitere Gründe für die Einordnung des Vertrages über die PID als Behandlungsvertrag

Weiterhin spricht für die typologische Einordnung der PID nach § 3a II 1 ESchG zum Behandlungsvertrag, dass der Arzt zunächst feststellt, ob überhaupt eine genetische Disposition eines oder beider Elternteile vorliegt. Im Anschluss daran muss er zudem noch das daraus folgende Risiko für eine Tot- oder Fehlgeburt ermitteln. Diese Feststellungen erfordern zunächst eine umfassende (Familien-)Anamnese und entsprechende Untersuchungen der (Wunsch-)Eltern. Insbesondere die Anamnese und die gegebenenfalls erforderlichen Untersuchungen als Teil der Diagnostik sind unerlässlich, um eine Diagnose zu stellen und daher dem Kernbereich ärztlicher Tätigkeit zuzuordnen.[626] Sie stellen somit jedenfalls einen Teil der medizinischen Behandlung eines Patienten dar. Dafür lässt sich auch anführen, dass der Gesetzgeber mit der Normierung des Behandlungsvertrags als Unterfall des Dienstvertrages und dem Verweis in § 630b BGB auf das Dienstvertragsrecht weiterhin an der grundsätzlichen Einordnung des Arztvertrages als nunmehr besonderem Dienstvertrag festhalten und den Anwendungsbereich des früheren Arztvertrages nicht einengen will.[627] Zudem spricht für die Einordnung als Behandlungsvertrag der Vergleich der PID mit ähnlichen Situationen und zwar besonders mit Verträgen über eine PND.[628] Diese Verträge sind ebenso wie die PID - wenn auch in einem späteren Stadium - auf die Erkennung von Schäden des ungeborenen Kindes gerichtet[629] und als Behandlungsverträge[630] anerkannt. Auch die für die PID zwingend notwendige extrakorporale Befruchtung[631], die ebenfalls als Behandlungsvertrag[632] eingeordnet wird, spricht für dieses Ergebnis.

626 Vgl. Laufs/*Kern* Handbuch des Arztrechts § 46 Rn. 1 f.

627 Referentenentwurf des Bundesministeriums der Justiz und des Bundesministeriums für Gesundheit zum Patientenrechtegesetz S. 19 abrufbar unter http://www.bmj.de/SharedDocs/Downloads/DE/pdfs/RefE_Gesetz_zur_Verbesse rung_der_Rechte_von_Patientinnen_und_Patienten.pdf?__blob=publicationFile (zuletzt besucht am 12.3.2013); vgl. auch BT-Drucks. 17/10488 S. 10.

628 *Olzen/Kubiak* JZ 2013, 495, 498.

629 *Olzen/Kubiak* JZ 2013, 495, 498.

630 Vgl. Laufs/*Kern* Handbuch des Arztrechts § 38 Rn. 57 noch zur Rechtslage vor Geltung der §§ 630a ff. BGB.

631 Vgl. Laufs/*Kern* Handbuch des Arztrechts § 38 Rn. 43 noch zur Rechtslage vor Geltung der §§ 630a ff. BGB.

III. Zusammenfassung

Die vorangegangene Untersuchung hat gezeigt, dass der Vertrag über die PID in beiden Fällen des § 3a II ESchG als Behandlungsvertrag iSd. § 630a BGB einzuordnen ist[633], sodass § 280 I BGB die vertragliche Anspruchsgrundlage für Pflichtverletzungen bei fehlerhafter PID bildet.

C. Vertragliche Haftung nach § 280 I 1 BGB

Wie soeben erörtert[634], handelt es sich bei dem Vertrag über eine PID iSd. § 3a ESchG um einen Behandlungsvertrag iSd. § 630a BGB. Da die Vorschriften über den Behandlungsvertrag keine eigenen Gewährleistungsregeln vorsehen, bestimmt sich die Haftung des PID-Zentrums bei Pflichtverletzungen nach §§ 280 ff. BGB. Voraussetzung für eine vertragliche Haftung nach § 280 I 1 BGB sind das Vorliegen eines wirksamen Schuldverhältnisses, eine vom Zentrum zu vertretende Pflichtverletzung sowie ein kausal auf dieser beruhender ersatzfähiger Schaden.

I. Wirksames Schuldverhältnis

Unter den Begriff des Schuldverhältnisses iSd. § 280 I 1 BGB fallen grundsätzlich alle wirksamen[635] vertraglichen und gesetzlichen Schuldverhältnisse.[636] Zweifel an der Wirksamkeit eines Behandlungsvertrages über die PID ergeben sich insbesondere aus der Tatsache, dass die PID aus strafrechtlicher Sicht nur bei Vorliegen der Voraussetzungen des § 3a II ESchG gerechtfertigt ist. Im Folgenden wird daher erörtert, ob das grundsätzliche strafrechtliche Verbot der PID in § 3a I ESchG Auswirkungen auf die zivilrechtliche Wirksamkeit eines PID-Vertrages und damit auch die Haftung bei Pflichtverletzungen hat.

---

632 Vgl. Laufs/*Kern* Handbuch des Arztrechts § 38 Rn. 57 noch zur Rechtslage vor Geltung der §§ 630a ff. BGB.

633 So im Ergebnis auch *Olzen/Kubiak* JZ 2013, 495, 499.

634 Siehe oben S. 128 ff.

635 *Looschelders* Schuldrecht Allgemeiner Teil 11. Aufl. Rn. 554.

636 MünchKomm/*Ernst* § 280 Rn. 6; Staudinger/*Schwarze* § 280 Rn. B5.

1. Wirksamkeit und Inhalt des Behandlungsvertrages über die PID

Grundsätzlich verpflichtet sich der Behandelnde gegenüber seinem Vertragspartner zur genetischen Untersuchung von Zellen des Embryos lege artis. Sofern die PID zum Zweck des Auffindens von aufgrund einer genetischen Disposition eines oder beider Elternteile vermuteten schwerwiegenden Erbkrankheit erfolgt, § 3a II 1 ESchG, darf er nur gezielt nach den hierfür spezifischen Genveränderungen suchen, weil allein diese Untersuchung von der Rechtfertigung nach Satz 1 erfasst ist. Im Rahmen des § 3a II 2 ESchG bildet hingegen ein sog. Aneuploidiescreening den Gegenstand des Vertrages.[637] Hierbei können sich neben meist zu einer Tot- oder Fehlgeburt führenden numerischen Chromosomenaberrationen, wie etwa der Trisomie 16 oder 22[638] auch Trisomien zeigen, die im Regelfall nicht zum Tod des Kindes im Mutterleib führen, wie etwa die Trisomie 21.[639] Inwiefern der Arzt zur Aufklärung über derartige Zusatzbefunde verpflichtet ist, wird weiter unten behandelt.[640]

a) Verstoß gegen § 134 BGB

Problematisch erscheint die Wirksamkeit des Vertrages wegen eines möglichen Verstoßes gegen ein Verbotsgesetz gem. § 134 BGB, sofern sich der Arzt vertraglich zur Durchführung einer PID verpflichtet, die keinem der Rechtfertigungsgründe des § 3a II ESchG unterfällt. Dabei handelt es sich z.B. um Untersuchungen nach schwerwiegenden Erbkrankheiten im Rahmen des § 3a II 1 ESchG, für die keine spezifische genetische Disposition der Eltern besteht.

Zunächst wird daher geprüft, ob § 3a I ESchG als Verbotsgesetz iSd. § 134 BGB zu qualifizieren ist. Sofern dies zutrifft, gilt es anschließend zu erörtern, ob die Vornahme des Rechtsgeschäfts gegen diese Verbotsnorm verstößt. Schließlich stellt sich die Frage, welche Rechtsfolgen ein Verstoß gegen ein Verbotsgesetz iSd. § 134 BGB auslöst.

---

637 Siehe oben S. 99.
638 Vgl. *Vogel* Pathologie S. 519, 520, 532.
639 Vgl. Pschyrembel „Down-Syndrom“.
640 Siehe unten S. 156 ff.

aa) § 3a I ESchG als Verbotsgesetz iSd. § 134 BGB

Verbotsgesetze iSd. § 134 BGB sind gem. Art. 2 EGBGB alle Rechtsnormen, die die Vornahme eines grundsätzlich zulässigen Rechtsgeschäfts aufgrund seines konkreten Inhalts oder der Art und Weise seines Zustandekommens untersagen.[641]

§ 3a I ESchG ist eine Rechtsnorm und damit Gesetz iSd. § 134 BGB. Fraglich erscheint, ob § 3a I ESchG ein Verbot iSd. § 134 BGB zum Abschluss eines Vertrages über eine nicht nach § 3a II ESchG gerechtfertigte PID enthält.

Grundsätzlich stellt ein Behandlungsvertrag iSd. § 630a BGB ein von der Rechtsordnung zugelassenes Rechtsgeschäft dar. Also könnte nur ein Behandlungsvertrag mit dem Inhalt, dass der Arzt eine PID, die nicht einem der Rechtfertigungsgründe des § 3a II ESchG unterfällt, von § 3a I ESchG untersagt sein.

Der Wortlaut des § 3a I ESchG bezieht sich nicht auf den Abschluss eines Behandlungsvertrags, sondern enthält nur ein Verbot der Durchführung entsprechender genetischer Untersuchungen. Da Vertragsschluss und -durchführung aber eng zusammenhängen, könnte § 3a I ESchG trotz des nicht ergiebigen Wortlautes als Verbotsgesetz zu qualifizieren sein. Dies muss durch Auslegung des § 3a I ESchG ermittelt werden, da die Qualifikation einer Norm als Verbotsgesetz nicht zwingend voraussetzt, dass sich das Verbot ausdrücklich aus dem Wortlaut der Norm ergibt.[642]

Erste Anhaltspunkte für die Annahme, dass es sich bei § 3a I ESchG um ein Verbotsgesetz handelt, liefert die systematische Stellung: § 3a I ESchG findet sich im Nebenstrafrecht. Zwar ist nicht jedes strafbewehrte Verbot zugleich als Verbotsgesetz einzuordnen, allerdings sind Straftatbestände im Zweifel zugleich Verbotsgesetze.[643] Endgültige Klarheit über die Frage, ob § 3a I ESchG Verbotsgesetz ist, kann deshalb nur mithilfe des Sinn und Zwecks des § 3a I ESchG erlangt werden. § 3a I ESchG bezweckt den Schutz vor missbräuchlicher - d.h. nicht durch § 3a II ESchG gerechtfertigter - Selektion des menschlichen Lebens anhand genetischer Merkmale[644] durch ein strafbewehrtes Verbot der PID. Dieser Schutz kann nur gewährleistet werden, wenn § 3a I ESchG einen Vertrag, der auf die

641 BeckOK/*Wendtland* § 134 BGB Rn. 9; Hk-BGB/*Dörner* § 134 BGB Rn. 4.

642 Vgl. BGHZ 51, 255, 262; BeckOK/*Wendtland* § 134 BGB Rn. 9.

643 MünchKomm/*Armbrüster* § 134 BGB Rn. 51.

644 Siehe hierzu bereits oben S. 88.

Vornahme einer nicht von § 3a II ESchG gerechtfertigten und damit missbräuchlichen Selektion menschlichen Lebens gerichtet ist, als Vorstufe der Verletzungshandlung untersagt. § 3a I ESchG richtet sich daher gegen den konkreten Inhalt solcher Verträge und ist somit als Verbotsgesetz iSd. § 134 BGB zu qualifizieren.[645]

bb) Verstoß gegen das Verbotsgesetz des § 3a I ESchG

Weiterhin stellt sich die Frage, ob der Vertragsschluss über eine nicht gerechtfertigte PID gegen das Verbotsgesetz des § 3a I ESchG verstößt. Dies setzt bei einer strafrechtlichen Verbotsnorm voraus, dass der Tatbestand des Verbotsgesetzes von beiden Vertragsparteien durch die Abwicklung des Vertrages sowohl objektiv als auch subjektiv erfüllt wird.[646]

Der Arzt, der die PID vornimmt, verwirklicht den Tatbestand des § 3a I ESchG als Täter. Die andere Vertragspartei untersucht die Zellen des Embryos hingegen nicht selbst, sodass eine Täterschaft ausscheidet. Sofern die Frau als Vertragspartner beim Arzt den Tatentschluss zur Vornahme einer iSd. § 3a I ESchG strafbaren PID hervorruft, stiftet sie ihn an und verwirklicht den Straftatbestand daher als Teilnehmer, sodass der Vertrag über die PID gem. § 134 BGB nichtig wäre. Problematisch bleiben Fälle, in denen eine Anstiftung insbesondere wegen eines bereits vorliegenden Tatentschlusses des Täters ausscheidet. Zwar könnte man in Erwägung ziehen, dass der Vertragspartner dem Arzt iSd. § 27 StGB durch Zurverfügungstellung des Embryos Hilfe leistet. Allerdings hat der Arzt aufgrund der extrakorporalen Befruchtung Besitz am Embryo, sodass eine physische Beihilfe ausscheidet. Auch eine psychische Beihilfe[647] durch Bestärken des Tatentschlusses des Arztes wird nur selten vorliegen, weil die bloße Billigung der Tat durch die Frau für ein Hilfeleisten regel-

---

645 Vgl. hierzu auch *Coester-Waltjen* FamRZ 1992, 369, 371; *Deutsch* NJW 1991, 721, 723; Erman/*Palm/Arnold* § 134 Rn. 53 sowie *Frister/Olzen/Sachs* in: Molekulare Medizin in der Frauenheilkunde S. 471, 475 die alle ebenfalls vom Verbotsgesetzcharakter der Strafvorschriften des ESchG allerdings noch vor Einfügung des § 3a ESchG ausgehen.

646 BGHZ 132, 313, 318; BeckOK/*Wendtland* § 134 BGB Rn. 18; vgl. Palandt/*Ellenberger* § 134 BGB Rn. 12a.

647 Zur umstrittenen Frage, ob ein bloßes Bestärken des Tatentschlusses für eine Hilfeleistung iSd. § 27 I StGB genügt, siehe MünchKomm/*Joecks* § 27 StGB ff.

mäßig nicht genügt.[648] Zusammenfassend lässt sich daher festhalten, dass bei einem Vertragsschluss über eine nicht gerechtfertigte PID regelmäßig nur ein einseitiger Verstoß gegen § 3a I ESchG vorliegt, weil die Frau nur ausnahmsweise den Tatbestand des § 3a I ESchG als Teilnehmer erfüllt.

cc) Rechtsfolge des Verstoßes gegen § 3a I ESchG

Sofern nur eine Vertragspartei, wie bei einem Vertrag über eine nicht gerechtfertigte PID regelmäßig der Fall[649], gegen das Verbotsgesetz verstößt, hat dies grundsätzlich die Wirksamkeit des Vertrages zur Folge.[650]

Ein einseitiger Gesetzesverstoß führt nur dann zur Nichtigkeit des Vertrages, wenn der Zweck des Verbotsgesetzes anders nicht erreicht werden kann und die zivilrechtliche Wirksamkeit des Vertrages nicht hinnehmbar erscheint.[651] Dies betrifft Fälle, in denen entweder der vom Verbotsgesetz erstrebte Schutz des Vertragspartners im Vordergrund steht oder der Erfüllungsanspruch auf eine unerlaubte Tätigkeit gerichtet ist.[652] Dass ein Vertrag über eine nicht nach § 3a II ESchG gerechtfertigte PID als Erfüllungsanspruch eine nach § 3a I ESchG verbotene Tätigkeit zum Gegenstand hat, deutet auf die Nichtigkeit des Vertrages hin.

Dagegen ließe sich jedoch anführen, dass der Arzt seine Strafbarkeit vermeiden könnte, indem er die genetische Untersuchung in einem Land durchführt, das die PID zu weitergehenden Zwecken als den in § 3a II ESchG genannten gestattet, und anschließend in Deutschland nur die genetisch unauffälligen Embryonen implantiert.[653] Bei einer solchen Vertragsgestaltung käme eine Nichtigkeit nur in Betracht, wenn die Vornahme der PID im Ausland als Umgehungsgeschäft von der Verbotswirkung des § 3a I ESchG erfasst wäre. Da das ESchG aber nur für Inlandstaten gilt und keine Erweiterung auf Auslandstaten vorsieht, liegt kein nichtiges

---

648 Vgl. BGH NStZ 2002, 139, 139.

649 Siehe oben S. 143.

650 BGHZ 132, 313, 318; BeckOK/*Wendtland* § 134 BGB Rn. 18.

651 BGHZ 132, 313, 318; BGHZ 115, 123, 125; BGHZ 89, 369, 373; BeckOK/*Wendtland* § 134 BGB Rn. 11, 18.

652 BGHZ 89, 369, 373.

653 Zu etwaigen Strafbarkeitsrisiken des Arztes, wenn er dem Paar zur Vornahme der PID im Ausland rät, siehe *Krüger* in: Ein zeitgemäßes Fortpflanzungsmedizingesetz für Deutschland S. 69, 71.

Umgehungsgeschäft vor.[654] Allerdings sprechen das hochrangige Schutzgut des § 3a I ESchG (Schutz vor missbräuchlicher Selektion des menschlichen Lebens), die regelmäßige Kenntnis des Vertragspartners von der Strafbarkeit einer PID nach § 3a I ESchG und die effiziente Unterbindung von genetischen Untersuchungen von Zellen eines Embryos zu anderen als den in § 3a II ESchG genannten Zwecken für eine Nichtigkeit entsprechender Verträge. Nur durch diese Rechtsfolge lässt sich der Schutz vor missbräuchlicher genetischer Selektion gewährleisten.

Ein Vertrag über eine nicht durch § 3a II ESchG gerechtfertigte PID ist daher gem. § 134 BGB nichtig.[655] Mangels eines wirksamen Schuldverhältnisses scheidet daher in diesen Fälle eine vertragliche Haftung des Behandelnden für Pflichtverletzungen aus.

b) Verstoß gegen § 138 BGB

In Betracht kommt zudem eine Nichtigkeit von Behandlungsverträgen über eine nicht nach § 3a II ESchG gerechtfertigte PID wegen Verstoßes gegen die guten Sitten gem. § 138 I BGB. Da § 134 BGB allerdings nach zutreffender herrschender Meinung lex specialis gegenüber § 138 I BGB ist[656], und Behandlungsverträge, die eine nach § 3a I ESchG strafbare Handlung zum Gegenstand haben, gem. § 134 BGB nichtig sind[657], besteht für einen Rückgriff auf § 138 I BGB kein Raum.

---

654 *Vieweg* in: FS Stree/Wessels S. 981, 990 f. und Fn. 47.

655 Für eine Nichtigkeit von Verträgen, die gegen Verbote des ESchG verstoßen, allerdings noch vor Einfügung des § 3a ESchG, ebenfalls LG Köln NJW-RR 2008, 542, 543; *Coester-Waltjen* FamRZ 1992, 369, 371; *Deutsch* NJW 1991, 721, 723; Erman/*Palm/Arnold* § 134 BGB Rn. 53; *Frister/Olzen/Sachs* in: Molekulare Medizin in der Frauenheilkunde, S. 471, 475; Staudinger/*Sack/Seibl* § 134 Rn. 226 bereits zum Entwurf eines Gesetzes über die PID; je nach Verbotsnorm des ESchG differenzierend: *Vieweg* in: FS Stree/Wessels S. 981 ff.

656 BAG NJW 1993, 2701, 2703; BayObLGZ 2000, 301, 308; *Mayer-Maly* in: FS Hefermehl, S. 103, 108; MünchKomm/*Armbrüster* § 134 Rn. 4, § 138 Rn. 4; Staudinger/*Sack/Fischinger* § 138 Rn. 113 mwN., 172, 174; **a.A.**: *Hübner* Allgemeiner Teil Rn. 923.

657 Siehe dazu oben S. 141 ff.

2. Zwischenergebnis

Ein wirksames Schuldverhältnis, das Grundvoraussetzung für einen vertraglichen Schadensersatzanspruch wegen Pflichtverletzungen ist, liegt daher nur vor, wenn der Vertrag eine PID zum Gegenstand hat, die einem der Rechtfertigungsgründe des § 3a II ESchG unterfällt.

II. Pflichtverletzung

1. Allgemeines

Den Haftungsgrund für einen vertraglichen Schadensersatzanspruch stellt die Verletzung einer Pflicht aus dem Schuldverhältnis dar. Deshalb müssen zunächst die den Schuldner treffenden Pflichten herausgearbeitet werden, weil nur so festgestellt werden kann, ob ein eigenes oder dem Schuldner nach § 278 bzw. § 31,89 BGB analog zurechenbares Verhalten objektiv hinter dem durch den Vertrag übernommenen Pflichtenprogramm zurückbleibt.[658] Im Hinblick auf die bei einem Behandlungsvertrag über die PID denkbaren Pflichten und Pflichtverletzungen bietet sich - wie auch sonst im Arzthaftungsrecht aufgrund der unterschiedlichen Beweislast[659] üblich - eine Differenzierung zwischen Behandlungs[660]- und Aufklärungsfehlern an.

2. Behandlungsfehler

Als Anknüpfungspunkt für eine vertragliche Haftung des Arztes kommt zunächst eine Pflichtverletzung in Form eines Behandlungsfehlers des PID-Zentrums in Betracht. Unter einem Behandlungsfehler versteht man ein ärztliches Verhalten, dass der gebotenen Sorgfalt gemessen am Er-

---

658 Vgl. BT-Drucks. 14/6040 S. 135; Staudinger/*Schwarze* § 280 Rn. C1 ff.

659 Zur grundsätzlichen Beweislast bei Aufklärungs- und Behandlungsfehlern sowie etwaigen Beweiserleichterungen vgl. z.B. *Quaas/Zuck* Medizinrecht § 14 Rn. 107 ff.

660 Früher wurde der ärztliche Behandlungsfehler häufig auch als Kunstfehler bezeichnet. Diese Bezeichnung wird aufgrund ihrer negativen Konnotation heute nicht mehr verwendet, Laufs/*Katzenmeier*/Lipp Arztrecht Kap. X Rn. 2.

kenntnisstand der medizinischen Wissenschaft zum Zeitpunkt der Behandlung nicht genügt.[661] Um festzustellen, ob ein konkretes Verhalten die gebotene Sorgfalt unterschreitet, muss zunächst erörtert werden, welche Pflichten das PID-Zentrum treffen und welchem Sorgfaltsmaßstab es unterliegt.

a) Geschuldetes Pflichtenprogramm des PID-Zentrums aus dem Behandlungsvertrag

Bei einem Behandlungsvertrag gem. § 630a BGB schuldet der Behandelnde die versprochene medizinische Behandlung. Was darunter zu verstehen ist, richtet sich nach den Abreden der Parteien im Einzelfall.[662] Da bei Abschluss eines Behandlungsvertrages regelmäßig keine detaillierte Festlegung der ärztlichen Pflichten erfolgt[663], muss der konkrete Vertragsinhalt meist durch Auslegung des mutmaßlichen Parteiwillens ermittelt werden.[664] Der (mutmaßliche) Parteiwille bei einem Behandlungsvertrag über eine PID nach § 3a II 1 ESchG ist auf die Untersuchung, Erkennung und Information des Patienten über die aufgrund der genetischen Disposition der Eltern oder eines Elternteils vermuteten schwerwiegenden Erbkrankheit des Embryos gerichtet. Dies setzt zwingend voraus, dass der Arzt die in Frage kommende Erbkrankheit, sofern dies noch nicht geschehen ist oder Zweifel an der Richtigkeit der Diagnose bestehen, diagnostiziert[665] und den Genort, an dem sich eine entsprechende Veränderung zeigen würde, richtig bestimmt. Vereinbaren die Parteien eine PID nach § 3a II 2 ESchG, besteht die Pflicht zur genetischen Untersuchung und der Diagnose schwerwiegender Schädigungen des Embryos sowie der Unterrichtung der anderen Vertragspartei von dem Befund. Die genetische Untersuchung selbst muss in beiden Fällen nach dem anerkannten Stand der medi-

661 OLG Saarbrücken MedR 1999, 181, 182; *Gehrlein* Kompaktwissen Arzthaftungsrecht S. 17.

662 *Geiß/Greiner* Arzthaftpflichtrecht A Rn. 2.

663 Laufs/*Kern* Handbuch des Arztrechts § 42 Rn. 1.

664 *Geiß/Greiner* Arzthaftpflichtrecht A Rn. 2.

665 Dies wird bei Paaren, die sich zu einer PID nach § 3a II 1 ESchG entschließen, regelmäßig schon erfolgt sein, weil sie sich ohne Kenntnis von der möglichen Erbkrankheit ihrer Abkömmlinge regelmäßig nicht zu einer PID entschlossen hätten.

zinischen Wissenschaft und Technik erfolgen, § 3a II 1 ESchG.[666] Zudem sollte der Arzt zur Vermeidung einer Haftung aufgrund des bei der PID bestehenden Risikos von Fehldiagnosen[667] die Patientin mit konkreten Angaben darüber aufklären, dass sie die Diagnose, sofern eine Schwangerschaft eintritt, gegebenenfalls durch eine PND absichern sollte.[668]

b) Der Sorgfaltsmaßstab

Steht das vertraglich geschuldete Pflichtenprogramm des PID-Zentrums fest, muss in einem zweiten Schritt erörtert werden, ob ein konkretes Verhalten eine Pflicht aus dem Behandlungsvertrag verletzt. Auf Verstöße gegen die in § 630f BGB geregelte Dokumentationspflicht wird nicht gesondert eingegangen, weil sich bzgl. eines Dokumentationsversäumnisses bei der PID keine Abweichungen zu anderen Behandlungen ergeben.[669] Auch mit der reproduktionsmedizinischen Maßnahme verbundene Pflichtverletzungen werden nicht näher thematisiert.

Grundsätzlich richtet sich der Sorgfaltsmaßstab bei einer ärztlichen Behandlung nach dem sog. medizinischen Standard, der in § 630a II BGB als zum Zeitpunkt der Behandlung bestehender, allgemein anerkannter fachlicher Standard beschrieben wird. Speziell bei der PID ist darüber hinaus § 3a II 1 ESchG beachtlich, wonach die genetische Untersuchung nach dem allgemein anerkannten Stand der medizinischen Wissenschaft und Technik erfolgen muss. Diese Regelung geht als lex specialis § 630a II BGB vor. Da aber der in § 3a II 1 ESchG geschilderte Standard gleichbedeutend mit dem des medizinisch-fachwissenschaftlichen iSd. § 630a II BGB ist, ergibt sich hieraus für den geschuldeten Sorgfaltsmaßstab bei der genetischen Untersuchung keine inhaltliche Abweichung von § 630a II BGB.[670] Mangels spezieller Regelung unterliegt ein sich der PID an-

---

666 Zur Geltung dieser Voraussetzung auch bei § 3a II 2 ESchG siehe oben S. 99.

667 *Steinke/Rahner et al.* Präimplantationsdiagnostik S. 46.

668 *Krüger* in: Ein zeitgemäßes Fortpflanzungsmedizingesetz für Deutschland S. 69, 74, 93.

669 Im Gegensatz zu Behandlungs- und Aufklärungsfehlern stellen Dokumentationsversäumnisse keine eigene Anspruchsgrundlage dar, sondern gehen lediglich mit Beweiserleichterungen einher, § 630h III BGB; vgl. auch BGH NJW 1999, 3408, 3409; *Gehrlein* Kompaktwissen Arzthaftungsrecht S. 45. Ausführlich zur Beweislastverteilung bei Dokumentationsfehlern, *Janda* Medizinrecht S. 349 f.

670 *Deutsch/Spickhoff* Medizinrecht Rn. 1117.

schließender Embryotransfer wiederum der Regelung des § 630a II BGB. Auswirkungen hat die gesonderte Beschreibung des geschuldeten Sorgfaltsmaßstabs in § 3a II 1 ESchG allerdings auf die Möglichkeit der Parteien, abweichende Standards zu vereinbaren. So können sie bei einem normalen Behandlungsvertrag auch einen, den anerkannten Standard über- oder unterschreitenden Standard, vereinbaren, § 630a II BGB.[671] Dies gilt allerdings nur bedingt für die PID, weil hier § 3a II 1 ESchG als lex specialis zu § 630a II BGB beachtet werden muss. Danach stellt der allgemein anerkannte Stand der medizinischen Wissenschaft und Technik den nicht zur Parteidisposition stehenden Mindeststandard für die genetische Untersuchung dar. Möglich ist allenfalls die Vereinbarung eines diesen Standard überschreitenden Standards. Dieser festgelegte Standard entscheidet dann auch darüber, ob eine Sorgfaltspflichtverletzung und mithin ein Behandlungsfehler vorliegen. Ohne abweichende Vereinbarung liegt ein Behandlungsfehler nur vor, wenn der Arzt den geschuldeten Standard iSd. § 3a II 1 ESchG unterschreitet. Das Verhalten des Arztes entspricht dem Standard, wenn es dem Stand der naturwissenschaftlichen Erkenntnis und der ärztlichen Erfahrung entspricht, sowie zur Erreichung des Behandlungsziels erforderlich und in der ärztlichen Praxis hinreichend erprobt ist[672], sodass es von einem gewissenhaften, durchschnittlich qualifizierten Arzt des jeweiligen Fachgebietes vorausgesetzt und erwartet werden kann[673], sog. Facharztstandard. Da es sich bei dem Vertrag über eine PID nicht um einen Werk-, sondern einen Behandlungsvertrag handelt, schuldet das Behandlungszentrum keinen Erfolg. Von ihm kann lediglich verlangt werden, dass die angestellten Ärzte nach den im Zeitpunkt der Behandlung allgemein anerkannten fachlichen Standards behandeln[674], soweit nichts anderes vereinbart ist. Erfüllen die Ärzte den Standard nicht, liegt daher ein Behandlungsfehler vor[675], der sich als Pflichtverletzung iSd. § 280 I 1 BGB darstellt.

---

671 BT-Drucks. 17/10488 S. 19 f.

672 BT-Drucks. 17/10488 S. 19.

673 BGH NJW 2000, 2737, 2740; Laufs/*Katzenmeier*/Lipp Arztrecht Kap. X Rn. 7.

674 Vgl. *Gehrlein* Kompaktwissen Arzthaftungsrecht S. 17; *Geiß/Greiner* Arzthaftpflichtrecht A Rn. 3.

675 Anwaltshandbuch Medizinrecht/*Terbille* § 1 Rn. 461; *Katzenmeier* NJW 2013, 817, 818; Laufs/*Katzenmeier*/Lipp Arztrecht Kap. X Rn. 5; *Laufs/Kern* Handbuch des Arztrechts § 97 Rn. 5.

aa) Bestimmung des medizinischen Standards durch Richtlinien, Leitlinien und Empfehlungen

Entscheidend für eine Pflichtverletzung ist daher, ob ein konkretes ärztliches Verhalten den (vereinbarten) Standard unterschreitet. Eine Orientierungshilfe bei der Bestimmung des Standards können dem Arzt sowie dem Sachverständigen im Arzthaftungsprozess Richtlinien[676], Leitlinien[677] sowie Empfehlungen geben.[678]

In ihrem Memorandum zur PID hat die Bundesärztekammer gefordert, dass der medizinische Standard bei der PID durch eine (Muster-)Richtlinie näher bestimmt werden solle.[679] Allerdings findet sich in der PIDV keine Ermächtigungsgrundlage zur Erstellung einer solchen Richtlinie. Auch Leitlinien und Entwürfe zur Durchführung der PID sind bisher noch nicht vorhanden. Überlegen könnte man jedoch, ob man die Richtlinien zur prädiktiven[680] genetischen Diagnostik[681] aufgrund der Ähnlichkeit der geregelten Sachverhalte zumindest analog zur Bestimmung des medizinischen Standards bei der PID heranzieht. Sowohl die prädiktive genetische Diagnostik als auch die PID als Fallgruppe der prädiktiven genetischen Diagnostik werden durchgeführt, um Aussagen über ein bestimmtes Erkrankungsrisiko zu treffen, sodass beide denselben Untersuchungszweck haben.[682] Der Unterschied besteht lediglich darin, dass die PID präimplantiv stattfindet.[683] Gegen eine (analoge) Anwendung der Richtlinie zur prädik-

---

676 Richtlinien der Bundesausschüsse der Ärzte und Krankenkassen geben den medizinischen Standard wieder, BGH GesR 2008, 361, 361.

677 Bei Leitlinien muss jeweils festgestellt werden, ob sie den geltenden medizinischen Standard wiedergeben, BGH GesR 2008, 361, 361.

678 *Metzmacher* Der Schadensausgleich des Probanden im Rahmen klinischer Arzneimittelprüfungen S. 73 f.; zu den Begriffen Richtlinien, Leitlinien und Empfehlungen *Hart* MedR 1998, 8, 11; zur Bestimmung des medizinischen Standards durch Leitlinien *Hart* in: Ärztliche Leitlinien im Medizin- und Gesundheitsrecht S. 85, 85 ff.

679 *BÄK* Memorandum zur Präimplantationsdiagnostik S. 16 abrufbar unter http://www.bundesaerztekammer.de/downloads/PID_Memorandum.pdf (zuletzt besucht am 18.04.2013); vgl. zu den Richtlinien und Leitlinien im Allgemeinen *Deutsch/Spickhoff* Medizinrecht Rn. 362 ff.

680 Prädiktive Gentests zielen darauf ab, eine Vorhersage über das spätere Auftreten einer Krankheit bzw. die Wahrscheinlichkeit ihres Auftretens zu treffen, *BÄK* DÄBl. 2003, A 1297, 1299.

681 *BÄK* DÄBl. 2003, A 1297 ff.

682 *BÄK* DÄBl. 2003, A 1297, 1299.

683 *BÄK* DÄBl. 2003, A 1297, 1299.

tiven genetischen Diagnostik spricht allerdings, dass in der Richtlinie ausdrücklich geregelt ist, dass die PID nicht von ihr erfasst sein soll.[684] Mangels planwidriger Regelungslücke kann sie somit bei der Bestimmung des medizinischen Standards nicht herangezogen werden.

Berücksichtigen muss der Arzt daher nur die Musterrichtlinie zur assistierten Reproduktion von 2006[685], die allerdings ausschließlich auf die zwingend notwendige extrakorporale Befruchtung und nicht auf die genetische Untersuchung an sich Anwendung findet. Sofern die Richtlinie den aktuellen medizinischen Standard wiedergibt[686], liegt daher bei einem Verhalten, das nicht dem der Richtlinie entspricht, ein Behandlungsfehler vor.[687]

bb) Bestimmung des medizinischen Standards im Übrigen

Da es für die genetische Untersuchung iSd. § 3a I ESchG keine Richtlinie, Leitlinie oder Empfehlung gibt, muss die Frage, ob ein Behandlungsfehler vorliegt, danach beantwortet werden, ob das Verhalten des Arztes bei der genetischen Untersuchung und der Diagnosestellung den jeweils geltenden medizinischen Standard unterschreitet. Sofern eine Behandlungsmethode wie die PID erst seit Kurzem angewendet wird, hat sich jedoch noch kein allgemein anerkannter, fachlicher Standard gebildet.[688] In diesem Fall muss das Verhalten des Arztes dem eines vorsichtigen Behandelnden entsprechen.[689]

Eine Pflichtverletzung setzt daher voraus, dass der Arzt nicht nach den zum Zeitpunkt der Behandlung allgemein anerkannten fachlichen Standards diagnostiziert und berät, bzw. sein Verhalten dem eines vorsichtigen Behandelnden widerspricht. Im Arzthaftungsprozess obliegt die Feststellung eines Verstoßes gegen den Standard dem Richter[690], der sich dazu jedoch zwingend der Hilfe eines medizinischen Sachverständigen bedienen

---

684 *BÄK* DÄBl. 2003, A 1297, 1299.

685 *BÄK* DÄBl 2006, A 1392, 1392 ff.

686 Diese Feststellung obliegt im Arzthaftungsprozess dem Richter, der sich dazu zwingend der Hilfe eines medizinischen Sachverständigen bedienen muss.

687 BGH GesR 2008, 361, 361.

688 *Olzen/Kubiak* JZ 2013, 495, 500.

689 BT-Drucks. 17/10488 S. 19; BGHZ 172, 254, 259; ähnlich Laufs/*Katzenmeier*/Lipp Kap. X Rn. 8.

690 *Quaas/Zuck* Medizinrecht § 14 Rn. 71.

muss.[691] Verstöße gegen den medizinischen Standard sind bei der PID insbesondere im Hinblick auf Fehlinterpretationen bei der Auswertung der Befunde sowie auf eine Nichterhebung gebotener Befunde denkbar.

(1) Diagnosefehler

Schwerpunktmäßig stehen bei der PID im engeren Sinne, d.h. bei der genetischen Untersuchung der Zellen des Embryos und nicht bereits bei der zuvor stattfindenden genetischen Diagnostik und Anamnese der Eltern und etwaiger Kinder bzw. bei der extrakorporalen Befruchtung, Diagnosefehler in Rede. Grundsätzlich liegen ein Diagnosefehler und damit ein Behandlungsfehler vor, wenn der Arzt erhobene Befunde fehlerhaft auswertet und daher eine erkennbare Krankheit nicht feststellt.[692] Aufgrund der Tatsache, dass Symptome nicht immer eindeutig sind und – insbesondere bei genetischen Erkrankungen[693] – oft auf eine Vielzahl von Krankheiten hindeuten können, beruht eine falsche Diagnose jedoch nicht zwangsläufig auf einem vorwerfbaren Verhalten des Arztes.[694] Daher wird bei Diagnoseirrtümern nur mit Zurückhaltung ein Behandlungsfehler angenommen[695], und zwar dann, wenn sie nicht mehr vertretbar sind.[696] Trotz des überwiegend angenommenen Beurteilungsspielraums eines Arztes[697] bei der Diagnosestellung führt dies nicht dazu, dass nur eine völlig unvertretbare Diagnose eine Haftung begründet.[698] Ein Behandlungsfehler liegt vor, wenn die Diagnose aus der ex ante Sicht eines gewissenhaften

---

691 BGH NJW 2004, 2011, 2013; BGH NJW 2001, 2791, 2972; *Thurn* MedR 2013, 153, 154.

692 *Gehrlein* Kompaktwissen Arzthaftungsrecht S. 21; *Janda* Medizinrecht S. 323.

693 LG Tübingen Urteil vom 15.03.2006 AZ: 8 O 29/04.

694 BGH VersR 1981, 1033, 1034; Prütting/*Jaeger* Medizinrecht § 823 BGB Rn. 37b; *Steffen/Pauge* Arzthaftungsrecht Rn. 183 mwN; *Tamm* Jura 2008, 881, 885 f.

695 Anwaltshandbuch Medizinrecht/*Terbille* § 1 Rn. 490; *Laufs/Kern* Handbuch des Arztrechts § 98 Rn. 7 mwN.; MünchKomm/*Wagner* § 823 Rn. 755; *Steffen/Pauge* Arzthaftungsrecht Rn. 183 mwN. aus der Rechtsprechung; **a.A.**: Staudinger/*Hager*§ 823 Rn. I25.

696 OLG Hamm VersR 2002, 578, 579; OLG Hamm VersR 2002, 315, 316.

697 OLG Hamm VersR 2002, 578, 579 mwN.; **a.A.**: MünchKomm/*Wagner* § 823 Rn. 755.

698 OLG Hamm VersR 2002, 315, 316; *Steffen/Pauge* Arzthaftungsrecht Rn. 185.

Arztes nicht mehr vertretbar erscheint, die erhobenen Befunde also z.B. nicht mit der gebotenen Sorgfalt interpretiert wurden[699].[700]

Entscheidend für einen Behandlungsfehler ist daher nicht, ob die vom Arzt getroffene Diagnose richtig oder falsch ist, sondern ob der Arzt nach den allgemein anerkannten fachlichen Standards diagnostiziert hat. Sofern der Behandelnde bei der Untersuchung und Diagnosestellung den medizinischen Standard wahrt, begeht er, unabhängig davon, ob die Diagnose objektiv richtig oder falsch ist, keinen Behandlungsfehler und damit auch keine Pflichtverletzung.

(2) Befunderhebungsfehler

Neben Diagnosefehlern können Behandlungsfehler bei der PID typischerweise auch in Form von Befunderhebungsfehlern auftreten. Davon spricht man, wenn der Arzt die Erhebung medizinisch gebotener Befunde unterlässt.[701] Eine weitere Befunderhebung ist immer dann angezeigt, wenn der Patient eindeutige oder zumindest deutliche Symptome einer bestimmten Krankheit aufweist, sodass ein gewissenhafter und durchschnittlich befähigter Arzt weitere diagnostische Verfahren zur Abklärung seiner anfänglichen Verdachtsdiagnose angewendet hätte.[702] Im Zusammenhang mit der PID kann ein Befunderhebungsfehler vor allem im Rahmen des § 3a II 1 ESchG auftreten. Da die § 3a II 1 ESchG unterfallende PID speziell auf eine konkret vermutete Erbkrankheit gerichtet ist, muss der Arzt vor der eigentlichen genetischen Untersuchung der Zellen des Embryos zunächst die vermutete Krankheit richtig diagnostizieren sowie anschließend den Genort, an dem sich ein die Krankheit auslösender genetischer Defekt zeigen würde, zutreffend lokalisieren. Nur dann kann der Arzt bei der genetischen Untersuchung selbst die entsprechenden Befunde erheben, sodass die PID Aussicht auf Erfolg hat. Exemplarisch ist als möglicher Befunderhebungsfehler im Rahmen der PID folgender Sachverhalt zu erwähnen: Aufgrund der genetischen Familienanamnese musste sich einem pflichtgemäß handelnden Arzt der Verdacht einer speziellen Erbkrankheit gera-

699 BGH NJW 1993, 2375, 2377; OLG Köln VersR 2004, 794, 795; OLG Hamm VersR 2002, 315, 316; MünchKomm/*Wagner* § 823 Rn. 755.

700 *Steffen/Pauge* Arzthaftungsrecht Rn. 183.

701 BGH NJW 2011, 1672, 1672 f.

702 BGH NJW 1988, 1513, 1514; *Janda* Medizinrecht S. 322 f.

dezu aufdrängen.[703] Somit wäre er verpflichtet gewesen, ihm durch Erhebung entsprechender Befunde nachzugehen[704], weil nur bei einer richtigen Diagnose der Erbkrankheit die genetische Untersuchung im Hinblick auf die vermutete, monogen bedingte Erbkrankheit Erfolg verspricht. Verkennt der Arzt nun sorgfaltswidrig, dass eine bestimmte Krankheit vorliegen kann und erhebt er daher die gebotenen weiteren Befunde nicht, läge ein Befunderhebungs- und damit ein Behandlungsfehler vor. Dieser Fehler würde dann regelmäßig dazu führen, dass eine entsprechende Suche unterbliebe und somit die Diagnose bei der PID falsch wäre.[705] Aus haftungsrechtlicher Sicht kann ein Befunderhebungsfehler bis hin zur Beweislastumkehr hinsichtlich der haftungsbegründenden Kausalität führen.[706] Dies setzt entweder voraus, dass bereits das Unterlassen der gebotenen Befunderhebung einen groben Fehler darstellt.[707] Das Gleiche gilt, wenn sich bei einem einfachen Befunderhebungsfehler mit hinreichender Wahrscheinlichkeit ein reaktionspflichtiges Ergebnis gezeigt hätte und die Verkennung bzw. Nichtreaktion dieses Befundes grob fehlerhaft wäre[708][709].

3. Aufklärungsfehler

Neben Behandlungsfehlern kann sich eine haftungsbegründende Pflichtverletzung des Behandlungszentrums aus Versäumnissen bei der Selbstbestimmungsaufklärung ergeben. Die Rechtfertigung des durch eine ärztliche Behandlung erfolgenden Eingriffs in das sich aus Art. 1 und 2 GG ergebende Selbstbestimmungsrecht[710] und das Recht auf körperliche Unversehrtheit[711] der Patientin aus Art. 2 II GG setzt voraus, dass sie vorher

703 Vgl. zu einem möglichen Befunderhebungsfehler bei einem genetischen Beratungsvertrag, der anlässlich eines bestehenden Kinderwunsches abgeschlossen wurde, LG Tübingen Urteil vom 15.03.2006 AZ: 8 O 29/04.

704 *Janda* Medizinrecht S. 322.

705 Zum möglichen Schaden der Frau siehe unten S. 202 ff.

706 BGH NJW 2011, 3441, 3441 mwN.

707 BGH NJW-RR 2010, 833, 833; BGHZ 138, 1, 5 f.

708 BGH NJW 2011, 2508, 2508 mwN.

709 BGH NJW 2011, 3441, 3441.

710 BVerfGE 52, 131, 170.

711 BGH NJW 1956, 1106, 1107.

nach Maßgabe des § 630e BGB aufgeklärt wurde.[712] Der Arzt muss den Patienten gem. § 630 e I 1 BGB also mündlich, rechtzeitig und verständlich, § 630e II 1 BGB, über alle für die Einwilligung wesentlichen Umstände aufklären. Dazu zählen gem. § 630e I 2 BGB insbesondere Art, Umfang, Durchführung, zu erwartende Folgen und Risiken der Maßnahme sowie ihre Notwendigkeit, Dringlichkeit, Eignung und Erfolgsaussichten im Hinblick auf die Diagnose oder die Therapie. Nur wenn die Aufklärung den von § 630e BGB genannten Voraussetzungen genügt, kann der Patient wirksam in den ärztlichen Eingriff einwilligen, § 630d I, II BGB (sog. informed consent). Ein Aufklärungsfehler kann somit erst erörtert werden, nachdem feststeht, über welche Umstände der Patient bei einem Behandlungsvertrag, der die Durchführung einer PID zum Gegenstand hat, aufgeklärt werden muss.

a) Aufklärungspflichten bei einem PID-Vertrag

aa) Allgemeines

Vor Inkrafttreten der §§ 630a ff. BGB waren die Aufklärungspflichten bei einem Arztvertrag nicht speziell normiert. Sie wurden aufgrund des regelmäßig bestehenden Informationsdefizites des Patienten jedoch von der Rechtsprechung aus § 241 II BGB oder aus § 242 BGB hergeleitet.[713] Inzwischen bildet § 630e I 1 BGB den Ausgangspunkt für die Frage nach den inhaltlichen Anforderungen an eine Aufklärungspflicht im Hinblick auf die Selbstbestimmungsaufklärung. Danach hat der Behandelnde den Patienten über sämtliche für die Einwilligung wesentlichen Umstände aufzuklären. Regelmäßig sind das die in § 630e I 2 BGB exemplarisch aufgezählten Aspekte.

Für die PID spezifiziert § 3a III 1 Nr. 1 ESchG die geschuldete Aufklärung inhaltlich dahingehend, dass die Aufklärung sich neben den medizinischen auch auf die psychischen und sozialen Folgen der von der Frau gewünschten genetischen Untersuchung von Zellen des Embryos beziehen muss.

---

712 BGH NStZ 2011, 343, 343; BGH NStZ 1996, 34, 34 mwN.; *Janda* Medizinrecht S. 134.

713 Staudinger/*Olzen* § 241 Rn. 469.

Bei einem PID-Vertrag hat der Arzt daher unter anderem über die Durchführung der PID (dreischrittiges Verfahren bestehend aus extrakorporaler Befruchtung, genetischer Untersuchung sowie gegebenenfalls sich anschließendem Embryotransfer), die - wenn auch regelmäßig geringe - Wahrscheinlichkeit einer Fehldiagnose, die mit der Eizellbiopsie und dem Embryotransfer verbundenen Risiken sowie die nur begrenzte genetische Untersuchung auf eine konkrete Erbkrankheit oder bestimmte Aneuploidien aufzuklären, die sich zum einen aus der vertraglichen Vereinbarung, den Grenzen des § 3a II ESchG sowie aus dem Einsatz eines bestimmten genetischen Testverfahrens[714] ergeben können. Außerdem trifft den Arzt nach Abschluss der genetischen Untersuchung grundsätzlich eine Pflicht zur Mitteilung der Diagnose.[715] Diese bildet nämlich die wesentliche Entscheidungsgrundlage für eine selbstbestimmte Entscheidung der Frau im Hinblick auf die Einwilligung zum Embryotransfer.

Entscheidend für die Frage, welche Aufklärungspflichten den Behandelnden im Einzelfall treffen, bleibt jedoch stets die konkrete Behandlungssituation.[716]

bb) Aufklärungspflicht bei Zusatzbefunden

Besonderer Erörterung bedarf, ob den Arzt eine Aufklärungspflicht und damit eine etwaige Haftung für diesbezügliche Fehler im Hinblick auf sog. Zufallsfunde, Zusatzbefunde bzw. Überschussinformationen treffen. Von Zufallsfunden spricht man, wenn bei einer Untersuchung Informationen auftauchen, nach denen unter der diagnostischen Fragestellung nicht gesucht wurde und mit denen man grundsätzlich auch nicht rechnen konnte.[717] Sie kennzeichnen sich also wesentlich durch ihr zufälliges Auftreten.[718] Unter Zusatzbefunden versteht man demgegenüber Befunde, die

---

714 Hierzu oben S. 41.

715 Inwiefern dies auch für die Mitteilung von Zusatzbefunden und für die Mitteilung über eine Konduktoreigenschaft gilt, siehe unten S. 156 ff.

716 BT-Drucks. 17/10488 S. 24.

717 BT-Drucks. 16/12000 S. 99; *EURAT* Eckpunkte für eine Heidelberger Praxis der Ganzgenomsequenzierung S. 65 f.

718 *EURAT* Eckpunkte für eine Heidelberger Praxis der Ganzgenomsequenzierung S. 66.

nicht den Gegenstand der Untersuchung bilden, aber durchaus zu erwarten sind und daher nicht mehr als zufällig bezeichnet werden können.[719]

Bei der PID können Überschussinformationen vornehmlich bei einer Untersuchung nach § 3a II 2 ESchG auftauchen. Hierbei beschränkt sich die Suche - anders als bei § 3a II 1 ESchG - nicht auf einen aufgrund der elterlichen genetischen Disposition vermuteten einzelnen Gendefekt. Stattdessen umfasst das Aneuploidiescreening nach § 3a II 2 ESchG alle mit dem jeweiligen Untersuchungsverfahren[720] erkennbaren möglichen Abweichungen vom diploiden Chromosomensatz.[721] So können z.B. neben mit einer hohen Wahrscheinlichkeit zu einer Tot- oder Fehlgeburt führenden genetischen Veränderungen wie der Trisomie 9 auch mit extrauterinem Leben vereinbare Genommutationen wie die Trisomie 21 (sog. Down-Syndrom) gefunden werden.[722] Die diagnostische Fragestellung umfasst derartige Befunde nicht, allerdings weiß der behandelnde Arzt, dass sich bei einem Aneuploidiescreenig über die diagnostische Fragestellung hinausgehende Befunde zeigen können. Da somit zwar kein konkreter Befund, jedoch Aneuploidien zu erwarten sind, die nicht mit der hohen Wahrscheinlichkeit einer Tot- oder Fehlgeburt einhergehen, kann nicht von einem zufälligen Auftreten derartiger Befunde gesprochen werden. Somit besteht beim Screening nach § 3a II 2 ESchG die Möglichkeit von Zusatzbefunden.

Denkbar erscheinen Zusatzbefunde allerdings auch bei der PID nach § 3a II 1 ESchG, sofern als Untersuchungsverfahren die vergleichende Genom-Hybridisierung angewendet wird. Hierbei zeigen sich nämlich nicht nur der einzelne, aufgrund der elterlichen Disposition vermutete Gendefekt, sondern es werden grundsätzlich alle numerischen sowie unbalancierten strukturellen Chromosomenaberrationen sichtbar.[723] Somit lässt sich zum einen eine genetische Disposition für eine schwerwiegende Erbkrankheit ausmachen, die im Vorfeld nicht vermutet wurde, aber inhaltlich mit § 3a II 1 ESchG zusammenhängt. Zum anderen können aber auch Gendefekte ohne Zusammenhang zu den Rechtfertigungsgründen des § 3a II ESchG zu Tage treten, wie etwa eine genetische Veranlagung für eine

---

719 *EURAT* Eckpunkte für eine Heidelberger Praxis der Ganzgenomsequenzierung S. 66.

720 Zu den verschiedenen Untersuchungsverfahren siehe oben S. 41 f.

721 *Frister/Lehmann* JZ 2012, 659, 663.

722 Vgl. *Frister/Lehmann* JZ 2012, 659, 663; *Olzen/Kubiak* JZ 2013, 495, 500.

723 Ausführlich zur vergleichenden Genom-Hybridisierung siehe oben S. 43.

Erbkrankheit, die weder schwerwiegend iSd. § 3a II 1 ESchG ist noch mit der hohen Wahrscheinlichkeit einer Tot- oder Fehlgeburt einhergeht.

Obwohl durch die Stellungnahme des Deutschen Ethikrats bekannt war, dass bei der PID Zusatzbefunde auftreten können und der Umgang damit bei einer Zulassung der PID »auch mit Blick auf denkbare haftungsrechtliche Konsequenzen unverzichtbar«[724] sei[725], findet sich weder in den Gesetzesentwürfen noch in § 3a ESchG eine Regelung hierzu.[726] Somit muss die Frage nach dem Umgang und der Aufklärung über Zusatzbefunde unter Berücksichtigung der allgemeinen arzthaftungsrechtlichen Grundsätze beantwortet werden.

Problematisch erscheinen im Zusammenhang mit Zusatzbefunden bei der PID aus haftungsrechtlicher Sicht insbesondere die folgenden Fragestellungen, auf die im Weiteren ausführlich eingegangen wird:

- Ist die Erhebung von Zusatzbefunden bei der PID verboten?[727]
- Muss der Arzt bereits im Vorfeld der genetischen Untersuchung über die Möglichkeit von Zusatzbefunden aufklären?[728]
- Trifft den Arzt eine Pflicht zur Aufklärung über diagnostizierte Zusatzbefunde?[729]
- Kann die Frau auf die Aufklärung über diagnostizierte Zusatzbefunde verzichten?[730]
- Inwiefern haftet der Arzt für Untersuchungs- und Diagnosefehler im Zusammenhang mit Zusatzbefunden?[731]

(1) Verbot zur Erhebung von Zusatzbefunden bei der PID

Zusatzbefunde sind bei der PID rechtlich problematisch, weil die PID grundsätzlich nach § 3a I ESchG verboten ist und nur unter den engen Vo-

---

724 *Deutscher Ethikrat* BT-Drucks. 17/5210 S. 32.

725 *Deutscher Ethikrat* BT-Drucks. 17/5210 S. 27, 32.

726 *Deutscher Ethikrat* Die Zukunft der genetischen Diagnostik S. 99 abrufbar unter http://www.ethikrat.org/dateien/pdf/stellungnahme-zukunft-der-genetischen-diagnostik.pdf (zuletzt besucht am 17.9.13); Erbs/Kohlhaas/*Pelchen/Häberle* § 3a ESchG Rn. 9.

727 Hierzu siehe S. 158 f.

728 Ausführlich dazu S. 160 f.

729 Hierzu siehe S. 162.

730 Siehe dazu S. 191.

731 Siehe S. 194 ff.

raussetzungen des § 3a II ESchG durchgeführt werden darf. Da Überschussinformationen nie die ursprüngliche diagnostische Fragestellung betreffen, die Anlass und Berechtigung für die Vornahme der PID war, erscheint es nicht ausgeschlossen, dass der Arzt gem. § 3a I ESchG verpflichtet ist, die Erhebung von Zusatzbefunden zu vermeiden. Dies würde sowohl Zusatzbefunde betreffen, die inhaltlich mit den Rechtfertigungsgründen des § 3a II ESchG zusammenhängen, als auch in besonderem Maße Überschussinformationen, bei denen keine inhaltliche Konnexität zu § 3a II ESchG besteht. Durch ein solches Verbot ließe sich die schwierige Frage, ob der Arzt zur Aufklärung über derartige Zusatzbefunde verpflichtet oder zumindest berechtigt ist, vermeiden. Eine solche Betrachtungsweise würde sowohl zur Rechtssicherheit beitragen als auch den Wertungswiderspruch vermeiden, der bei Annahme einer Aufklärungspflicht über Überschussinformationen und der eng begrenzten Zulassung der PID entstünde. Damit ein solches Verbot zur Erhebung von Zusatzbefunden aus § 3a I ESchG hergeleitet werden kann, müsste die Vermeidung von Zusatzbefunden bei einer PID nach § 3a II ESchG technisch möglich sein. Andernfalls hätte eine solche Verpflichtung des Arztes nämlich zur Folge, dass die PID nie angewendet werden könnte. Dies kann aber vom Gesetzgeber nicht bezweckt sein.

Die Möglichkeit zur Vermeidung von Zusatzbefunden lässt sich bei der Fluoreszenz in situ Hybridisierung durch eine Eingrenzung auf bestimmte Chromosomenpaare zumindest teilweise realisieren. Allerdings besteht auch bei dieser Untersuchungsmethode das Problem, dass die Untersuchung desselben Chromosomenpaares beispielsweise entweder eine tödliche Monosomie 21, die im Zusammenhang § 3a II 2 ESchG steht, oder eine mit § 3a II ESchG nicht zusammenhängende Trisomie 21 zeigen kann, ohne dass eine Eingrenzung der Untersuchung vorher möglich wäre. Auch lassen sich bei Einsatz der wesentlich effektiveren vergleichenden Genomhybridisierung, mit der im Gegensatz zur Fluoreszenz in situ Hybridisierung nicht nur einige wenige, sondern alle numerischen Chromosomenaberrationen identifiziert werden, Zusatzbefunde nicht vermeiden.[732] Schließlich können beim Einsatz der Polymerasen-Kettenreaktion Zusatzbefunde auftreten - wenn auch nur mit relativ geringer Wahrscheinlichkeit –, denen man nicht von vornherein durch eine entsprechende begrenzte Untersuchung entgegentreten kann.

---

732 Zu den verschiedenen Untersuchungsverfahren und ihren Möglichkeiten siehe auch oben S. 41 ff.

Da somit bereits technisch keine Möglichkeit zur Vermeidung von Zusatzbefunden bei der PID besteht[733], kann keine entsprechende Verpflichtung des Arztes aus § 3a I ESchG angenommen werden, weil sonst die begrenzte Zulassung der PID faktisch leer liefe.

(2) Aufklärungspflicht über die Möglichkeit von Zusatzbefunden

Vergleichsweise unproblematisch lässt sich die Frage beantworten, ob den Arzt eine Aufklärungspflicht im Hinblick auf das mögliche Auftreten von Zusatzbefunden bei der PID trifft. Eine wirksame Einwilligung in die PID setzt gem. § 3a III 1 Nr. 1 ESchG voraus, dass die Frau vor der genetischen Untersuchung über die hiermit verbundenen medizinischen, psychischen und sozialen Folgen aufgeklärt wird. Zudem ergibt sich auch aus § 630e I 1 BGB[734] eine Aufklärungspflicht über sämtliche für die Einwilligung in die PID wesentlichen Umstände. Dazu gehört gem. § 630e I 2 BGB die Aufklärung über zu erwartende Folgen der Maßnahme. Da die Möglichkeit von Zusatzbefunden jedenfalls eine medizinisch zu erwartenden Folge der PID darstellt, schuldet der Arzt sowohl aus § 3a III 1 Nr. 1 ESchG als auch aus § 630e I BGB die Aufklärung über die Option von Zusatzbefunden.

Für eine solche Aufklärungspflicht spricht zudem der Vergleich mit der PND und anderen genetischen Untersuchungen nach dem GenDG[735], das für die PID zwar nicht gilt[736], sich aber ebenfalls mit genetischen Untersuchungen befasst. Auch hier trifft den Arzt gem. §§ 8 I, 11 IV GenDG die Pflicht zur Aufklärung über die Möglichkeit von Zusatzbefunden.[737]

Problematisch erscheint speziell bei der PID allerdings Folgendes: Mithilfe der bei der PID verwendeten Testverfahren, und zwar insbesondere beim Einsatz der vergleichenden Genomhybridisierung[738], lassen sich nach aktuellem Wissensstand ca. 6000 genetische Veränderungen feststel-

---

733 Im Ergebnis ebenso *Krüger* in: Ein zeitgemäßes Fortpflanzungsmedizingesetz für Deutschland S. 69, 95.

734 Da es sich beim PID-Vertrag um einen Behandlungsvertrag iSd. § 630a BGB handelt, ist auch § 630e BGB anwendbar, siehe oben S. 132 ff.

735 Zum Umfang der Aufklärung bei Untersuchungen nach dem GenDG siehe *Laufs*/Kern Handbuch des Arztrechts § 129 Rn. 96.

736 Siehe hierzu auch oben S. 72.

737 *Frister/Lehmann* JZ 2012, 659, 664.

738 Siehe zur vergleichenden Genomhybridisierung oben S. 43.

len, die wiederum zu mindestens 3000 genetischen Erkrankungen führen können.[739] Zudem kann der Arzt über das tatsächliche Auftreten und die Schwere all dieser Krankheiten aufgrund der verschiedenen und zum Teil noch unbekannten Penetranz bzw. der im Vorfeld kaum absehbaren Expressivität gar nicht oder nur sehr pauschal aufklären. Zu beachten ist weiterhin, dass im Bereich der genetischen Erkrankungen noch viele Wissenslücken bestehen, die eine umfassende Aufklärung von vornherein ausschließen. Außerdem wäre es zeitlich kaum möglich, die Frau detailliert über alle in Betracht kommenden Zusatzbefunde und die daraus möglicherweise resultierenden Krankheiten, sowie deren Penetranz und deren Expressivität, sofern bekannt, aufzuklären. Dies würde nämlich zu einer so umfassenden Information führen, dass die Frau regelmäßig nicht mehr in der Lage wäre, die für die Einwilligung bedeutenden Umstände zu erkennen; ein Umstand, der der Wirksamkeit ihrer Einwilligung entgegenspräche. Daher genügt im Hinblick auf das mögliche Auftreten von Zusatzbefunden bei der PID eine Aufklärung »im Großen und Ganzen«. Diese könnte etwa durch Beispiele[740] sowie eine Kategorisierung der in Betracht kommenden genetischen Zusatzbefunde in Bezug auf Krankheitsgruppen, die Wahrscheinlichkeit einer Erkrankung, die Behandelbarkeit etc. erfolgen.[741]

Im Ergebnis besteht somit eine vertragliche Pflicht des Arztes zur Aufklärung über die Möglichkeit von Zusatzbefunden[742], allerdings nur »im Großen und Ganzen«.

739 Vgl. *EURAT* Eckpunkte für eine Heidelberger Praxis der Ganzgenomsequenzierung S. 66.

740 Vgl. *EURAT* Eckpunkte für eine Heidelberger Praxis der Ganzgenomsequenzierung S. 66.

741 So auch der Vorschlag des Deutschen Ethikrates zur Aufklärung des Patienten bei einer genetischen Diagnostik zu medizinischen Zwecken nach dem GenDG, *Deutscher Ethikrat* Die Zukunft der genetischen Diagnostik S. 173 f. abrufbar unter http://www.ethikrat.org/dateien/pdf/stellungnahme-zukunft-der-genetischen-diagnostik.pdf (zuletzt besucht am 30.9.2013).

742 So auch *Frister/Lehmann* JZ 2012, 659, 664; *Olzen/Kubiak* JZ 2013, 495, 500.

(3) Aufklärungspflicht über diagnostizierte Zusatzbefunde

Zusatzbefunde können bei der PID bezogen auf die Aufklärungspflicht in zwei Varianten auftreten, nach denen sich auch die folgende Untersuchung gliedert.

Die erste Variante betrifft den Fall, dass die PID nach § 3a II 1 ESchG mittels der vergleichenden Genom-Hybridisierung[743] durchgeführt wird, um eine aufgrund der elterlichen Disposition vermutete, vererbbare strukturelle oder numerische Chromosomenstörung festzustellen, die neben monogenen Erbkrankheiten ebenfalls unter den Begriff der Erbkrankheit iSd. § 3a II 1 ESchG fällt[744]. Da bei der vergleichenden Genomhybridisierung alle Chromosomen untersucht werden, kann in Ausnahmefällen statt der zunächst befürchteten Chromosomenstörung auch eine andere, ebenfalls vererbte, strukturelle oder numerische Chromosomenstörung diagnostiziert werden, die ebenfalls mit dem hohen Risiko einer schwerwiegenden Erbkrankheit einhergeht, nach der jedoch nicht gezielt gesucht wurde, weil die entsprechende genetische Disposition der Eltern oder eines Elternteils bisher nicht bekannt war. Für die Frage nach der Aufklärungspflicht ist in diesem Fall relevant, dass Anlass und Berechtigung für die Vornahme der PID zwar zunächst die aufgrund der festgestellten genetischen Disposition vermutete Erbkrankheit war, dass aber auch eine PID zur Feststellung des Zusatzbefundes nach § 3a II 1 ESchG gerechtfertigt gewesen wäre, wenn die Beteiligten vorher Kenntnis von der entsprechenden elterlichen Veranlagung und dem daraus resultierenden hohen Risiko einer schwerwiegenden Erbkrankheit gehabt hätten.

Insbesondere im Rahmen des § 3a II 2 ESchG kann die genetische Untersuchung ergeben, dass eine numerische oder strukturelle Chromosomenstörung beim Embryo vorliegt, die jedoch keine schwerwiegende Schädigung des Embryos darstellt, weil sie nicht mit der hohen Wahrscheinlichkeit für eine Tot- oder Fehlgeburt einhergeht, sodass kein Zusammenhang zum Rechtfertigungsgrund des § 3a II 2 ESchG besteht. Denkbar ist ein solcher Zusatzbefund zudem bei Einsatz der vergleichenden Genomhybridisierung bei der PID nach § 3a II 1 ESchG, wenn eine nicht vererbte numerische oder strukturelle Chromosomenstörung auffällt. Bei der Frage nach dem Umgang mit derartigen Zusatzbefunden muss also

743 Zu diesem Untersuchungsverfahren siehe oben S. 43.

744 Siehe dazu bereits oben S. 96.

berücksichtigt werden, dass derartige Zusatzbefunde nicht im Zusammenhang mit den Rechtfertigungsgründen des § 3a II ESchG stehen.

(a) Diagnostizierte Zusatzbefunde, die mit dem Rechtfertigungsgrund des § 3a II 1 ESchG zusammenhängen

Im Gegensatz zur Aufklärung vor der PID[745], die in § 3a III 1 Nr. 1 ESchG geregelt ist, enthält das ESchG keine spezielle Regelung für die Aufklärungspflicht des Arztes nach der genetischen Untersuchung aber vor dem Embryotransfer. Den Ausgangspunkt für eine solche Pflicht im Hinblick auf mittels PID diagnostizierter Zusatzbefunde, die mit dem hohen Risiko einer schwerwiegenden Erbkrankheit einhergehen, bilden daher §§ 630d I 1, II, 630e I 1, 2 BGB. Bei der Übertragung des Embryos handelt es sich nämlich um eine medizinische Maßnahme iSd. § 630d I 1 BGB, sodass der Frau - ebenso wie bei der genetischen Untersuchung[746] - vorab grundsätzlich sämtliche für den Eingriff wesentliche Umstände gem. § 630e I 1 BGB mitgeteilt werden müssen[747], (sog. informed consent). Nur so kann sie gem. § 630d II BGB wirksam in den Transfer einwilligen.[748]

Somit ist zu klären, ob auch diagnostizierte Zusatzbefunde, die zwar inhaltlich mit § 3a II 1 ESchG zusammenhängen, nach denen aber aufgrund fehlender Kenntnis einer entsprechenden elterlichen Disposition nicht gesucht wurde, einen für die Einwilligung in den Embryotransfer wesentlichen Umstand iSd. § 630e I 1 BGB darstellen. Dies ist durch Auslegung zu ermitteln.

(aa) Grammatikalische Auslegung

Der Wortlaut der Norm bildet den Ausgangspunkt jeder Gesetzesauslegung.[749] Näherer Erörterung bedarf, ob ein inhaltlich mit § 3a II 1 ESchG zusammenhängender Zusatzbefund einen für die Einwilligung in den Embryotransfer »wesentlichen Umstand« bildet. Unter dem Begriff »we-

745 Siehe hierzu oben S. 160.
746 Vgl. zu den Aufklärungspflichten des Arztes bei der PID im engeren Sinne oben S. 155 und S. 160.
747 *Kubiciel* NStZ 2013, 382, 385.
748 *Kubiciel* NStZ 2013, 382, 385.
749 Siehe dazu oben S. 75.

sentlicher Umstand« könnte man alle Informationen verstehen, die für die Patientin von grundlegender Bedeutung sind, d.h. die sich entscheidend auf die Erteilung oder Verweigerung der Einwilligung in den Embryotransfer auswirken können. Demnach wäre ein inhaltlich mit § 3a II 1 ESchG zusammenhängender Zusatzbefund aufklärungspflichtig, weil die Wunschmutter durch die PID gerade die Implantation eines Embryos vermeiden möchte, der die Veranlagung für irgendeine schwerwiegende Erbkrankheit aufweist. Um welche Krankheit es sich dabei genau handelt, ist für sie hingegen von untergeordneter Bedeutung. Der Wortlaut des § 630e I 1 BGB deutet daher darauf hin, dass auch die Mitteilung eines mit § 3a II 1 ESchG inhaltlich zusammenhängenden Zusatzbefundes für die Einwilligung in den Embryotransfer wesentlich und daher aufklärungspflichtig ist. Da an diesem Ergebnis aber noch Zweifel bestehen, müssen die weiteren Auslegungskriterien herangezogen werden.

(bb) Systematische Auslegung

Möglicherweise lässt sich die Frage, ob der Arzt gem. § 630e I 1 BGB zur Aufklärung über Zusatzbefunde, die die Veranlagung für eine andere als die vermutete, aber ebenfalls schwerwiegende Erbkrankheit betreffen, durch systematische Erwägungen[750] beantworten.

(α) Verhältnis des § 630e I 1 BGB zu den anderen Vorschriften des BGB

Aufschluss über die Bedeutung des Merkmals »wesentliche Umstände« gem. § 630e I 1 BGB liefert möglicherweise § 630e I 2 BGB, der die aufklärungspflichtigen Umstände exemplarisch[751] konkretisiert. Bedeutsam ist insbesondere, dass zu den wesentlichen und damit aufklärungspflichtigen Umständen iSd. § 630e I 1, 2 BGB unter anderem die Diagnoseaufklärung[752], d.h. die Mitteilung des medizinischen Befundes gehört.[753]

---

750 Allgemein zur systematischen Auslegung bereits oben S. 76.

751 BT-Drucks. 17/10488 S. 24.

752 Palandt/*Weidenkaff* § 630e Rn. 2; *Quaas/Zuck* Medizinrecht § 14 Rn. 88 f.

753 Zum Teil noch zur Rechtslage vor Geltung des § 630e BGB, die jedoch auch nach wie vor zu berücksichtigen ist, weil sich die Aufklärungspflicht inhaltlich durch Einfügung des § 630e BGB nicht geändert hat, BVerfG MDR 2005, 559, 560; Anwaltshandbuch Medizinrecht/*Terbille* § 1 Rn. 293; *Katzenmeier* NJW

Hierzu zählt grundsätzlich auch ein Zusatzbefund, da er ebenfalls das Ergebnis einer vorangegangenen Diagnostik ist und zwar unabhängig davon, ob dessen Erhebung nach dem Behandlungsvertrag geschuldet war. Dies deutet auf eine Pflicht des Arztes zur Aufklärung über Zusatzbefunde hin, die eine schwerwiegende Erbkrankheit auslösen können.

Des Weiteren lassen sich möglicherweise aus § 630e III BGB systematische Rückschlüsse über die Pflicht des Arztes zur Mitteilung von Zusatzbefunden ziehen, die die Disposition für eine andere als die vermutete, aber ebenfalls schwerwiegende Erbkrankheit betreffen. Gem. § 630e III BGB bedarf es nur dann ausnahmsweise keiner Aufklärung, soweit diese aufgrund besonderer Umstände entbehrlich ist, insbesondere bei unaufschiebbaren Maßnahmen oder wenn der Patient auf die Aufklärung ausdrücklich verzichtet hat. Da die exemplarisch genannte Notfallbehandlung sowie der Aufklärungsverzicht bei der PID nicht einschlägig sind, wäre die Aufklärung nur bei Vorliegen besonderer Umstände entbehrlich. Hierzu zählen insbesondere Fälle, in denen die Mitteilung der Diagnose für den Patienten erkennbar bedeutungslos ist und der Patient nicht gesondert nachfragt[754] sowie diejenigen des eng begrenzten therapeutischen Privilegs.[755]

Die Mitteilung über eine genetische Veränderung, die zwar zu einer anderen als der ursprünglich vermuteten, aber ebenfalls schwerwiegenden Erbkrankheit führen kann, hat für die Frau erkennbar einen hohen Stellenwert. Dies gilt insbesondere, weil die Kenntnis der Diagnose sich entscheidend auf die Einwilligung der Frau in einen weiteren medizinischen Eingriff, den Embryotransfer, auswirken kann.[756] Auch eine Einschränkung der Aufklärungspflicht bei inhaltlich mit § 3a II 1 ESchG zusammenhängenden Diagnosen aus therapeutischen Gründen scheidet aus. Durch die Mitteilung eines auffälligen Befundes ist jedenfalls grundsätzlich weder eine ernstliche Gefährdung von Leben oder physischer bzw.

2013, 817, 818; *Martis/Winkhart-Martis* Arzthaftungsrecht A 536; *Quaas/Zuck* Medizinrecht § 14 Rn. 89; Staudinger/*Hager* § 823 BGB Rn. I 83; *Wussow* VersR 2002, 1337, 1338 f.

754 *Geiß/Greiner* Arzthaftpflichtrecht C Rn. 82 mwN aus der Rechtsprechung; *Martis/Winkhart-Martis* Arzthaftungsrecht A 570; *Quaas/Zuck* Medizinrecht § 14 Rn. 89.

755 BGHZ 90, 103, 109 f.; 85, 327, 333; *Deutsch/Spickhoff* Medizinrecht Rn. 504 ff.; MünchKomm/*Wagner* § 823 Rn. 831 f. mwN.

756 Siehe bereits oben S. 163.

psychischer Gesundheit der Frau zu befürchten[757], da sie regelmäßig mit einem positiven Befund rechnet, wenn auch in Bezug auf die vermutete Erbkrankheit und nicht auf eine andere ebenfalls schwerwiegende Erbkrankheit. Somit spricht auch das Regel-Ausnahmeverhältnis zwischen § 630e I 1 BGB und § 630e III BGB für eine Aufklärung über Zusatzbefunde.

Schließlich ergibt sich aus § 630c I BGB, dass der Behandlungsvertrag durch ein vertrauensvolles Miteinander gekennzeichnet[758] ist und keinen klassischen Austauschvertrag mit gegenläufigen Interessen[759] darstellt. Dieser Eigenart wird man nur gerecht, wenn man eine Pflicht des Arztes zur Information über diagnostizierte Zusatzbefunde annimmt.

Neben § 630e I 2 BGB folgt auch aus § 630c II 1 BGB eine Pflicht des Arztes zur Information über sämtliche für die Behandlung wesentlichen Umstände, wozu insbesondere auch die Diagnose zählt. Da auch hier keine Beschränkung auf Diagnosen vorgesehen ist, die Antwort auf die ursprüngliche diagnostische Fragestellung liefern, deutet § 630c II 1 BGB ebenfalls auf eine Aufklärungspflicht über Zusatzbefunde hin.

(β) Verhältnis des § 630e I 1 BGB zu den Vorschriften des ESchG und des GenDG

Neben den Vorschriften des BGB könnte der Vergleich mit Vorschriften des ESchG sowie des GenDG Hinweise über die Bedeutung des Merkmals der »wesentlichen Umstände« in § 630e I 1 BGB liefern.

Aus § 4 I Nr. 2 ESchG ergibt sich, dass der extrakorporale Embryo gegenüber der Frau, von der die Eizelle stammt, keinen Schutz genießt, sondern die Entscheidung für oder gegen den Embryotransfer und damit letztlich auch für die Vernichtung des Embryos in ihr freies Ermessen gestellt ist.[760] Dies gilt nicht nur bei einer PID, sondern bei jeder extrakorporalen Befruchtung. Wenn die Zulässigkeit der Entscheidung der Frau über das Schicksal des Embryos aber nicht davon abhängt, ob die Vernichtung des Embryos nach den Wertungen des ESchG eine missbräuchliche Selektion

---

757 Vgl. MünchKomm/*Wagner* § 823 BGB Rn. 831 mwN.

758 BT-Drucks. 17/10488 S. 21; zur Kritik an dieser Vorschrift *Thurn* MedR 2013, 153, 153 f.

759 BVerfG NJW 2011, 47, 47; *Frister/Lehmann* JZ 2012, 659, 664.

760 *Frister/Lehmann* JZ 2012, 659, 664.

darstellt oder wie im Falle des § 3a II ESchG ausnahmsweise gestattet ist, sondern alleine der Frau überlassen ist, die ihre Entscheidung noch nicht einmal begründen muss, deutet § 4 I Nr. 2 ESchG darauf hin, dass Zusatzbefunde aufklärungspflichtige Umstände iSd. § 630e I 1 BGB sind. Dies gilt erst recht, wenn sie inhaltlich mit § 3a II ESchG zusammenhängen, weil die Selektion nach derartigen genetischen Merkmalen dann sogar mit der begrenzten Zulassung der PID vereinbar ist. Anders als beim Schwangerschaftsabbruch gibt es nämlich im ESchG bezogen auf den Embryotransfer keine Begrenzung der Frau auf vom Gesetzgeber gebilligte Motive. Somit ergibt der Vergleich mit § 4 I Nr. 2 ESchG, dass eine Aufklärungspflicht über mit § 3a II ESchG zusammenhängende Zusatzbefunde der Wertung des § 4 I Nr. 2 ESchG nicht widerspricht, sodass diesbezügliche Diagnosen wesentliche und damit aufklärungspflichtige Umstände iSd. § 630e I 1 BGB darstellen.

Weitere Erkenntnisse zu der Frage, ob Zusatzbefunde, die mit § 3a II 1 ESchG vergleichbar sind, wesentlich iSd. § 630e I 1 BGB sind, könnte das GenDG liefern. Zwar ist das GenDG nicht auf die PID anwendbar.[761] Da es sich allerdings mit genetischen Untersuchungen und in § 15 GenDG sogar mit solchen des Embryos bzw. Fötus in vivo befasst, lassen sich aufgrund der Ähnlichkeit der Sachverhalte möglicherweise Rückschlüsse darüber ziehen, ob bei der PID Zusatzbefunde aufklärungspflichtig sind.

Gem. §§ 8, 11 GenDG darf ein Untersuchungsergebnis einer genetischen Untersuchung nur dann nicht mitgeteilt werden, wenn der Patient dies entschieden hat. Hieraus folgt, dass in Fällen, in denen keine gesetzliche Verwendungsbeschränkung besteht, wie etwas bei der PID, im Regelfall eine entsprechende Information der Patientin erfolgen muss.[762]

Dafür, dass Zusatzbefunde bei der PID aufklärungsbedürftige Umstände bei der PID gem. § 630e I 1 BGB darstellen, spricht auch der systematische Vergleich mit § 15 I 2 GenDG. Danach darf der Arzt, der eine nach dem GenDG zulässige genetische Untersuchung vorgenommen hat, der Schwangeren das Geschlecht der Leibesfrucht erst nach Ablauf der 12. Schwangerschaftswoche mitteilen. Im Umkehrschluss ergibt sich somit, dass über alle anderen Befunde der genetischen Untersuchung kein Aufklärungsverbot besteht.[763] Dass sich für die PID ein solches Verbot nicht

---

761 Siehe dazu bereits oben S. 72.

762 *Frister/Lehmann* JZ 2012, 659, 664.

763 Erbs/Kohlhaas/*Pelchen/Häberle* § 3a ESchG Rn. 9.

findet, deutet darauf hin, dass die Aufklärung im Regelfall alle Diagnosen umfasst.

Gegen diesen systematischen Vergleich könnte allerdings sprechen, dass die Situationen bei der PID und der PND zwar ähnlich, aber nicht identisch sind: So führt eine umfassende Aufklärung bei der PND nicht zwingend zum Schwangerschaftsabbruch und damit zur Vernichtung des Embryos. Hierfür müssen nämlich nach Ablauf von 12 Wochen nach der Empfängnis zum einen die engen Voraussetzungen des § 218a II StGB vorliegen. Zum anderen ist es für die Frau selbst bei deren Vorliegen wesentlich schwieriger, sich zur Abtreibung zu entscheiden, weil zwischen ihr und der Leibesfrucht regelmäßig eine deutlich engere Bindung besteht als zu einem extrakorporalen Embryo. Bei der PID führt die Mitteilung eines Zusatzbefundes, der mit den Rechtfertigungsgründen des § 3a II 1 ESchG inhaltlich vergleichbar ist, hingegen fast immer dazu, dass sich die Wunschmutter gegen die Implantation des Embryos entscheidet, sodass dieser abstirbt. Dafür, dass die Situationen bei PID und PND im Hinblick auf schwerwiegende Zusatzbefunde letztlich dennoch vergleichbar sind, sodass § 15 I 2 GenDG systematische Rückschlüsse darauf erlaubt, ob derartige Zusatzbefunde bei der PID wesentliche Umstände iSd. § 630e I 1 BGB darstellen, spricht allerdings Folgendes: Sofern nach einer PID und einem anschließenden Embryotransfer eine Schwangerschaft eintritt, ist es medizinisch angezeigt, die Untersuchungsergebnisse der genetischen Untersuchung des extrakorporalen Embryos durch PND abzusichern.[764] Hierbei zeigen sich dann meist die bei der PID festgestellten Zusatzbefunde. Anders als bei der PID sind diese Zusatzbefunde bei der PND unproblematisch aufklärungspflichtig, weil sie von Relevanz für die Gesundheit des Kindes während bzw. nach der Schwangerschaft sind, § 15 I 1 GenDG. Da Zusatzbefunde, die inhaltlich mit § 3a II 1 ESchG vergleichbar sind, eine genetische Veranlagung des Embryos betreffen, die mit hohem Risiko zu einer schwerwiegenden Erbkrankheit bzw. mit hoher Wahrscheinlichkeit zu einer Tot- oder Fehlgeburt führen werden, liegen, wenn sie während einer Schwangerschaft diagnostiziert werden, im Regelfall die Voraussetzungen für einen Schwangerschaftsabbruch vor.[765] Die-

---

764 *Nationaler Ethikrat* Genetische Diagnostik vor und während der Schwangerschaft S. 32.

765 Auf das Problem, die Voraussetzungen für eine Abtreibung im Vorfeld einer Schwangerschaft sicher festzustellen, weil es hierfür nicht auf die Schädigung des Embryos, sondern auf eine Gefährdung der Frau ankommt, weisen zu Recht *Frister/Lehmann* JZ 2012, 659, 664 hin.

ser kann nach § 218a II StGB zwar nicht auf den Gendefekt des Embryos gestützt werden. Wenn er aber so schwerwiegend ist, dass er aller Voraussicht nach zu einer schwerwiegenden Erbkrankheit oder zu einer Tot- oder Fehlgeburt führen wird, liegt hierdurch meist eine Gefahr für das Leben oder für eine schwerwiegende Beeinträchtigung des körperlichen oder seelischen Gesundheitszustandes der Schwangeren vor, die nur durch die Abtreibung auf zumutbare Weise abgewendet werden kann. Da somit Zusatzbefunde, die mit § 3a II 1 ESchG zusammenhängen, unabhängig davon, ob über sie vor oder erst während der Schwangerschaft aufgeklärt wird, meist zu einer negativen Implantationsentscheidung bzw. zu einer Abtreibung und damit letztlich zur Vernichtung des Embryos bzw. Fötus führen, erscheinen die Situationen bei der PID und der PND bezogen auf schwerwiegende Gendefekte vergleichbar. Der einzige Unterschied besteht meist nur darin, dass die Vernichtung des Embryos bei einer Aufklärung erst nach einer PND zeitlich später erfolgen würde, dafür aber mit umso gravierenden Risiken für die Gesundheit der Schwangeren. Auch das Leid für den Embryo ist bei einer (Spät-)Abtreibung höher als bei einer Vernichtung im frühen Zellstadium, wie bei der PID. Aus § 15 I 2 GenDG lässt sich damit der systematische Rückschluss ziehen, dass mit § 3a II 1 ESchG zusammenhängende Zusatzbefunde bereits bei der PID aufklärungspflichtig sind.

(γ) Ergebnis zur systematischen Auslegung

Die systematische Auslegung deutet ebenso wie die grammatikalische[766] darauf hin, dass Zusatzbefunde, die inhaltlich mit § 3a II 1 ESchG zusammenhängen, einen für die Einwilligung in den Embryotransfer »wesentlichen Umstand« iSd. § 630e I 1 BGB darstellen. Es finden sich nämlich nur Normen, die für eine Aufklärung sprechen, aber nicht solche, die eine gesetzliche Verwendungsbeschränkung für Zusatzbefunde bei der PID beinhalten. Da aber noch nicht alle Zweifel hierüber ausgeräumt sind, muss noch auf die textexternen Auslegungsmethoden zurückgegriffen werden.

766 Siehe dazu oben S. 163.

(cc) Historische und genetische Auslegung

(α) Historische Auslegung

§ 630e I 1 BGB wurde durch das Gesetz zur Verbesserung der Rechte von Patientinnen und Patienten (PatRG) vom 20.02.2013[767] ins BGB eingeführt, welches am 26.02.2013 in Kraft trat. Bis zu diesem Zeitpunkt war der Behandlungsvertrag nicht kodifiziert, sodass eine Vorgängervorschrift zu § 630e BGB fehlt. Allerdings lassen sich eventuell Rückschlüsse für die historische Auslegung aus den bis zum Inkrafttreten des PatRG richterrechtlich entwickelten Grundsätzen zum Arzthaftungsrecht ziehen. Diese bilden nämlich nach den Aussagen des Gesetzgebers die wesentliche Grundlage für die Kodifizierung des PatRG[768], sodass sie bei der historischen Auslegung der §§ 630a ff. BGB herangezogen werden können.[769]

Konkrete Hinweise auf die Bedeutung des für die Einwilligung in den Embryotransfer »wesentlichen Umstand« iSd. § 630e I 1 BGB liefern eventuell die Grundsätze zur Entstehung von außergesetzlichen Aufklärungspflichten. Diese bildeten vor Inkrafttreten der §§ 630a ff. BGB die Basis für die Begründung von ärztlichen Aufklärungspflichten. Sofern also bereits nach diesen Grundsätzen eine Aufklärung über Zusatzbefunde geschuldet gewesen wäre, die inhaltlich mit § 3a II 1 ESchG zusammenhängen, spricht viel dafür, dass es sich jedenfalls um einen wesentlichen Umstand iSd. § 630e I 1 BGB handelt.

Die Entstehung jeder außergesetzlichen Aufklärungspflicht setzt zunächst voraus, dass ein Informationsgefälle zwischen den Parteien besteht, welches für die wissende Partei erkennbar ist.[770] Weiterhin muss die Information für die nichtwissende Partei von besonderer Bedeutung sein, weil sie entweder bereits für den Vertragsschluss oder die Durchführung des Vertrages relevant ist.[771] Zuletzt muss neben einem schutzwürdigen

---

767 BGBl. I, Nr. 9 S. 277.

768 BT-Drucks. 17/10488 S. 9 f., 13; *Katzenmeier* NJW 2013, 817, 817; *Neelmeier* NJW 2013, 2230, 2230; Palandt/*Weidenkaff* Vorb v § 630a Rn. 1.

769 Jauernig/*Mansel* Vorbemerkungen zu §§ 630a-h BGB Rn. 1, 9.

770 MünchKomm/*Bachmann/Roth* § 241 Rn. 141; Staudinger/*Olzen* § 241 BGB Rn. 448 ff.

771 Staudinger/*Olzen* § 241 BGB Rn. 452.

Interesse der nichtwissenden Partei die Mitteilung der Information für die wissende Partei zumutbar sein.[772]

Bei diagnostizierten Zusatzbefunden hat der Arzt aufgrund seiner medizinischen Sachkunde ersichtlich einen Wissensvorsprung gegenüber der Frau, der für ihn offenkundig ist. Auch ist die Information über einen Zusatzbefund, der eine schwerwiegende Erbkrankheit auslösen kann, im Hinblick auf die weitere Durchführung des PID-Vertrages für die Frau von entscheidender Bedeutung, weil sie bei entsprechender Kenntnis meist vom Embryotransfer absehen würde. Zudem wird der von der Frau mit der PID verfolgte Zweck – die Vermeidung der Geburt eines Kindes, das die Veranlagung für *irgend*eine schwerwiegende Erbkrankheit aufweist – bei einer Einschränkung der Aufklärungspflicht unterlaufen. Schließlich führt ein positiver Befund regelmäßig zu einer negativen Implantationsentscheidung und dient damit dem Schutz ihrer körperlichen Unversehrtheit und ihres Selbstbestimmungsrechts sowie ihres Vermögens durch die erhöhten Aufwendungen für ein behindertes Kind.[773] Auch hinsichtlich der Zumutbarkeit der Informationspreisgabe für den Arzt bestehen keine Zweifel. Er weiß, dass entsprechende Befunde auftreten können und hat sich dennoch freiwillig zur Vornahme der PID bereit erklärt, § 3a V 1 ESchG.

Dass der Arzt somit bereits außergesetzlich zur Aufklärung über einen mit § 3a II 1 ESchG zusammenhängenden Zusatzbefund verpflichtet wäre, deutet darauf hin, dann erst recht einen wesentlichen Umstand iSd. § 630e I 1 BGB zu bejahen.

Als weiteres historisches Argument für die Aufklärung über Zusatzbefunde, die inhaltlich mit § 3a II 1 ESchG zusammenhängen, lässt sich ein Urteil des VI. Zivilsenats zur Aufklärungspflicht des Arztes bei Zufallsbefunden heranziehen.[774] Danach darf ein Arzt aufgrund der ihm gegenüber dem Patienten obliegenden Fürsorgepflicht vor Zufallsfunden, die er aus berufsfachlicher Sicht seines Fachbereichs unter Berücksichtigung der in seinem Fachgebiet vorausgesetzten Kenntnisse und Fähigkeiten sowie der Behandlungssituation feststellen musste, nicht die Augen verschließen.[775] Der BGH befasst sich in diesem Urteil zwar nicht mit einer Aufklärungspflicht bei Zusatzbefunden. Allerdings spricht die Annahme einer umfas-

---

772 Staudinger/*Olzen* § 241 BGB Rn. 453 f.

773 Vgl. *Pohlmann* Die Haftung wegen Verletzung von Aufklärungspflichten S. 105.

774 BGHZ 188, 29 ff.

775 BGHZ 188, 29, 35.

senden, über die konkrete Behandlung hinausgehenden Fürsorgepflicht des Arztes bereits bei Zufallsbefunden, bei denen ein entsprechender Befund nicht zu erwarten war, umso mehr für eine Aufklärungspflicht bei bereits festgestellten und grundsätzlich zu erwartenden Zusatzbefunden.

(β) Genetische Auslegung

Entscheidende Hinweise auf den Willen des Gesetzgebers könnten die Gesetzesmaterialien zum PatRG geben. Da sich hier jedoch keine näheren Hinweise im Hinblick auf die Aufklärung über Zusatzbefunde und auch nicht in Bezug auf die Aufklärung bei der PID finden, eignet sich die genetische Auslegung nicht zur Beantwortung der Frage, ob Zusatzbefunde, die inhaltlich mit § 3a II 1 ESchG zusammenhängen, einen für die Einwilligung »wesentlichen Umstand« iSd. § 630e I 1 BGB darstellen.

(γ) Ergebnis zur historischen und genetischen Auslegung

Die beiden historischen Argumente deuten darauf hin, dass es sich bei Zusatzbefunden, die inhaltlich mit § 3a II 1 ESchG zusammenhängen, um einen für die Einwilligung in den Embryotransfer »wesentlichen« und damit aufklärungspflichtigen Umstand handelt. Aus der genetischen Auslegung lassen sich hingegen keine weitergehenden Rückschlüsse auf die Bedeutung des »wesentlichen Umstands« iSd. § 630e I 1 BGB ziehen.

(dd) Teleologische Auslegung

Endgültige Klarheit bzgl. der Frage, ob diagnostizierte Zusatzbefunde, die inhaltlich mit § 3a II 1 ESchG zusammenhängen, einen »wesentlichen Umstand« iSd. § 630e I 1 BGB bilden, kann erst durch die teleologische Auslegung[776] erlangt werden. Es muss also erörtert werden, welche Auslegungsvariante den mutmaßlichen gesetzgeberischen Willen am besten zur Geltung bringt.

---

776 Zur Auslegung nach Sinn und Zweck siehe oben S. 87.

(α) Auslegungsvarianten

Zunächst kann unter einem »wesentlichem Umstand« iSd. § 630e I 1 BGB ein Befund zu verstehen sein, dessen Ermittlung zu den Hauptleistungspflichten des PID-Vertrages nach § 3a II 1 ESchG zählt. Somit wäre ein Zusatzbefund, der zwar inhaltlich mit diesem Rechtfertigungsgrund zusammenhängt, aber nicht den Anlass und die Berechtigung für die Vornahme der PID bildet, kein »wesentlicher Umstand« iSd. § 630e I 1 BGB.

Bei dieser Sichtweise käme die Intention des Gesetzgebers zum Ausdruck, die Qualifizierung als schwerwiegende Erbkrankheit stets von einem entsprechenden Votum der Ethikkommission abhängig zu machen, weil nur so sichergestellt ist, dass eine Kontrollinstanz prüft, ob es sich tatsächlich um eine Veranlagung für eine schwerwiegende Erbkrankheit handelt, sodass die Nichtimplantation keine missbräuchliche Selektion darstellt.

Zum anderen kann der »wesentliche Umstand« iSd. § 630e I 1 BGB derart auszulegen sein, dass hierunter alle Befunde fallen, die für die Implantationsentscheidung von Bedeutung sind, sodass auch ein Zusatzbefund erfasst wäre, der nicht die ursprünglich vermutete, aber eine ebenfalls schwerwiegende Erbkrankheit betrifft. Durch diese Interpretation könnte das Bestreben des Gesetzgebers verwirklicht werden, Wunscheltern die Möglichkeit zu eröffnen, dass sie sich bei der Feststellung einer genetischen Disposition des Embryos für irgendeine schwerwiegende Erbkrankheit für oder gegen die Implantation dieses Embryos entscheiden können.

(β) Vereinbarkeit der Auslegungsvarianten mit den Wertungen des Gesetzgebers

Für die Auslegungsalternative, nach der ein inhaltlich mit § 3a II 1 ESchG zusammenhängender Zusatzbefund einen für die Einwilligung in den Embryotransfer »wesentlichen Umstand« bildet und damit aufklärungspflichtig ist, spricht, dass sich der Gesetzgeber mit der begrenzten Zulassung der PID dafür entschieden hat, dass eine genetische Diagnostik nach § 3a II 1 ESchG, die auf die Erkennung schwerwiegender Erbkrankheiten gerichtet ist, keine missbräuchliche Selektion menschlichen Lebens anhand genetischer Merkmale darstellt und daher vorgenommen werden darf. Sie dient dann nämlich dazu, die Weitergabe von besonders schweren Erkrankungen und den damit verbundenen erheblichen Belastungen für die Familien zu vermeiden.[777] Daher läuft eine Aufklärung über andere zufällig diagnostizierte, aber ebenfalls schwere Erbkrankheiten dem Sinn und Zweck des § 3a II 1 ESchG nicht zuwider. Auch hier soll die Aufklärung Schutz vor schweren Erbkrankheiten und den damit verbundenen familiären Belastungen gewährleisten. Zudem spricht für eine Aufklärungspflicht, dass bei vorheriger Kenntnis der entsprechenden elterlichen Disposition eine PID in Bezug auf die zufällig diagnostizierte Veranlagung ebenfalls hätte vorgenommen werden dürfen, weil bei inhaltlich mit § 3a II 1 ESchG zusammenhängenden Zusatzbefunden die Rechtfertigungsvoraussetzungen des § 3a II 1 ESchG vorgelegen hätten. Dass nur ein positives Votum der Ethikkommission für die Suche nach der ursprünglich vermuteten Erbkrankheit, aber nicht in Bezug auf die diagnostizierte Veranlagung vorliegt, rechtfertigt nicht das Verschweigen dieses Zusatzbefundes. Bei vorheriger Kenntnis der entsprechenden elterlichen genetischen Veranlagung hätte die Ethikkommission nämlich eine zustimmende Beurteilung gem. § 6 IV 1 PIDV erteilen müssen.[778]

(γ) Ergebnis der teleologischen Auslegung

Die teleologische Auslegung hat ergeben, dass Zusatzbefunde, die inhaltlich mit § 3a II 1 ESchG zusammenhängen, d.h. die Veranlagung für eine andere als die vermutete, aber ebenfalls schwerwiegende Erbkrankheit betreffen, einen für die Einwilligung in den Embryotransfer »wesentlichen Umstand« iSd. § 630e I 1 BGB bilden.

(ee) Gesamtergebnis zur Auslegung

Zusammenfassend lässt sich festhalten, dass Zusatzbefunde, die im Zusammenhang mit dem Rechtfertigungsgrund des § 3a ESchG stehen, als »wesentlicher Umstand« iSd. § 630e I 1 BGB zu qualifizieren sind. Daher trifft den Arzt bei einer PID, deren Vornahme nach § 3a II 1 ESchG ge-

777 Vgl. BT-Drucks. 17/5451 S. 2.
778 Vgl. *Duttge* ZStW 2013, 647, 654.

rechtfertigt ist, eine Pflicht zur Aufklärung über derartige Zusatzbefunde.[779]

(b) Diagnostizierte Zusatzbefunde, die nicht im Zusammenhang mit den Rechtfertigungsgründen des § 3a II ESchG stehen

Ein weiteres Problemfeld betrifft die Frage, ob die Aufklärungspflicht des Arztes[780] auch für Zusatzbefunde besteht, die nicht mit dem Grund vergleichbar sind, der eine PID gem. § 3a II ESchG rechtfertigt.[781]

Zweifel hieran ergeben sich, weil ein von Anfang an auf die Untersuchung einer derartigen genetischen Dispositionen des Embryos gerichteter Behandlungsvertrag mangels Rechtfertigung nach § 3a II ESchG gem. § 134 BGB iVm. § 3a I ESchG nichtig wäre.[782] Zudem würde durch die Mitteilung eines derartigen Zusatzbefundes die begrenzte Zulassung der PID auf die in § 3a II ESchG genannten Gründe konterkariert.[783]

Ob daher, ebenso wie bei diagnostizierten Zusatzbefunden, die im Zusammenhang mit § 3a II ESchG stehen, auch bei Überschussinformationen ohne inhaltlichen Bezug zu den Rechtfertigungsgründen des § 3a II ESchG eine Aufklärungspflicht des Arztes besteht, muss daher ebenfalls durch Auslegung des § 630e I 1 BGB ermittelt werden.

(aa) Grammatikalische Auslegung

Im Rahmen der Auslegung stellt sich zunächst die Frage, ob Überschussinformationen, die nicht mit den Rechtfertigungsgründen des § 3a II ESchG inhaltlich zusammenhängen, dem Wortlaut[784] nach einen wesentli-

779 Im Ergebnis wie hier Erbs/Kohlhaas/*Pelchen/Häberle* § 3a ESchG Rn. 9; Günther/Taupitz/Kaiser ESchG § 3a Rn. 59; Kubiciel NStZ 2013, 382, 386; *Lee* Die aktuellen juristischen Entwicklungen in der PID und Stammzellforschung in Deutschland S. 79; **a.A.:** *Schroth* ZStW 2013, 627, 637, der annimmt, dass eine Aufklärung das Recht auf Nichtwissen verletze, ohne zu erörtern, ob dies dem Embryo zusteht und zu einer Einschränkung des Selbstbestimmungsrechts der Frau führen kann.

780 Siehe hierzu bereits oben S. 162 ff.

781 *Kubiciel* NStZ 2013, 382, 385.

782 Siehe oben S. 141 ff.

783 *Frister/Lehmann* JZ 2012, 659, 664.

784 Ausführlich zur Wortlautauslegung siehe oben S. 75.

chen Umstand gem. § 630e I 1 BGB bilden. Wie soeben erwähnt[785], sind solche Umstände iSd. § 630e I 1 BGB wesentlich, die die Entscheidung der Frau für oder gegen den Embryotransfer beeinflussen können. Ebenso wie Zusatzbefunde, die inhaltlich mit den Rechtfertigungsgründen des § 3a II ESchG zusammenhängen, wirken sich auch Überschussinformationen, die krankhafte genetische Veränderungen des Embryos betreffen, selbst dann, wenn sie nicht so schwerwiegend sind wie die in § 3a II ESchG genannten, normalerweise entscheidend auf die Einwilligung der Frau in den Embryotransfer aus. Zwar möchte sie in erster Linie eine Tot- oder Fehlgeburt vermeiden oder die Geburt eines Kindes, dass die Veranlagung für eine schwerwiegende Erbkrankheit aufweist. Allerdings wird die Mitteilung anderer genetischer Veränderungen, die ebenfalls Behinderungen des Kindes auslösen können, meist ebenfalls dazu führen, dass die Frau den Embryotransfer ablehnt. Somit deutet die grammatikalische Auslegung darauf hin, dass Zusatzbefunde, die inhaltlich nicht mit den Rechtfertigungsgründen zusammenhängen, für die Einwilligung in den Embryotransfer wesentlich und damit aufklärungspflichtig sind. Eindeutig erscheint das Ergebnis jedoch nicht.

(bb) Systematische Auslegung

Mehr Aufschluss in Bezug auf die Aufklärungspflicht über Zusatzbefunde könnte die systematische Auslegung[786] liefern.

(α) Verhältnis des § 630e I 1 BGB zu den anderen Vorschriften des BGB

Bezogen auf Zusatzbefunde, die inhaltlich nicht mit den Rechtfertigungsgründen des § 3a II ESchG zusammenhängen, folgen systematische Rückschlüsse bzgl. der Aufklärungspflicht möglicherweise sowohl aus § 630e I 2, III BGB als auch aus § 134 BGB.

---

785 Siehe oben S. 163.

786 Näher zur systematischen Auslegung siehe oben S. 76.

(αα) Verhältnis des § 630e I 1 BGB zu § 630e I 2 BGB

Wie bereits oben erwähnt, ergibt sich aus § 630e I 2 BGB, dass die Diagnose, also auch ein Zusatzbefund, im Regelfall zu den wesentlichen Umständen iSd. § 630e I 1 BGB zählt und damit aufklärungspflichtig ist.[787] Eine Beschränkung der Aufklärungspflicht auf Diagnosen, die Antwort auf die diagnostische Fragestellung geben, die Anlass für die Untersuchung war, ergibt sich hingegen nicht aus § 630e I 2 BGB. Somit deutet der systematische Vergleich mit § 630e I 2 BGB darauf hin, dass Zusatzbefunde, da sie zugleich Diagnosen sind, wesentliche Umstände iSd. § 630e I 1 BGB bilden.

(ββ) Verhältnis des § 630e I 1 BGB zu § 630e III BGB

Weitere Erkenntnisse zur Aufklärungspflicht über Zusatzbefunde könnte § 630e III BGB liefern. Damit es der Aufklärung ungeachtet eines an sich für die Einwilligung wesentlichen Umstandes iSd. § 630e I 1 BGB nicht bedarf, müssten gem. § 630e III BGB besondere Umstände vorliegen. Im Gegensatz zu Zusatzbefunden, die genetische Veränderungen betreffen, die mit den Rechtfertigungsgründen des § 3a II ESchG inhaltlich vergleichbar sind[788], könnten sich diese besonderen Umstände im Hinblick auf Überschussinformationen, die mit § 3a II ESchG nicht zusammenhängen, aus folgendem Gesichtspunkt ergeben: Durch die begrenzte Zulassung der PID soll der Frau die Möglichkeit eröffnet werden, eine Schwangerschaft zu vermeiden, bei der eine hohe Wahrscheinlichkeit für eine Tot- oder Fehlgeburt droht oder die aller Voraussicht nach zur Geburt eines Kindes führen wird, das ein hohes Risiko für eine schwerwiegende Erbkrankheit aufweist. Die Geburt von Kindern, die zwar ebenfalls krankhafte genetische Veränderungen aufweisen, die allerdings weniger gravierende Folgen haben, soll hingegen mit der begrenzten Zulassung der PID nicht verhindert werden. Gegen die Annahme, dass es sich hierbei um einen besonderen Umstand iSd. § 630e III BGB handelt, der die Aufklärung entbehrlich macht, spricht jedoch der Vergleich mit den anderen in § 630e

787 Siehe oben S. 164.
788 Vgl. hierzu oben S. 164.

III BGB genannten Fällen sowie den sonstigen Fallgruppen[789], in denen die Nichtaufklärung anerkannt ist. Diesen ist nämlich allen gemeinsam, dass die Nichtaufklärung dem Wohl des Aufklärungsadressaten dient. Die Nichtaufklärung über Zusatzbefunde, die inhaltlich nicht mit den Rechtfertigungsgründen des § 3a II ESchG zusammenhängen, kann hingegen nicht als Maßnahme zum Schutz der Wunschmutter angesehen werden. Ihr drohen in diesem Fall nämlich seelische und körperliche Belastungen, die durch die Betreuung eines behinderten Kindes entstehen bzw. durch einen Schwangerschaftsabbruch, falls die genetische Veränderung noch mittels PND erkannt wird und die Voraussetzungen für eine Abtreibung nach § 218a StGB gegeben sind. Für diese enge Auslegung der besonderen Umstände iSd. § 630e III BGB spricht zudem, dass die umfassende Selbstbestimmungsaufklärung gem. § 630e I BGB beim Behandlungsvertrag die Regel ist, während die Nichtaufklärung nur ausnahmsweise gestattet ist, sodass keine extensive Auslegung der besonderen Umstände iSd. § 630e III BGB in Betracht kommt. Außerdem lässt sich aus § 630e III BGB kein Verbot über die Aufklärung entnehmen, weil die Nichtaufklärung wegen des Vorliegens besonderer Umstände im Ermessen des Arztes liegt. Somit ergibt sich aus § 630e III BGB kein Hinweis darauf, dass der Arzt nicht über diagnostizierte Zusatzbefunde aufklären darf, die nicht mit den Rechtfertigungsgründen des § 3a II ESchG inhaltlich zusammenhängen.

(γγ) Verhältnis des § 630e I 1 BGB zu § 630c I, II 1 BGB

Ebenso wie bei Zusatzbefunden, die mit § 3a II ESchG zusammenhängen[790], deutet § 630c I BGB auf eine Aufklärungspflicht über Überschussinformationen hin, die nicht mit § 3a II ESchG vergleichbar sind, weil andernfalls das für eine Zusammenarbeit von Arzt und Frau erforderliche Vertrauen zerstört wäre. Dasselbe ergibt sich aus § 630c II 1 BGB, der keine Ausnahmen von der Informationspflicht über die Diagnose bei Zusatzbefunden vorsieht.[791]

789 BGHZ 90, 103, 109 f.; BGHZ 85, 327, 333; *Geiß/Greiner* Arzthaftpflichtrecht C Rn. 82 mwN aus der Rechtsprechung. Zur Berücksichtigung der Rechtsprechung, die vor Inkrafttreten des PatRG bei der Auslegung der §§ 630a ff. BGB siehe oben S. 170.

790 Siehe oben S. 164.

791 Hierzu oben S. 164.

(δδ) Verhältnis des § 630e I 1 BGB zu § 134 BGB

Für ein Aufklärungsverbot über Zusatzbefunde, die nicht mit den Rechtfertigungsgründen des § 3a II ESchG vergleichbar sind, könnte ein systematischer Vergleich mit § 134 BGB sprechen. Eine PID, mit der genetische Befunde erhoben werden sollen, die nicht zu einer schwerwiegenden Erbkrankheit oder zu einer Tot- oder Fehlgeburt führen können, kann gem. § 134 BGB iVm. § 3a I ESchG nicht Gegenstand einer wirksamen Parteivereinbarung sein.[792] Dies hat zur Folge, dass wegen der Nichtigkeit des Behandlungsvertrages keine Pflichten nach §§ 630a ff. BGB entstehen und damit auch keine Aufklärungspflicht nach § 630e I 1 BGB. Ob dies allerdings zum Ausschluss der Aufklärung über nicht mit § 3a II ESchG zusammenhängende Zusatzbefunde bei einem PID-Vertrag führt, der deshalb wirksam ist, weil die Durchführung der genetischen Untersuchung durch Vorliegen der Voraussetzungen des § 3a II ESchG gerechtfertigt ist, erscheint fraglich. Hierfür spricht auf der einen Seite, dass sich Zusatzbefunde, die nicht mit dem Grund zusammenhängen, der die Vornahme der PID rechtfertigt, insbesondere beim Aneuploidiescreening, nicht vermeiden lassen.[793] Ein Aufklärungsverbot über derartige Zusatzbefunde ist daher die einzige Möglichkeit, um sicherzustellen, dass die Frau über den Umweg einer gerechtfertigten PID im Ergebnis nicht doch Informationen erhält, auf deren Erhebung sie wegen des Verbots des § 3a I ESchG keinen Anspruch begründen könnte. Zudem stellt nur ein Aufklärungsverbot sicher, dass durch eine PID nach § 3a II 2 ESchG nur Tot- oder Fehlgeburten vermieden werden, wie vom Gesetzgeber mit der begrenzten Zulassung der PID bezweckt, und nicht auch die Geburt von Kindern, die etwa aufgrund einer Aneuploidie an einer Behinderung leiden.

Auf der anderen Seite muss berücksichtigt werden, dass weder die Vereinbarung der Parteien über die Vornahme der PID, noch die Durchführung der genetischen Untersuchung, und zwar sogar in Bezug auf Zusatzbefunde bei einer durch § 3a II ESchG gerechtfertigten PID, gegen das gesetzliche Verbot des § 3a I ESchG verstößt, sofern die Erhebung von Zusatzbefunden bei der Suche nach der genetischen Veränderung, die die PID gem. § 3a II ESchG rechtfertigt, unvermeidbar ist.[794] Zudem entstehen regelmäßig nur bei einem Vertrag, der gegen ein gesetzliches Verbot

792 Siehe dazu oben S. 141 ff.
793 Siehe dazu oben S. 158.
794 Siehe dazu oben S. 158.

verstößt, keine Pflichten aus diesem Vertrag. Sofern der Vertrag aber wirksam ist, weil weder die Umstände des Vertragsschlusses noch sein Inhalt, also die Durchführung der genetischen Untersuchung § 3a I ESchG verletzten, gibt es an sich keinen Grund für die Rechtsfolge der Nichtigkeit, was zur Folge hätte, dass keine Aufklärungspflicht des Arztes bestünde. In Betracht kommt allerdings, dass selbst ein PID-Vertrag, bei dem die Durchführung der genetischen Untersuchung durch § 3a II ESchG gerechtfertigt ist, dennoch seinem Inhalt nach gegen § 3a I ESchG verstößt, sofern die Parteien für die Offenlegung von Zusatzbefunde, die nicht mit § 3a II ESchG zusammenhängen, keine von § 630e I 1 BGB abweichende Regelung treffen, wonach grundsätzlich alle Diagnosen mitzuteilen sind. Da § 3a I ESchG dem Wortlaut allerdings nur genetische Untersuchungen von Zellen eines Embryos verbietet, die nicht unter § 3a II ESchG fallen und sich nicht auf die Aufklärung nach einer PID bezieht, kann den Parteien des Behandlungsvertrages bei einer durch § 3a II ESchG gerechtfertigten PID nicht vorgeworfen werden, dass sie die Aufklärungspflicht über Zusatzbefunde nicht von § 630e I 1 BGB abweichend geregelt und daher gegen § 134 BGB iVm. § 3a I ESchG verstoßen haben.

Aus § 134 BGB iVm. § 3a I ESchG lassen sich somit keine klaren Rückschlüsse ziehen, ob Zusatzbefunde, deren alleinige Erhebung nicht wirksam vereinbart werden kann, bei einem wirksamen PID-Vertrag wesentliche Umstände iSd. § 630e I 1 BGB mit der Folge einer Aufklärungspflicht darstellen.

(β) Verhältnis des § 630e I 1 BGB zu den Vorschriften des ESchG sowie des GenDG

Wie bei Zusatzbefunden, die mit § 3a II ESchG inhaltlich zusammenhängen[795], könnten sich aus § 4 I Nr. 2 ESchG ebenfalls systematische Rückschlüsse hinsichtlich der Aufklärung über Überschussinformationen ergeben, die mit den Rechtfertigungsgründen des § 3a II ESchG nicht vergleichbar sind. Gem. § 4 I Nr. 2 ESchG kann die Frau einen Embryotransfer immer ablehnen und zwar ohne jede Beschränkung. Somit stellt selbst die Mitteilung einer Diagnose, die nicht im Zusammenhang mit § 3a II ESchG steht, keine unzulässige Beeinflussung in ihrer Entscheidung bezüglich des Embryos dar. Der Gesetzgeber unterscheidet beim Entschluss

795 Siehe hierzu oben S. 164.

für oder gegen den Embryotransfer nämlich, anders als beim Schwangerschaftsabbruch, nicht zwischen billigenswerten und nicht billigenswerten Motiven. Deshalb spricht die Wertung aus § 4 I Nr. 2 ESchG nicht dagegen, die Frau durch die Mitteilung eines nicht mit § 3a II ESchG zusammenhängenden Befundes in ihrer Entscheidungsfindung zu beeinflussen.

Wie bereits festgestellt, deutet der Vergleich mit § 8, 11, 15 I 2 GenDG auf eine Aufklärungspflicht über mit § 3a II 1 ESchG vergleichbare Zusatzbefunde bei der PID hin.[796] Dass dies ebenfalls für im Rahmen eines wirksamen PID-Vertrages aufgetretene Zusatzbefunde gilt, die mit den in § 3a II ESchG genannten genetischen Defekten nicht vergleichbar sind, legt § 15 I 2 GenDG nahe. Aus dem Umkehrschluss aus § 15 I 2 GenDG folgt, dass alle Befunde, die durch eine nach § 15 I 1 GenDG zulässige PND festgestellt wurden, nicht dem Aufklärungsverbot des § 15 I 2 GenDG unterliegen. Somit lässt der Vergleich der PID mit § 15 I 2 GenDG darauf schließen, dass die Aufklärung über Zusatzbefunde bei der PID nicht verboten ist, sofern sie durch eine nach § 3a II ESchG gerechtfertigte PID erkannt werden, und zwar unabhängig davon, ob sie mit § 3a II ESchG vergleichbar sind.

Dieses systematische Argument kann allerdings nur berücksichtigt werden, wenn die Situationen bei der PID und der PND auch im Hinblick auf Zusatzbefunde, die nicht mit § 3a II ESchG zusammenhängen, vergleichbar sind. Hiergegen könnte jedoch folgender Aspekt sprechen: Zusatzbefunde bei der PID, die inhaltlich mit § 3a II 1 ESchG zusammenhängen, sind, wenn sie erst während einer Schwangerschaft erkannt werden, regelmäßig dazu geeignet, eine Abtreibung nach § 218a II StGB zu rechtfertigen.[797] Aufgrund der Schwere der krankhaften genetischen Veränderung des Embryos besteht nämlich meist eine Gefahr für das Leben oder zumindest für eine schwerwiegende Beeinträchtigung des seelischen oder körperlichen Gesundheitszustands der Schwangeren. Somit droht dem Embryo unabhängig davon, ob sein Gendefekt vor oder erst während der Schwangerschaft erkannt wird, die Vernichtung, sodass letztlich eine Aufklärung vor der Schwangerschaft schonender erscheint und deshalb geboten ist. Zusatzbefunde, die nicht mit § 3a II ESchG vergleichbar sind, rechtfertigen, wenn sie erst während einer Schwangerschaft diagnostiziert werden, hingegen nicht regelmäßig einen Schwangerschaftsabbruch nach § 218a II StGB. Je weniger schwerwiegend die genetische Schädigung des

796 Siehe hierzu oben S. 164.
797 Siehe dazu oben S. 164.

Embryos ist, desto schwieriger ist es für die Frau nachzuweisen, dass ihr durch die Geburt des Kindes schwerwiegende Beeinträchtigungen ihres seelischen und/oder körperlichen Gesundheitszustandes drohen. Insbesondere bei genetischen Schädigungen, die nur geringfügige gesundheitliche Beeinträchtigungen des Kindes hervorrufen können, liegt regelmäßig keine Gefahr einer derart schwerwiegenden Beeinträchtigung vor, die einen Schwangerschaftsabbruch nach § 218a II StGB rechtfertigen würde. Sofern eine derartige Schädigung des Embryos also vor der Schwangerschaft diagnostiziert und der Frau mitgeteilt wird, führt dies - zumindest sofern andere Embryonen vorhanden sind, die genetisch unauffällig sind - zu einer negativen Implantationsentscheidung und damit einer Vernichtung des Embryos. Wird eine solche Schädigung hingegen erst im Rahmen einer seit mehr als drei Monaten bestehenden Schwangerschaft diagnostiziert und der Schwangeren mitgeteilt, liegen die Voraussetzungen für eine Abtreibung nach § 218a II StGB oftmals nicht vor. Da somit die Aufklärung bei PID und PND zumindest, wenn der Zusatzbefund eine Abtreibung aus medizinischer Indikation nicht rechtfertigen kann, unterschiedliche Folgen für das Schicksal des Embryos hat, bestehen Zweifel, ob in diesem Fall aus § 15 I 2 GenD Rückschlüsse auf die Aufklärungspflicht des Arztes bei der PID gezogen werden können. Anders stellt sich die Situation hingegen dar, wenn mit § 3a II ESchG nicht zusammenhängende Zusatzbefunde, einen Schwangerschaftsabbruch aus medizinscher Indikation rechtfertigen könnten, sofern bereits eine Schwangerschaft bestünde. Da sich die betroffene Frau in diesem Fall unabhängig davon, ob ihr der entsprechende Zusatzbefund vor oder während einer Schwangerschaft mitgeteilt würde, rechtlich in beiden Fällen gegen das Kind entscheiden dürfte, läge zumindest diesbezüglich eine vergleichbare Interessenlage zwischen der PID und der PND vor. Es erscheint somit geboten, zwischen solchen Zusatzbefunden, die nicht mit § 3a II ESchG zusammenhängen, aber aller Voraussicht nach einen Schwangerschaftsabbruch aus medizinischer Indikation rechtfertigen könnten, sofern eine Schwangerschaft bestünde, und zwischen solchen, die eine Abtreibung nach § 218a II StGB nicht rechtfertigen könnten, zu differenzieren.[798] Im ersten Fall lassen sich aufgrund der sehr ähnlichen Folgen, die die Aufklärung mit sich bringt, aus § 15 I 2

---

798 Der Vorschlag des Deutschen Ethikrats geht ebenfalls dahin, nur über solche Befunde aufzuklären, die bei bestehender Schwangerschaft, eine Abtreibung aus medizinischer Indikation rechtfertigen könnten, *Deutscher Ethikrat* BT-Drucks. 17/5210 S. 28.

GenDG systematische Rückschlüsse auf die Aufklärung bei der PID dahingehend ziehen, dass sie grundsätzlich umfassend erfolgen muss. Im zweiten Fall finden sich in § 15 I 2 GenDG mangels Vergleichbarkeit von PID und PND keine systematischen Argumente in Bezug auf die Aufklärungspflicht über Befunde, die einen Abbruch der Schwangerschaft aus medizinischer Indikation nicht rechtfertigen können.

(γ) Ergebnis der systematischen Auslegung

Der systematische Vergleich des § 630e I 1 BGB mit den anderen Vorschriften des BGB, des ESchG sowie des GenDG hat kein klares Auslegungsergebnis ergeben. So deuten etwa § 630e I 2, III BGB, § 630c I BGB, § 4 I Nr. 2 ESchG sowie § 8, 11 GenDG auf eine Aufklärungspflicht des Arztes bei Zusatzbefunden, die nicht mit § 3a II ESchG inhaltlich zusammenhängen hin. Betrachtet man hingegen § 134 BGB iVm. § 3a I ESchG, lässt sich nicht ausschließen, dass Zusatzbefunde, die nicht mit § 3a II ESchG zusammenhängen, keine aufklärungspflichtigen Umstände iSd. § 630e I 1 BGB darstellen, weil eine spezielle Suche hiernach von den Parteien des PID-Vertrages nicht wirksam vereinbart werden konnte. Der systematische Vergleich mit § 15 I 2 GenDG ergibt, dass möglicherweise nur Zusatzbefunde aufklärungspflichtig iSd. § 630e I 1 BGB sind, die eine Abtreibung aus medizinischer Indikation rechtfertigen könnten, sofern bereits eine Schwangerschaft bestünde. Im Hinblick auf Zusatzbefunde, die, wenn sie erst im Rahmen einer PND erkannt worden wären und dann regelmäßig keinen Schwangerschaftsabbruch gem. § 218a II StGB rechtfertigen könnten, lassen sich wegen der fehlenden Vergleichbarkeit der Situationen vor und während einer Schwangerschaft keine systematischen Rückschlüsse hinsichtlich der Auslegung des § 630e I 1 BGB ziehen. Da somit Zweifel verbleiben, ob Zusatzbefunde, die inhaltlich nicht mit § 3a II ESchG zusammenhängen, aufklärungspflichtig sind, bedarf es auch hier des Rückgriffs auf die textexternen Auslegungsmethoden.

(cc) Historische und genetische Auslegung

(α) Historische Auslegung

Wie gezeigt, kann im Rahmen der historischen Auslegung[799] auf die zum Arztrecht richterrechtlich entwickelten Grundsätzen zurückgegriffen werden, die durch die §§ 630a ff. BGB lediglich kodifiziert worden sind.[800] Es ist somit zu klären, ob auch im Hinblick auf Zusatzbefunde, die mit § 3a II ESchG nicht inhaltlich zusammenhängen, die Voraussetzungen für die Entstehung einer außergesetzlichen Aufklärungspflicht bestehen.[801] Ebenso wie bei Zusatzbefunden, die mit § 3a II 1 ESchG vergleichbar sind, liegt auch bei hiermit nicht zusammenhängenden, diagnostizierten Überschussinformationen ein Informationsgefälle zwischen Arzt und Patientin vor. Selbst wenn die festgestellte krankhafte genetische Veränderung des Embryos nur eine Krankheit auslösen kann, die weniger gravierend ist als eine schwerwiegende Erbkrankheit iSd. § 3a II 1 ESchG, so beeinflusst die Kenntnis hiervon die Entscheidung der Frau für oder gegen den Embryotransfer normalerweise trotzdem erheblich, weil davon auszugehen ist, dass auch mit § 3a II ESchG nicht zusammenhängende Befunde für die Wunschmutter von besonderer Bedeutung sind. Möglicherweise ist dem Arzt eine Informationspreisgabe in Bezug auf Zusatzbefunde, die nicht mit § 3a II ESchG verwandt sind, jedoch nicht zumutbar. Hierfür könnte sprechen, dass auch die Mitteilung eines weniger schwerwiegenden Befundes regelmäßig dazu führt, dass sich die Frau gegen die Implantation des Embryos entscheidet, der Arzt möglicherweise aber allenfalls an einer Selektion menschlichen Lebens anhand der in § 3a II ESchG genannten Gründe teilnehmen möchte. Da der Frau jedoch immer das alleinige Entscheidungsrecht über das weitere Schicksal des Embryos zukommt, kann sich der Arzt, der freiwillig eine PID vornimmt, nicht auf eine Unzumutbarkeit der Informationspreisgabe aus moralischen Gründen berufen. Somit bestehen keine Anhaltspunkte, die gegen eine außergesetzliche Aufklärungspflicht sprechen. Also deutet der Vergleich mit der Rechtslage vor Inkrafttreten des PatRG darauf hin, dass es sich bei mit § 3a II ESchG

---

799 Allgemein zur historischen und genetischen Auslegung oben S. 85.

800 Siehe hierzu oben S. 170.

801 Ausführlich zu den Voraussetzungen, die zur Begründung einer außergesetzlichen Aufklärungspflicht vorliegen müssen, oben S. 170.

nicht zusammenhängenden Befunden um wesentliche Umstände iSd. § 630e I 1 BGB handelt.

Als weiteres historisches Argument könnte die bereits geschilderte Rechtsprechung zur ärztlichen Aufklärungspflicht bei Zufallsbefunden zu berücksichtigen sein.[802] Hieraus lässt sich folgender Schluss ziehen: Wenn schon Zufallsbefunde aufklärungspflichtig sind, gilt dies erst recht für zu erwartende, diagnostizierte Zusatzbefunde.[803] Gegen eine Beachtung dieser Rechtsprechung bei Zusatzbefunden, die nicht mit § 3a II ESchG zusammenhängen, spricht allerdings, dass es in der Entscheidung um Zufallsbefunde ging, die Gegenstand einer wirksamen diagnostischen Fragestellung sein können. Das Problem, dass die Parteien eine Suche nach der gefundenen Überschussinformation nicht zum Gegenstand eines wirksamen Behandlungsvertrages machen könnten, stellte sich in der gerichtlichen Entscheidung hingegen nicht. Somit deutet die entsprechende Entscheidung des BGH bei Zusatzbefunden, die nicht mit § 3a II ESchG zusammenhängen, jedenfalls tendenziell weniger auf eine Aufklärungspflicht hin als bei mit § 3a II ESchG vergleichbaren Überschussinformationen.

(β) Genetische Auslegung

Aus den Gesetzesmaterialien zu § 630e I 1 BGB ergeben sich keine Rückschlüsse im Hinblick auf die Aufklärungspflicht bei Zusatzbefunden.[804]

(dd) Teleologische Auslegung

Mithilfe der grammatikalischen, systematischen sowie historischen und genetischen Auslegung lässt sich keine endgültige Klarheit darüber erlangen, ob Zusatzbefunde bei der PID, die nicht mit den Rechtfertigungsgründen des § 3a II ESchG inhaltlich zusammenhängen, wesentliche Umstände iSd. § 630e I 1 BGB bei einem PID-Vertrag sind. Somit lässt sich

---

802 BGHZ 188, 29 ff. sowie oben S. 170.
803 Siehe oben S. 170.
804 Siehe hierzu bereits oben S. 170.

diese Frage nur abschließend durch teleologische Auslegung[805] des § 630e I 1 BGB klären.

(α) Auslegungsvarianten

Zunächst kann man unter »wesentlichen Umständen« iSd. § 630e I 1 BGB solche Befunde fassen, die die Vornahme einer PID gem. § 3a II ESchG rechtfertigen können, sodass der Arzt über Zusatzbefunde, die nicht mit § 3a II ESchG inhaltlich zusammenhängen, nicht aufklären müsste. Bei dieser Sichtweise ließe sich vermeiden, dass die begrenzte Zulassung der PID durch eine umfassende Aufklärungspflicht unterlaufen würde.

Als weitere Interpretationsvariante erscheint eine eingeschränkte Aufklärungspflicht über Zusatzbefunde denkbar, die zwar nicht mit den Rechtfertigungsgründen des § 3a II ESchG vergleichbar sind, wohl aber so schwer wiegen, dass sie, im Rahmen einer Schwangerschaft, eine Abtreibung aus medizinischer Indikation gem. § 218a II StGB rechtfertigen könnten.[806] So würden Wertungswidersprüche zwischen genetischen Untersuchungen des Embryos vor und während der Schwangerschaft vermieden.

Schließlich kommt in Betracht, dass jede mittels PID festgestellte Diagnose unabhängig davon, welchen genetischen Defekt sie betrifft, einen wesentlichen Umstand gem. § 630e I 1 BGB darstellt, sodass der Arzt die Frau hierüber aufklären muss. Bei dieser Betrachtung ergäben sich keine Widersprüche zu dem in § 630e BGB zum Ausdruck kommenden Grundsatz, wonach der Arzt den Patienten grundsätzlich über alle Diagnosen aufklären muss, sofern die Aufklärung nicht ausnahmsweise durch eine gesetzliche Sondervorschrift ausgeschlossen ist, die hier nicht eingreift.

(β) Vereinbarkeit der Auslegungsvarianten mit den Wertungen des Gesetzgebers

Für die Auslegungsvariante, nach der nur eine eingeschränkte Aufklärungspflicht über Zusatzbefunde besteht, die bei einer Schwangerschaft eine Abtreibung aus medizinischer Indikation gem. § 218a II StGB recht-

805 Näher zur teleologischen Auslegung siehe oben S. 87.
806 So auch der Vorschlag des *Deutschen Ethikrats* BT-Drucks. 17/5210 S. 28.

fertigen können, spräche, dass der Gesetzgeber mit der begrenzten Zulassung der PID Spätabbrüche vermeiden wollte.[807] Um dieses Ziel zu erreichen, müsste man die Frau bereits im Vorfeld der Schwangerschaft über solche Befunde aufklären, die eine schwerwiegende Beeinträchtigung der Frau iSd. § 218a II StGB begründen könnten, wenn bereits eine Schwangerschaft bestünde, weil sie sich dann normalerweise gegen die Implantation des Embryos entscheiden würde. Problematisch erscheint allerdings, dass ein Schwangerschaftsabbruch aus medizinischer Indikation nie auf eine Schädigung des Kindes gestützt werden kann, sondern stets voraussetzt, dass die Schwangere durch die weitere Schwangerschaft und Geburt einer Lebensgefahr oder zumindest einer Gefahr einer schwerwiegenden Beeinträchtigung ihres körperlichen oder seelischen Gesundheitszustands ausgesetzt ist. Bei Zusatzbefunden, die nicht mit § 3a II ESchG zusammenhängen, besteht jedoch nur eine Gefahr für eine schwerwiegende Beeinträchtigung des seelischen Gesundheitszustandes der Wunschmutter. Vor einer Schwangerschaft lässt sich eine solche aber nicht sicher ermitteln, weil es entscheidend auf die psychische Konstitution der konkreten Patientin ankommt, die sich durch eine Schwangerschaft allerdings erheblich ändern kann.[808] Somit scheitert eine beschränkte Aufklärungspflicht nur auf solche mit § 3a II ESchG nicht zusammenhängende Zusatzbefunde, die möglicherweise einen Schwangerschaftsabbruch aus medizinischer Indikation rechtfertigen könnten, bereits daran, dass sich die Voraussetzungen des § 218a II StGB im Vorfeld einer Schwangerschaft nicht sicher bestimmen lassen.[809]

Als Argument für die Auslegungsvariante nach der Zusatzbefunde, die nicht mit § 3a II ESchG zusammenhängen, keine aufklärungspflichtigen Umstände iSd. § 630e I 1 BGB sind, lässt sich Folgendes anführen: Grundsätzlich ist die PID nach dem Willen des Gesetzgebers gem. § 3a I ESchG verboten, es sei denn, dass mit ihr das Risiko von Tot- oder Fehlgeburten oder der Geburt eines Kindes mit der Disposition für eine schwerwiegende Erbkrankheit abgeschätzt werden soll. Zur Feststellung anderer genetischer Schädigungen, die weniger gravierende Auswirkungen haben, darf die PID hingegen nicht durchgeführt werden, wie sich aus § 3a I ESchG ergibt. Da jedoch bei einer PID, deren Vornahme gerechtfertigt ist, Zusatzbefunde, die nicht mit § 3a II ESchG zusammenhängen, oft

807 BT-Drucks. 17/5451 S. 2.

808 Vgl. *Frister/Lehmann* JZ 2012, 659, 664; **a.A.:** *Schroth* ZStW 2013, 627, 632.

809 So auch *Frister/Lehmann* JZ 2012, 659, 664.

unvermeidbar sind, etwa bei einem Aneuploidiescreening nach § 3a II ESchG[810], ist ein Aufklärungsverbot über diese Befunde die einzige Möglichkeit, den vom Gesetzgeber vorgesehenen und auf § 3a II ESchG begrenzten Anwendungsbereich der PID nicht unzulässig auszudehnen.[811] Ein Aufklärungsverbot über Zusatzbefunde ist daher, wenn man alleine die vom Gesetzgeber im ESchG getroffenen Wertungen betrachtet, die beste Möglichkeit, um die begrenzte Zulassung der PID über den Umweg einer umfassenden Aufklärung nicht zu unterlaufen.

Fraglich erscheint allerdings, ob sich diese Auslegungsvariante mit den anderen gesetzgeberischen Wertungen vereinbaren lässt. Betrachtet man die §§ 630e I, 630c II1 BGB, so ergibt sich, dass die Aufklärung über die Diagnose den Regelfall darstellt, von der nur in normierten Ausnahmefällen abgesehen werden darf, wie sie etwa § 630e III BGB oder § 15 I 2 GenDG vorsehen, die allerdings für Zusatzbefunde bei der PID nicht einschlägig sind.[812] Dass dies auch für Zusatzbefunde gelten muss, die durch eine PID anfallen, ergibt sich daraus, dass das Regel-Ausnahme-Verhältnis bei der Diagnoseaufklärung Ausdruck der Grundrechtsbindung des Gesetzgebers bei der Schaffung des einfachen Rechts ist. Aus dem Selbstbestimmungsrecht des Patienten aus Art. 2 I iVm. Art. 1 I GG folgt nämlich ein Anspruch des Patienten auf Unterrichtung über vom Arzt diagnostizierte Befunde.[813] Sofern der Gesetzgeber also die Diagnoseaufklärung bei mit § 3a II ESchG nicht zusammenhängenden Befunden zum Schutz etwaiger dem extrakorporalen Embryo zustehenden Rechte verbieten möchte, bedarf es hierzu zwingend einer Norm, die ein Aufklärungsverbot enthält[814], weil nur so der Eingriff in das Selbstbestimmungsrecht der Frau verfassungsrechtlich gerechtfertigt werden kann[815] (sog. Vorbehalt des Gesetzes).[816]

Wie bereits erörtert, stellen Zusatzbefunde bei der PID keine besonderen Umstände iSd. § 630e III BGB dar und zudem enthält § 630e III BGB

---

810 Siehe oben S. 158.

811 *Frister/Lehmann* JZ 2012, 659, 664.

812 Hierzu oben S. 176.

813 BVerfG MDR 2005, 559, 560; vgl. auch Anwaltshandbuch Medizinrecht/*Terbille* § 1 Rn. 293.

814 *Kubiciel* NStZ 2013, 382, 385 f.

815 *Frister/Lehmann* JZ 2012, 659, 664; vgl. zu den von der PID betroffenen Grundrechten auch *Kersten* in: Ein zeitgemäßes Fortpflanzungsmedizingesetz für Deutschland S. 97, 116.

816 Vgl. *Michael/Morlok* Grundrechte Rn. 559 f.

auch kein absolutes Aufklärungsverbot[817], sodass mit dieser Norm der Eingriff in das Selbstbestimmungsrecht der Frau durch das Verschweigen eines Zusatzbefundes nicht verfassungsrechtlich gerechtfertigt werden kann.

In Betracht kommt ein Mitteilungsverbot über Zusatzbefunde, die keine Berührungspunkte zu den Rechtfertigungsgründen des § 3a II ESchG aufweisen, allerdings aus § 3a I ESchG iVm. § 134 BGB. Bei beiden Normen handelt es sich um formell verfassungsmäßige Parlamentsgesetze, die grundsätzlich geeignet sind, einen Grundrechtseingriff zu rechtfertigen. Zu klären ist allerdings, ob § 134 BGB iVm. § 3a I ESchG den Eingriff in das Selbstbestimmungsrecht der Frau durch das Verschweigen eines mit § 3a II ESchG inhaltlich nicht zusammenhängenden Zusatzbefundes rechtfertigen können. Dies erscheint deshalb zweifelhaft, weil das die Grundlage für den Eingriff enthaltende Gesetz hinreichend klar und bestimmt sein muss.[818] § 134 BGB enthält ein solch hinreichend bestimmtes Geltungsverbot für Rechtsgeschäfte, deren Inhalt gegen ein Verbotsgesetz verstößt und damit eine Ermächtigung zum Eingriff in die durch Art. 2 I GG gewährleistete Privatautonomie. Hingegen lässt sich § 134 BGB keine Regelung entnehmen, dass Rechtsgeschäfte, die inhaltlich nicht auf die Missachtung eines Verbotsgesetz gerichtet sind, wie dies bei einem wirksamen PID-Vertrag der Fall ist, in irgendeiner Weise zu modifizieren wären, etwa durch ein Mitteilungsverbot über Zusatzbefunde. Dies bedeutet, dass bei einem PID-Vertrag, bei dessen Abschluss und Durchführung die Rechtfertigungsvoraussetzungen des § 3a II ESchG vorliegen und der daher wirksam ist, § 134 BGB iVm. § 3a I ESchG keine hinreichend konkrete und damit verfassungsmäßige Ermächtigung zum Verschweigen von Zusatzbefunden enthält. Daher scheitert ein Mitteilungsverbot an einem entsprechend bestimmten Vorbehalt des Gesetzes[819], sodass es einer Abwägung zwischen dem Selbstbestimmungsrecht der Frau und einem dem Embryo möglicherweise zustehenden Recht auf informationelle Selbstbestimmung[820] oder seinem Lebensrecht[821] nicht mehr bedarf.

---

817 Siehe hierzu ausführlich oben S. 176.

818 *Frister/Lehmann* JZ 2012, 659, 664; *Manssen* Staatsrecht II Rn. 168.

819 So im Ergebnis auch *Frister/Lehmann* JZ 2012, 659, 664.

820 Die Grundrechtsträgerschaft des Embryos im Hinblick auf das Recht auf informationelle Selbstbestimmung aus Art. 2 I iVm. Art. 1 I GG nehmen etwa an: *Böckenförde-Wunderlich* Präimplantationsdiagnostik als Rechtsproblem S. 205; *Lehmann* Die In-vitro-Fertilisation und ihre Folgen S. 96; *Robbers* Sicherheit als Menschenrecht S. 218. Andere lehnen eine entsprechende Grundrechtsträger-

Somit verbleibt als einzige Auslegungsvariante die, nach der der Arzt die Patienten über Zusatzbefunde, die nicht mit § 3a II ESchG zusammenhängen, aufklären muss. Hierdurch wird zwar die begrenzte Zulassung der PID in gewisser Weise unterlaufen.[822] Allerdings lässt sich die gegenteilige Auffassung nicht mit den grundrechtlichen Wertungen, die ins Zivilrecht ausstrahlen, vereinbaren. De lege lata sind daher Zusatzbefunde, die nicht mit § 3a II ESchG zusammenhängen, wesentliche Umstände iSd. § 630e I 1 BGB und daher aufklärungspflichtig.[823] Allerdings besteht bei dieser Auslegung nicht die Gefahr, dass die PID zu einer Standardbehandlung bei jeder extrakorporalen Befruchtung wird, weil nur die voraussichtlichen wenigen hundert Paare pro Jahr, bei denen das hohe Risiko für die Weitergabe einer schwerwiegenden Erbkrankheit oder eine Tot- oder Fehlgeburt besteht[824], Zugang zur PID haben und damit Aufklärung über alle hierbei diagnostizierten Befunde verlangen können.

(ee) Gesamtergebnis zur Auslegung

Die Auslegung des § 630e I 1 BGB hat ergeben, dass der Arzt die Frau über diagnostizierte Zusatzbefunde aufklären muss, und zwar selbst dann,

---

schaft des extrakorporalen Embryos hingegen ab, so etwa: *Jarass*/Pieroth Art. 2 GG Rn. 51 allerdings ohne Begründung; *Kunig* Jura 1993, 595, 599; *Pöttgen* Medizinische Forschung und Datenschutz S. 35f.; *Vollmer* Genomanalyse und Gentherapie S. 179. Ausführlich zum Meinungsstand *Müller-Terpitz* Der Schutz des pränatalen Lebens S. 373 f. mwN.

821 Ausführlich zum Streitstand bzgl. der Grundrechtsberechtigung des extrakorporalen Embryos im Hinblick auf das Grundrecht auf Leben aus Art. 2 II 1 GG etwa *Müller-Terpitz* Der Schutz des pränatalen Lebens S. 133 ff. sowie Maunz/Dürig/*Di Fabio* Art. 2 II 1 GG Rn. 28 ff. mwN. Für eine Grundrechtsberechtigung des Embryos in vitro etwa *Beckmann* MedR 2001, 169, 171; *Böckenförde-Wunderlich* Präimplantationsdiagnostik als Rechtsproblem S. 179; *Hufen* MedR 2001, 440, 447; *Mildenberger* MedR 2002, 293, 299; Spickhoff/*Steiner* Art. 2 GG Rn. 20. Eine Grundrechtsträgerschaft des nasciturus lehnen etwa ab: *Enders* Jura 2003, 666, 672; *Geiger/von Lampe* Jura 1994, 20, 22.

822 *Frister/Lehmann* JZ 2012, 659, 664.

823 So im Ergebnis auch *Frister/Lehmann* JZ 2012, 659, 664; *Kubiciel* NStZ 2013, 382, 385 f.

824 BT-Drucks. 17/5451 S. 3.

wenn der Zusatzbefund nicht im Zusammenhang mit den Rechtfertigungsgründen des § 3a II ESchG steht.[825]

(4) Aufklärungsverzicht der Frau über diagnostizierte Zusatzbefunde

Wie soeben festgestellt, muss der Arzt die Frau grundsätzlich über die Möglichkeit von Zusatzbefunden und über alle diagnostizierten Zusatzbefunde informieren.[826] Fraglich erscheint allerdings, ob die Frau in Ausübung ihres aus Art. 2 I iVm. Art. 1 I GG folgenden Rechts auf informationelle Selbstbestimmung auf eine Aufklärung über Zusatzbefunde verzichten kann[827], die nicht im Zusammenhang mit der diagnostischen Fragestellung stehen, zu der die PID durchgeführt wurde. Für die Möglichkeit eines Aufklärungsverzichts spricht zunächst § 630e III BGB, nach dem der Patient auf die Aufklärung verzichten kann.[828] Als weiterer Aspekt lässt sich das aus dem Grundrecht auf informationelle Selbstbestimmung resultierende[829] Recht eines jeden Menschen auf Nichtwissen über die Befunde einer Genanalyse heranziehen.[830] Speziell bei der PID zielt die Genanalyse aber nicht auf Informationen über die Gene der Frau, sondern auf genetische Eigenschaften des Embryos ab. Zu klären ist daher, ob die Frau auf die Aufklärung über derartige Befunde verzichten kann oder ob sie dadurch etwaige Rechte des Embryos verletzt.

Für die Zulässigkeit eines Aufklärungsverzichts spricht, dass dieser allenfalls negative Auswirkungen für die Frau hat, nicht aber in rechtlich geschützte Positionen des Embryos eingreift. Zwar können sich aus einer

---

825 Im Ergebnis wie hier, allerdings ohne Differenzierung zwischen Zusatzbefunden, die mit den Rechtfertigungsgründen des § 3a II ESchG vergleichbar bzw. nicht vergleichbar sind, Erbs/Kohlhaas/*Pelchen/Häberle* § 3a ESchG Rn. 9; Günther/Taupitz/Kaiser ESchG § 3a Rn. 59; Kubiciel NStZ 2013, 382, 385 f.; *Lee* Die aktuellen juristischen Entwicklungen in der PID und Stammzellforschung in Deutschland S. 79; **a.A.:** *Schroth* ZStW 2013, 627, 637.

826 Siehe oben S. 162 ff.

827 Vgl. *Harmann* NJOZ 2010, 819, 822 f.

828 BT-Drucks. 17/10488 S. 25; vgl. zum Aufklärungsverzicht auch *Olzen/Kaya* Jura 2013, 661, 667.

829 Maunz/Dürig/*Di Fabio* Art. 2 GG Rn. 192; *Müller-Terpitz* Der Schutz des pränatalen Lebens S. 372.

830 *Kern* in: Genetische Untersuchungen und Persönlichkeitsrecht S. 55, 63 f.; *Laufs*/Kern Handbuch des Arztrechts § 129 Rn. 82; *Müller-Terpitz* Der Schutz des pränatalen Lebens S. 372.

nicht erfolgten Aufklärung über die genetische Disposition des Embryos unter Umständen Risiken für die Frau ergeben, sofern sie sich für einen Embryotransfer entscheidet. Diese darf die Frau aber in Ausübung ihres Selbstbestimmungsrechts eingehen, wie § 630e III BGB klarstellt. Auch wirkt sich ihre Entscheidung nicht zu Lasten des Embryos aus. Die Mitteilung eines Zusatzbefundes hätte umgekehrt im Regelfall eine negative Implantationsentscheidung der Frau zur Folge. Verzichtet sie hingegen auf die Mitteilung von Zusatzbefunden, dient dies also dem Schutz des Embryos. Dass er unter Umständen aufgrund des Aufklärungsverzichts der Mutter behindert zur Welt kommt, führt nicht dazu, dass das Recht der Frau, auf die Aufklärung zu verzichten, eingeschränkt werden muss. Kein Kind hat nämlich ein Recht auf ein Leben als Nichtbehinderter, sondern muss sein Leben so hinnehmen, wie es von Natur aus gestaltet ist.[831] Somit kann es nicht geltend machen, dass es im Falle einer Aufklärung aller Voraussicht nach nicht zur Welt gekommen wäre.

Zusammenfassend lässt sich daher festhalten, dass die Frau, sofern sie über die Möglichkeit des Auftretens von Zusatzbefunden aufgeklärt wurde, in Ausübung ihres Selbstbestimmungsrechts entscheiden kann, dass sie eine Aufklärung über Zusatzbefunde im Allgemeinen oder spezielle Zusatzbefunde nicht wünscht.

cc) Aufklärungspflicht über eine Konduktoreigenschaft

Bei einer genetischen Untersuchung iSd. § 3a II 1 ESchG können sich ebenso wie bei den Zusatzfunden spezielle Aufklärungspflichten ergeben. Diese betreffen insbesondere den Fall, dass die genetische Veranlagung für die vermutete Erbkrankheit beim Embryo gefunden wird, zugleich aber festgestellt wird, dass er aufgrund des der Krankheit zugrundeliegenden Erbgangs nicht selbst erkranken wird, sondern die Gefahr besteht, dass er die genetische Veranlagung an folgende Generationen vererben wird. Auch wenn es sich hierbei nicht um einen Zusatzbefund handelt, stellt sich dennoch die Frage, ob das Behandlungszentrum zur Aufklärung über eine solche diagnostizierte Überträgereigenschaft verpflichtet ist. Zweifel ergeben sich insbesondere deshalb, weil auch hier die Aufklärung,

831 BGHZ 86, 240, 254; OLG Düsseldorf OLGR 1994, 294; *Picker* Schadensersatz für das unerwünschte eigene Leben „Wrongful life" S 11 f.; Reinhart VersR 2001, 1081, 1083.

zumindest, sofern genetisch unauffällige Embryonen vorhanden wären, regelmäßig eine negative Implantationsentscheidung und damit die Vernichtung des Embryos zur Folge hätte. Somit würden Embryonen verworfen, obwohl sie selbst nicht von einer schwerwiegenden Erbkrankheit betroffen sein würden.

Eine ausdrückliche Regelung, ob der Arzt über eine Überträgereigenschaft aufklären muss, findet sich in § 3a II 1 ESchG nicht. Anhaltspunkte zur Begründung einer entsprechenden Aufklärungspflicht könnte allerdings der Wortlaut des § 3a II 1 ESchG liefern. Danach muss aufgrund »der genetischen Disposition der Frau, von der die Eizelle stammt, oder des Mannes, von dem die Samenzelle stammt, oder von beiden für deren Nachkommen das hohe Risiko einer schwerwiegenden Erbkrankheit« bestehen. Da unter den Begriff der Nachkommen sowohl Kinder als auch Kindeskinder fallen, genügt es, wenn der untersuchte Embryo die festgestellte genetische Veränderung aufweist, die Gefahr zu erkranken aber erst für dessen Kinder besteht. Somit muss der Arzt grundsätzlich über eine Konduktoreigenschaft aufklären.

Zweifel ergeben sich allerdings dahingehend, ob auch die Mitteilung der Überträgerschaft des Embryos noch einen für die Einwilligung in den Embryotransfer wesentlichen Umstand iSd. § 630e I 1 BGB bildet. Aus einer bloßen Anlageträgerschaft des Embryos resultieren nämlich weder gesundheitliche Risiken für die Frau (im Hinblick auf die Schwangerschaft oder auf die Belastungen, die mit der Pflege eines kranken Kindes einhergehen können) noch für das Kind, sodass man annehmen könnte, dass die Aufklärung über die Konduktoreigenschaft nicht erforderlich sei. Auf der anderen Seite betrifft diese Mitteilung aber die Diagnose, ein Umstand, der wiederum für eine Aufklärungspflicht spricht.

Zu beachten ist schließlich, dass keine gesetzliche Grundlage für das Verschweigen einer bloßen Anlageträgerschaft besteht, wie dies etwa § 15 I 2 GenDG für die Mitteilung des Geschlechts des Embryos vor Ablauf der 12. Schwangerschaftswoche vorsieht, sodass sich das Verschweigen eines entsprechenden Befundes im Zweifel mangels einer dazu berechtigenden Norm nicht verfassungsrechtlich rechtfertigen lässt.[832] Zum Schutz des Rechts auf informationelle Selbstbestimmung wäre ein solches Verbot zwar wünschenswert.[833] Im Moment fehlt es aber an der erforderlichen

832 Siehe hierzu bereits oben S. 166.

833 So auch für pränatale genetische Untersuchungen *Deutscher Ethikrat* Die Zukunft der genetischen Diagnostik – von der Forschung in die klinische Anwen-

Rechtsgrundlage. Somit muss der Arzt die Frau über eine Konduktoreigenschaft des Embryos aufklären.

b) Aufklärungsfehler bei einem PID-Vertrag

aa) Allgemeines

Sofern feststeht, dass das Behandlungszentrum eine Aufklärungspflicht trifft und es diese verletzt hat, liegt ein Aufklärungsfehler vor. Ein Aufklärungsfehler alleine führt allerdings nicht zu dazu, dass das Zentrum Schadensersatz leisten muss.[834] Eine Haftung setzt neben der Verletzung der ärztlichen Aufklärungspflicht den Eintritt eines durch die Behandlung verursachten Gesundheitsschadens voraus.[835]

bb) Haftung für Fehler im Zusammenhang mit Zusatzbefunden

Im Zusammenhang mit Überschussinformationen kann es zu Aufklärungsfehlern kommen. Wie festgestellt, schuldet der Arzt grundsätzlich eine Aufklärung über die Möglichkeit von Zusatzbefunden[836], diagnostizierte Zusatzbefunde[837] sowie eine diagnostizierte Konduktoreigenschaft[838]. Kommt er dieser Verpflichtung nicht nach, liegt ein Aufklärungsfehler vor. Etwas anderes gilt hingegen, sofern die Frau auf die Aufklärung verzichtet hat.[839] In diesem Fall stellt sich das Verschweigen des entsprechenden Befundes nicht als pflichtwidrig dar, weil die Aufklärung hierüber nicht geschuldet war, sodass eine Haftung wegen eines Aufklärungsfehlers ausscheidet.

Neben Aufklärungsfehlern können im Zusammenhang mit Zusatzbefunden auch Behandlungsfehler und zwar insbesondere in Form von Di-

---

dung S. 163 abrufbar unter http://www.ethikrat.org/dateien/pdf/stellungnahme-zukunft-der-genetischen-diagnostik.pdf (zuletzt besucht am 9.10.2013).

834 BGHZ 176, 342, 347; **a.A.**: OLG Jena VersR 1998, 586, 588.

835 BGHZ 169, 364, 366; Prütting/*Jaeger* Medizinrecht § 823 Rn. 157.

836 Siehe oben S. 160.

837 Siehe oben S. 162 ff.

838 Hierzu oben S. 192.

839 Siehe oben S. 191.

agnosefehlern auftreten, z.B. wenn ein Arzt einen Zusatzbefund übersieht, den er bei einer dem medizinischen Standard entsprechenden Diagnose hätte erkennen müssen.[840]

Ebenso wie bei der Frage nach einer Aufklärungspflicht des Arztes über Zusatzbefunde ist auch hier wiederum zwischen zwei Konstellationen zu differenzieren. Diese betreffen zum einen die Nichterkennung von Überschussinformationen, die zwar nicht Anlass und Berechtigung für die PID waren, aber so eng mit den Rechtfertigungsgründen des § 3a II ESchG zusammenhängen, dass sie die Durchführung der PID gerechtfertigt hätten und solchen, die die Vornahme einer PID nicht gerechtfertigt hätten.

(1) Haftung für das Nichterkennen von Zusatzbefunden, die mit dem Rechtfertigungsgrund des § 3a II 1 ESchG zusammenhängen

Eine Haftung des Arztes für das Nichterkennen von Zusatzbefunden, die mit den Rechtfertigungsgründen des § 3a II 1 ESchG inhaltlich zusammenhängen, setzt voraus, dass der Arzt auch im Hinblick auf Überschussinformationen eine dem medizinischen Standard[841] entsprechende Untersuchung und Auswertung schuldet. Nur in diesem Fall kann dem Arzt als haftungsbegründendes Verhalten vorgeworfen werden, dass er eine vertragliche Pflicht durch Nichterkennen des Zusatzbefundes verletzt habe. Es stellt sich daher die Frage, ob die Auswertung von Zusatzbefunden zu den vertraglichen Pflichten des Arztes bei einem PID-Vertrag gehört. Rein tatsächlich kommt eine derartige Pflicht nur in Betracht, wenn der Arzt die PID nach § 3a II 1 ESchG mittels vergleichender Genomhybridisierung[842] durchführt. Nur dabei können Befunde zu Tage treten, die nicht Anlass zur Untersuchung gegeben haben.

Nach § 630a I BGB schuldet der Behandelnde grundsätzlich die versprochene medizinische Behandlung. Der konkrete Inhalt dieser Behandlungspflicht richtet sich dabei in erster Linie nach den Parteiabreden. Da der Arzt die Frau vor der PID über die Möglichkeit des Auftretens von Zusatzbefunden aufklären muss[843], werden die Parteien regelmäßig vereinbaren, ob nur die Prüfung im Hinblick auf die Gefahr eines einzelnen

---

840 *Janda* Medizinrecht S. 323.

841 Siehe dazu oben S. 148 ff.

842 Siehe zu diesem Untersuchungsverfahren oben S. 43.

843 Siehe dazu oben S. 160.

Erbschadens oder auch die Auswertung von mit dem jeweiligen Untersuchungsverfahren feststellbaren Gefahren für andere schwerwiegende Erbkrankheiten noch zur ärztlichen Pflicht beim PID-Vertrag gehört. Möglich erscheint zudem, dass die Parteien keine Abrede darüber treffen, ob der Arzt bei der PID nach § 3a II 1 ESchG die genetischen Informationen nicht nur im Hinblick auf die vermutete Erbkrankheit, sondern auch auf andere Schädigungen auswerten muss, die ebenfalls auf einer, wenn auch nicht erkannten elterlichen Disposition beruhen und die mit dem hohen Risiko einer schwerwiegenden Erbkrankheit einhergehen. In diesem Fall muss das Gericht im Arzthaftungsprozess durch Auslegung den konkreten Vertragsinhalt feststellen.[844] Dabei kann es sich zum einen an der Zielsetzung des Vertrages orientieren[845] und zum anderen aus der ärztlichen Fürsorgepflicht[846] Rückschlüsse hinsichtlich des Inhalts ziehen.

Selbst wenn aus der individualvertraglichen Vereinbarung oder der Auslegung des Vertrages folgt, dass nach dem Willen der Parteien neben der ärztlichen Verpflichtung zur Suche nach dem vermuteten Gendefekt eine Pflicht zur Untersuchung und Auswertung weiterer genetischer Eigenschaften besteht, die ebenfalls zu einer schwerwiegenden Erbkrankheiten führen können, ergibt sich bei der PID ein spezielles Problem. Die soeben geschilderte Möglichkeit, das Pflichtenprogramm des Arztes festzulegen, könnte nämlich eingeschränkt sein, sofern die Parteien eine Pflicht zur Auswertung aller Zusatzbefunde nicht wirksam vereinbaren können und zwar gem. § 134 BGB iVm. § 3a I ESchG.[847] Die Suche nach genetischen Veränderungen, die nicht die vermutete, sondern nur eine andere schwerwiegende Erbkrankheit auslösen können, ist nämlich mangels hierfür bekannter elterlicher Disposition zumindest aus der ex ante-Sicht nicht gem. § 3a II 1 ESchG gerechtfertigt. Deshalb müsste eine entsprechende Vereinbarung an sich nach § 134 BGB iVm. § 3a I ESchG nichtig sein[848], sodass bei der Verletzung dieser unwirksamen Pflicht auch kein Behandlungsfehler vorläge.

Etwas anderes könnte sich hingegen ergeben, wenn die Annahme einer Untersuchungs- und Auswertungspflicht über Zusatzbefunde, die mit dem Rechtfertigungsgrund des § 3a II 1 ESchG inhaltlich zusammenhängen,

844 Ähnlich, allerdings in Bezug auf genetische Beratungsverträge *Geiß/Greiner* Arzthaftpflichtrecht B Rn. 177.
845 Laufs/Katzenmeier/*Lipp* Kap. III Rn. 32.
846 BGHZ 188, 29.
847 Siehe hierzu oben S. 141 ff.
848 Siehe hierzu oben S. 141 ff.

dem Sinn und Zweck des gesetzlichen Verbotes des § 3a I ESchG nicht zuwiderläuft. Die Beschränkung der Zulässigkeit der PID auf die in § 3a II 1 ESchG genannten Fälle dient dazu, Embryonen nicht aufgrund irgendeiner genetischen Schädigung zu selektieren, sondern nur dann, wenn der untersuchte Embryo die Veranlagung für eine schwerwiegende Erbkrankheit aufweist. Medizinisch stellt es sich jedoch oftmals als sehr schwierig dar, bei einem Verdacht auf eine schwerwiegende Erbkrankheit, die diese auslösende genetische Disposition der Eltern richtig zu bestimmen. Dies resultiert unter anderem daraus, dass dafür die bereits bei einem Verwandten oder einem Kind der Eltern aufgetretene Erbkrankheit richtig diagnostiziert werden muss, was allerdings bei der Vielzahl der bekannten und zum Teil sogar noch unbekannten Erbkrankheiten nicht ohne Weiteres möglich ist. Es erscheint daher denkbar, dass die Wunscheltern neben der festgestellten genetischen Disposition noch eine weitere genetische Veranlagung für eine andere schwerwiegende Erbkrankheit aufweisen, von der sie nichts wissen oder die der Arzt im Vorfeld der PID nicht erkannt hat, weil er etwa die bereits in der Familie vorkommende Erbkrankheit falsch diagnostiziert hat, ohne dass dies wegen der Komplexität der Erbkrankheit zugleich einen Behandlungsfehler darstellen müsste. Somit ergibt sich bereits ein tatsächliches Bedürfnis, die Ergebnisse der PID auch bezüglich anderer schwerwiegender Erbkrankheiten auszuwerten, weil nur so sichergestellt werden kann, dass tatsächlich die vermutete Disposition und nicht eine andere genetische Veränderung der Wunscheltern für die schwerwiegende Erbkrankheit ursächlich ist. Schließlich muss beachtet werden, dass bei vorheriger Kenntnis der richtigen genetischen Disposition für die Vererbung einer schwerwiegenden Erbkrankheit eine hierauf abzielende PID nach § 3a II 1 ESchG gerechtfertigt und daher kein von der Rechtsordnung nach § 134 BGB iVm. § 3a I ESchG missbilligter Zweck gewesen wäre, weil es in diesem Fall nur um die Selektion von Embryonen mit der Veranlagung für schwerwiegende Erbkrankheiten geht. Zudem muss berücksichtigt werden, dass die PID in diesen Fällen ohnehin nach § 3a II 1 ESchG gerechtfertigt ist. Somit ergibt sich jedenfalls aus dem Sinn und Zweck der begrenzten Zulassung der PID kein Grund dafür, dass der Arzt für das behandlungsfehlerhafte Nichterkennen von schwerwiegenden Erbkrankheiten nicht haften sollte, die mit § 3a II 1 ESchG inhaltlich zusammenhängen.

Für eine Untersuchungs- und Auswertungspflicht in Bezug auf Überschussinformationen, die in der ex post Sicht ebenfalls eine PID gem. § 3a II 1 ESchG gerechtfertigt hätten, spricht zudem auch die ärztliche Fürsorgepflicht. Danach muss der Arzt Untersuchungsergebnisse, deren Erhebung zwar nicht medizinisch geboten war, dennoch unter Einhaltung des berufsspezifischen Standards auswerten und darf vor erkennbaren Zufallsbefunden nicht einfach die Augen verschließen.[849] Zwar folgt hieraus keine vertragliche Hauptleistungspflicht zur Erhebung von entsprechenden Befunden. Allerdings kann sich der Arzt, der die vergleichende Genomhybridisierung[850] nutzt, aufgrund der bestehenden Fürsorgepflicht nicht darauf berufen, dass er lediglich zur Auswertung hinsichtlich des Risikos für die konkret vermutete Erbkrankheit verpflichtet wäre. Dies muss bei der PID auch deshalb gelten, weil hierbei regelmäßig nicht nur Zufallsfunde, also Befunde, mit denen man im Allgemeinen nicht rechnen konnte[851], sondern sogar Zusatzbefunde, mit deren Auftreten man zwar nicht im Einzelfall, aber jedenfalls grundsätzlich rechnen muss[852], auftreten. Der Arzt wird dadurch auch nicht unbillig belastet, weil die Informationen bei Einsatz der vergleichenden Genomhybridisierung[853] ohnehin erhoben werden und eine Haftung zudem nicht bei jedem Nichterkennen einer genetischen Schädigung in Betracht kommt, sondern nur dann, wenn der Humangenetiker die Informationen schuldhaft behandlungsfehlerhaft auswertet.

Die vorangegangen Erwägungen haben gezeigt, dass der Arzt regelmäßig beim Anfall entsprechender Zusatzbefunde aufgrund der verwendeten Untersuchungsmethode zu einer dem medizinischen Standard entsprechenden Auswertung dieser Untersuchungsergebnisse verpflichtet ist, wenn es sich um eine PID nach § 3a II 1 ESchG handelt und die Ergebnisse inhaltlich mit diesem Rechtfertigungsgrund zusammenhängen.

(2) Haftung für das Nichterkennen von Zusatzbefunden, die mit den Rechtfertigungsgründen des § 3a II ESchG nicht zusammenhängen

Schwieriger lässt sich die Frage beantworten, ob eine Haftung des Arztes für das Nichterkennen von Zusatzbefunden in Betracht kommt, die eine

---

849 BGHZ 188, 29, 34 f.; OLG Koblenz MDR 2012, 770, 771; *Steffen/Pauge* Arzthaftungsrecht Rn. 176.

850 Siehe zu diesem Untersuchungsverfahren oben S. 43.

851 BT-Drucks. 16/12000 S. 99; *EURAT* Eckpunkte für eine Heidelberger Praxis der Ganzgenomsequenzierung S. 65 f.

852 *EURAT* Eckpunkte für eine Heidelberger Praxis der Ganzgenomsequenzierung S. 66.

853 Siehe hierzu oben S. 43.

PID nach § 3a II ESchG nicht gerechtfertigt hätten. Beispielsweise kann der Arzt bei einer mit der vergleichenden Genomhybridisierung[854] durchgeführten PID nach § 3a II 1 ESchG eine genetische Veränderung übersehen, die entweder spontan aufgetreten ist und daher nicht auf einer elterlichen genetischen Disposition beruht oder die zu einer Erbkrankheit führen kann, die sich allerdings nicht als schwerwiegend iSd. § 3a II 1 ESchG darstellt. Des Weiteren erscheint denkbar, dass der Arzt bei einer PID nach § 3a II 2 ESchG eine Schädigung nicht erkennt, die zwar nicht mit hoher Wahrscheinlichkeit zu einer Tot- oder Fehlgeburt führt, wohl aber zur Geburt eines behinderten Kindes. In diesen Fällen muss geklärt werden, ob dem Arzt vorgeworfen werden kann, dass er die Befunde nicht lege artis ausgewertet habe. Zweifel hieran bestehen, weil ein Vertrag über die PID nur zur Erkennung von Schädigungen zulässig ist, die in § 3a II ESchG genannt sind. Vereinbaren die Parteien von Anfang an eine Untersuchung auf andere Schädigungen, die nicht mit den Rechtfertigungsgründen des § 3a II ESchG zusammenhängen, verstößt die Abrede gegen das gesetzliche Verbot des § 3a I ESchG und ist daher nach § 134 BGB nichtig.[855] Somit kann jedenfalls eine Vereinbarung über die Pflicht zur Auswertung derartiger Zusatzbefunde keinen Anknüpfungspunkt für eine diesbezügliche Haftung des Arztes bilden, weil sie die Grenzen der Privatautonomie überschreitet. Es erscheint aber möglich, dass der Arzt bei Abschluss eines wirksamen PID-Vertrages iSd. § 3a II ESchG für Fehler bei der Auswertung von Zusatzbefunden haftet, selbst wenn die Vereinbarung über die Untersuchung und Auswertung derartiger Befunde nicht von Anfang an Gegenstand eines wirksamen PID-Vertrages sein kann. Während die Parteien nämlich im letzteren Fall einen von der Rechtsordnung missbilligten Zweck erreichen wollen, bewegen sie sich bei dem Abschluss eines von § 3a II ESchG erfassten PID-Vertrages in den Grenzen der Rechtsordnung.

Für die Annahme, dass das Verkennen eines Zusatzbefundes aufgrund einer nicht dem medizinischen Standard entsprechenden Auswertung von Überschussinformation grundsätzlich zu einer Haftung des Arztes führen kann, spricht die aus der ärztlichen Fürsorgepflicht abgeleitete umfassende Auswertungspflicht des Arztes.[856]

854 Siehe hierzu oben S. 43.
855 Siehe oben S. 144.
856 Siehe dazu bereits oben S. 198.

Ob sich aus dieser allerdings eine Pflicht zu einer dem medizinischen Standard entsprechenden Auswertung von Untersuchungsergebnissen ergibt, die eine PID nach § 3a II ESchG nicht hätten rechtfertigen können, erscheint fraglich. Verstärkt werden diese Zweifel, weil sich die Entscheidung des BGH[857] auf »normale« Behandlungsverträge und nicht auf atypische Behandlungsverträge wie etwa die PID bezieht, bei denen neben den Interessen der Frau auch die Interessen des Embryos Berücksichtigung finden müssen.

Bedenken hinsichtlich einer Haftung im Hinblick auf das Nichterkennen von Zusatzbefunden, die die Vornahme einer PID nach § 3a II ESchG nicht gerechtfertigt hätten, ergeben sich schließlich daraus, dass ein wirksamer PID-Vertrag nur zur Erkennung der in § 3a II ESchG genannten Schädigungen abgeschlossen werden kann. Aus § 134 BGB iVm. § 3a ESchG folgt daher, dass sich der Schutzzweck des PID-Vertrages nur auf die Vermeidung der Geburt eines schwerwiegend erbgeschädigten Kindes oder einer Tot- oder Fehlgeburt und die damit einhergehenden gesundheitlichen und finanziellen Belastungen erstrecken darf. Die Verhinderung der Geburt eines in geringerer Weise genetisch geschädigten Kindes mithilfe der PID stellt hingegen einen von der Rechtsordnung missbilligten Erfolg dar. Sofern man also eine Haftung für das Nichterkennen von genetischen Schädigungen annehmen würde, müsste der Arzt, um Schadensersatzansprüche zu vermeiden, de facto alle mit dem jeweiligen Untersuchungsverfahren erzielbaren Informationen, unabhängig davon, welche Auswirkungen sie auf die Gesundheit des Embryos haben können, in einer dem medizinischen Standard entsprechenden Weise auswerten. Der Arzt wäre also zur Vermeidung einer Haftung zumindest bei Einsatz der vergleichenden Genomhybridisierung[858] und bei der Fluoreszenz-in-situ-Hybridisierung[859] gezwungen, die Begrenzung der PID auf die in § 3a II ESchG genannten Gründe faktisch zu umgehen. Um dieses Ergebnis zu vermeiden, erscheint eine Begrenzung der Haftung auf die Fälle geboten, in denen die PID nach § 3a II ESchG gerechtfertigt ist oder zumindest aus der ex post-Sicht hätte gerechtfertigt werden können. Der Arzt ist daher nicht zur Auswertung anderer Zusatzbefunde verpflichtet, die eine PID nicht nach § 3a II ESchG hätten rechtfertigen können. Sofern er dies dennoch tut, haftet er jedenfalls nicht für Fehler in diesem Bereich.

857 BGHZ 188, 29.

858 Vgl. zu diesem Untersuchungsverfahren oben S. 43.

859 Hierzu oben S. 42.

Dieses Ergebnis steht auch nicht im Widerspruch zur Aufklärungspflicht des Arztes über alle von ihm diagnostizierten Zusatzbefunde.[860] Sofern er nämlich eine Diagnose getroffen hat, würde das bewusste Verschweigen dieser Information einen Eingriff in das Selbstbestimmungsrecht der Frau darstellen, zu dessen Rechtfertigung es einer gesetzlichen Grundlage bedürfte, die aber bei der PID fehlt. Sofern er hingegen die Befunde gar nicht oder fehlerhaft auswertet, verletzt er das Selbstbestimmungsrecht der Frau und ihr Recht auf körperliche Unversehrtheit hingegen nicht, weil das Gesetz der Frau in § 3a ESchG nur zubilligt, die Implantation eines schwerwiegend erbgeschädigten Embryos oder die Gefahr einer Tot- oder Fehlgeburt zu vermeiden. Die PID dient hingegen nicht dazu, der Frau ein Recht auf ein nichtbehindertes Kind zuzugestehen.

III. Vertretenmüssen

Ein vertraglicher Schadensersatzanspruch setzt weiterhin voraus, dass der Anspruchsgegner die Pflichtverletzung zu vertreten hat, § 280 I 2 iVm. § 276 I 1 BGB. Dies ist gem. § 276 I 1 BGB grundsätzlich der Fall, wenn der Schuldner vorsätzlich oder fahrlässig gehandelt hat. Da das Behandlungszentrum allerdings nicht selbst handelt, sondern die für das Zentrum tätigen Ärzte, kommt eine Verschuldenszurechnung für deren pflichtwidriges Verhalten gem. § 278 1 Alt. 2 BGB bzw. (analog) § 31 BGB gegebenenfalls iVm. § 89 BGB in Betracht. Sofern der pflichtwidrig handelnde Arzt zugleich Gesellschafter des Zentrums ist, haftet dieses für sein Verschulden gem. § 31 BGB analog. Verletzt hingegen ein verbeamteter Chefarzt schuldhaft eine Pflicht aus dem Behandlungsvertrag, erfolgt eine Verschuldenszurechnung gem. §§ 89, 31 BGB an das MVZ bzw. den Klinikträger. In Fällen, in denen der pflichtwidrig und schuldhaft handelnde Arzt weder Gesellschafter noch verbeamteter Chefarzt ist, wird der jeweiligen Gesellschaft das Verschulden gem. § 278 1 Alt. 2 BGB zugerechnet. Sofern es um das Vertretenmüssen für Behandlungs- und Aufklärungsfehler geht, kommt im Regelfall mangels bewussten und gewollten unsorgfältigen Verhaltens nur der Vorwurf fahrlässigen Verhaltens in Betracht.[861] Gem. § 276 II BGB handelt fahrlässig, wer die im Verkehr erforderliche Sorgfalt außer Acht lässt. Aus der Formulierung »erforderliche« Sorgfalt

860 Siehe oben S. 162 ff.
861 *Deutsch/Spickhoff* Medizinrecht Rn. 321, 323.

wird deutlich, dass im Zivilrecht grundsätzlich ein objektivierter Fahrlässigkeitsmaßstab gilt[862], der allerdings durch die Zugehörigkeit zu einer bestimmten Berufsgruppe näher spezifiziert wird (sog. gruppenspezifischer Standard)[863].[864] Der für Ärzte geltende Mindest[865]-Sorgfaltsmaßstab iSd. § 276 II BGB ist dabei der Standard eines besonnenen und gewissenhaften Arztes des jeweiligen Fachgebiets[866], sog. Facharztstandard. Der Arzt kann sich also grundsätzlich[867] nicht damit entlasten, dass sein den medizinischen Standard unterschreitendes Verhalten subjektiv entschuldbar erscheint.[868] Spezielle Kenntnisse und Fähigkeiten des Arztes sind hingegen geeignet, den geschuldeten Sorgfaltsmaßstab zu erhöhen.[869] Steht also fest, dass der für das Zentrum tätige Arzt den medizinischen Standard oder den für ihn aufgrund von Spezialkenntnissen erhöhten Standard unterschritten bzw. seine Aufklärungspflicht verletzt hat, ist damit neben der Pflichtverletzung zugleich ein Verstoß gegen den Sorgfaltsmaßstab indiziert.[870]

IV. Schaden

Ein vertraglicher Schadensersatzanspruch der Frau gegen das Behandlungszentrum setzt weiterhin einen durch die vom Schuldner zu vertretende Pflichtverletzung entstandenen Schaden voraus, § 280 I BGB. Art und Umfang eines möglichen Schadensersatzanspruches richten sich dabei nach §§ 249 ff. BGB.

---

862 BGH NJW 2001, 1786, 1787; OLG Karlsruhe VersR 2006, 228, 229; Erman/*H. P. Westermann* § 276 Rn. 10; *Steffen/Pauge* Arzthaftungsrecht Rn. 157.

863 *Laufs/Kern* Handbuch des Arztrechts § 97 Rn. 17; *Tamm* Jura 2008, 881, 888.

864 Erman/*H. P. Westermann* § 276 Rn. 11 f.; PWW/*Schmidt-Kessel* § 276 Rn. 10.

865 PWW/*Schmidt-Kessel* § 276 Rn. 15.

866 *Deutsch/Spickhoff* Medizinrecht Rn. 356; *Quaas*/Zuck Medizinrecht § 14 Rn. 72; *Tamm* Jura 2008, 881, 888.

867 Zu den Ausnahmen, in denen persönliche Verhältnisse den Arzt ausnahmsweise entlasten können siehe MünchKomm/*Grundmann* § 276 Rn. 111 mwN.

868 BGH NJW 2001, 1786, 1787; *Steffen/Pauge* Arzthaftungsrecht Rn. 157.

869 BGH NJW 1987, 1479, 1480; PWW/*Schmidt-Kessel* § 276 Rn. 15.

870 *Kempter* Medizinische Sorgfaltsstandards S. 43; ausführlich zur Frage, ob die Verschuldensvermutung auch im Arzthaftungsrecht gilt *Laufs/Kern* Handbuch des Arztrechts § 107 Rn. 13 sowie *Tamm* Jura 2008, 881, 888 f. beide jeweils mwN. Aufgrund der Tatsache, dass der Beweis des ärztlichen Vertretenmüssens bei einem bewiesenen Behandlungsfehler bisher noch nicht relevant wurde, kommt diesem Meinungsstreit für die Praxis keine Bedeutung zu.

1. Schaden bei Behandlungsfehlern

Im Rahmen der PID kommen Behandlungsfehler typischerweise in Form von Befunderhebungsfehlern und Diagnosefehlern vor. Zur Veranschaulichung werden die sich typischerweise bei Diagnose- oder Befunderhebungsfehlern ergebenden Sachverhaltskonstellationen dargestellt. Anschließend wird erörtert, ob und inwiefern ein ersatzfähiger Schaden vorliegt.

a) Erste Fallkonstellation

Bei den ersten beiden Fallkonstellationen erkennt der Arzt trotz seines Behandlungsfehlers richtig, dass alle untersuchten Embryonen an der aufgrund der genetischen Disposition der Eltern oder eines Elternteils vermuteten Erbkrankheit leiden oder eine schwerwiegende Schädigung, die mit hoher Wahrscheinlichkeit zu einer Tot- oder Fehlgeburt führen wird, aufweisen (sog. richtig positive Diagnose). In der ersten und praktisch häufigsten Fallkonstellation entscheidet sich die Mutter aufgrund dieses Untersuchungsergebnisses gegen einen Embryotransfer, sodass kein Kind zur Welt kommt.

b) Zweite Fallkonstellation

Die zweite, in der Praxis nur ausnahmsweise denkbare Konstellation unterscheidet sich von der ersten nur dadurch, dass die Mutter in Kenntnis der behandlungsfehlerhaft zustande gekommenen richtig positiven Diagnose in den Embryotransfer einwilligt, sodass dieser stattfindet. Das Kind kommt mit der Erbkrankheit zur Welt oder leidet an der diagnostizierten schwerwiegenden Schädigung, die gegebenenfalls zu einer Tot- oder Fehlgeburt führt.

c) Dritte Fallkonstellation

In der dritten und vierten Fallkonstellation stellt der Arzt behandlungsfehlerhaft, aber tatsächlich zutreffend fest, dass der Embryo nicht an der vermuteten Erbkrankheit bzw. an einer numerischen Chromosomenanomalie leidet (sog. richtig negative Diagnose). In der dritten Sachverhaltsvariante entscheidet sich die Mutter für einen Embryotransfer und das Kind kommt gesund zur Welt.

d) Vierte Fallkonstellation

In der praktisch wohl sehr seltenen vierten Konstellation entscheidet sich die Mutter trotz des richtigen unauffälligen Befundes bei der PID gegen einen Embryotransfer, sodass das Kind nicht zur Welt kommt.

e) Fünfte Fallkonstellation

Weiterhin kann der Arzt aufgrund eines Behandlungsfehlers irrtümlich annehmen, dass der Embryo an der vermuteten Erbkrankheit leidet oder eine schwerwiegende Schädigung aufweist, die mit hoher Wahrscheinlichkeit zu einer Tot- oder Fehlgeburt führt (Fallkonstellationen 5-6), obwohl dies tatsächlich nicht der Fall ist (sog. falsch positive Diagnose). Regelmäßig wird dieses falsche Untersuchungsergebnis dazu führen, dass sich die Frau gegen einen Embryotransfer entscheidet, weil sie mit der PID den Ausschluss genetischer Schädigungen bezweckt.

f) Sechste Fallkonstellation

Dem Arzt unterläuft in dieser Fallkonstellation ein wie unter e) beschriebener Fehler. Trotzdem entscheidet sich die Mutter dazu, das Kind zu bekommen. Dieses Kind leidet entgegen der Aussage des Arztes nicht an der Erbkrankheit bzw. weist keine schwerwiegende Schädigung auf.

g) Siebte Fallkonstellation

In der siebten und achten Fallkonstellation verkennt der Arzt behandlungsfehlerhaft, dass der Embryo von der vermuteten Erbkrankheit oder einer schwerwiegenden Schädigung, die mit hoher Wahrscheinlichkeit zu einer Tot- oder Fehlgeburt führt, betroffen ist (sog. falsch negative Diagnose). Die Mutter entscheidet sich für das Kind. Entweder kommt es in diesem Fall zu einem Abort, der Geburt eines kranken Kindes oder die Mutter entscheidet sich gegebenenfalls für eine Abtreibung, wenn die Erkrankung des Kindes in der Schwangerschaft mithilfe der PND festgestellt wird und die Voraussetzungen für die Vornahme eines Schwangerschaftsabbruchs nach § 218a StGB vorliegen.

h) Achte Fallkonstellation

In der praktisch wohl sehr seltenen achten Konstellation entscheidet sich die Mutter trotz des vermeintlich unauffälligen Befundes bei der PID gegen einen Embryotransfer, sodass das Kind nicht zur Welt kommt.

i) Schuldhaft richtig negative bzw. richtig positive Diagnose

In den Fällen, in denen der Arzt bei der genetischen Diagnostik den medizinischen Standard schuldhaft unterschritten und daher einen Behandlungsfehler begangen hat, trotzdem aber zufällig zu einer richtig positiven bzw. richtig negativen Diagnose gelangt ist[871] und der Frau den objektiv richtigen Befund mitgeteilt hat, scheidet eine Haftung des Behandlungszentrums aus. Eine Ersatzpflicht setzt nämlich den Eintritt eines Schadens voraus, der kausal auf einer schuldhaften Pflichtverletzung des Anspruchsgegners beruht.[872] Aufgrund der tatsächlich richtigen Diagnose konnte die Frau frei darüber entscheiden, ob sie sich den gesunden bzw. theoretisch auch den genetisch auffälligen Embryo implantieren lässt. Die mit der Schwangerschaft oder einer Fehlgeburt verbundenen Belastungen bzw. die aus der Geburt eines kranken Kindes folgende erhöhte Unterhaltsbelastung stellen in diesem Fall keinen Schaden der Mutter dar, der kausal aus der behandlungsfehlerhaften genetischen Diagnostik bzw. Diagnose[873] resultiert. Auch bei rechtmäßigem Alternativverhalten, d.h. bei einer dem medizinischen Standard entsprechenden Diagnostik und Diagnose hätte die Frau die mit der Schwangerschaft verbundenen Belastungen ertragen müssen. In den praktisch seltenen Fällen der richtig positiven Diagnose wäre auch ohne Behandlungsfehler ein behindertes Kind zur Welt gekommen, das einen erhöhten Unterhaltsbedarf hat. Mangels Kausalität

---

871 Siehe dazu die Fallkonstellation 1-4 S. 203 f.

872 *Tamm* Jura 2009, 81, 81.

873 Bei Diagnoseirrtümern sind Behandlungsfehler nur mit Zurückhaltung anzunehmen, BGH NJW 2003, 2827, 2828, Laufs/*Kern* Handbuch des Arztrechts § 98 Rn. 7.

zwischen Pflichtverletzung und Schaden steht der Mutter in diesen Fällen daher kein Schadensersatzanspruch zu.

j) Schuldhaft falsch positive Diagnose

Das Vorliegen eines Schadens ist schwieriger festzustellen, sofern der Humangenetiker behandlungsfehlerhaft und schuldhaft eine falsch positive Diagnose getroffen hat.[874] Bei einer falsch positiven Diagnose, die auf einem zu vertretendem Behandlungsfehler beruht, wird sich die Frau regelmäßig gegen die Implantation des Embryos entscheiden, weil sie mit der PID gerade den Ausschluss von genetisch bedingten Erkrankungen des Kindes bezweckt.

aa) Schaden bei falsch positiver Diagnose und positiver Implantationsentscheidung

Ausnahmsweise sind jedoch auch Fälle denkbar, in denen sich die Frau trotz falsch positiver Diagnose zur Implantation des Embryos entscheidet.[875] Sofern das Kind gesund geboren wird, sind weder ihm noch der Mutter ein Schaden entstanden.[876] Insbesondere kommt bei einer falsch positiven Diagnose kein immaterieller Schaden der Mutter für die aufgrund der mit der Schwangerschaft und der Geburt verbundenen gesundheitlichen Belastungen und Schmerzen in Betracht, weil der Behandlungsfehler des Arztes nicht für die Entscheidung der Frau zur Implantation des Embryos und die Schwangerschaft kausal geworden ist. Während die Frau bei einer auf einem Behandlungsfehler beruhenden falsch negativen Diagnose nicht mit der Geburt eines behinderten Kindes rechnet und nur aufgrund dieser Fehlvorstellung in die Implantation eines an sich unerwünschten Embryos einwilligt, entscheidet sie sich bei einer behandlungsfehlerhaften falsch positiven Diagnose bewusst für die Schwangerschaft. Sie kann sich daher nicht darauf berufen, dass sie – wie im Fall der falsch

---

874 Siehe dazu die Sachverhaltsvarianten 5 und 6, S. 204.

875 Ein Grund dafür könnte z.B. sein, dass sich die Frau aufgrund ihres vorangeschrittenen Alters und mangels Verfügbarkeit von genetisch unauffälligen Embryonen dennoch zur Implantation entscheidet, weil die Alternative der Verzicht auf ein leibliches Kind wäre.

876 *Olzen/Kubiak* JZ 2013, 495, 497.

negativen Diagnose – bei einer richtigen Diagnose von der Implantation abgesehen hätte, weil sogar die Schwangerschaft und die Geburt eines behinderten Kindes für sie erwünscht war bzw. sie dies zumindest in Kauf genommen hat. Sofern die Mutter allerdings im Hinblick auf die erwartete Behinderung des Kindes konkrete Aufwendungen getätigt hat (z.B. behindertengerechter Umbau der Wohnung), steht ihr ein Anspruch gegen das PID-Zentrum auf Schadensersatz für die vergeblichen Aufwendungen aus § 280 I BGB zu.[877] Nach der Differenzhypothese ist der Vertragspartner bei einem ärztlichen Behandlungsfehler hinsichtlich des materiellen Schadens nämlich so zu stellen, wie er ohne den Fehler des Arztes stünde.[878] Da die Mutter die Aufwendungen aufgrund der schuldhaften falsch positiven Diagnose des Arztes getätigt hat, sind sie daher ersatzfähig.

bb) Schaden bei falsch positiver Diagnose und negativer Implantationsentscheidung

Normalerweise wird sich die Frau bei einer falsch positiven Diagnose gegen die Implantation des Embryos entscheiden, weil sie die mit der PID verbundenen Belastungen auf sich genommen hat, um ein genetisch gesundes Kind zu bekommen. In dieser Sachverhaltskonstellation stellt sich daher die Frage, ob der Frau durch die pflichtwidrige und objektiv falsche Diagnose überhaupt ein Schaden entstanden ist. Zweifel hieran ergeben sich, weil die pflichtwidrig objektiv falsche Diagnose nicht unmittelbar zu einem Schaden der Frau führt, sondern allenfalls die sich daran regelmäßig anschließende Vernichtung des Embryos als Folge der negativen Implantationsentscheidung.[879] Es muss daher festgestellt werden, ob die Frau durch die Vernichtung des Embryos einen kausal mit dem ärztlichen Fehlverhalten zusammenhängenden ersatzfähigen materiellen und/oder immateriellen Schaden erleidet.

877 Vgl. *Olzen/Kubiak* JZ 2013, 495, 497.

878 OLG Frankfurt Urteil vom 22.04.2010 AZ: 22 U 153/08; zur Differenzhypothese auch MünchKomm/*Oetker* § 249 Rn. 16 ff.

879 Siehe hierzu oben S. 46.

(1) Vorliegen eines immateriellen Schadens wegen der Vernichtung des vermeintlich genetisch geschädigten Embryos

Voraussetzung eines Anspruchs nach § 280 I BGB ist ein Schaden, d.h. die Beeinträchtigung eines vermögenswerten oder ideellen Gutes oder Interesses.[880] Sofern es um die Vernichtung eines vermeintlich genetisch geschädigten Embryos geht, kommen in erster Linie immaterielle Schäden der Frau in Betracht. Diese sind zwar grundsätzlich ebenfalls wie materielle Schäden nach § 249 I BGB durch Naturalrestitution auszugleichen.[881] Da bei einer Vernichtung des Embryos eine Naturalrestitution in Form der »Wiederbelebung« des Embryos unmöglich ist, scheidet ein solcher Anspruch aus. Somit ist zu klären, ob der Frau ein Ersatzanspruch in Geld für ihre durch die Vernichtung des Embryos betroffenen ideellen Interessen zugebilligt werden kann. Während materielle Schäden immer ersatzfähig sind, kann eine Entschädigung in Geld bei Nichtvermögensschäden gem. § 253 I BGB nur in den durch das Gesetz bestimmten Fällen gefordert werden.[882] Dazu zählt insbesondere § 253 II BGB, der einen Schmerzensgeldanspruch bei der Verletzung des Körpers, der Gesundheit, der Freiheit und der sexuellen Selbstbestimmung gewährt. Neben den in § 253 II BGB genannten Rechtsgütern hat der BGH mit allgemeiner Billigung den Kreis der ersatzfähigen immateriellen Schäden auf die Verletzung des allgemeinen Persönlichkeitsrechts erweitert.[883] Dieser Anspruch auf eine billige Entschädigung in Geld wurzelt dabei nicht in § 253 BGB, sondern ergibt sich aus dem nach Art. 1 I und Art. 2 I GG gebotenen umfassenden Schutz der Persönlichkeit.[884]

Voraussetzungen eines Schmerzensgeldanspruchs bzw. eines Anspruchs auf billige Entschädigung der Frau in Geld wegen der Vernichtung des Embryos ist daher, dass sie in einem der in § 253 II BGB genann-

---

880 Vgl. MünchKomm/*Oetker* § 249 BGB Rn. 16; *Looschelders* Schuldrecht Allgemeiner Teil Rn. 960.

881 *Looschelders* Schuldrecht Allgemeiner Teil Rn. 964.

882 *Looschelders* Schuldrecht Allgemeiner Teil Rn. 965.

883 BGHZ 128, 1, 15; BGHZ 39, 124, 130 ff.; BGHZ 35, 363, 367 f.; BGHZ 26, 349, 355 f.; die Zubilligung einer Geldentschädigung für die Verletzung des allgemeinen Persönlichkeitsrecht ist auch vom BVerfG gebilligt worden, BVerfGE 34, 269, 292.

884 BT-Drucks. 14/7752 S. 25; BeckOK/*Bamberger* § 12 BGB Rn. 232; *Looschelders* Schuldrecht Allgemeiner Teil Rn. 1060; *Voß* Vernichtung tiefgefrorenen Spermas als Körperverletzung? S. 152 f.

ten Rechtsgüter oder in ihrem allgemeinen Persönlichkeitsrecht verletzt ist.

(a) Schmerzensgeld wegen einer Körper- und/oder Gesundheitsverletzung gem. § 253 II BGB durch die Vernichtung des Embryos

Ein Schmerzensgeldanspruch nach § 253 II BGB setzt unter anderem die Verletzung des Körpers und/oder der Gesundheit der Frau voraus. Als Körperverletzung wird nach der traditionellen Auffassung jeder unbefugte und nicht völlig unerhebliche Eingriff in die körperliche Unversehrtheit eines anderen angesehen[885], sodass die Unantastbarkeit der leiblichen Sphäre des Rechtsgutsträgers im Vordergrund steht.[886] Eine Gesundheitsverletzung stellt jede behandlungsbedürftige Störung der körperlichen, geistigen oder seelischen Lebensvorgänge dar.[887] Dabei setzt eine Verletzung der genannten Rechtsgüter nicht zwingend einen physischen Eingriff voraus, sondern kann auch psychisch vermittelt werden.[888] Man spricht in diesem Fall von Schockschäden.

(aa) Gesundheitsverletzung der Frau durch die Nachricht von der Vernichtung eines nur irrtümlich für genetisch auffällig gehaltenen Embryos

Im Falle einer falsch positiven Diagnose mit negativer Implantationsentscheidung und daraus folgender Vernichtung des Embryos könnte der Frau durch die Mitteilung, dass der irrtümlich für genetisch geschädigt gehaltene Embryo tatsächlich doch implantationsgeeignet war[889], wegen einer Gesundheitsverletzung nach § 253 II BGB Schmerzensgeld in Anleh-

---

885 BeckOK/*Spindler* § 823 BGB Rn. 30; *Laufs/Reiling* NJW 1994, 775, 775; Palandt/*Sprau* § 823 BGB Rn. 4; Soergel/*Spickhoff* § 823 BGB Rn. 33; *Voß* Vernichtung tiefgefrorenen Spermas als Körperverletzung? S. 23.

886 *Voß* Vernichtung tiefgefrorenen Spermas als Körperverletzung? S. 23 mwN.

887 BeckOK/*Spindler* § 823 BGB Rn. 30; Soergel/*Spickhoff* § 823 BGB Rn. 38; *Voß* Vernichtung tiefgefrorenen Spermas als Körperverletzung? S. 43.

888 BGHZ 137, 142, 145; BGHZ 132, 341, 343; Soergel/*Spickhoff* § 823 BGB Rn. 33, 38; zustimmend im Hinblick auf die Gesundheitsverletzung *Voß* Vernichtung tiefgefrorenen Spermas als Körperverletzung? S. 46.

889 Vgl. zu Gesundheitsverletzungen bei Abtreibung eines gesunden Embryos *Harrer* Zivilrechtliche Haftung bei durchkreuzter Familienplanung S. 383.

nung an die Schockschadensrechtsprechung[890] zustehen. Die Zubilligung eines Schmerzensgeldes setzt jedoch voraus, dass die Frau durch die Nachricht von der Vernichtung eines tatsächlich doch nicht genetisch geschädigten Embryos eine medizinisch feststellbare psychische Krankheit oder einen psychischen Schaden erleidet, der über das allgemeine Maß hinausgeht.[891] Die Frau muss also eine psychische Belastung erleiden, die das gewöhnliche Maß dessen übersteigt, was eine derartige Nachricht normalerweise mit sich bringt, sodass die seelische Beeinträchtigung bereits Krankheitswert erreicht.[892] Dies erscheint bei der Vernichtung eines extrakorporalen Embryos, sofern diese dem Arzt trotz der dazwischenliegenden negativen Implantationsentscheidung der Frau zurechenbar ist, anders als etwa bei der Abtreibung eines irrtümlich für krank gehaltenen Fötus, in der die seelische Belastung der Frau gelegentlich die normalen Trauer- und Schmerzgefühle übersteigen und Krankheitswert erreichen kann[893], fraglich. Während bei einer Abtreibung schon eine Schwangerschaft und eine enge körperliche Bindung der Schwangeren zum Embryo bestehen, hat die Frau zum extrakorporalen Embryo grundsätzlich kein derart inniges Verhältnis. Daher erleidet sie regelmäßig keine seelischen Beeinträchtigungen, die in ihrem Schweregrad einer medizinisch feststellbaren psychischen Krankheit oder einem psychischen Schaden gleichkommen. Zudem besteht für die Frau zumeist die Möglichkeit, in einem weiteren Behandlungszyklus ein gesundes Kind zur Welt zur bringen, sodass die Trauer- und Schmerzempfindungen auch dadurch in ihrer Intensität gemindert sind und daher normalerweise keinen Krankheitswert erreichen. Gegen die Annahme einer Gesundheitsschädigung spricht zudem, dass ein Anspruch wegen eines Schockschadens regelmäßig nur bei der Nachricht vom Tod oder einer schweren Verletzung eines nahen Angehörigen in Betracht kommt.[894] Die sich in diesen Fällen ergebenden seelischen Belastungen sind allerdings deutlich gravierender als diejenigen, die bei der Vernichtung eines, wenn auch tatsächlich gesunden, extrakorporalen Embryos auftreten. Zudem setzt ein Schmerzensgeldanspruch für einen Schockschaden weiterhin voraus, dass eine »besondere personale Be-

890 BGH NJW 2012, 1730; BGHZ NJW 1989, 2137; BGH NJW 1984, 1405; BGH NJW 1971, 1883 jeweils mwN.

891 Vgl. OLG Düsseldorf NJW 1988, 777, 777; BeckOK/*Spindler* § 823 BGB Rn. 33 mwN.

892 Vgl. BGH NJW 1989, 2317, 2318.

893 *Harrer* Zivilrechtliche Haftung bei durchkreuzter Familienplanung S. 383.

894 BGHZ 193, 34, 37.

ziehung« zwischen dem nur mittelbar Geschädigten und dem Getöteten bzw. schwer Verletzten besteht.[895] Diese könnte sich zwar daraus ergeben, dass der Embryo aus der Eizelle der Frau entstanden ist. Allerdings kann die Verbundenheit der Frau zu einem extrakorporalen Embryo nicht mit der Verbundenheit zwischen engen Angehörigen verglichen werden. Dies gilt bei der PID insbesondere deshalb, weil die Frau, die eine PID hat vornehmen lassen, bereits wusste, dass aller Voraussicht nach einige Embryonen nicht weiterkultiviert und daher vernichtet werden. Es wäre daher widersprüchlich, eine besondere personale Beziehung zwischen ihr und den extrakorporalen Embryonen anzunehmen. Zusammenfassend lässt sich daher festhalten, dass die Mitteilung von der Vernichtung eines tatsächlich gesunden Embryos regelmäßig nicht das Maß erreichen, dass für die Anerkennung eines psychisch vermittelten Gesundheitsschadens erforderlich ist, sodass diese Belastung regelmäßig nicht nach § 253 II BGB in Geld zu entschädigen ist.

(bb) Körperverletzung durch die Vernichtung des Embryos

Somit verbleibt als Anknüpfungspunkt für einen immateriellen Schadensersatzanspruch bei pflichtwidrig falsch negativer Diagnose und einer daraus resultierenden negativen Implantationsentscheidung nur die Vernichtung des Embryos, die eine Körperverletzung der Frau nach § 253 II BGB darstellen könnte.

(α) Körperverletzung nach der klassischen Definition der Körperverletzung

Sofern man die o.g.[896] Definition zugrunde legt, wonach jeder nicht völlig unerhebliche Eingriff in die körperliche Unversehrtheit eines anderen eine Körperverletzung darstellt, ergeben sich Probleme, die Vernichtung eines extrakorporalen Embryos als Körperverletzung der Frau zu charakterisieren. Es muss nämlich ein »anderer«, also die Frau, in ihrer körperlichen Unversehrtheit verletzt sein. Da die weibliche Eizelle aber durch die Konjugation mit dem männlichen Samen zu einem Embryo und somit zu ei-

895 BGHZ 193, 34, 36.
896 Siehe hierzu oben S. 209.

nem eigenständigen Individuum geworden ist[897], bestehen Zweifel, ob bei der Vernichtung eines Embryos die Frau als Anspruchstellerin in ihrer körperlichen Integrität verletzt ist. Verstärkt werden diese Bedenken dadurch, dass es schwierig erscheint, die Vernichtung eines Embryos, der sich außerhalb des weiblichen Körpers befindet, als Eingriff in die körperliche Integrität der Wunschmutter zu charakterisieren, anders als bei Schädigungen des Embryos im Mutterleib[898].

Die Vertreter der Auffassung, die eine Einheit von Wunschmutter und Embryo und damit zugleich eine Verletzung der Frau bei einer Schädigung des Embryos annehmen, beziehen sich aber alle auf den Embryo in vivo.[899] Sie stützen ihre Ansicht, dass die Schädigung des Embryos zugleich eine Körper- oder Gesundheitsverletzung darstelle, allein auf die natürliche Einheit von Leibesfrucht und Schwangerer. Dass es hieran aufgrund der räumlichen Trennung von extrakorporalem Embryo und Frau bei der PID fehlt, deutet darauf hin, dass die Vernichtung eines extrakorporalen Embryos nicht in die körperliche Unversehrtheit der Mutter, sondern nur in die des Embryos eingreift.[900] Gegen die Annahme, dass die Vernichtung des extrakorporalen Embryos eine Körperverletzung der Frau darstellt, spricht zudem, dass nur schwerlich von einem Eingriff in die körperliche Unversehrtheit der Frau gesprochen werden kann, wenn zwischen ihr und dem Embryo keinerlei räumliche Beziehung besteht.[901] Es ist somit festzuhalten, dass die Vernichtung eines extrakorporalen Embry-

---

897 Siehe oben S. 33.

898 Eine Gesundheitsschädigung bzw. Körperverletzung der Mutter bei einer Schädigung des Embryos nehmen an OLG Oldenburg NJW 1991, 2355, 2355; OLG Koblenz NJW 1988, 2959, 2960; in dieselbe Richtung tendierend BGH NJW 1972, 1126, 1127, der den Embryo ebenfalls als Teil der Mutter ansieht sowie *Schnorbus* JuS 1994, 830, 835, der ebenfalls andeutet, dass die Vernichtung des Embryos wohl auch eine Körperverletzung der Mutter sei, allerdings nicht die klassische Definition der Körperverletzung zugrunde legt; **a.A.**: OLG Düsseldorf NJW 1988, 777, 777, das der Frau einen Anspruch auf Schmerzensgeld nur gewährt, wenn die Frau durch die Schädigung oder Tötung der Leibesfrucht in ihrer eigenen körperlichen Integrität oder Gesundheit verletzt wird; so wohl auch Staudinger/*Hager* § 823 BGB B 45.

899 OLG Oldenburg NJW 1991, 2355, 2355; OLG Koblenz NJW 1988, 2959, 2960; Soergel/*Zeuner* 12. Aufl. § 823 BGB Rn. 24.

900 In diese Richtung tendierend *Laufs/Reiling* NJW 1994, 775, 776.

901 Im Ergebnis ebenso, allerdings in Bezug auf extrakorporales Sperma, das sich zudem noch leichter als dem Körper des Mannes zugehörig qualifizieren lässt als ein Embryo dem Körper der Frau, *Laufs/Reiling* NJW 1994, 775, 775 sowie *Taupitz* JR 1995, 22, 23.

os jedenfalls keine Körperverletzung im Sinne der herkömmlichen Definition darstellt.

(β) Körperverletzung nach der funktionsspezifischen Definition der Körperverletzung

Denkbar erscheint hingegen, eine in Geld zu entschädigende Körperverletzung der Frau iSd. § 253 II BGB durch die Vernichtung des vermeintlich für genetisch auffällig gehaltenen Embryos anhand der vom BGH[902] anlässlich der Vernichtung von kryokonserviertem Sperma zu §§ 823 I, 847 I aF. BGB entwickelten und gegenüber der traditionellen Auslegung erweiterten funktionsspezifischen[903] Definition der Körperverletzung zu begründen. Danach stellt das Recht am eigenen Körper einen gesetzlich ausgeformten Teil des allgemeinen Persönlichkeitsrechts dar, sodass eine Körperverletzung bereits bei jedem unbefugten, also von der Einwilligung des Rechtsträgers nicht gedeckten Eingriff in die Unversehrtheit der körperlichen Befindlichkeit vorliegt.[904] Geschützt ist somit nicht nur die körperliche Materie, sondern das Seins- und Bestimmungsfeld der Persönlichkeit, das sich in der körperlichen Befindlichkeit materialisiert.[905] Eine Körperverletzung ist nach der Auffassung des Senats daher gegeben, wenn dem Körper entnommene Bestandteile vernichtet werden, die nach dem Willen des Rechtsträgers zur Bewahrung von Körperfunktionen oder zu ihrer Verwirklichung wieder mit dem Körper vereint werden sollen.[906] Nur so sei nämlich der gebotene umfassende Schutz der körperlichen Integrität auch während der Trennung gewährleistet.[907] Bezogen auf die falsch positive Diagnose bei einer PID, die regelmäßig aufgrund der negativen Implantationsentscheidung der Frau die Vernichtung des Embryos zur Folge hat, könnte man daher in Erwägung ziehen, dass die Frau in ihrer körperlichen Integrität verletzt sei und ihr daher ein Schmerzensgeldanspruch aus § 253 II BGB zustehe.

Im Folgenden wird daher zunächst erörtert, ob die Vernichtung eines extrakorporalen Embryos bei Zugrundelegung der vom BGH aufgestellten

---

902 BGHZ 124, 52.
903 *Voß* Vernichtung tiefgefrorenen Spermas als Körperverletzung? S. 41.
904 BGHZ 124, 52, 54.
905 BGHZ 124, 52, 54.
906 BGHZ 124, 52, 54 f.
907 BGHZ 124, 52, 55.

funktionsspezifischen Definition[908] eine Körperverletzung iSd. § 253 II BGB darstellt, denn nur dann muss entschieden werden, ob der Ausweitung des Körperbegriffs zuzustimmen ist.

Entscheidend für die Annahme einer Körperverletzung ist zum einen der Wille der Frau, dass der Embryo später mit ihrem Körper vereinigt werden soll, zum anderen muss die Reimplantation des Embryos die Bewahrung oder Verwirklichung einer Körperfunktion bezwecken.

Klärungsbedürftig erscheint bei einer falsch positiven Diagnose mit negativer Implantationsentscheidung[909], ob die Frau nur eine vorübergehende Trennung des nur irrtümlich für genetisch geschädigten Embryos wollte, oder ob sie sich durch ihre negative Implantationsentscheidung wirksam für eine endgültige Trennung von ihrem Körper und dem vermeintlich kranken Embryo entschieden hat. Im letztgenannten Fall verliert der abgetrennte Körperteil nach Ansicht des BGH[910] die Zuordnung zum Körper, sodass dann nach der funktionsspezifischen Auslegung keine Körperverletzung vorläge.

Zwar hat die Frau in der zu untersuchenden Sachverhaltskonstellation, anders als im vom BGH entschiedenen Fall, in dem der Mann mit der Vernichtung des Spermas nicht einverstanden war[911], zumindest (konkludent) geäußert, dass sie die Implantation nicht wünsche. Allerdings hat sie diesen Entschluss im Normalfall nur aufgrund der falsch positiven Diagnose getroffen. Der Wille der Frau, die eine PID vornehmen lässt und die damit verbundenen Belastungen auf sich nimmt, besteht regelmäßig darin, sich den Embryo nur bei einem richtig negativen Befund implantieren zu lassen. Die Entscheidung zur Nichtimplantation bei einer falsch positiven Diagnose entspricht daher nicht dem tatsächlichen Willen der Frau, sondern stellt nur eine Folge des durch ärztliches Fehlverhalten ausgelösten Irrtums über einen tatsächlich nicht vorhandenen Gendefekt des Embryos dar. Somit kann man annehmen, dass die Frau bei einem tatsächlich genetisch unauffälligen Embryo nur eine vorübergehende Trennung will. Zudem ist es nicht einzusehen, dass sich der Arzt, der sich vertraglich zu einer dem medizinischen Standard entsprechenden genetischen Diagnostik verpflichtet hat, tatsächlich aber die von ihm geschuldete Sorgfalt außer Acht lässt, durch den Hinweis entlasten kann, die Frau habe die Entschei-

---

908 BGHZ 124, 52, 54 f.
909 Siehe dazu oben S. 204.
910 BGHZ 124, 52, 55.
911 BGHZ 124, 52, 53.

dung gegen den Embryotransfer, die gerade auf dem vorangegangen ärztlichen Fehlverhalten resultiert, selbst getroffen.[912]

Des Weiteren müsste die Reimplantation des Embryos der Bewahrung oder Verwirklichung einer Körperfunktion dienen. Ebenso wie kryokonserviertes Sperma[913] soll der Embryotransfer nach dem Willen der Frau der Fortpflanzung und damit der Wahrung einer körpertypischen Funktion dienen, sodass die Vernichtung des Embryos auf den ersten Blick nach der funktionsspezifischen Definition an sich eine nach § 253 II BGB in Geld zu entschädigende Körperverletzung darstellt.

Möglicherweise sprechen jedoch Sinn und Zweck der funktionsspezifischen Definition gegen die Annahme einer Körperverletzung der Wunschmutter bei Vernichtung des extrakorporalen Embryos. Die Ausdehnung des Körperverletzungstatbestands auf vom Körper vorübergehend getrennte Bestandteile dient dazu, das Seins- und Bestimmungsfeldes derjenigen Person umfassend zu schützen, der die Körpersubstanz entnommen wurde.[914] Anders als etwa bei Haut- oder Knochenbestandteilen, dem zur Eigenspende entnommenen Blut, aber auch bei Ei- oder Samenzellen, weist der Embryo allerdings eine Besonderheit auf, die es gegebenenfalls rechtfertigt, seine Vernichtung nicht als Körperverletzung der Frau zu werten. Während eine unbefruchtete Eizelle, die nach dem Willen der Frau reimplantiert werden soll, jedenfalls während der Trennung ihr Körperbestandteil bleibt, ergeben sich bei der PID Zweifel. Diese resultieren daraus, dass die zunächst der Frau entnommene Eizelle durch die Befruchtung mit dem Samen des Mannes zu einem Embryo, d.h. einem selbständigen Wesen wird, das weder nur der Eizellspenderin noch dem Samenspender zugeordnet werden kann. Manche Vertreter der funktionsspezifischen Auslegung nehmen daher an, dass die zunächst unbefruchtete Eizelle durch die Befruchtung und die Entwicklung zum Embryo die Eigenschaft als Körperbestandteil der Frau verliere, sodass bei dessen Vernichtung eine Ersatzpflicht nach § 253 II BGB wegen einer Körperverletzung der Frau ausscheide.[915]

Es gibt hingegen auch vereinzelte Vertreter der funktionsspezifischen Definition, die den extrakorporalen Embryo aufgrund der geplanten späte-

---

912 Vgl. hierzu BGHZ 76, 249, 255.

913 BGHZ 124, 52, 56.

914 Vgl. BGHZ 124, 52, 54.

915 Vgl. *Laufs/Reiling* NJW 1994, 775, 776, die hier andeuten, dass die befruchtete Eizelle nach der funktionsspezifischen Definition kein Körperbestandteil der Frau ist; **a.A.**: *Schnorbus* JuS 1994, 830, 835.

ren Verbindung mit dem mütterlichen Organismus noch als Teil des mütterlichen Körpers bewerten, sodass bei dessen Vernichtung eine Körperverletzung der Frau vorliegt.[916] Da die unterschiedlichen Varianten der funktionsspezifischen Auslegung zu divergierenden Ergebnisse gelangen, muss entschieden werden, welche Facette der funktionsspezifischen Auffassung vorzugswürdig ist.

Dass es zwar nicht bei der PID im engeren Sinne, aber etwa bei der Vernichtung von Zellmaterial bei der IVF oder ICSI oft lediglich vom Zufall abhängt, ob bereits eine Konjugation stattgefunden hat und damit bereits ein neues Individuum entstanden ist, spricht für die Ansicht, die die Vernichtung des extrakorporalen Embryos als Körperverletzung der Frau wertet. Im Übrigen kann nur so sichergestellt werden, dass die Fortpflanzungsfreiheit der Frau als Ausprägung des allgemeinen Persönlichkeitsrechts effektiv geschützt wird. Da die Erweiterung gerade dem Schutz des Seins- und Bestimmungsfeldes der Persönlichkeit dient, sprechen daher auch Sinn und Zweck der funktionsspezifischen Definition für die Deutung, die die Vernichtung des extrakorporalen Embryos als Körperverletzung der Frau wertet. Somit liegt nach der zutreffenden Variante der funktionsspezifischen Definition bei der Vernichtung des Embryos eine nach § 253 II BGB in Geld zu entschädigende Körperverletzung der Frau vor.

(γ) Kritik an der funktionsspezifischen Definition der Körperverletzung

Da die Vernichtung des Embryos nach der vorzugswürdigen Facette der funktionsspezifischen Definition eine Körperverletzung darstellt[917], nach der klassischen Definition allerdings nicht[918], muss entschieden werden, welcher Auffassung zu folgen ist.

Gegen die funktionsspezifische Definition spricht Folgendes: Zum einen spricht die Rechtssicherheit gegen die funktionsspezifische Definition, weil etwa die Vernichtung eines extrakorporalen Embryos, wie soeben gezeigt[919], je nachdem, welcher Facette der funktionsspezifischen Definition man folgt, teils eine Körperverletzung darstellt und teils nicht. Zum ande-

916 So im Ergebnis *Schnorbus* JuS 1994, 830, 835.

917 Siehe oben S. 156 ff.

918 Siehe oben S. 155 f.

919 Zu den verschiedenen Facetten der funktionsspezifischen Definition siehe oben S. 211.

ren ergeben sich Bedenken gegen die Erweiterung des Körperschutzes auf den zur Reimplantation vorgesehenen Embryo durch den natürlichen Sprachgebrauch.[920] Zwar ist die Annahme des BGH richtig, dass der Körper nicht nur *wegen* seiner Materie geschützt ist[921], allerdings verkennt das Gericht bei der Ausdehnung des Schutzbereichs, dass der Körper nach dem natürlichen Sprachgebrauch zugleich *durch* seine Materie begrenzt ist.[922]

Ferner spricht gegen die Ausweitung des Schutzbereiches, dass sich bei Zugrundelegung des erweiterten Körperverletzungsverständnisses eine Vielzahl von bisher ungeklärten Fragen stellt, die insbesondere die Begrenzung des Körperverletzungstatbestandes betreffen.[923] So erscheint fraglich, ob die Annahme einer Körperverletzung durch die Zeitspanne begrenzt wird, in der die körperfunktionale Verwendung beabsichtigt sein muss.[924] Auch das Problem, wie sich Willensänderungen des Rechtsträgers auswirken, bleibt ungeklärt.[925] Schließlich erscheint zweifelhaft, ob und gegebenenfalls wie die Tatsache zu berücksichtigen ist, dass die Frau im Falle der PID regelmäßig noch weitere Eizellen hat, sodass eine erneute Befruchtung in Betracht kommt, während die Vernichtung des kryokonservierten Spermas im vom BGH entschiedenen Fall die Möglichkeit des Mannes, leibliche Nachkommen zu zeugen vollständig vereitelt hat.

Neben den soeben genannten tatbestandlichen Schwierigkeiten bei Zugrundelegung des funktionsspezifischen Körperbegriffs, lässt sich gegen diese »Aufblähung«[926] des Körperverletzungstatbestandes weiterhin anführen, dass sich sachgerechte Ergebnisse bei der Vernichtung von abgetrennten Körperteilen auch mithilfe des allgemeinen Persönlichkeitsrechts erzielen lassen[927], bei dessen Verletzung nach Art. 1 iVm. Art. 2 I GG ebenso wie bei der Verletzung eines der in § 253 II BGB genannten Rechte eine Entschädigung in Geld zu zahlen ist.

---

920 *Nixdorf* VersR 1995, 740, 743; *Taupitz* NJW 1995, 745, 749; *Voß* Vernichtung tiefgefrorenen Spermas als Körperverletzung? S. 10 mwN.

921 *Rohe* JZ 1994, 465, 466.

922 *Taupitz* JR 1995, 22, 22 f.; *Taupitz* NJW 1995, 745, 745; *Voß* Vernichtung tiefgefrorenen Spermas als Körperverletzung? S. 10, 41.

923 *Taupitz* JR 1995, 22, 24 f.; *Taupitz* NJW 1995, 745, 751 f.

924 *Taupitz* JR 1995, 22, 24 f.; *Taupitz* NJW 1995, 745, 751.

925 *Nixdorf* VersR 1995,740, 743; *Taupitz* JR 1995, 22, 25; *Taupitz* NJW 1995, 745, 752.

926 *Voß* Vernichtung tiefgefrorenen Spermas als Körperverletzung? S. 41.

927 *Taupitz* JR 1995, 22, 23; *Taupitz* NJW 1995, 745, 748 f.; *Voß* Vernichtung tiefgefrorenen Spermas als Körperverletzung? S. 41 f.

Zusammenfassend lässt sich daher festhalten, dass die Vernichtung des extrakorporalen Embryos nach der hier vertretenen Auffassung[928] keine nach § 253 II BGB in Geld zu entschädigende Körperverletzung der Frau darstellt.

(b) Billige Entschädigung in Geld wegen einer Verletzung des Allgemeinen Persönlichkeitsrecht gem. Art. 1 I iVm. Art. 2 I GG durch die Vernichtung des Embryos

Da die Vernichtung des Embryos bei einer falsch positiven Diagnose mit negativer Implantationsentscheidung keine Körperverletzung der Frau iSd. § 253 II BGB darstellt[929] und die psychischen Belastungen durch die Mitteilung von der Vernichtung eines tatsächlich gesunden Embryos regelmäßig nicht die Schwelle zur Gesundheitsverletzung überschreiten[930], bleibt für die Zuerkennung einer billigen Entschädigung allenfalls die Verletzung des Allgemeinen Persönlichkeitsrechts und zwar in der Facette des Rechts auf Familienplanung.[931] Darunter versteht man das Recht, selbst darüber zu entscheiden, ob, wann und wie oft man neues Leben empfangen möchte.[932] Die Gewährung einer billigen Entschädigung in Geld nach Art. 1 I iVm. Art. 2 I GG setzt dabei einerseits voraus, dass die strittige Frage[933] beantwortet wird, ob das Recht auf Familienplanung überhaupt eine geschützte Ausprägung des Allgemeinen Persönlichkeitsrechts nach Art. 1 I iVm. Art. 2 I GG darstellt. Andererseits muss durch die Vernichtung des Embryos ein Eingriff in dieses Recht vorliegen.

---

928 **A.A.**: vgl. *Schnorbus* JuS 1994, 830, 835.

929 Siehe hierzu oben S. 211 ff.

930 Siehe hierzu oben S. 209.

931 Vgl. BGHZ 76, 259, 261.

932 *Giesen* FamRZ 1970, 565, 569; *Harrer* Der Amtsvormund 1990, 509, 509 f.; *Schnorbus* JuS 1994, 830, 835; *Voß* Vernichtung tiefgefrorenen Spermas als Körperverletzung? S. 66; *Voß* VersR 1999, 545, 546; *Waibl* NJW 1987, 1513, 1513.

933 Ausführlich hierzu jeweils mwN: *Schnorbus* JuS 1994, 830, 835; *Voß* VersR 1999, 545, 547; *Voß* Vernichtung tiefgefrorenen Spermas als Körperverletzung? S. 66 mwN.

(aa) Anerkennung des Rechts auf Familienplanung

Während Rechtsprechung[934] und Teile des Schrifttums[935] ein Recht auf Familienplanung zumindest im Rahmen von § 823 I BGB ablehnen, sprechen sich einige Autoren[936] für dessen Anerkennung aus.[937] Das zentrale Gegenargument[938] derjenigen, die sich gegen ein Recht auf Familienplanung als Ausfluss des Allgemeinen Persönlichkeitsrechts aussprechen, liegt darin, dass die von § 823 I BGB geschützten Rechte nur einen Integritäts[939]- und keinen Aktivitätsschutz gewähren.[940] Zudem weisen sie auf

---

934 BGHZ 86, 240, 249; OLG Frankfurt NJW 1993, 2388, 2389; OLG Düsseldorf NJW 1992, 1566, 1567; OLG Karlsruhe NJW 1979, 599, 601; offenlassend hingegen noch BGHZ 76, 259, 261; LG Berlin NJW 1985, 2200.

935 Gegen ein Recht auf Familienplanung im Rahmen des § 823 BGB etwa *Deuchler* Die Haftung des Arztes für die unerwünschte Geburt eines Kindes S. 192; *Laufs/Reiling* NJW 1994, 775, 776; *Mertens* FamRZ 1969, 251, 252; *Schnorbus* JuS 1994, 830, 835; *Selb* JZ 1971, 201, 207; *Sigel* Zivilrechtliche Haftung bei fehlgeschlagener Sterilisation S. 160; *Spickhoff/Petershagen* JuS 2001, 670, 673 tendieren eher dazu ein Recht auf Familienplanung abzulehnen, sehen dieses Recht aber jedenfalls als subsidiär zu anderen Rechtsgutsverletzungen an.

936 Für ein Recht auf Familienplanung z.B.: *Debo* Der unterbliebene Schwangerschaftsabbruch als zivilrechtlicher Haftungsgrund S. 81 ff.; *Giesen* FamRZ 1969, 565, 569; *Harrer* Der Amtsvormund 1990, 509, 516; *Harrer* Zivilrechtliche Haftung bei durchkreuzter Familienplanung S. 244; *Heldrich* JuS 1969, 455, 461; *Schünemann* JZ 1981, 574, 576; *Voß* VersR 1999, 545, 551.

937 Diese Diskussion hatte ihren Höhenpunkt vor der Schuldrechtsreform. Da nach § 847 aF. BGB (im Falle des Allgemeinen Persönlichkeitsrechts analog) die Gewährung von Schmerzensgeld auf deliktische Ansprüche beschränkt war und die durch die Verletzung des Rechts auf Familienplanung erlittenen Beeinträchtigungen regelmäßig immaterieller Art sind, fand die Auseinandersetzung um die Anerkennung dieses Rechts im Rahmen des § 823 I BGB statt. Da nunmehr aber auch im vertraglichen Bereich immaterielle Schäden nach § 253 II BGB bzw. nach Art. 1 I iVm. Art. 2 I GG in Geld entschädigt werden können, stellt sich die Frage nach der Anerkennung des Rechts auf Familienplanung nunmehr sowohl im vertraglichen als auch im deliktischen Bereich.

938 Ausführlich zur Argumentation der Gegner des Rechts auf Familienplanung siehe z.B. *Harrer* Zivilrechtliche Haftung bei durchkreuzter Familienplanung S. 239 ff.

939 Teilweise wird anstelle des Integritätsschutzes auch von einem besonderen Bestandsschutz gesprochen, d.h. dem Schutz einer bestimmten tatsächlich vorliegenden und rechtlich anerkannten Position vor Eingriffen Dritter, *Harrer* Der Amtsvormund 1990, 509, 511; *Mertens* FamRZ 1969, 251, 252.

940 OLG Frankfurt NJW 1993, 2388, 2389; *Laufs/Reiling* NJW 1995, 775, 776; *Mertens* FamRZ 1969, 251, 252 f.; *Selb* JZ 1971, 201, 207; *Schnorbus* JuS 1994, 830, 835.

die von anderen Facetten des allgemeinen Persönlichkeitsrechts abweichende Ausgestaltung des Rechts auf Familienplanung hin.[941]

Daher ist zunächst zu klären, ob dieses zu § 823 I BGB entwickelte Integritätsargument zutrifft und insbesondere auch für vertragliche Ansprüche gilt.

Obwohl die Differenzierung zwischen Aktivitäts- und Integritätsschutz auf den ersten Blick einleuchtend erscheint, zeigen sich bei genauerer Betrachtung sowohl im Hinblick auf das Allgemeine Persönlichkeitsrecht als auch in Bezug auf die anderen von § 823 I BGB geschützten Rechtsgüter Abgrenzungsschwierigkeiten, die Zweifel an dieser Formel aufkommen lassen.[942] Als Beispiele dafür dienen zum einen der Eigentumsschutz und zum anderen der Freiheitsschutz.[943] Während etwa ein bloßer Schutz der Existenz ohne den Schutz existenzieller Handlungen beim Rechtsgut Freiheit bereits logisch ausgeschlossen ist[944], zeigen sich z.B. auch beim Eigentum Abgrenzungsprobleme. Die Integrität ist nicht um ihrer selbst willen geschützt, sondern dient letztlich dazu, bestimmte Aktivitäten zu ermöglichen, die ohne Integrität nicht möglich wären.[945] Als Beispiel sei nur der vom BGH entschiedene Fleet-Fall[946] angeführt, in dem die Einordnung zwischen geschützter Integrität und nicht geschützter Aktivität Schwierigkeiten bereitet hat.[947]

Selbst wenn man aber an der auch bei anderen Rechtsgütern nicht immer klaren Unterscheidung zwischen Integritäts- und Aktivitätsschutz festhält, stellt sich die Frage, ob die Vernichtung des Embryos tatsächlich einen Eingriff in den Aktivbereich des Rechts auf Familienplanung darstellt oder ob nicht sogar eine Verletzung des Integritätsbereiches vorliegt.

941 *Heldrich* JuS 1969, 455, 461; *Mertens* FamRZ 1969, 251, 252 f.; *Schlund* ArztR 1982, 64, 68.

942 *Voß* Vernichtung tiefgefrorenen Spermas als Körperverletzung? S. 67 ff.

943 Zur Schwierigkeit der Differenzierung zwischen Integritäts- und Aktivitätsschutz bei Körperverletzungen, *Voß* VersR 1999, 545, 548 mwN.

944 *Voß* Vernichtung tiefgefrorenen Spermas als Körperverletzung? S. 69 Fn. 441; *Voß* VersR 1999, 545, 548 Fn. 28.

945 *Voß* Vernichtung tiefgefrorenen Spermas als Körperverletzung? S. 67; *Voß* VersR 1999, 545, 547; vgl. hierzu auch BGHZ 98, 212, 218, wonach sich der Eigentumsschutz nicht im „Haben" erschöpft, sondern auch die durch das Eigentum verkörperten Nutzungsmöglichkeiten umfasst.

946 BGHZ 55, 153.

947 Ausführlich dazu *Voß* Vernichtung tiefgefrorenen Spermas als Körperverletzung? S. 68 f.; kritisch zur Ablehnung der Eigentumsverletzung hinsichtlich der ausgesperrten Schiffe *Medicus/Petersen* Bürgerliches Recht Rn. 613.

Während die Gegner dieses Rechts behaupten, dass eine durchkreuzte Familienplanung nur den freien Willen und keine Facette der Persönlichkeit beeinträchtigt[948], nehmen die Befürworter des Rechts auf Familienplanung, gegebenenfalls unter einschränkenden Voraussetzungen[949], auch in diesem Fall einen Eingriff in den Integritätsbereich des Allgemeinen Persönlichkeitsrechts an.[950] Ihr Vorwurf lautet, dass diejenigen, die einen deliktischen Schutz der Familienplanung ablehnen, sich dabei nicht an sachlichen Gründen, sondern nur an der missverständlichen Bezeichnung »Familien*planung*«[951] orientieren.[952] Der Begriff »Planung« bezeichnet nämlich einen prospektiven geistigen Vorgang, der der Vorbereitung künftigen Handelns dient, während ein Plan das abgeschlossene Ergebnis einer Planung darstellt.[953] Die Planung, d.h. der Vorgang der Entscheidungsfindung, ist danach nur ein unter die Aktivität und nicht die Integrität fallender Vorgang.[954] Ob dies allerdings auch gilt, wenn die Planung bereits zu einem Plan, d.h. einem konkreten Ergebnis, ob, wann und wie viele Kinder die Frau haben möchte, geführt hat, erscheint fraglich.[955] Sofern nämlich die im Rahmen der Planung getroffenen Entscheidungen im Ergebnis bereits zu einem konkreten Plan geworden sind, ist der als Aktivität zu kennzeichnende Bereich der Entscheidungsfindung beendet und es liegt somit ein tatsächlicher dem Integritätsschutz des Allgemeinen Persönlich-

---

948 *Laufs/Reiling* NJW 1994, 775, 776; *Selb* JZ 1971, 201, 207; *Schnorbus* JuS 1994, 830, 835.

949 *Voß* Vernichtung tiefgefrorenen Spermas als Körperverletzung? S. 70 ff.; *Voß* VersR 1999, 545, 548 f.

950 *Harrer* Zivilrechtliche Haftung bei durchkreuzter Familienplanung S. 256; *Harrer* Der Amtsvormund 1990, 509, 513; vgl. *Taupitz* JR 1995, 22, 23 f.; *Voß* Vernichtung tiefgefrorenen Spermas als Körperverletzung? S. 69 f.; *Voß* VersR 1999, 545, 548.

951 *Voß* Vernichtung tiefgefrorenen Spermas als Körperverletzung? S. 72 sowie *Voß* VersR 1999, 545, 550, der deshalb auch den Begriff „Recht auf Schutz des manifestierten Familienplans" vorschlägt.

952 *Voß* Vernichtung tiefgefrorenen Spermas als Körperverletzung? S. 69 f.; *Voß* VersR 1999, 545, 548.

953 *Voß* Vernichtung tiefgefrorenen Spermas als Körperverletzung? S. 69 mwN; *Voß* VersR 1999, 545, 548 mwN.

954 *Voß* Vernichtung tiefgefrorenen Spermas als Körperverletzung? S. 69; *Voß* VersR 1999, 545, 548.

955 *Voß* Vernichtung tiefgefrorenen Spermas als Körperverletzung? S. 70 ff.; *Voß* VersR 1999, 545, 548 ff.

keitsrecht unterliegender Seinszustand vor.[956] Um die deliktische Haftung nicht ausufern zu lassen, wird zwar vereinzelt vorgeschlagen, dass ein Schadensersatzanspruch nur unter einschränkenden Voraussetzungen gewährt werden sollte, wie etwa einer objektiv manifestierten Planungsentscheidung von erheblicher Relevanz.[957] Insgesamt ist aber festzuhalten, dass selbst dann, wenn man an einer Differenzierung zwischen Aktivitäts- und Integritätsschutz festhält, Eingriffe in das Recht auf Familienplanung auch die Integritätssphäre des Allgemeinen Persönlichkeitsrechts betreffen können.[958]

Allerdings erscheint fraglich, ob die zu § 823 I BGB entwickelte Differenzierung zwischen Aktivitäts- und Integritätsschutz noch sinnvoll erscheint, weil nunmehr ein Gleichlauf zwischen vertraglicher und deliktischer Haftung besteht. Zwar lässt sich die für den deliktischen Bereich entwickelte Beschränkung der Haftung auf den Integritätsbereich trotz der oben aufgezeigten Abgrenzungsprobleme nachvollziehen, weil die vom Deliktsrecht erfassten Rechte absolut geschützt sind, während ein Eingriff in das Recht auf Familienplanung für einen Schädiger im Gegensatz zu den anderen von § 823 I BGB geschützten Rechtsgütern unter Umständen kaum erkennbar ist. Es bestehen aber Bedenken, ob diese Unterscheidung im vertraglichen Bereich ebenfalls Geltung beanspruchen kann. Hier besteht die Möglichkeit, dass ein Vertrag, wie etwa der PID-Vertrag, gerade auf die Verwirklichung entsprechender Persönlichkeitsbelange, wie etwa

---

956 *Harrer* Zivilrechtliche Haftung bei durchkreuzter Familienplanung S. 241; *Harrer* Der Amtsvormund 1990, 509, 513; *Voß* Vernichtung tiefgefrorenen Spermas als Körperverletzung? S. 70; *Voß* VersR 1999, 545, 548.

957 Siehe hierzu *Voß* Vernichtung tiefgefrorenen Spermas als Körperverletzung? S. 70 ff. sowie *Voß* VersR 1999, 545, 548 f., der vorschlägt, dass ein Schadensersatzanspruch nur gewährt werden sollte, wenn die getroffenen Planungsentscheidung von erheblicher Relevanz ist und sich auch objektiv manifestiert hat. Das Vorliegen dieser einschränkenden Voraussetzungen soll dabei im Einzelfall beurteilt werden. Die Entscheidung für ein Kind ist nicht alltäglich und daher regelmäßig auch von erheblicher Relevanz. Gegenüber dem Arzt, der die Kinderwunschbehandlung und die PID vornimmt, hat sich diese Entscheidung zumindest konkludent manifestiert. Da der Kinderplan durch die Vernichtung des vermeintlich genetisch unauffälligen Embryos nicht nur unerheblich verzögert, erscheint ein Schadensersatzanspruch im Falle einer Vernichtung eines tatsächlich gesunden Embryos auch unter den genannten einschränkenden Voraussetzungen gegeben zu sein.

958 So auch *Harrer* Zivilrechtliche Haftung bei durchkreuzter Familienplanung S. 241; *Harrer* Der Amtsvormund 1990, 509, 513; *Voß* Vernichtung tiefgefrorenen Spermas als Körperverletzung? S. 70; *Voß* VersR 1999, 545, 548.

die Geburt eines Kindes, abzielt. In diesem Fall sind dem Vertragspartner die entsprechenden immateriellen Interessen des anderen Teils bekannt. Es erscheint daher nicht sachgerecht, auch im vertraglichen Bereich die Anerkennung des Rechts auf Familienplanung abzulehnen, weil dann die pflichtwidrige Verletzung des nach dem Zweck des PID-Vertrages zu fördernden immateriellen Interesses nach einem Kind, das keinen schwerwiegenden genetischen Defekt aufweist, sanktionslos bliebe. Zwar führt die Parallelität von Vertrags- und Deliktsrechts dazu, dass dann die Verletzung des Rechts auf Familienplanung auch im deliktischen Bereich in Geld zu entschädigen ist. Eine unbillige Haftungserweiterung ist aber nicht zu befürchten, weil bei der Verletzung des Rechts auf Familienplanung ebenso wie bei den anderen Ausprägungen des Allgemeinen Persönlichkeitsrechts nur dann eine Entschädigung in Geld zu zahlen ist, wenn die hierfür entwickelten einschränkenden Voraussetzungen[959] vorliegen.

Der von den Gegnern des Rechts auf Familienplanung vorgebrachte Hinweis auf die unterschiedliche Ausgestaltung dieser Position im Vergleich zu anderen Ausprägungen des Persönlichkeitsrechts kann nicht überzeugen: Es ist zwar richtig, dass das Recht auf Familienplanung im Gegensatz zu anderen Facetten des Allgemeinen Persönlichkeitsrechts, wie etwa dem Recht am eigenen Bild, nicht die »Eigensphäre« gegenüber unbefugten Mitteilungen an die Außenwelt schützt[960], allerdings schließt dieser Umstand die Anerkennung des Rechts auf Familienplanung nicht aus.[961] Das Allgemeine Persönlichkeitsrecht stellt seinem Wesen nach ein umfassendes Recht auf Achtung und Entfaltung der Persönlichkeit dar.[962] Die Achtung und Entfaltung der Persönlichkeit kann aber auch in anderer Weise als durch Mitteilung gewisser Informationen an die Außenwelt beeinträchtigt werden. So folgt aus dem Persönlichkeitsrecht z.B. ebenfalls ein Recht des Kindes auf Kenntnis seiner Abstammung[963], das nicht vor unbefugten Mitteilungen an die Außenwelt schützt, sondern einen Anspruch auf Preisgabe vorhandener Informationen über die eigene Abstammung gegenüber Dritten geben kann. Ferner würde es dem umfassenden Schutz der Persönlichkeit zuwiderlaufen, wenn einerseits die Ent-

---

959 Siehe dazu ausführlich unten S. 224 ff.

960 *Sigel* Zivilrechtliche Haftung bei fehlgeschlagener Sterilisation S. 166 f.; *Schiemann* JuS 1980, 709, 711.

961 *Harrer* Der Amtsvormund 1990, 509, 512; *Harrer* Zivilrechtliche Haftung bei durchkreuzter Familienplanung S. 240 f.

962 *Harrer* Der Amtsvormund 1990, 509, 511.

963 BVerfGE 79, 256, 269; BeckOK/*Bamberger* § 12 BGB Rn. 159 mwN.

scheidung über die Mitteilung persönlichkeitsbezogener Informationen an die Außenwelt geschützt wäre, wie etwa die Aufzeichnung von Tonbandaufnahmen oder die Veröffentlichung von Bildern und Briefen, andererseits aber die höchstpersönliche Entscheidung ungeschützt bliebe, ob, wann und wie viele Kinder man haben möchte.[964] Zu beachten bleibt schließlich, dass das Persönlichkeitsrecht ein Quellrecht für einzelne dem Schutz und der Entfaltung der Persönlichkeit dienende konkrete Rechten darstellt[965], sodass eine unterschiedliche Ausgestaltung der einzelnen Ausprägungen unschädlich ist, solange sie nur dem Schutz und der Entfaltung der Persönlichkeit dienen.

Zusammenfassend lässt sich daher festhalten, dass ein Recht auf Familienplanung anzuerkennen ist.

(bb) Zur Geldentschädigung verpflichtender Eingriff in das Recht auf Familienplanung

Die bisherigen Ausführungen haben ergeben, dass ein Recht auf Familienplanung als konkrete Ausformung des Persönlichkeitsrechts nach der hier vertretenen Auffassung besteht. Ob die auf einem ärztlichen Fehlverhalten resultierende Vernichtung eines tatsächlich genetisch unauffälligen Embryos einen ersatzfähigen immateriellen Schaden der Frau darstellt, muss hingegen noch erörtert werden. Eine billige Entschädigung in Geld bei der Verletzung des Allgemeinen Persönlichkeitsrechts wird nämlich nur unter zwei einschränkenden Voraussetzungen gewährt. Einerseits muss eine schwerwiegende Persönlichkeitsverletzung[966] vorliegen und andererseits darf keine anderweitige Ausgleichsmöglichkeit bestehen, um eine Genugtuung des Geschädigten zu erreichen.[967]

---

964 *Giesen* FamRZ 1970, 565, 569; *Harrer* Der Amtsvormund 1990, 509, 512; *Heldrich* JuS 1969, 455, 461 Fn. 44; *Lankers* FamRZ 1969, 384, 385; so im Ergebnis auch *Schünemann* JZ 1981, 574, 576.

965 BGHZ 24, 72, 78; BeckOK/*Bamberger* § 12 BGB Rn. 95; *Harrer* Der Amtsvormund 1990, 509, 511.

966 BGH NJW 1961, 2059.

967 BVerfG NJW 2004, 591, 592; BGHZ 132, 13, 27; BGHZ 95, 212, 214 f.; BGH NJW 1977, 626, 628; BGH NJW 1971, 698, 699; BGH NJW 1970, 1077, 1077; BeckOK/*Bamberger* § 12 BGB Rn. 233, 234 mwN; *Harrer* Der Amtsvormund 1990, 509, 515; *Nixdorf* VersR 1995, 740, 741.

Durch die Mitteilung der falsch positiven Diagnose und den dadurch erregten Irrtum der Frau über eine genetische Schädigung des Embryos wird in das Recht der Frau, irrtumsfrei über ihre Familienplanung zu entscheiden, eingegriffen. Fraglich erscheint, ob es sich dabei um eine in Geld zu entschädigende schwerwiegende Persönlichkeitsverletzung handelt. Dies richtet sich neben der Art und Intensität der Beeinträchtigung zugleich nach dem Anlass und den Beweggründen des Handelnden sowie dem Grad des Verschuldens[968], wobei bereits aus einem einzigen dieser Kriterien die für die Entschädigung erforderliche Schwere resultieren kann.[969]

Gegen die Annahme einer schwerwiegenden Persönlichkeitsverletzung bei einer falsch positiven Diagnose mit negativer Implantationsentscheidung spricht, dass Anlass und Beweggrund des Arztes, der eine PID vornimmt, nicht ausschließlich eigennützig[970] sind, sondern dahin gehen, der Frau bei der Verwirklichung ihres Wunsches nach einem gesunden Kind zu helfen. Anders als etwa bei der unbefugten Veröffentlichung von Fotos sind das Interesse des Handelnden und des Verletzten hier nicht gegenläufig, sondern gleichgerichtet, weil sowohl der Arzt als auch die Frau die Verwirklichung ihres Familienplans bezwecken. Zudem durchkreuzt der Arzt mit der Vernichtung des Embryos die Familienplanungsentscheidung der Frau hinsichtlich eines gesunden Kindes nicht bewusst, weil auch er einem Irrtum über eine genetische Schädigung des Embryos unterliegt.

Dennoch bestehen Bedenken, ob trotz dieser der Frau zu Gute kommenden Beweggründe des Arztes die Schwere des Eingriffs in die Familienplanung abgelehnt werden kann. Sie resultieren daraus, dass bei der Verletzung des Rechts auf Familienplanung nur in absoluten Ausnahmefällen eine zielgerichtete Verletzungshandlung des Arztes vorliegt, z.B. wenn der Arzt aus religiösen Gründen den Erfolg einer Abtreibung bewusst vereitelt.[971] Da eine Begrenzung der schwerwiegenden Persönlichkeitsrechtsverletzung auf zielgerichtete ärztliche Verletzungshandlungen das anzuerkennende[972] Recht auf Familienplanung aushöhlen würde[973], sind die Kriterien des Anlasses und der Beweggründe des Handelnden im

968 BGHZ 132, 13, 27 mwN; OLG Saarbrücken NJW 1997, 1376, 1378; BeckOK/*Bamberger* § 12 Rn. 233.

969 BeckOK/*Bamberger* § 12 Rn. 233.

970 Eigennützig ist das Handeln des Arztes, da er eine Gewinnerzielungsabsicht aufweist.

971 *Harrer* Der Amtsvormund 1990, 509, 514 Fn. 48.

972 Siehe dazu oben S. 219.

973 *Harrer* Der Amtsvormund 1990, 509, 514.

Zusammenhang mit der Verletzung des Rechts auf Familienplanung durch ärztliches Fehlverhalten keine geeigneten Parameter zur Bestimmung der Schwere des Eingriffs.

Entscheidend für die Annahme einer schwerwiegenden Persönlichkeitsverletzung sind daher die Art der Beeinträchtigung sowie die Eingriffsintensität. Die Vernichtung eines gesunden Embryos betrifft einen höchstpersönlichen Bereich privater Lebensgestaltung der Frau und stellt eine wesentliche Beeinträchtigung ihres Selbstbestimmungsrechts dar.[974] Die Entscheidung für ein Kind ist nicht alltäglich, sondern für die weitere Lebensführung fundamental. Zudem muss auch die Intensität des Eingriffs als hoch bewertet werden, weil die Vernichtung des Embryos sich nicht umkehren lässt.[975]

Zusammenfassend stellt die Vernichtung des Embryos bei einer falsch positiven Diagnose regelmäßig einen schwerwiegenden Eingriff in das allgemeine Persönlichkeitsrecht dar, auch wenn der Grad des Verschuldens nur im Einzelfall beurteilt werden kann.

Neben der Schwere der Beeinträchtigung setzt die Gewährung einer billigen Entschädigung in Geld schließlich voraus, dass die Beeinträchtigung nicht in anderer Weise kompensiert werden kann. Eine Genugtuung kommt dabei etwa durch eine Gegendarstellung, eine Unterlassung oder einen Widerruf in Betracht. Da mit all diesen Mitteln eine vollständige Genugtuung der Frau nicht erreicht werden kann, ist ihr der durch die Vernichtung des Embryos entstandene immaterielle Schaden in Geld zu entschädigen.

(c) Zusammenfassung

Die Untersuchung hat gezeigt, dass bei einer auf einem ärztlichen Fehlverhalten beruhenden falsch positiven Diagnose mit negativer Implantationsentscheidung regelmäßig der durch die Verletzung des Rechts auf Familienplanung entstandene immaterielle Schaden der Frau durch die Zahlung einer billigen Entschädigung in Geld zu kompensieren ist. Eine durch Schmerzensgeld zu entschädigende Gesundheitsverletzung liegt hingegen

---

974 Vgl. *Debo* Der unterbliebene Schwangerschaftsabbruch als zivilrechtlicher Haftungsgrund S. 84; *Harrer* Der Amtsvormund 1990, 509, 513.

975 So im Ergebnis auch für die Abtreibung eines nur vermeintlich kranken Embryos, *Harrer* Zivilrechtliche Haftung bei durchkreuzter Familienplanung S. 383 f.

im Regelfall nicht vor, da die seelischen Belastungen der Frau keinen Krankheitswert erreichen.

(2) Materieller Schaden

Als materieller Schaden der Frau kommen bei einer falsch positiven Diagnose die Kosten für einen weiteren Behandlungszyklus in Betracht. Durch die Vernichtung des Embryos, die trotz der Zustimmung der Frau kausal auf dem Behandlungsfehler beruht, kann die Kinderwunschbehandlung nicht erfolgreich abgeschlossen werden, sodass weitere Behandlungen erforderlich sind. Fraglich erscheint allerdings, ob die Behandlungskosten für einen weiteren Behandlungszyklus einen ersatzfähigen Schaden darstellen. Behandlungskosten für eine erforderliche Zweitbehandlung können nur ersetzt werden, wenn feststeht, dass dem Patienten der zweite Eingriff bei korrektem ärztlichem Vorgehen erspart geblieben wäre.[976] Entscheidend ist, dass die erforderliche Zweitbehandlung kausal auf dem Behandlungsfehler beruht. Für die Ersatzfähigkeit der Kosten einer Zweitbehandlung müsste die Patientin also beweisen, dass der Schaden mit an Sicherheit grenzender Wahrscheinlichkeit nicht eingetreten wäre, wenn man den Behandlungsfehler hinweg denkt.[977] Dies wird bei einer auf einem Behandlungsfehler beruhenden Diagnose, die zur Vernichtung des Embryos geführt hat, nicht gelingen. Wenn man den Behandlungsfehler hinwegdenkt, wäre es aufgrund der relativ geringen Erfolgsquoten der IVF iVm. ICSI in der Mehrzahl der Fälle nicht zu einer Schwangerschaft und der Geburt eines Kindes gekommen.[978] Somit kann nicht mit Sicherheit festgestellt werden, dass die weitere Behandlung und deren Kosten eine kausale Folge des Behandlungsfehlers darstellen.

Zusammenfassend lässt sich daher festhalten, dass die Kosten für einen weiteren Behandlungszyklus bei einer behandlungsfehlerhaften falsch positiven Diagnose mit negativer Implantationsentscheidung nicht ersatzfähig sind.

---

976 BGH NJW 2003, 2311, 2311.

977 Anwaltshandbuch Medizinrecht/*Terbille* § 1 Rn. 616.

978 Siehe dazu oben S. 31.

k) Schuldhaft falsch negative Diagnose

Für den Arzt birgt die schuldhafte falsch negative Diagnose[979] das größte Haftungsrisiko. Zum einen wird sich die Frau in diesem Fall normalerweise für den Embryotransfer entscheiden, sodass der Fehler des Arztes bei der genetischen Diagnostik regelmäßig zu einer Tot- oder Fehlgeburt oder der Geburt eines kranken Kindes führt.[980] Zum anderen geht die Geburt eines behinderten Kindes regelmäßig mit erheblichen finanziellen Belastungen einher.

aa) Schaden bei schuldhaft falsch negativer Diagnose und negativer Implantationsentscheidung

Denkbar erscheint, dass die Frau sich trotz einer falsch negativen Diagnose gegen den Embryotransfer entscheidet, weil z.B. mehr Embryonen implantationsgeeignet sind, als ursprünglich erwartet oder weil sie von ihrem Kinderplan generell Abstand nimmt. In diesem Fall hat sich die auf einem Behandlungsfehler beruhende falsch negative Diagnose nicht ausgewirkt, sodass die Frau ungeachtet der ärztlichen Pflichtverletzung keinen ersatzfähigen Schaden erlitten hat.

bb) Schaden bei schuldhaft falsch negativer Diagnose und positiver Implantationsentscheidung

Schwierigkeiten entstehen, wenn sich die Frau aufgrund der falsch negativen Diagnose für den Transfer des Embryos entscheidet und es zu einer Tot- oder Fehlgeburt[981], zur Geburt eines behinderten Kindes oder zu einer Abtreibung der Leibesfrucht kommt, weil die genetische Schädigung mithilfe der PND[982] während der Schwangerschaft erkannt wird. Je nach Fallkonstellation stehen neben materiellen Schäden der Frau, in Form von Unterhaltsverpflichtungen oder Behandlungskosten für eine Abtreibung,

979 Siehe dazu oben S. 204 die Fallkonstellationen 7 und 8.

980 Anders ist dies hingegen in Fällen einer falsch positiven Diagnose, weil sich die Frau regelmäßig gegen den Transfer des Embryos entscheidet, sodass die Pflichtverletzung des Arztes meist unentdeckt bleibt.

981 Zum Unterschied zwischen Tot- und Fehlgeburt siehe oben S. 99.

982 Hierzu ausführlich siehe oben S. 27.

immaterielle Schäden in Rede, wie etwa die mit Schwangerschaft, Abtreibung oder Pflege eines behinderten Kindes verbundenen physischen und seelischen Belastungen.

(1) Materielle Schäden

Grundsätzlich ist der Arzt, wenn er schuldhaft seine Pflichten aus dem PID-Vertrag verletzt, der Frau zum Ersatz der ihr entstandenen materiellen Schäden nach Maßgabe der §§ 249-252 BGB verpflichtet. Sofern aufgrund der Fehldiagnose des Arztes der genetisch geschädigte Embryo implantiert wird und es zur Geburt eines behinderten Kindes kommt, steht als materielle Schadensposition der Frau insbesondere die Unterhaltsbelastung für das behinderte Kind gem. §§ 1601 ff., 1626 BGB in Rede. Im Folgenden wird daher geprüft, ob die Unterhaltslast für ein behindertes Kind einen ersatzfähigen Schaden iSd. §§ 249 ff. BGB darstellen kann. Anschließend folgt eine Erörterung, ob die verletzte Pflicht zu einer dem medizinischen Standard entsprechenden PID vor Unterhaltsbelastungen für ein behindertes Kind schützt sowie eine nähere Untersuchung des Umfangs einer etwaigen Ersatzpflicht.

(a) Unterhaltsbedarf für ein behindertes Kind als kausaler und ersatzfähiger Schaden

Die Ersatzfähigkeit der Unterhaltslast setzt zunächst zwingend voraus, dass diese Belastungen einen Schaden iSd. §§ 249 ff. BGB darstellen. Schäden bestimmt man ganz überwiegend[983] mit der Differenzhypothese, wonach ein Schaden dann vorliegt, wenn der Vermögensstand mit dem schädigenden Ereignis verglichen mit dem ohne das schädigende Ereignis eine Differenz aufweist.[984] Die Vermögenseinbuße kann auch in der Belastung mit einer Verbindlichkeit bestehen.[985]

---

983 So z.B. BGH NJW-RR 2005, 611, 612; BGHZ 99, 182, 196 f.; BGH NJW 1985, 128, 128; BGHZ 86, 128, 130; MünchKomm/*Oetker* § 249 BGB Rn. 19 mwN und Rn. 22; Staudinger/*Schiemann* § 249 Rn. 7; a.A.: *Honsell* JuS 1973, 69, 69 ff.

984 MünchKomm/*Oetker* § 249 BGB Rn. 18 f. mwN; *Riedel* Kind als Schaden S. 25.

985 BGH NJW 2007, 1809, 1811; BGHZ 61, 346, 347; BGHZ 59, 148, 149 f.; BGHZ 57, 78, 81 ff.; OLG Bamberg NJW 1978, 1685, 1686; *Harrer* Zivilrechtliche

Entscheidend für einen Schaden ist daher, dass die Frau ohne das ärztliche Fehlverhalten, d.h. bei einer behandlungsfehlerfreien Untersuchung oder Auskunft, von der Implantation des Embryos abgesehen hätte.[986] Da sie die PID gerade zur Vermeidung der Geburt eines erbgeschädigten Kindes hat vornehmen lassen, bestehen an der Kausalität regelmäßig keine Zweifel. Obwohl somit bei Anwendung der Differenzhypothese der Unterhaltsbedarf einen ersatzfähigen materiellen Schadensposten darstellt[987], wird dessen Ausgleichsfähigkeit unter dem Schlagwort »Kind als Schaden« diskutiert.[988] Es besteht Einigkeit darüber, dass die Existenz eines Kindes selbst niemals einen Schaden darstellen kann.[989] Kontrovers wird hingegen diskutiert[990], ob die Qualifikation der Unterhaltslast für ein ungewolltes Kind als Schaden gegen höherranginge Verfassungsgrundsätze

---

Haftung bei durchkreuzter Familienplanung S. 10; MünchKomm/*Oetker* § 249 BGB Rn. 16, 29.

986 *Olzen/Kubiak* JZ 2013, 495, 501; vgl. auch BGH NJW 2008, 2846, 2847; BGH NJW 2000, 1782, 183; BGHZ 124, 128, 134; Geiß/Greiner Arzthaftpflichtrecht B Rn. 178; *Martis/Winkhart-Martis* Arzthaftungsrecht G 61 sowie Prütting/*Jaeger* Medizinrecht § 249 BGB Rn. 130 zu der vergleichbaren Situation bei der Präkonzeptionsdiagnostik, deren Unterschiede zur PID oben auf S. 27 näher beschrieben sind.

987 *Looschelders* Schuldrecht Allgemeiner Teil Rn. 1088; MünchKomm/*Oetker* § 249 BGB Rn. 30; *Tamm* Jura 2009, 81, 85.

988 Umfassend zu dieser Problematik *Harrer* Zivilrechtliche Haftung bei durchkreuzter Familienplanung S. 10 ff. sowie *Olzen/Kubiak* JZ 495, 501; *Riedel* Kind als Schaden S. 17; *Waibl* NJW 1987, 1513, 1515 ff.; *Yoon* Der Unterhalt für ein Kind als Schaden S. 26.

989 Hierüber besteht sowohl zwischen den Vertretern der Einheits- bzw. Ganzheitslehre wie z.B. *Lankers* FamRZ 1969, 384, 386 f.; *Laufs/Kern* Handbuch des Arztrechts § 99 Rn. 3; *Löwe* VersR 1970, 430, 430; *Selb* JZ 1971, 201, 208, als auch den Vertretern der Trennungslehre Einigkeit, wie BVerfGE 96, 375, 400; BGHZ 151, 133, 138; BGH NJW 2002, 1489, 1490; BGHZ 149, 236, 240; BGH NJW 1997, 1638, 1640; BGH NJW 1995, 2407, 2409; BGHZ 129, 178, 181; BGHZ 124, 128, 141 f.; BGHZ 95, 199, 209; BGHZ 89, 95, 102; BGHZ 86, 240, 244 ff.; BGHZ 76, 249, 253; OLG Düsseldorf NJW 1995, 788, 789; *Giesen* JZ 1994, 286, 290 ff.; *Giesen* FamRZ 1970, 565, 570; *Grunsky* Jura 1987, 82, 83; *Grunsky* JZ 1986, 170, 171; *Grunsky* JZ 1983, 372, 373; *Krüger/Gollnick* Der Gynäkologe 2010, 955, 957; *Looschelders* Schuldrecht Allgemeiner Teil Rn. 1089; MünchKomm/*Oetker* § 249 BGB Rn. 30; *Olzen/Kubiak* JZ 2013, 495, 501; *Staudinger/Schiemann* § 249 BGB Rn. 208 f.

990 Zum Streitstand und den von den verschiedenen Auffassungen vorgebrachten Argumente jeweils mwN etwa MünchKomm/*Oetker* § 249 BGB Rn. 30 ff.; Staudinger/*Schiemann* § 249 BGB Rn. 204 ff.; *Waibl* NJW 1987, 1513, 1513 ff.

und zwar insbesondere gegen Art. 1 I GG und Art. 2 II 1 GG[991] verstoßen könnte, sodass der Schadensbegriff gegebenenfalls normativ einzuschränken wäre.[992] Da es inzwischen allerdings der gefestigten zivilrechtlichen Rechtsprechung[993], die durch den 1. Senat des BVerfG gebilligt wurde[994], sowie der überwiegenden Ansicht in der Literatur[995] entspricht, dass die Unterhaltslast für ein ungewolltes Kind bei einem wirksamen Behandlungsvertrag das Kind nicht herabwürdigt und daher auch nicht gegen höherrangige Verfassungsgrundsätze verstößt[996], wird dieser Ansicht hier gefolgt.

Zusammenfassend lässt sich somit festhalten, dass die Unterhaltspflicht für ein unerwünschtes Kind grundsätzlich als ersatzfähiger Schaden angesehen werden kann.[997]

(b) Schutzzweck des PID-Vertrages

Die Ausgleichung des Unterhaltsschadens bei falsch negativer Diagnose und der Geburt eines behinderten Kindes setzt weiterhin voraus, dass die aus dem PID-Vertrag resultierende Pflicht zu einer dem medizinischen Standard entsprechenden genetischen Untersuchung[998] zumindest auch vor

---

991 So im Ergebnis etwa OLG Frankfurt NJW 1983, 341, 342.

992 *Giesen* JZ 1994, 286, 290; MünchKomm/*Oetker* § 249 Rn. 30; *Looschelders* Schuldrecht Allgemeiner Teil Rn. 1088 f.; *Tamm* Jura 2009, 81, 85.

993 BGHZ 151, 133, 138; BGH NJW 2002, 1489, 1490; BGHZ 149, 236, 240; BGH NJW 1997, 1638, 1640; BGH NJW 1995, 2407, 2409; BGHZ 129, 178, 181; BGHZ 124, 128, 141 f.; BGHZ 95, 199, 209; BGHZ 89, 95, 102; BGHZ 86, 240, 244 ff.; BGHZ 76, 249, 253; OLG Düsseldorf NJW 1995, 788, 789; a.A. BVerfG NJW 1993, 1751, 1764; OLG Nürnberg MedR 1994, 200, 200 f.; OLG Bamberg NJW 1978, 1685, 1685; *LG Duisburg* VersR 1975, 432, 432.

994 BVerfGE 96, 375, 400 ff.

995 BeckOK/*Spindler* § 823 BGB Rn. 752; Erman/*Ebert* § 249 BGB Rn. 58 ff.; *Giesen* JZ 1994, 286, 290 ff.; *Giesen* FamRZ 1970, 565, 570; *Grunsky* Jura 1987, 82, 83; *Grunsky* JZ 1986, 170, 171; *Grunsky* JZ 1983, 372, 373; *Krüger/Gollnick* Der Gynäkologe 2010, 955, 957; *Looschelders* Schuldrecht Allgemeiner Teil Rn. 1089; MünchKomm/*Oetker* § 249 BGB Rn. 30; *Olzen/Kubiak* JZ 2013, 495, 501; *Staudinger/Schiemann* § 249 BGB Rn. 208 f.; **a.A.:** *Lankers* FamRZ 1969, 384, 386 f.; *Laufs/Kern* Handbuch des Arztrechts § 99 Rn. 3; *Löwe* VersR 1970, 430, 430; *Selb* JZ 1971, 201, 208.

996 MünchKomm/*Oetker* § 249 BGB Rn. 32 mwN; Staudinger/*Schiemann* § 249 BGB Rn. 205 ff. mwN.

997 So auch BVerfGE 96, 375, 403.

998 Siehe hierzu oben S. 147 f.

den durch die Geburt eines behinderten Kindes ausgelösten finanziellen Belastungen schützen soll.[999] Ob dies der Fall ist, richtet sich grundsätzlich nach den im Einzelfall getroffenen Abreden. In erster Linie will sich die Frau durch den PID-Vertrag vor der Geburt eines schwerwiegend erbgeschädigten Kindes bzw. einer Tot- oder Fehlgeburt schützen. Wenn sie ein solches Kind aber überhaupt nicht haben will, gehen ihre für den Vertragspartner erkennbaren Interessen zugleich dahin, neben den psychischen und physischen jede weitere mit dem ungewollten Kind verbundene Belastung zu vermeiden, wozu auch die finanziellen Kosten zählen.[1000] Somit erstreckt sich der Schutzzweck des PID-Vertrages auf die Unterhaltsbelastung für ein wegen seiner genetischen Schädigung ungewolltes Kind.

(c) Umfang der Ersatzpflicht

Fraglich erscheint, ob bei einer falsch negativen Diagnose, die zur Geburt eines behinderten Kindes führt, der gesamte Unterhaltsbedarf oder nur die krankheitsbedingten Mehrkosten in den Schutzbereich des PID-Vertrages fallen. Zwar besteht kein Zweifel, dass eine Frau, die sich einer PID unterzieht, einen Kinderwunsch hat, sodass der PID-Vertrag nur darauf gerichtet sein könnte, den finanziellen Mehrbedarf für ein schwerbehindertes Kind zu vermeiden, weil die Frau sich ein Kind, nur eben kein krankes, wünscht.[1001] Da die Frau die genetische Untersuchung aber vornehmen

---

999 Vgl. BGH NJW 2008, 2846, 2847; BGH NJW 2007, 989, 990; BGH NJW 2005, 891, 892; BGH NJW 2003, 3411, 3411; BGH NJW 2002, 1489, 1491; BGHZ 143, 389, 393; BGHZ 124, 128, 134; BGHZ 76, 259, 262; OLG Schleswig NJW-RR 2001, 1391, 1392; OLG Naumburg VersR 1999, 1244, 1245; OLG Düsseldorf VersR 1993, 883, 884; *Gehrlein* NJW 2000, 1771, 1772; *Geiß/Greiner* Arzthaftpflichtrecht B 179; *Laufs/*Katzenmeier/Lipp Arztrecht Kap. VII Rn. 64; *Laufs/Kern* Handbuch des Arztrechts § 99 Rn. 4; *Looschelders* Schuldrecht Allgemeiner Teil Rn. 1093; *Müller* NJW 2003, 697, 698; MünchKomm/*Oetker* § 249 BGB Rn. 35.

1000 So im Ergebnis auch *Olzen/Kubiak* JZ 2013, 495, 501; vgl. auch BGHZ 89, 95, 105; *Martis/Winkhart-Martis* Arzthaftungsrecht G 74; *Geiß/Greiner* Arzthaftpflichtrecht B Rn. 179; *Riedel* Kind als Schaden S. 116 f.; abgelehnt wurde der Schutz vor finanziellen Belastungen etwa in Fällen, in denen die Frau den Arzt zur Durchführung einer OP, BGHZ 143, 389, 393, oder wegen eines Hautekzems, BGH NJW 2005, 891, 892, aufsuchte, ausführlich dazu MünchKomm/*Wagner* § 823 BGB Rn. 152.

1001 Vgl. auch *Krüger/Gollnick* Der Gynäkologe 2010, 955, 957.

lässt, um den Transfer eines genetisch geschädigten Embryos zu vermeiden, will sie sich nicht nur vor den krankheitsbedingten Mehrausgaben, sondern vor der Geburt dieses behinderten Kindes überhaupt schützen, sodass die gesamte Unterhaltslast für ein behindertes Kind nicht gewollt ist.[1002] Gegen die Beschränkung des Schadens auf den behinderungsbedingten Mehrbedarf spricht ferner, dass sich der Unterhaltsbedarf nicht in den für ein hypothetisch gesundes Kind und den für ein krankes Kind aufteilen lässt[1003], ohne das behinderte Kind durch den Vergleich mit einem »normalen« Kind in seiner Menschenwürde, Art. 1 I GG, zu verletzen.[1004]

Zusammenfassend lässt sich also festhalten, dass der Frau bei der Geburt eines behinderten Kindes, die auf eine behandlungsfehlerhafte falsch negative Diagnose zurückzuführen ist, ein Anspruch auf Ersatz der gesamten Unterhaltskosten inklusive der krankheitsbedingten Mehrkosten zusteht.[1005]

(d) Andere materielle Schäden

Neben der Geburt eines behinderten Kindes aufgrund einer falsch negativen Diagnose kann die genetische Schädigung, die der Arzt pflichtwidrig nicht erkannt hat, zu einer Tot- oder Fehlgeburt führen. In diesem Fall sind der Frau die durch die Tot- oder Fehlgeburt entstandenen Behandlungskosten zu ersetzen.

Sofern die genetische Schädigung des Embryos im Rahmen einer PND[1006] erkannt wird und die Frau deshalb einen rechtmäßigen Schwangerschaftsabbruch nach § 218a StGB vornehmen lässt, bilden die hierfür erforderlichen Kosten einen ersatzfähigen Schaden.

Die Geburt eines behinderten Kindes begründet zugunsten der Frau zudem einen Ersatzanspruch für den durch die Betreuung des geschädigten

---

1002 Vgl. BGHZ 89, 95, 105; BeckOK/*Spindler* § 823 BGB Rn. 758.

1003 BGHZ 89, 95, 105; *Olzen/Kubiak* JZ 2013, 495, 501.

1004 BGHZ 124, 128, 146; *Müller* NJW 2003, 697, 705.

1005 Ebenso *Olzen/Kubiak* JZ 2013, 495, 501; vgl. auch BGHZ 124, 128, 145 f.; BGHZ 89, 95, 104 ff.; *Geiß/Greiner* Arzthaftpflichtrecht B Rn. 179; *Looschelders* Schuldrecht Allgemeiner Teil Rn. 1093; MünchKomm/*Wagner* § 823 BGB Rn. 152; Prütting/*Jaeger* Medizinrecht § 249 BGB Rn. 130; dieses Ergebnis andeutend *Schumann* MedR 2010, 848, 851; *Tamm* Jura 2009, 81, 85; offenlassend *Krüger/Berchtold* Der Gynäkologe 2012, 65, 68.

1006 Zur PND siehe oben S. 27.

Kindes verursachten Verdienstausfall.[1007] Das hat die Rechtsprechung bisher in Fällen, in denen bei einer schon bestehenden Schwangerschaft eine genetische Schädigung der Leibesfrucht pflichtwidrig nicht erkannt wurde und daher eine rechtlich zulässige Abtreibung unterblieben ist, abgelehnt.[1008] Allerdings können die hierfür angeführten Argumente für den PID-Vertrag nicht überzeugen.[1009]

Dem BGH ist zwar darin zuzustimmen, dass der Verdienstausfall der Mutter nur mittelbar auf der Pflichtverletzung des Arztes beruht.[1010] Allerdings sind adäquat kausale mittelbare Schäden ebenso wie unmittelbare grundsätzlich ersatzfähig.[1011] Wenn man aber eine Abweichung hiervon bei ungewollter Schwangerschaft und Geburt zuließe, dürfte wegen der Beschränkung auf unmittelbare Schäden auch der Unterhaltsaufwand für das Kind nicht ersetzt werden.[1012] Diese Konsequenz zieht die Rechtsprechung allerdings nicht.[1013] Somit stellt der Hinweis auf die Mittelbarkeit des Schadens jedenfalls keine hinreichende, sondern sogar eine im Vergleich zur Unterhaltspflicht widersprüchliche Begründung dar, um den Anspruchs auf Ersatz des Verdienstausfalls zu versagen.

Der Hinweis, dass der Verdienstausfall nicht vom Schutzzweck des Behandlungsvertrages erfasst sei, überzeugt für den PID-Vertrag nicht.[1014] Durch die Pflicht des Arztes zu einer dem Standard entsprechenden genetischen Diagnostik soll die Frau zwar insbesondere vor gesundheitlichen Schädigungen durch die Implantation eines schwerwiegend genetisch geschädigten Embryos bewahrt werden. Seine Vertragspflichten bezwecken

---

1007 Im Ergebnis ebenso *Franzki* VersR 1990, 1181, 1184.

1008 BGH NJW 1997, 1638, 1640; OLG Saarbrücken ZfL 2005, 20, 25.

1009 Auf die Schwierigkeiten bei der dogmatischen Begründung weist der BGH sogar selbst hin BGH NJW 1997, 1638, 40; vgl. auch BeckOK/*Spindler* § 823 BGB Rn. 758, der darauf hinweist, dass Ausklammerung des Verdienstausfalls wohl eher Billigkeitserwägungen geschuldet ist sowie *Taupitz/Jones* in: „Waffen-Gleichheit“ – das Recht in der Arzthaftung S. 67, 74 ff.

1010 BGH NJW 1997, 1638, 1640.

1011 BeckOK/*Schubert* § 249 BGB Rn. 45; *Taupitz/Jones* in: „Waffen-Gleichheit“ – das Recht in der Arzthaftung S. 67, 74.

1012 So auch *Taupitz/Jones* in: „Waffen-Gleichheit“ – das Recht in der Arzthaftung S. 67, 75.

1013 Bei der Geburt eines ungewollt behinderten Kindes haben die Eltern nach ständiger Rechtsprechung einen Anspruch auf Ersatz des Unterhaltsbedarfs, siehe oben S. 229 ff. mwN.

1014 So aber OLG Saarbrücken ZfL 2005, 20, 24; OLG Saarbrücken NJW-RR 2001, 671, 672 für Behandlungs- und Beratungsverträge bei einer bestehenden Schwangerschaft.

jedoch gleichfalls den Schutz vor finanziellen Belastungen, die aus der Implantation eines genetisch geschädigten Embryos resultieren.[1015] Es wäre daher nicht konsequent, die Unterhaltspflicht für das behinderte Kind als ersatzfähigen Schaden anzusehen, den Verdienstausfall hingegen nicht.

Der Hinweis des BGH auf die Schwierigkeiten bei der Schadensfeststellung, die davon abhängt, ob die Unterlassung der Erwerbstätigkeit geboten ist oder auf einem freien Entschluss der Mutter beruht[1016], ist zwar zutreffend, schließt den Anspruch aber nicht dem Grunde nach aus. Des Weiteren widerspricht die Einschränkung auf den reinen Unterhaltsbedarf sogar der eigenen Aussage des BGH, wonach »wirtschaftliche Belastungen in Zusammenhang mit der Geburt eines nicht gewollten Kindes, insbesondere der Unterhaltsaufwand«[1017] zu ersetzen seien.[1018] Aus den genannten Gründen ist der Frau ein Verdienstausfall, der ihr durch die Betreuung des behinderten Kindes entsteht, zu ersetzen.

(2) Immaterielle Schäden

Bei einer falsch negativen Diagnose mit positiver Implantationsentscheidung kommen zudem immaterielle Schäden durch das Austragen und die Geburt eines unerwünschten Kindes in Betracht. Das Gleiche gilt bei der Vornahme einer Abtreibung, die wegen der Feststellung des ursprünglich nicht erkannten Gendefekts der Leibesfrucht erfolgt.

Wegen dieser genannten Umstände steht der Frau ein Schmerzensgeldanspruch wegen einer Körperverletzung nach § 253 II BGB zu. Dieser Anspruch beschränkt sich nicht auf den Ausgleich von Schmerzbelastungen, die diejenigen einer komplikationslosen Schwangerschaft und Geburt bzw. Abtreibung übersteigen, sondern erfasst alle hiermit verbundenen Belastungen.[1019] Wird bei Schwangerschaft eine genetische Schädigung behandlungsfehlerhaft nicht mittels pränataldiagnostischer Untersu-

---

1015 Siehe oben S. 231.
1016 BGH NJW 1997, 1638, 1640.
1017 BGH NJW 2000, 1782, 1782; vgl. auch BGH NJW 1985, 671, 672.
1018 *Taupitz/Jones* in: „Waffen-Gleichheit“ – das Recht in der Arzthaftung S. 67, 76.
1019 *Olzen/Kubiak* JZ 2013, 495, 501 und für die Präfertilisationsdiagnostik vgl. *Martis/Winkhart-Martis* Arzthaftungsrecht G 87.

chungsverfahren erkannt[1020], beruht die Schwangerschaft auf einem freien Entschluss der Mutter. Anders liegt es bei einer pflichtwidrigen falsch negativen Diagnose des Arztes im Rahmen der PID, weil die Implantationsentscheidung und damit auch die Schwangerschaft und Geburt auf einem vom Arzt herbeigeführten Irrtum beruhen und daher ungewollt sind, sodass der Schmerzensgeldanspruch nicht auf die durch die genetische Schädigung des Embryos bedingten und im Vergleich zu einer komplikationslosen Schwangerschaft erhöhten Schmerzen beschränkt ist.[1021] Vielmehr haftet der Arzt in Anlehnung an die Rechtsprechung zur fehlgeschlagenen Sterilisation[1022] für die gesamten mit dem Austragen, der Geburt oder der Abtreibung verbunden Belastungen wegen einer Körperverletzung auf Schadensersatz iSd. § 253 II BGB. Die auf einem Irrtum der Frau beruhende Herbeiführung einer ungewollten Schwangerschaft und Geburt stellen nämlich, auch wenn es sich dabei um einen natürlichen biologischen Vorgang ohne Komplikationen handelt, eine Körperverletzung dar.[1023] Nur diese Betrachtungsweise gewährleistet einen angemessenen Schutz der körperlichen Integrität vor unbefugten Eingriffen[1024], denn selbst eine komplikationslose Schwangerschaft und Geburt beeinträchtigt das körperliche Wohlbefinden und die körperliche Unversehrtheit nachhaltig.[1025] Sofern sich die Frau gegen die Geburt des Kindes entscheidet und eine Abtreibung nach § 218a I, II StGB vornehmen lässt, ist ihr für

1020 So etwa im Röteln Fall, BGH NJW 1983, 1371, 1373, in dem die Schwangerschaft nicht auf einer Pflichtverletzung des Arztes beruhte, sondern auf einem freien Entschluss der Mutter.

1021 Eine Beschränkung wird in Fällen angenommen, in denen die Schwangerschaft auf einem freien Entschluss der Frau beruht und der Arzt pränatal eine genetische Schädigung pflichtwidrig nicht erkennt, BGH NJW 1983, 1371, 1373; *Gehrlein* Kompaktwissen Arzthaftungsrecht S. 42.

1022 BGH NJW 2008, 2846, 2847; BGH NJW 1980, 1452, 1453.

1023 Vgl. BGH NJW 1995, 2407, 2408; BGH NJW 1984, 2625, 2625; BGH NJW 1980, 1452, 1453; *Deuchler* Die Haftung des Arztes für die unerwünschte Geburt eines Kindes S. 121 f.; *Harrer* Zivilrechtliche Haftung bei durchkreuzter Familienplanung S. 223 ff. **a.A.**: OLG Frankfurt NJW 1983, 341, 342; Reinelt FamRZ 1970, 572, 574; *Schiemann* JuS 1980, 709, 710.

1024 BGH NJW 1995, 2407, 2408; BGH NJW 1984, 2625, 2625; BGH NJW 1980, 1452, 1453; *Deuchler* Die Haftung des Arztes für die unerwünschte Geburt eines Kindes S. 121 f.; *Harrer* Zivilrechtliche Haftung bei durchkreuzter Familienplanung S. 223 ff.

1025 *Harrer* Zivilrechtliche Haftung bei durchkreuzter Familienplanung S. 225.

die damit verbundenen Schmerzen ein Schmerzensgeld wegen Körperverletzung nach § 253 II BGB zu zahlen.[1026]

Neben einem Schmerzensgeldanspruch der Frau wegen einer Körperverletzung nach § 253 II BGB steht bei der auf einer pflichtwidrigen falsch negativen Diagnose beruhenden Geburt eines behinderten Kindes eine Gesundheitsverletzung nach § 253 II BGB aufgrund der psychischen und physischen Mehrbelastungen in Rede, die mit dem Haben eines behinderten Kindes einhergehen. Zwar sind grundsätzlich nur Belastungen bis zur Geburt ausgleichspflichtig, weil spätere Belastungen, wie sie sich aus der Existenz eines Kindes für jede Mutter ergeben können, nicht mehr in einem Zurechnungszusammenhang mit der verletzten Vertragspflicht stehen[1027], sondern ein allgemeines Lebensrisiko darstellen. Etwas anderes gilt jedoch, wenn die psychischen und physischen Belastungen, die ein behindertes Kind verursacht, Krankheitswert erreichen.[1028] Die verletzte Vertragspflicht zu einer dem Standard entsprechenden genetischen Diagnostik dient u.a. dazu, die Frau vor psychischen Erkrankungen, die aus der Pflege für ein schwerbehindertes Kind resultieren, zu schützen. Sofern die Belastung Krankheitswert erreicht und daher als Gesundheitsschädigung zu qualifizieren ist, hat sich daher nicht nur ein allgemeines Lebensrisiko, sondern ein Nachteil verwirklicht, der unter den Schutzzweck der verletzten Vertragspflicht fällt. In diesem Fall ist der Frau ein Schmerzensgeld wegen einer Gesundheitsverletzung nach § 253 II BGB zu zahlen.

2. Schaden bei Aufklärungsfehlern

Im Gegensatz zu Behandlungsfehlern führen Aufklärungsfehler bei der genetischen Untersuchung im engeren Sinne nur in Ausnahmefällen zu Schäden.

Während Aufklärungsfehler bei der für die PID zwingend notwendigen extrakorporalen Befruchtung sowie der Schwangerschaftsbetreuung häufig

---

1026 Vgl. OLG Braunschweig NJW 1980, 643, 643; *Thamm* Jura 2009, 81, 86.

1027 BGH NJW 1995, 2412, 2413; BGH NJW 1989, 1536, 1538; OLG Saarbrücken ZfL 2005, 20, 24; OLG Zweibrücken NJW-RR 2000, 235, 238; Soergel/*Zeuner* 12. Aufl. § 847 BGB Rn. 28.

1028 BGHZ 86, 240, 249; OLG Saarbrücken ZfL 2005, 20, 24; OLG Zweibrücken NJW-RR 2000, 235, 238; OLG Celle VersR 1988, 964, 966; so im Ergebnis auch *Harrer* Zivilrechtliche Haftung bei durchkreuzter Familienplanung S. 233; *Müller* in: FS Steffen S. 355, 366.

einen Gesundheitsschaden verursachen, sind bei der genetischen Untersuchung selbst typischerweise nur zwei derartige Aufklärungsfehler denkbar. Zum einen besteht die Möglichkeit, dass der Arzt eine genetische Schädigung des Embryos richtig diagnostiziert hat, die mit dem hohen Risiko einer schwerwiegenden Erbkrankheit oder einer Tot- oder Fehlgeburt einhergeht, sie der Frau aber, beispielsweise aus ethischen Gründen, verschwiegen hat. Zum anderen kann er diagnostizierte Zusatzbefunde, über die er die Frau aufklären muss[1029], nicht mitteilen. Sofern es aufgrund eines solchen Aufklärungsfehlers zu einer Tot- oder Fehlgeburt, oder zur Geburt eines Kindes mit der verschwiegenen genetischen Schädigung kommt, sind der Frau die daraus resultierenden Schäden zu ersetzen. Da dann allerdings ebenfalls nur Körper- und Gesundheitsschäden, Behandlungskosten sowie der Unterhalt für ein behindertes Kind in Betracht kommen, kann auf die obigen Ausführungen verwiesen werden.[1030]

Unterbleibt eine Aufklärung über die Notwendigkeit die Diagnose der PID im Schwangerschaftsverlauf mittels der PND überprüfen zu lassen, bestehen für den Arzt ebenfalls haftungsrechtliche Risiken.[1031] Lässt sich feststellen, dass die Geburt des behinderten Kindes kausal auf der unterlassenen Aufklärung beruht, weil sich die genetische Schädigung des Kindes im Rahmen der PND gezeigt und die Frau sich dann für einen Schwangerschaftsabbruch nach § 218a II StGB entschieden hätte, muss der Arzt für die mit der Geburt verbundenen Schmerzen sowie für den Unterhalt des Kindes Schadensersatz leisten. Da es sich bei dieser Aufklärung aber nicht um eine Selbstbestimmungsaufklärung, sondern um eine therapeutische Aufklärung handelt, ist ein derartiger Fehler nicht als Aufklärungs-, sondern als Behandlungsfehler zu qualifizieren, sodass die Frau die Beweislast für das Vorliegen eines solchen Fehlers trifft.

V. Vorteilsausgleichung

Im Zusammenhang mit durch ärztliches Fehlverhalten verursachten Schäden kann die Frau zugleich Vorteile erlangen, insbesondere wenn nach einem Aufklärungs- oder Behandlungsfehler ein behindertes Kind geboren wird. Hier stellt zwar insbesondere die Unterhaltsbelastung für das behin-

1029 Dazu oben S. 156 ff.
1030 Siehe oben S. 228 ff.
1031 *Krüger/Berchtold* Der Gynäkologe 2012, 65, 68.

derte Kind einen Schaden dar.[1032] Die Existenz dieses Kindes bringt der Mutter aber ebenfalls gegenwärtige sowie gegebenenfalls zukünftige materielle und immaterielle Vorteile, z.B. Kindergeld, Mutterschaftsgeld sowie Elterngeld als gegenwärtige, sowie mögliche künftige familienrechtliche und erbrechtliche Positionen[1033] aus §§ 1601 ff., 1619, 1649 II 1, 1925 I, 2303 II BGB. Hinzu tritt die Freude am Kind als immaterieller Wert. Es muss daher geklärt werden, inwiefern diese Vorteile bei der Berechnung des mütterlichen Schadens bei der Geburt eines behinderten Kindes berücksichtigt werden müssen.

1. Berücksichtigung von immateriellen Vorteilen bei der Berechnung des Unterhalts- und Verdienstausfallschadens

Als immaterieller Wert, der bei der Berechnung des Unterhalts- und Verdienstausfallschadens anspruchsmindernd Berücksichtigung finden könnte, kommt die der Frau durch das Kind zuteil werdende Freude in Betracht.[1034] Gegen die Anrechnung dieses Vorteils auf den Schadensersatzanspruch sprechen jedoch zahlreiche Gründe: Zum einen sind die Freude am Kind als immaterieller Wert und die Unterhaltsbelastung als materieller Nachteil nicht miteinander vergleichbar.[1035] Zudem scheitert eine Anrechnung des immateriellen Wertes des Kindes deshalb aus, weil man diesen nicht einfach in Geld ausdrücken und so in Bezug zu den Kosten des Kindes setzten kann.[1036] Schließlich wäre es inkonsequent, die Unterhaltslast für das Kind und dessen Existenz als Wertverwirklichung bei der Schadensermittlung getrennt zu betrachten[1037], um diese Trennung anschließend bei der Anrechnung von immateriellen Werten wieder aufzu-

1032 Siehe oben S. 229 ff.

1033 *Harrer* Zivilrechtliche Haftung bei durchkreuzter Familienplanung S. 91.

1034 Vgl. *Harrer* Zivilrechtliche Haftung bei durchkreuzter Familienplanung S. 94; *Sigel* Zivilrechtliche Haftung bei fehlgeschlagener Sterilisation S. 109 mwN.

1035 Vgl. BeckOK/*Schubert* § 249 BGB Rn. 111; *Harrer* Zivilrechtliche Haftung bei durchkreuzter Familienplanung S. 94; *Mertens* FamRZ 1969, 251, 254; *Sigel* Zivilrechtliche Haftung bei fehlgeschlagener Sterilisation S. 109; *Thüsing* Wertende Schadensberechnung S. 477.

1036 *Lange/Schiemann* Schadensersatz § 6 IX 7; *Giesen* FamRZ 1970,565, 568 f.; *Sigel* Zivilrechtliche Haftung bei fehlgeschlagener Sterilisation S. 109.

1037 So die herrschende Trennungslehre siehe oben S. 229 ff.

heben.[1038] Weiterhin würde die Anrechnung immaterieller Vorteile bei Vermögensschäden § 253 I BGB unterlaufen.[1039] Der Kindesmutter steht nämlich für die mit der Existenz des Kindes verbundenen Sorgen ebenfalls keine billige Entschädigung in Geld zu, sodass die Berücksichtigung ihrer immateriellen Vorteile bei materiellen Schäden eine einseitige Schädigerbegünstigung darstellen würde.[1040]

Somit stellt die Freude am Kind keinen anspruchsmindernden Umstand dar.[1041]

2. Berücksichtigung von materiellen Vorteilen bei der Berechnung des Unterhaltsschadens bzw. Verdienstausfallschadens

Materielle Vorteile werden bei der Berechnung eines Vermögensschadens grundsätzlich berücksichtigt[1042], wenn sie gegenwärtig sind, d.h. der Frau bereits zuteilgeworden sind oder ihr zumindest nach dem gewöhnlichen Lauf der Dinge aufgrund konkreter Anhaltspunkte zufließen.[1043] Weiterhin muss der Vorteil adäquat kausal auf das schädigende Ereignis zurückzuführen sein[1044] und die Anrechnung dem Zweck des Schadensersatzes entsprechen.[1045] Sie darf also einerseits nicht zu einer unbilligen

---

1038 *Harrer* Zivilrechtliche Haftung bei durchkreuzter Familienplanung S. 94; *Sigel* Zivilrechtliche Haftung bei fehlgeschlagener Sterilisation S. 109 f.

1039 MünchKomm/*Oetker* § 249 BGB Rn. 229.

1040 *Harrer* Zivilrechtliche Haftung bei durchkreuzter Familienplanung S. 94; *Waibl* Kindesunterhalt als Schaden S. 176.

1041 Ebenso für die Fälle der ungewollten Geburt eines Kindes *Lejeune* Wrongful Life S. 39.

1042 Zu den hierzu verwendeten Kriterien siehe den Überblick bei *Lange/Schiemann* Schadensersatz § 9 II 4.

1043 Vgl. BGHZ 76, 259, 263; *Harrer* Zivilrechtliche Haftung bei durchkreuzter Familienplanung S. 91; *Lange/Schiemann* Schadensersatz § 6 IX 7; *Michalski* JA 1979, 186, 190.

1044 Vgl. BGH NJW 2004, 2526, 2528; BGH NJW 1990, 1360, 1360; BGHZ 81, 271, 275; BGH NJW 1970, 2061, 2063; BGHZ 49, 56, 61 f.; BGHZ 30, 29, 32 f.; BGHZ 10, 107, 108; BGHZ 8, 325, 328; BeckOK/*Schubert* § 249 BGB Rn. 108; *Harrer* Zivilrechtliche Haftung bei durchkreuzter Familienplanung S. 87; *Looschelders* Schuldrecht Allgemeiner Teil Rn. 1012; Palandt/*Grüneberg* Vorb v § 249 BGB Rn. 69.

1045 BGH NJW 2010, 675, 675; BGH NJW-RR 2009, 1030. 1031; BGHZ 173, 83, 87; BGH NJW-RR 2004, 79, 80; BGH NJW-RR 2002, 905, 906; BGH NJW-RR 2001, 1450, 1450 f.; BGH NJW 2000, 734, 736; BGHZ 136, 52, 54; BGH NJW 1984, 229, 230; BGH NJW 1983, 2137, 2137 f.; BGHZ 81, 271, 275; BGHZ 8,

Entlastung des Schädigers führen[1046] und muss andererseits dem Geschädigten zuzumuten sein.[1047] Ob dies der Fall ist, bedarf für jeden durch die Pflichtverletzung des Arztes ausgelösten materiellen Vorteil einer separaten Untersuchung.

a) Familien- und erbrechtliche Vorteile

Konkret stehen als materielle familien- bzw. erbrechtliche Vorteile bei einer fehlerhaften PID, die zur Geburt eines schwer geschädigten Kindes führt, der Anspruch der Eltern auf Unterhalt gegen das Kind, §§ 1601 ff. BGB, die Möglichkeit, Erbe oder Pflichtteilsberechtigter des Kindes zu werden, §§ 1925 I, 2303 II BGB, sowie vom Kind die Mitarbeit im Haus und Geschäft zu verlangen, § 1619 BGB, und unter Umständen auch das Recht, Einkünfte aus dem Vermögen des Kindes zu verwenden, § 1649 II 1 BGB, in Rede.

aa) Nur latent vorhandene Vorteile

Wie bereits erwähnt[1048], kommt eine Berücksichtigung dieser Vorteile bei der Schadensermittlung nur in Betracht, wenn sie bereits eingetreten sind oder ihr künftiger Eintritt zumindest feststeht. Dies ist aber im Hinblick auf die soeben genannten Vorteile, die der Frau aus der Existenz des behinderten Kindes erwachsen können, nicht der Fall.

So lässt sich von vornherein ausschließen, dass ein schwer behindertes Kind eine Pflicht zur Mitarbeit im Haus oder Geschäft der Eltern trifft. Auch bestehen nach dem gewöhnlichen Lauf der Dinge keine konkreten Anhaltspunkte dafür, dass das behinderte Kind Unterhalt an seine Eltern wird zahlen können, weil dies Leistungsfähigkeit nach § 1603 BGB vo-

---

325, 329; *Looschelders* Schuldrecht Allgemeiner Teil Rn. 1013; Staudinger/*Vieweg* Eckpfeiler des Zivilrechts J 98.

1046 BGH NJW-RR 2009, 1030, 1031; BGHZ 173, 83, 87; BGH NJW-RR 2004, 79, 80; BGH NJW-RR 2002, 905, 906; BGH NJW 2001, 3190, 3192; BGH NJW-RR 2001, 1450, 1451; BGH NJW 1990, 1360, 1360; BGH NJW 1989, 2117, 2117; BGHZ 91, 206, 210; BGHZ 54, 269, 272; BGHZ 49, 56, 62.

1047 BGHZ 91, 206, 210; BGH NJW 1970, 2061, 2063; BGHZ 10, 107, 108; *Harrer* Zivilrechtliche Haftung bei durchkreuzter Familienplanung S. 87; MünchKomm/*Oetker* § 249 Rn. 234; Palandt/*Grüneberg* Vorb v § 249 BGB Rn. 68.

1048 Siehe oben S. 240.

raussetzt. Diese wird aber regelmäßig fehlen, weil das Kind normalerweise keiner Erwerbstätigkeit nachgehen wird und daher zur Bestreitung seines eigenen Lebensunterhaltes aller Voraussicht nach ein Leben lang selbst auf die finanzielle Unterstützung anderer angewiesen sein wird. Zudem sind dem behinderten Kind oft finanziell erhebliche erbrechtliche Positionen verwehrt, weil viele Erblasser ihr Vermögen nicht dem Zugriff des Sozialhilfeträgers preisgeben möchten. Sie bedenken daher das behinderte Kind nicht, bzw. setzen es nur als Vorerben mit Dauertestamentsvollstreckung ein und zwar lediglich mit einer den Pflichtteilsbetrag minimal übersteigenden Quote, wenn das Kind zum pflichtteilsberechtigten Personenkreis gehört.[1049]

Denkbar ist schon eher, dass das Kind aufgrund seiner Behinderung vor den Eltern sterben wird. Allerdings ist in Bezug auf erbrechtliche Vorteile der Eltern das ob und die Höhe einer solchen Position im Zeitpunkt der Schadensberechnung noch völlig vage, weil diesbezüglich keinerlei Gewissheit oder auch nur Vorhersehbarkeit besteht.

Somit müssen diese nur möglicherweise eintretenden erb- oder familienrechtlichen Vorteile bei der Berechnung des Schadens der Mutter grundsätzlich außer Betracht bleiben.[1050]

bb) Tatsächlich eingetretene Vorteile

Etwas anders gilt allerdings, sofern sich ein familien- oder erbrechtlicher Vorteil im Einzelfall realisiert. In diesem Fall muss sich die Mutter des Kindes den eingetretenen Vorteil auf den Unterhaltsschaden anrechnen lassen, vorbehaltlich der o.g.[1051] Kriterien, die bei der Vorteilsausgleichung zu berücksichtigen sind.[1052]

1049 Ausführlich hierzu *Olzen* Erbrecht Rn. 266 ff. mwN.

1050 Im Ergebnis ebenso in Fällen, in denen ein Kind ungewollt zur Welt gekommen ist, *Harrer* Zivilrechtliche Haftung bei durchkreuzter Familienplanung S. 91 f.; *Lange/Schiemann* Schadensersatz § 6 IX 7; *Lejeune* Wrongful Life S. 38; *Reinelt* FamRZ 1970, 572, 574.

1051 Siehe dazu oben S. 240.

1052 Vgl. *Harrer* Zivilrechtliche Haftung bei durchkreuzter Familienplanung S. 92.

(1) Positionen familienrechtlicher Art

Ein familienrechtlicher Vorteil kann darin liegen, dass die Frau als Geschädigte gegen ihr Kind einen eigenen Unterhaltsanspruch nach §§ 1601 ff. BGB erwirbt. Zwar mindern Unterhaltsleistungen Schadensersatzansprüche grundsätzlich nicht[1053], wie sich aus dem in §§ 843 IV niedergelegten allgemeinen Rechtsgedanken ergibt.[1054] Dieser grundsätzliche Ausschluss gilt jedoch nicht, sofern das den Unterhaltsanspruch begründende Rechtsverhältnis erst durch das schädigende Ereignis entstanden ist.[1055] Ein solcher Zusammenhang bestünde bei einem Unterhaltsanspruch der Mutter gegen das behinderte Kind, weil es ohne die ärztliche Pflichtverletzung nicht zur Welt gekommen wäre. Gegen die Anrechnung des Unterhaltsanspruchs der Mutter gegen das Kind auf den Anspruch der Mutter auf Ersatz des Unterhaltsschadens gegen den Arzt könnte allerdings sprechen, dass das Kind gegenüber der Mutter nicht zeitgleich unterhaltsberechtigt und unterhaltsverpflichtet sein kann: Voraussetzung eines Unterhaltsanspruchs der Mutter gegen das Kind nach §§ 1601 ff. BGB ist unter anderem die Leistungsfähigkeit des Kindes nach § 1603 I BGB, d.h., dass es mehr Mittel zur Verfügung haben muss, als zur Bestreitung seines eigenen angemessenen Lebensunterhaltes nötig sind. Dann ist das Kind aber nicht bedürftig, sodass in diesem Zeitpunkt kein Unterhaltsanspruch gegen die Mutter besteht. Da im Rahmen der Vorteilsaugleichung hingegen ebenfalls Vorteile berücksichtigt werden können, die nicht zeitgleich mit dem Schaden zusammenfallen[1056], kann der Ausschluss der Vorteilsausgleichung mit diesem Argument nicht begründet werden. Entscheidend bleibt deshalb, ob die Anrechnung dem Zweck des Schadensersatzes beim PID-Vertrag entspricht. Durch den Schadensersatzanspruch aus einem PID-Vertrag sollen zumindest diejenigen Schäden kompensiert werden, vor denen der Arzt die Mutter nach dem Vertragsgegenstand schützen sollte, also Schäden gesundheitlicher Art, die durch die Implantation eines

---

1053 *Harrer* Zivilrechtliche Haftung bei durchkreuzter Familienplanung S. 92; MünchKomm/*Oetker* § 249 BGB Rn. 265; *Reinelt* FamRZ 1970, 572, 574.

1054 Erman/*Ebert* Vorbemerkung §§ 249-253 BGB Rn. 107; Palandt/*Grüneberg* Vorb v § 249 BGB Rn. 88.

1055 BeckOK/*Schubert* § 249 BGB Rn. 125; Erman/*Ebert* Vorbemerkung §§ 249-253 BGB Rn. 108; *Harrer* Zivilrechtliche Haftung bei durchkreuzter Familienplanung S. 92 f.; Palandt/*Grüneberg* Vorb v § 249 BGB Rn. 89; *Reinelt* FamRZ 1970, 572, 574.

1056 MünchKomm/*Oetker* § 249 BGB Rn. 230.

genetisch geschädigten Embryos ausgelöst werden, aber auch finanzielle Schäden durch die Geburt eines schwer behinderten Kindes.[1057] Der letztgenannte Zweck wird nicht dadurch verfehlt, dass die Mutter sich einen eigenen Unterhaltsanspruch gegen das Kind anrechnen lassen muss. Denn wenn sie sowohl vollen Schadensersatz für den Unterhalt des Kindes bekommen würde und man andererseits den Vorteil, den sie durch die Unterhaltszahlung ihres Kindes erlangt, nicht anrechnen würde, wäre die Frau letztlich doppelt begünstigt, der Arzt hingegen unbillig belastet, weil er für den von ihm verursachten Schaden haften müsste, ihm die dadurch ausgelösten Vorteile aber nicht zugute kämen.

Somit besteht eine Verpflichtung zur Vorteilsausgleichung, wenn die Mutter als geschädigte Unterhaltsverpflichtete des Kindes ihrerseits einen Unterhaltsanspruch gegen das Kind erwirbt.[1058]

(2) Vorteile erbrechtlicher Art

Wesentlich wahrscheinlicher als die Entstehung eines Unterhaltsanspruchs der Mutter gegen das behinderte Kind erscheint es, dass das Kind aufgrund seiner Behinderung vor der Mutter verstirbt, sodass diese dessen Erbin, §§ 1925, 1937 BGB, oder Vermächtnisnehmerin wird, § 2147 BGB, oder zumindest einen Pflichtteilsanspruch erlangt, § 2303 II BGB. Sofern ein solcher Vorteil tatsächlich eintritt, muss nach der Vorteilsausgleichung geklärt werden.

Ebenso wie ein etwaiger Unterhaltsanspruch der Mutter gegen das Kind beruht auch eine Erben-, Vermächtnisnehmerstellung oder Pflichtteilsberechtigung adäquat kausal auf der Pflichtverletzung des Arztes, weil es ohne diese nicht zur Geburt des behinderten Kindes gekommen wäre. Somit kann auch nicht - wie in den Fällen des § 844 II BGB - davon ausgegangen werden, dass der Mutter die Erbschaft, das Vermächtnis oder der

---

1057 Siehe zum Schutzzweck des PID-Vertrages oben S. 231.

1058 Im Ergebnis ebenso für die Fälle der Geburt eines ungewollten Kindes OLG Düsseldorf NJW 1975, 595, 596; *Harrer* Zivilrechtliche Haftung bei durchkreuzter Familienplanung S. 92 f.; MünchKomm/*Grunsky* 3. Aufl. Vor § 249 BGB Rn. 12; *Reinelt* FamRZ 1970, 572, 574; im Ergebnis offenlassend BGHZ 76, 259, 263; OLG Karlsruhe NJW 1979, 599, 600; **a.A.**: für die Geburt eines ungewollten Kindes *Waibl* Kindesunterhalt als Schaden S. 173, die annimmt, dass familienrechtliche Vorteile immer außer Betracht bleiben müssen, weil das Familienrecht nur familienintern gilt.

Pflichtteil auch ohne die Pflichtverletzung des Arztes angefallen wäre und sie daher grundsätzlich nicht anrechenbar sind.[1059] Entscheidend ist deshalb, ob die Anrechnung erbrechtlicher Vorteile der Frau zumutbar ist und den Arzt nicht unbillig entlastet. Der Unterschied zum Unterhaltsanspruch der Mutter gegen das Kind liegt darin, dass erbrechtliche Positionen nicht (nur) auf Gesetz beruhen, sondern auf dem freien Willen des Kindes, sofern seine Behinderung die Testierfähigkeit nicht gem. § 2229 IV BGB ausschließt. Dies gilt selbst in Fällen, in denen die Mutter Erbin des Kindes kraft gesetzlicher Erbfolge wird, weil das Kind sich dazu entschieden hat, keine von der gesetzlichen Erbfolge abweichenden Regelungen zu treffen. Es geht somit nicht um die Anrechenbarkeit einer Leistungspflicht eines Dritten, zu der dieser gesetzlich verpflichtet ist, sondern um eine freiwillige »Leistung«. Das entscheidende Kriterium für die Frage, ob solche Vorteile auf den Schadensersatzanspruch anzurechnen sind, bildet die Leistungsbestimmung des Dritten.[1060] Regelmäßig ist anzunehmen, dass der Dritte den Schädiger nicht entlasten möchte.[1061] Nach dem Willen des Kindes soll die Erbeinsetzung bzw. das Vermächtnis der Mutter und nicht dem Arzt zugute kommen. Somit scheidet eine Anrechnung einer Erbschaft oder eines Vermächtnisses auf den Unterhaltsanspruch aus.[1062]

Etwas anderes gilt allerdings in Bezug auf den Pflichtteilsanspruch, der der Mutter unabhängig vom Willen des Kindes zusteht. Hierbei handelt es sich nicht um eine freiwillige »Leistung« des Kindes, sodass auch nicht sein Wille darüber entscheidet, ob der Vorteil der Mutter oder dem Arzt zugute kommen sollte. Für die Anrechenbarkeit des Pflichtteilsanspruchs auf den Unterhaltsschaden spricht, wie beim Unterhaltsanspruch der Mutter[1063], dass der Zweck des Schadensersatzes beim PID-Vertrag unter anderem in der Kompensation des finanziellen Schadens liegt, der aus der Existenz eines ungewollten behinderten Kindes resultiert. Dieser Zweck wird erreicht, wenn sich die Mutter den Pflichtteilsanspruch auf den Unterhaltsschaden anrechnen lassen muss. Andernfalls wäre sie nämlich

1059 Vgl. zur Anrechenbarkeit einer Erbschaft im Falle des § 844 II BGB MünchKomm/*Oetker* § 249 BGB Rn. 270.

1060 Anwaltshandbuch Medizinrecht/*Müller* § 2 Rn. 99.

1061 Anwaltshandbuch Medizinrecht/*Müller* § 2 Rn. 99.

1062 So im Ergebnis auch für die Fälle, in denen es aufgrund einer ärztlichen Pflichtverletzung zur Geburt eines ungewollten Kindes gekommen ist *Harrer* Zivilrechtliche Haftung bei durchkreuzter Familienplanung S. 93; *Waibl* Kindesunterhalt als Schaden S. 173 ff.

1063 Siehe oben S. 243.

doppelt begünstigt. Somit besteht eine Pflicht zur Vorteilsausgleichung, sofern die Mutter einen Pflichtteilsanspruch beim Tod ihres Kindes erwirbt.[1064]

Schwieriger ist hingegen die Frage zu beantworten, ob die grundsätzliche Ausgleichspflicht des Pflichtteilsanspruchs dazu führt, dass sich die Frau den hypothetischen Pflichtteilsanspruch als wertmäßigen Bestandteil des Erbteils anrechnen lassen muss, wenn sie Erbin des Kindes wird. Dagegen spricht, dass der Erblasser mit einer Erbeinsetzung und insbesondere mit einem Vermächtnis dem Erben regelmäßig nicht nur eine bestimmte Quote des Nachlasses zuwenden möchte, sondern es ihm oft auf die Zuwendung bestimmter Nachlassgegenstände ankommt. Des Weiteren ist zu bedenken, dass der Erblasser der Mutter einen bestimmten Teil oder sogar den ganzen Nachlass übertragen will. Diesem Willen muss Vorrang vor der Vorteilsausgleichung eingeräumt werden, sodass eine Anrechnung solcher finanzieller Vorteile auf den Unterhaltsanspruch entfällt.

b) Anderweitige gegenwärtige Vorteile

Im Gegensatz zu familien- und erbrechtlichen Vorteilen, die im Zeitpunkt der Schadensberechnung meist nur latent vorhanden sind und daher bei der Ermittlung des Unterhaltsschadens zunächst unberücksichtigt bleiben, sind andere staatliche Vorteile wie Kinder-, Eltern- und Mutterschaftsgeld konkret zugegen, sodass sich stets die Frage der Vorteilsausgleichung stellt.

Alle diese Vorteile werden durch die (bevorstehende) Existenz des Kindes ausgelöst und stehen daher in einem Kausalzusammenhang mit der ärztlichen Pflichtverletzung. Daher kommt eine Anrechnung dieser Vorteile auf den Schaden der Mutter prinzipiell in Betracht.

Entscheidend für die Anrechnung ist, ob diese Leistungen dem Arzt zugute kommen oder ob sie die Frau zusätzlich finanziell entlasten sollen.

Der Staat gewährt Kindergeld, um die Belastungen der Unterhaltsverpflichteten zu mindern[1065] und nicht, um den Unterhaltsanspruch des Kin-

---

1064 So für die Fälle der Geburt eines ungewollten Kindes auch *Harrer* Zivilrechtliche Haftung bei durchkreuzter Familienplanung S. 93.

1065 BGH NJW-RR 1990, 578, 579; BGH NJW 1988, 2375, 2375; MünchKomm/*Born* § 1612b BGB Rn. 2.

des zu erhöhen.[1066] Aus dieser Zweckgebundenheit folgt, dass das Kindergeld nicht zu einer Bereicherung der Kindesmutter führen soll. Da auch die Mutter eines ungewollten behinderten Kindes diesem gegenüber unterhaltsverpflichtet ist, §§ 1601 ff. BGB, sie diesen Unterhaltsschaden aber vom Arzt ersetzt bekommt[1067], muss dem Schuldner, der die Unterhaltslast für das Kind rein tatsächlich trägt, das Kindergeld nach seiner Zweckbindung zugute kommen. Das Kindergeld ist somit immer auf den Unterhaltsschaden anzurechnen.[1068]

Das Elterngeld könnte der Frau nach seiner Zweckgebundenheit ebenfalls auf den Verdienstausfallschaden anzurechnen sein. Es wird ihr zumindest in seiner einkommensersetzenden Funktion gewährt, um Einkommensverluste, die ausschließlich durch die Betreuung des Kindes entstehen, auszugleichen.[1069] Da derartige Verluste doppelt kompensiert würden, wenn die Mutter gleichzeitig ihren Verdienstausfallschaden geltend machen könnte, muss sie sich, damit es nicht zu einer unbilligen Belastung des Arztes kommt, das Elterngeld auf den Verdienstausfallschaden anrechnen lassen.

Dasselbe gilt für das gegebenenfalls um einen Arbeitnehmerzuschuss nach § 14 I MuSchG erhöhte Mutterschaftsgeld, das sicherzustellen soll, dass wirtschaftliche Benachteiligungen aufgrund der Schwangerschaft und Geburt vermieden werden.[1070] Hier ist eine Anrechnung auf den Verdienstausfallschaden geboten, um eine doppelte Begünstigung der Frau und damit zugleich eine unbillige Belastung des Arztes zu vermeiden.

c) Durchführung der Vorteilsausgleichung

In Abhängigkeit davon, ob der Vorteil bereits zum Zeitpunkt der Schadensberechnung eingetreten ist, unterscheidet sich die Durchführung der

---

1066 BGHZ 70, 151, 152 f.

1067 Siehe dazu oben S. 229 ff.

1068 So im Ergebnis für die Geburt eines ungewollten Kindes auch BGH NJW 2007, 989, 989; BGHZ 76, 259, 272; OLG Oldenburg NJW-RR 2003, 1090, 1092; *Harrer* Zivilrechtliche Haftung bei durchkreuzter Familienplanung S. 89; *Müller* NJW 2003, 697, 706; **a.A.**: *Waibl* Kindesunterhalt als Schaden S. 93, die davon ausgeht, dass es dem Sinn des BKGG besser entspricht, wenn das Kindergeld demjenigen zukommt, der tatsächlich mit dem Kind zusammenlebt und nicht demjenigen, der die Unterhaltslast trägt.

1069 Anwaltshandbuch Sozialrecht/*Neumann* § 34 Rn. 3, 4.

1070 Vgl. BeckOK Sozialrecht/*Kießling* § 24i SGB V Rn. 1.

Vorteilsausgleichung. Konkret vorhandene Vorteile wie das Kinder-, Mutterschafts- oder Elterngeld werden direkt durch Anrechnung gegenüber der sachlich entsprechenden Schadensposition abgezogen. Sofern ein Vorteil erst später eintritt, kann er im Wege einer Abänderungsklage nach § 323 ZPO berücksichtigt werden.[1071] Erbrachte Schadensersatzleistungen können vom Arzt nach § 812 I 2 1. Alt. BGB zurückgefordert werden.[1072]

3. Zwischenergebnis zur Vorteilsausgleichung

Die Ausführungen haben gezeigt, dass sich die Mutter bei der auf ärztlicher Pflichtverletzung beruhenden Geburt eines behinderten Kindes die immateriellen Vorteile nicht auf ihren Schadensersatzanspruch anrechnen lassen muss. Dasselbe gilt für familien- und erbrechtliche Ansprüche, deren spätere Realisierung noch offen ist. Sofern sich ein solcher Anspruch jedoch realisiert, sind zumindest Unterhaltsansprüche gegen das ungewollte behinderte Kind sowie Pflichtteilsansprüche der Mutter auf ihren Unterhaltsschaden gegen den Arzt anrechenbar. Etwas anderes gilt für eine Erbeinsetzung oder ein Vermächtnis zugunsten der Mutter, weil es dem Willen des Kindes entsprach, das Vermögen der Mutter zu mehren und diesen Vorteil nicht dem Arzt zukommen zu lassen.

Vom Staat im Vorfeld oder nach der Geburt des Kindes gewährte Vorteile, wie das Kinder-, Eltern- oder Mutterschaftsgeld sind hingegen auf den Unterhalts- bzw. den Verdienstausfallschaden der Mutter anzurechnen, weil es ansonsten zu einer doppelten Begünstigung der Mutter käme.

VI. Mitverschulden

Eine Kürzung des Schadensersatzanspruchs kommt ferner unter dem Gesichtspunkt des Mitverschuldens nach § 254 BGB in Betracht, sofern die Frau es unterlassen hat, den eingetretenen Schaden abzuwenden oder zu mindern, § 254 II 1 BGB. Diese Obliegenheit zur Schadensabwendung

---

1071 OLG Düsseldorf NJW 1975, 595, 596; *Harrer* Zivilrechtliche Haftung bei durchkreuzter Familienplanung S. 93; *Sigel* Zivilrechtliche Haftung bei fehlgeschlagener Sterilisation S. 104.

1072 *Harrer* Zivilrechtliche Haftung bei durchkreuzter Familienplanung S. 93; *Sigel* Zivilrechtliche Haftung bei fehlgeschlagener Sterilisation S. 108.

bzw. -minderung besteht jedoch nur in den Grenzen des Zumutbaren.[1073] Es muss durch eine Interessenabwägung festgestellt werden, was von einem vernünftigen und sorgfältigen Menschen zur Abwendung oder Minderung des Schadens erwartet werden kann.[1074]

Rein tatsächlich besteht die Möglichkeit zur Abwendung oder Minderung des Schadens für die Frau nur bei der auf einer ärztlichen Pflichtverletzung resultierenden Schwangerschaft mit einem genetisch geschädigten Kind oder bei dessen Geburt und zwar im Hinblick auf den Unterhalts- und den Verdienstausfallschaden. Sofern die genetische Schädigung während der Schwangerschaft mittels PND[1075] festgestellt wird, kann die Frau das Kind abtreiben lassen, wenn die Voraussetzungen für einen Schwangerschaftsabbruch vorliegen, § 218a StGB. Sofern es bereits geboren ist, besteht die Möglichkeit das Kind zur Adoption freizugeben.

Zweifelhaft erscheint, ob das vermögensrechtliche Interesse des Arztes an der Abwendung oder Minderung des Unterhalts- und Verdienstausfallschadens wirklich soweit reicht, dass der Frau eine Abtreibung oder die Freigabe zur Adoption zugemutet werden kann.

In Bezug auf Letzteres ist zu bedenken, dass die Rechtsordnung dem Aufwachsen des Kindes bei seinen Eltern einen besonderen Wert zuerkennt. Gem. Art. 6 II 1 GG stellt das Recht zur Pflege und Erziehung des Kindes das natürliche Recht der Eltern, aber sogleich auch eine ihnen zuvörderst obliegende Pflicht dar. Diese Position kann ihnen gegen ihren Willen dabei nur unter den strengen Voraussetzungen des Art. 6 III GG entzogen werden. Auch §§ 1626 I, 1631 BGB und insbesondere § 1666 BGB verdeutlichen, dass eine Einschränkung des Elternrechts nur im Ausnahmefall und zwar allein bei einer Gefährdung des Kindeswohls in Erwägung zu ziehen ist. Vermögensrechtliche Interessen des Arztes müssen daher zurücktreten. Zudem entsteht trotz der Tatsache, dass die Frau eine PID hat vornehmen lassen, um die Geburt eines schwerwiegend genetisch geschädigten Kindes zu vermeiden, eine enge Bindung zwischen beiden, der sich die Mutter nicht entziehen kann. Die Freigabe zur Adop-

1073 *Looschelders* Schuldrecht Allgemeiner Teil Rn. 1112.

1074 *Gehrlein* Grundwissen Arzthaftungsrecht Rn. 47; MünchKomm/*Oetker* § 254 BGB Rn. 76.

1075 Zur PND siehe oben S. 27.

tion stellt daher kein Verhalten dar, das von einem sorgfältigen Menschen vernünftigerweise erwartet werden darf.[1076]

Die Weigerung der Schwangeren, ihr genetisch geschädigtes Kind abzutreiben, verletzt selbst dann, wenn ein Schwangerschaftsabbruch rechtlich möglich wäre, nicht die Obliegenheit zur Schadensabwendung.[1077] Zum einen muss das auch dem nasciturus zukommende Grundrecht auf Leben aus Art. 2 II 1 GG beachtet werden, in das nur aufgrund entgegenstehender Grundrechte der Mutter, aber nicht aufgrund von Vermögensinteressen Dritter eingegriffen werden darf.[1078] Zum anderen liegt die Entscheidung für oder gegen einen Schwangerschaftsabbruch alleine bei der Schwangeren und darf nach der Wertung der Rechtsordnung nicht durch finanzielle Interessen Dritter beeinflusst werden.[1079]

VII. Haftungsbeschränkungen

Aufgrund der immensen Haftungsrisiken, denen sich der behandelnde Arzt bei der PID und insbesondere bei der auf seinem Fehlverhalten beruhenden Geburt eines schwergeschädigten Kindes ausgesetzt sieht, liegt die Vereinbarung einer Haftungsbeschränkung nahe.[1080] Eine vertragliche Beschränkung der Haftung kommt zum einen individualvertraglich[1081], zum anderen durch Formularklauseln[1082] in Betracht.

1. Individualvertragliche Haftungsbeschränkung

Die grundsätzliche Zulässigkeit privatrechtlicher Haftungsausschlüsse folgt verfassungsrechtlich aus der durch Art. 2 I GG gewährleisteten Ver-

---

1076 BGHZ 76, 259, 264; BGHZ 76, 249, 257; MünchKomm/*Oetker* § 249 BGB Rn. 39, § 254 BGB Rn. 82; Palandt/*Grüneberg* § 249 BGB Rn. 77; *Sigel* Zivilrechtliche Haftung bei fehlgeschlagener Sterilisation S. 111 f.

1077 BGHZ 76, 259, 264; MünchKomm/*Oetker* § 249 BGB Rn. 39, § 254 BGB Rn. 82.

1078 *Sigel* Zivilrechtliche Haftung bei fehlgeschlagener Sterilisation S. 112 f.

1079 *Lange/Schiemann* Schadensersatz 6 IX 7; *Sigel* Zivilrechtliche Haftung bei fehlgeschlagener Sterilisation S. 112 f.

1080 *Olzen/Kubiak* JZ 2013, 495, 501.

1081 Zur Zulässigkeit einer individualvertraglichen Haftungsbeschränkung siehe unten S. 250 ff.

1082 Zur Zulässigkeit einer Haftungsbeschränkung durch AGB siehe unten S. 271.

tragsfreiheit.[1083] Bezogen auf den Behandlungsvertrag ergibt sich eine diesbezügliche Dispositionsfreiheit im Hinblick auf den geschuldeten Standard aus § 630a II BGB, wonach die Behandlung nur nach den zum Zeitpunkt der Behandlung bestehenden, allgemein anerkannten fachlichen Standards zu erfolgen hat, soweit nicht etwas anderes vereinbart ist, wobei bei der genetischen Untersuchung der allgemein anerkannte Stand der Wissenschaft und Technik den nicht zur Parteidisposition stehenden Mindeststandard bildet.[1084]

Diese inhaltliche Gestaltungsfreiheit findet ihre Grenze, sofern die Voraussetzungen für eine durch Art. 2 I GG gewährleistete, selbstbestimmte Entscheidung des Einzelnen nicht gegeben sind.[1085] Hieran fehlt es, wenn sich der Vertragsinhalt nicht mehr als Konkretisierung eines sachgerechten Interessenausgleichs darstellt[1086], sondern ein Vertragspartner sich die strukturelle Unterlegenheit des anderen zum Vorteil macht. In diesem Fall ist die Inhaltsfreiheit des einen Teils verfassungsrechtlich durch die verletzte Privatautonomie des anderen begrenzt.[1087] Daneben können die grundsätzlich zulässigen privatrechtlichen Haftungsausschlüsse durch andere Grundrechte, wie etwa das Recht auf Leben und körperliche Unversehrtheit aus Art. 2 II 1 GG eingeschränkt werden, sofern deren Schutz durch die Haftungseinschränkung betroffen ist.[1088]

Auch im zivilrechtlichen Bereich wird die verfassungsrechtlich gebotene Zulässigkeit von privatrechtlichen Haftungsbeschränkungen durch § 276 I 1 BGB gewährt, allerdings unter Beachtung der soeben genannten verfassungsrechtlichen Grundwertungen, die über §§ 138, 242 BGB in das Zivilrecht ausstrahlen.[1089] Neben §§ 138, 242 BGB ist die Zulässigkeit von individualvertraglichen Haftungsvereinbarungen zudem an § 276 III BGB zu messen, der einen vorherigen Ausschluss der Haftung für Vorsatz verbietet.[1090]

1083 *Bruns* Haftungsbeschränkung und Mindesthaftung S. 166; *Püster* Entwicklung der Arzthaftpflichtversicherung S. 247.

1084 Siehe hierzu oben S.148.

1085 BVerfGE 103, 89, 100.

1086 BVerfGE 103, 89, 100.

1087 *Bruns* Haftungsbeschränkung und Mindesthaftung S. 169.

1088 *Bruns* Haftungsbeschränkung und Mindesthaftung S. 170; *Püster* Entwicklung der Arzthaftpflichtversicherung S. 248.

1089 Vgl. *Bruns* Haftungsbeschränkung und Mindesthaftung S. 169 f.

1090 *Olzen/Kubiak* JZ 2013, 495, 502; *Püster* Entwicklung der Arzthaftpflichtversicherung S. 247, 251.

In Bezug auf den PID-Vertrag stellt sich angesichts der Tatsache, dass der Arzt bei der auf seinem Fehlverhalten beruhenden Geburt eines behinderten Kindes für dessen Unterhaltsaufwand aufkommen muss und so immense Schäden drohen[1091], die Frage, ob er mit der Frau einen Haftungsausschluss oder eine Haftungsbeschränkung wirksam vereinbaren kann. Hierbei kommen neben der Vereinbarung eines kompletten Haftungsausschlusses, die Einschränkung des Sorgfaltsmaßstabs sowie eine summenmäßige Haftungsbeschränkung in Betracht. Ob derartige Haftungsausschlüsse oder Beschränkungen zulässig sind, wird im Folgenden untersucht.

a) Kompletter Haftungsausschluss

Ein vollständiger Haftungsausschluss kommt im Voraus wegen § 276 III BGB allenfalls in Bezug auf fahrlässiges Handeln in Betracht. Allerdings muss ein solcher an den Grenzen der §§ 138, 242 BGB gemessen werden.[1092]

aa) Nichtigkeit wegen Verstoßes gegen die guten Sitten nach § 138 I BGB

Die Nichtigkeit einer individualvertraglichen Haftungsfreizeichnung nach § 138 I BGB setzt einen Verstoß gegen die guten Sitten, also das »Anstandsgefühl aller billig und gerecht Denkenden« voraus.[1093] Aufgrund der Schwierigkeiten, mit dieser Formel zu bestimmen, wann ein bestimmtes Rechtsgeschäft gegen die guten Sitten verstößt, kann man sich an bestimmten Fallgruppen orientieren.[1094] Bei einem PID-Vertrag könnte ein Haftungsausschluss sittenwidrig sein, weil er gegen anerkannte Ordnungen verstößt[1095] oder durch die Ausnutzung einer Machtposition[1096] zustande gekommen ist. Regelmäßig ergibt sich ein Verstoß gegen die guten

1091 Vgl. *Katzenmeier* MedR 2011, 201, 209.
1092 *Püster* Entwicklung der Arzthaftpflichtversicherung S. 251 ff.
1093 BGH NJW 2009, 1346, 1347; MünchKomm/*Armbrüster* § 138 BGB Rn. 14.
1094 Zum Überblick über die einzelnen Fallgruppen MünchKomm/*Armbrüster* § 138 Rn. 33 ff.
1095 MünchKomm/*Armbrüster* § 138 BGB Rn. 40 ff.
1096 Vgl. MünchKomm/*Armbrüster* § 138 BGB Rn. 35.

Sitten erst aus einem Zusammenwirken verschiedener Faktoren und nicht bereits aus der Subsumtion unter eine Fallgruppe.[1097]

(1) Verstoß der Haftungsfreizeichnung gegen anerkannte Ordnungen

Zu untersuchen ist zunächst, ob eine individualvertraglich vereinbarte Haftungsfreizeichnung zugunsten des Arztes beim PID-Vertrag gegen anerkannte Ordnungen verstößt. Dazu gehören neben den Grundrechten einige Regelungen in bestimmten Standesordnungen.[1098]

(a) Verstoß gegen Standesrecht

Konkret könnte ein Haftungsausschluss wegen ärztlicher Standeswidrigkeit nach § 138 I BGB sittenwidrig sein und zwar wegen Verstoßes gegen § 2 II 1 MBO-Ä[1099]. Danach trifft Ärzte eine berufsrechtliche Verpflichtung, ihren Beruf gewissenhaft auszuüben sowie dem ihrer Berufsausübung entgegengebrachten Vertrauen zu entsprechen.

Damit ein Verstoß gegen Standesrecht die Sittenwidrigkeit begründen kann, muss eine besonders bedeutsame Standespflicht verletzt worden sein und daneben ein Berufsstand betroffen sein, der rechtlich anerkannt ist und wichtige Gemeinschaftsaufgaben erfüllt.[1100]

In Anbetracht dessen, dass Ärzte einen Berufsstand bilden, der der Gesundheit des einzelnen Menschen sowie der Bevölkerung dient, § 1 I 1 MBO-Ä, handelt es sich um einen für die Allgemeinheit wichtigen, wenn nicht sogar unerlässlichen Berufsstand. Zudem regelt § 2 II 1 MBO-Ä die wesentlichen ärztlichen Pflichten bei der Berufsausübung, sodass eine besonders bedeutsame Standespflicht vorliegt.

1097 MünchKomm/*Armbrüster* § 138 BGB Rn. 27 ff.

1098 Vgl. MünchKomm/*Armbrüster* § 138 BGB Rn. 33; zu den Voraussetzungen unter denen Standeswidrigkeit zugleich auch zur Sittenwidrigkeit nach § 138 I BGB führt MünchKomm/*Armbrüster* § 138 BGB Rn. 46 ff.; Palandt/*Ellenberger* § 138 Rn. 57.

1099 Diese berufsrechtliche Verpflichtung ist in den Heilberufe- bzw. Kammergesetzen der Landesärztekammern normiert; Spickhoff/*Scholz* § 2 MBO Rn. 1.

1100 MünchKomm/*Armbrüster* § 138 BGB Rn. 46 f.; vgl. auch *Deutsch/Spickhoff* Medizinrecht Rn. 159 sowie Palandt/*Ellenberger* § 138 Rn. 57.

Die Sittenwidrigkeit nach § 138 I BGB hängt somit entscheidend daran, ob eine Haftungsfreizeichnung bei der PID gegen § 2 II 1 MBO-Ä verstößt.

Die berufsrechtliche Pflicht zur sorgfältigen Berufsausübung dient dem Schutz der Rechtsgüter des Patienten[1101] vor Schäden durch unsorgfältige Berufsausübung. Zwar berührt eine Haftungsfreizeichnung diese standesrechtliche Pflicht nicht unmittelbar. Da der Arzt allerdings bei einer unsorgfältigen Behandlung aufgrund der Haftungsfreizeichnung nicht zur Zahlung von Schadensersatz verpflichtet wäre, wird die standesrechtliche Pflicht zu sorgfältiger Behandlung zumindest de facto erheblich abgeschwächt.

Zudem läuft eine Haftungsfreizeichnung dem Ärzten üblicherweise entgegengebrachten Vertrauen zuwider. Es entspricht dem allgemeinen Leitbild, dass sich der Arzt ernsthaft und sorgfältig um Schutz von Leben und Gesundheit des Patienten bemüht. Könnte er diese Verpflichtung durch eine Haftungsfreizeichnung umgehen, würde letztlich das den Ärzten entgegengebrachte Vertrauen[1102] verloren gehen. Somit deutet der Verstoß gegen ärztliches Standesrecht auf die Sittenwidrigkeit hin.

(b) Verstoß gegen Grundrechte der Frau

Für die Sittenwidrigkeit einer individualvertraglich vereinbarten Freizeichnung des Arztes von der Haftung für eine fehlerhafte PID könnten zudem die Grundrechte der Frau sprechen, deren privatrechtliche Umsetzung durch § 138 I BGB abgesichert werden soll.[1103]

Zwar können Parteien in Ausübung ihrer Vertragsfreiheit grundsätzlich Haftungsausschlüsse vereinbaren. Sofern dies allerdings zu einer Beeinträchtigung verfassungsrechtlich geschützter Rechtspositionen des Vertragspartners führt, muss festgestellt werden, ob die jeweiligen Grundrechtspositionen nicht als Grenzen der Vertragsfreiheit fungieren.[1104] Bezogen auf die PID könnte eine Haftungsfreizeichnung durch die Grundrechte der Frau aus Art. 2 II 1 GG sowie Art. 14 I 1 GG begrenzt sein. Schäden bei fehlerhafter PID und damit auch eine Haftungsfreizeichnung

---

1101 Spickhoff/*Scholz* Medizinrecht § 2 MBO Rn. 7.
1102 *Püster* Entwicklungen der Arzthaftpflichtversicherung S. 260.
1103 Vgl. MünchKomm/*Armbrüster* § 138 BGB Rn. 33.
1104 *Bruns* Haftungsbeschränkung und Mindesthaftung S. 170.

betreffen nämlich regelmäßig diese Rechtsgüter. Da jedoch weder das Eigentum noch die körperliche Unversehrtheit grenzenlos gewährleistet sind, müssen diese Rechtspositionen mit der Privatautonomie in einen verhältnismäßigen Ausgleich gebracht werden.[1105] Dabei sind an die Begrenzung einer Haftung für Körper- und Gesundheitsschäden höhere Anforderungen als an solche bei Eigentumsschäden zu stellen.[1106] Zudem wird ein kompletter Haftungsschluss eher unwirksam sein als eine Beschränkung.[1107] Bei einer kompletten Haftungsfreizeichnung in Bezug auf Körper- und Gesundheitsschäden bei einem PID-Vertrag liegt jedoch kein verhältnismäßiger Ausgleich zwischen der durch Art. 2 I GG garantierten Vertragsfreiheit sowie den Grundrechten der Frau vor. Dies spricht ebenso wie die Standeswidrigkeit für die Sittenwidrigkeit eines vollständigen Haftungsausschlusses.

(2) Sittenwidrigkeit eines Haftungsausschlusses wegen Ausnutzung einer Machtposition

Schließlich könnte eine Haftungsfreizeichnung bei einem PID-Vertrag durch Ausnutzung einer Machtposition des Behandelnden zustande gekommen sein, die sich etwa aus einer Monopolstellung[1108] oder aus einer Vertrauensstellung[1109] ergeben kann. Dies wäre ebenfalls ein Anzeichen für die Sittenwidrigkeit eines Haftungsausschlusses.

(a) Ausnutzung einer Monopolstellung des Behandelnden bei der PID

Auf eine Monopolstellung des Arztes bei der PID könnte Folgendes hindeuten: Die Zulassung als PID-Zentrum ist gem. § 3 PIDV[1110] an sehr strenge Voraussetzungen geknüpft, sodass voraussichtlich nur wenige Zentren die Zulassung beantragen und erhalten werden. Dies gilt umso mehr, als nach § 3 II 2 PIDV selbst bei Vorliegen der entsprechenden Zulassungsvoraussetzungen kein Anspruch auf Zulassung besteht. Patientin-

1105 *Bruns* Haftungsbeschränkung und Mindesthaftung S. 170.
1106 *Bruns* Haftungsbeschränkung und Mindesthaftung S. 170.
1107 *Bruns* Haftungsbeschränkung und Mindesthaftung S. 170.
1108 MünchKomm/*Armbrüster* § 138 BGB Rn. 87.
1109 MünchKomm/*Armbrüster* § 138 Rn. 95.
1110 Zur PIDV im Allgemeinen siehe oben S. 72.

nen, die eine PID durchführen lassen möchten, sind daher darauf angewiesen, sich an eines der wenigen PID-Zentren zu wenden.

Aufgrund des, verglichen zu anderen üblicheren medizinischen Behandlungen, geringen Anbieterwettbewerbs und der hieraus resultierenden starken Monopolstellung bei der PID sowie der daraus folgenden Möglichkeit zum Vertragsdiktat liegt ein Verstoß gegen die guten Sitten gem. § 138 BGB nahe.

Dennoch könnte eine Haftungsfreizeichnung zulässig sein, wenn die Frau nicht gezwungen ist, ärztliche Hilfe in Form der PID in Anspruch zu nehmen. Frauen, die eine PID begehren, haben jedoch im Falle des § 3a II 1 ESchG regelmäßig ein an einer schwerwiegenden Erbkrankheit leidendes Kind oder entsprechende Familienangehörige. Auch bei einer PID nach § 3a II 2 ESchG wird die Frau meist schon Tot- oder Fehlgeburten erlitten haben. Es besteht daher für die Frau mit Kinderwunsch nur die Möglichkeit, entweder das Risiko einer erneuten Tot- oder Fehlgeburt bzw. der Geburt eines schwerbehinderten Kindes in Kauf zu nehmen oder sich gegen eine weitere Schwangerschaft zu entscheiden. Dies kann ihr aber angesichts der bestehenden medizinischen Möglichkeiten sowie der Zulässigkeit der PID nicht zugemutet werden. Sie ist daher zur Erfüllung ihres Wunsches nach einem gesunden Kind auf ärztliche Hilfe angewiesen, ebenso wie Patienten, die andere medizinisch indizierte Behandlungen begehren. Dazu bleibt ihr einzig die Möglichkeit, mit einem der wenigen PID-Zentren zu kontrahieren.

Zusammenfassend lässt sich daher festhalten, dass PID-Zentren eine gewisse Monopolstellung innehaben. Daraus lässt sich allerdings noch keine Aussage über die Sittenwidrigkeit treffen, weil gewisse »Schieflagen« bei Vertragsschluss üblich sind. Sofern der überlegene Vertragspartner seine Machtpositionen hingegen ausnutzt und dem anderen Vertragspartner die Bedingungen quasi diktiert, liegt ein Verstoß gegen die guten Sitten nahe. Zu klären ist daher, ob sich eine individualvertragliche Vereinbarung über einen vollständigen Haftungsausschlusses zugunsten des Arztes als Ausnutzung seiner Machtposition darstellt.

In erster Line möchte sich die Frau, die eine PID begehrt, vor der Geburt eines an einer schwerwiegenden Erbkrankheit leidenden Kindes bzw. vor einer Tot- oder Fehlgeburt schützen. Für den Fall, dass dem Arzt hierbei jedoch ein Aufklärungs- oder Behandlungsfehler unterläuft und es deshalb zu einem Körper-, Gesundheits- oder Vermögensschaden der Frau kommt, geht ihr Wunsch dahin, dass ihre Schäden durch entsprechende Ersatzansprüche kompensiert werden. Es ist daher davon auszugehen, dass keine Frau freiwillig einer vollständigen Haftungsfreizeichnung des Arztes zustimmen würde. Dies gilt umso mehr, als auch dem Arzt keine überzeugenden Argumente zur Seite stehen, die einen vollständigen Haftungsausschluss rechtfertigen würden. Er haftet nämlich nicht bereits dann, wenn die PID keinen Erfolg hat, sondern lediglich, wenn die Frau aufgrund einer schuldhaften und nicht dem medizinischen Standard entsprechenden Behandlung einen Schaden erleidet. Deshalb beruht ein vollständiger Haftungsausschluss bei der PID auf der »Schieflage« bei Vertragsschluss. Dieser Gesichtspunkt deutet ebenfalls auf die Sittenwidrigkeit hin.

(b) Missbrauch einer Vertrauensstellung

Ein weiteres Indiz für die Sittenwidrigkeit einer vollständigen Haftungsfreizeichnung bei der PID wäre es, wenn sich die Vereinbarung als Ausdruck eines Missbrauchs einer dem Arzt unter Umständen zukommenden Vertrauensstellung darstellt.

Insbesondere bei der PID nimmt der Arzt eine besondere Vertrauensposition ein:[1111] Die Frau unterzieht sich der genetischen Untersuchung sowie den mit der extrakorporalen Befruchtung verbundenen Belastungen meist nur deshalb, weil sie schon eine Tot- oder Fehlgeburt erlitten bzw. bereits ein behindertes Kind zur Welt gebracht hat oder entsprechende Verwandte hat. Das »Wagnis« einer (erneuten) Schwangerschaft beruht meist nur auf dem Vertrauen zum Arzt und seiner Auskunft. Da der Arzt um dieses besondere persönliche Vertrauen weiß, liegt in einem individualvertraglich vereinbarten Haftungsausschluss zugleich ein Missbrauch der ärztlichen Vertrauensstellung.

bb) Gesamtbeurteilung

Die vorangegangenen Ausführungen haben deutlich gemacht, dass eine Haftungsfreizeichnung bei der PID zum einen gegen das ärztliche Standesrecht und zumindest bei einem vollständigen Ausschluss der Haftung für Körper- und Gesundheitsschäden auch gegen die Grundrechte der Frau verstößt. Weiterhin drängt sich angesichts der zu erwartenden Monopol-

1111 Zur Inanspruchnahme besonderen Vertrauens beim „normalen“ Behandlungsvertrag *Bruns* Haftungsbeschränkung und Mindesthaftung S. 327; *Püster* Entwicklungen der Arzthaftpflichtversicherung S. 257.

stellung der PID-Zentren sowie der besonderen Vertrauensposition des Arztes die missbräuchliche Ausnutzung einer Machtposition auf. In Anbetracht dieser vielen Gesichtspunkte, die jeweils bereits für sich genommen für die Sittenwidrigkeit eines vollständigen Haftungsausschlusses bei der PID sprechen, ergibt die Gesamtschau all dieser Aspekte, dass ein kompletter Haftungsausschluss beim PID-Vertrag sittenwidrig und daher gem. § 138 I BGB nichtig ist.

cc) Verstoß eines vollständigen Haftungsausschlusses gegen Treu und Glauben nach § 242 BGB

Im Übrigen könnte ein vollständiger Haftungsausschluss gegen den in § 242 BGB niedergelegten Grundsatz von Treu und Glauben verstoßen. Dieser gebietet eine Abwägung zwischen den Interessen und berechtigten Erwartungen der am Rechtsverhältnis beteiligten Personen[1112] und zwar unter Berücksichtigung der zwischen ihnen bestehenden Risikozuordnung.[1113] Nur wenn das Ergebnis der Abwägung ergibt, dass die widerstreitenden Interessen der Parteien nicht in einem angemessenen und gerechten Ausgleich stehen, bleibt die zu untersuchende Vereinbarung unverändert bestehen. Andernfalls müssen die Interessen mithilfe von § 242 BGB in Ausgleich gebracht werden. Hierzu ist grundsätzlich ein Rückgriff auf das gesamte Spektrum zivilrechtlicher Rechtsfolgen möglich.[1114] Allerdings haben sich inzwischen Funktionskreise und Fallgruppen des § 242 BGB[1115] mir ihren jeweiligen Folgen[1116] herausgebildet.[1117] Die Vereinbarung eines Haftungsausschlusses bei der PID kann einen Fall der

1112 MünchKomm/*Roth/Schubert* § 242 BGB Rn. 49
1113 MünchKomm/*Roth/Schubert* § 242 BGB Rn. 49; Staudinger/*Looschelders/Olzen* § 242 BGB Rn. 144.
1114 Erman/*Hohloch* § 242 BGB Rn. 130; MünchKomm/*Roth/Schubert* § 242 BGB Rn. 76.
1115 *Looschelders* Schuldrecht Allgemeiner Teil Rn. 73; zu diesen Fallgruppen etwa Staudinger/*Looschelders/Olzen* § 242 BGB Rn. 211 ff.
1116 Eingehend hierzu Erman/*Hohloch* § 242 BGB Rn. 130 ff.
1117 MünchKomm/*Roth/Schubert* § 242 BGB Rn. 76.

unzulässigen Rechtsausübung[1118] darstellen, sodass diese Position durch den Arzt nicht geltend gemacht[1119] werden kann.

(1) Anwendbarkeit des § 242 BGB im Verhältnis zu § 138 BGB

Das Verhältnis von § 242 BGB zu § 138 BGB stellt sich wie folgt dar: Ein Verstoß gegen die guten Sitten führt zur Nichtigkeit und betrifft damit eine Außenschranke, während § 242 BGB eine Binnenschranke enthält und nur die Rechtsausübung begrenzt, sodass § 138 BGB vorrangig zu prüfen ist.[1120] Selbst ein Verstoß gegen § 138 BGB schließt nicht zugleich die Anwendbarkeit des § 242 BGB aus, weil § 242 BGB dem benachteiligten Vertragspartner einen im Vergleich zur Nichtigkeit weitergehenden Schutz bieten kann.[1121] Somit stehen beide Generalklauseln in keinem Exklusivitätsverhältnis, sondern können sich in ihrem Anwendungsbereich überschneiden.

Im Übrigen lässt sich zum jetzigen Zeitpunkt noch nicht sicher absehen, ob die oben geschilderte[1122] Monopolstellung einiger weniger PID-Zentren eintreten wird, da der Antrag auf Zulassung als PID-Zentrum erst seit Inkrafttreten der PIDV am 1.2.2014 möglich ist.[1123] Deshalb kann die im Rahmen des § 138 BGB vorzunehmende Gesamtschau zukünftig ergeben, dass keine Ausnutzung einer Monopolstellung vorliegt und ein Haftungsausschluss daher nicht gegen § 138 BGB verstößt.[1124]

1118 Ausführlich zu dieser Fallgruppe etwa BeckOK/*Sutschet* § 242 BGB Rn. 57 ff.; Jauernig/*Mansel* § 242 BGB Rn. 37 ff.; Staudinger/*Looschelders/Olzen* § 242 BGB Rn. 213 ff.

1119 MünchKomm/*Roth/Schubert* § 242 BGB Rn. 198 ff.; Staudinger/*Looschelders/Olzen* § 242 BGB Rn. 225.

1120 BGH NJW 2009, 2124, 2124 f.; BGH NJW 2008, 3426, 3427; BGH NJW 2005, 2386, 2388; BeckOK/*Sutschet* § 242 BGB Rn. 35; MünchKomm/*Roth/Schubert* § 242 BGB Rn. 127; Staudinger/*Looschelders/Olzen* § 242 BGB Rn. 370.

1121 BGH NJW 1954, 1644, 1644; BeckOK/*Wendtland* § 138 BGB Rn. 8; Erman/*Hohloch* § 242 BGB Rn. 23; MünchKomm/ *Roth/Schubert* § 242 BGB Rn. 127.

1122 Siehe dazu oben S. 255.

1123 Aktuell ist erst ein PID-Zentrum in Lübeck zugelassen, abrufbar unter http://www.aerztezeitung.de/politik_gesellschaft/gp_specials/pid/article/856045/zu lassung-erstes-deutsches-pid-zentrum-luebeck.html (zuletzt besucht am 16.05.2014).

1124 Siehe dazu oben S. 255.

(2) Interessen des Arztes

Für eine Haftungsfreizeichnung bei der PID spricht auf Seiten des Arztes, dass er sich insbesondere bei der Geburt eines behinderten Kindes, die auf einem von ihm zu vertretenden Behandlungs- oder Aufklärungsfehler beruht, enormen Haftungsrisiken aussetzt. Diese resultieren aus der auch bei der fehlerhaften PID zum Tragen kommenden »Kind als Schaden«-Rechtsprechung[1125].[1126] Zudem stehen diesem hohen Haftungsrisiko keine entsprechenden Erwerbsaussichten gegenüber[1127], sodass der Arzt ein erhebliches finanzielles Interesse an einem Haftungsausschluss hat. Diesem muss bei der Abwägung mit den widerstreitenden Interessen und berechtigten Erwartungen der Frau allerdings weniger Gewicht beigemessen werden, wenn es dem Arzt möglich und zumutbar ist, sich vor derartigen Schäden zu schützen, etwa durch eine Berufshaftpflichtversicherung. Für die Zumutbarkeit eines Versicherungsabschlusses spricht § 21 MBO-Ä, wonach Ärzte berufsrechtlich dazu verpflichtet sind, sich hinreichend gegen Haftpflichtansprüche im Rahmen ihrer beruflichen Tätigkeit zu versichern. Bei Ärzten, die sich an einer PID beteiligen, stellt sich allerdings die Frage, ob ihnen der Abschluss einer entsprechenden Berufshaftpflichtversicherung möglich und finanziell zumutbar ist.

Zweifel hieran ergeben sich aus dem Umstand, dass immer mehr Versicherungen die Verträge mit Humangenetikern und Gynäkologen mit Geburtshilfe angesichts der immensen Haftungssummen, die drohen, wenn ein Kind wegen eines ärztlichen Fehlers behindert zur Welt kommt, kündigen.[1128] Zudem gibt es kaum noch Versicherer, die bereit sind, derartige Haftungsrisiken überhaupt zu versichern.[1129] Da bei fehlerhafter PID die-

1125 BVerfGE 96, 375; BGHZ 124, 128; BGHZ 89, 95; BGHZ 76, 259; BGHZ 76, 249.

1126 Siehe dazu oben S. 229 ff.

1127 Zu den Verdienstmöglichkeiten siehe oben S. 122.

1128 Vgl. http://www.aerztezeitung.de/praxis_wirtschaft/w_specials/special-versicherungen/article/822732/problem-berufshaftpflicht-versicherer-bedrohen-niederlassung.html (zuletzt besucht am 15.01.2014) sowie http://www.versicherungsbote.de/id/86727/Fachaerzte-finden-keinen-Versicherungsschutz/ (zuletzt besucht am 15.01.2014).

1129 http://www.aerztezeitung.de/praxis_wirtschaft/w_specials/special-versicherungen/article/822732/problem-berufshaftpflicht-versicherer-bedrohen-niederlassung.html (zuletzt besucht am 15.01.2041); http://www.versicherungsbote.de/id/86727/ Fachaerzte-finden-keinen-Versicherungsschutz/ (zuletzt besucht am 15.01.2014); vgl. auch *Taupitz* MedR 1995, 475, 481.

selben Gefahren drohen, wird es für die beteiligten Reproduktionsmediziner und Humangenetiker bereits schwierig werden, einen Versicherer zu finden. Aufgrund der Tatsache, dass es jedoch nach wie vor wenige Versicherer gibt, die für diese Berufsgruppen und insbesondere für Unterhaltsschäden Versicherungsschutz anbieten[1130], besteht nach wie vor die Möglichkeit einer entsprechenden Haftpflichtversicherung. Dies gilt auch für Ärzte, die eine PID anbieten, weil zumindest ausländische Versicherer entsprechende Policen anbieten.[1131]

Bedenklich erscheint hingegen, ob dem Arzt der Abschluss einer Versicherung angesichts der immensen Versicherungsprämien noch zumutbar ist, die von Humangenetikern und Gynäkologen mit Geburtshilfe verlangt werden[1132] und dementsprechend mindestens in gleicher Höhe bei der PID zu erwarten sind. So wird beispielsweise von einem allein praktizierenden Gynäkologen mit Geburtshilfe eine jährliche Versicherungsprämie von über 40.000 € gefordert.[1133] Da einige Ärzte diese Summen wirtschaftlich nicht mehr aufbringen können[1134], stellt diese stetige Steigerung der Berufshaftpflichtprämien die Berufsausübung in Frage und hat bereits dazu geführt, dass viele Gynäkologen die Geburtshilfe aufgegeben haben[1135] oder Ärzte bestimmter Fachgruppen ohne Versicherungsschutz bzw. mit zu niedrigen Deckungssummen praktizieren.[1136] Bei der PID werden die Prämien wahrscheinlich sogar noch höher ausfallen, weil Paare, die eine PID durchführen lassen, ein größeres Risiko für genetische Defekte bei ihrem Kind haben als andere Paare, sodass für die Versicherung eine höhere Schadenswahrscheinlichkeit besteht. Dieses hohe Risikoniveau wird mit zunehmendem medizinischem Fortschritt noch steigen, weil die Überle-

---

1130 http://www.aerztezeitung.de/praxis_wirtschaft/w_specials/special-versicherungen/article/822732/problem-berufshaftpflicht-versicherer-bedrohen-niederlassung.html (zuletzt besucht am 15.01.2041); http://www.versicherungsbote.de/id/86727/Fachaerzte-finden-keinen-Versicherungsschutz/ (zuletzt besucht am 15.01.2014).

1131 http://www.versicherungsbote.de/id/86727/Fachaerzte-finden-keinen-Versicherungsschutz/ (zuletzt besucht am 15.01.2014).

1132 Vgl. hierzu http://www.aerztezeitung.de/praxis_wirtschaft/w_specials/special-versicherungen/article/822732/problem-berufshaftpflicht-versicherer-bedrohen-niederlassung.html (zuletzt besucht am 15.01.2014); http://www.versicherungsbote.de/id/86727/Fachaerzte-finden-keinen-Versicherungsschutz/ (zuletzt besucht am 15.01.2014).

1133 *Schlösser* Der Gynäkologe 2011, 870, 870.

1134 *Wenzel/Lutterbeck* Medizinrecht Kap. 5 Rn. 92.

1135 *Katzenmeier* MedR 2011, 201, 209.

1136 *Püster* Entwicklungen der Arzthaftpflichtversicherung S. 268.

bensquoten und Lebenserwartung behinderter Kinder immer größer werden[1137], sodass insbesondere die Schadenssummen für den Unterhalt stetig wachsen werden. Angesichts dieser hohen Schadenswahrscheinlichkeit und dem zu befürchtendem immensen Schadensaufwand bei einer fehlerhaften PID, werden die Prämien, die von den wahrscheinlich wenigen Versicherern, die überhaupt die Risiken der PID abdecken, erhebliche Summen erreichen. Ob der Abschluss einer entsprechenden Versicherung daher für den Arzt zumutbar ist, erscheint zweifelhaft.

Für die Zumutbarkeit könnte zwar trotz der Schwierigkeiten, eine Versicherung zu zumutbaren Prämien zu finden, das ärztliche Berufsethos sprechen, wonach der Arzt Patienten behandelt, um ihnen zu helfen. Man darf aber die Augen nicht davor verschließen, dass Ärzte medizinische Behandlungen auch zur Gewinnerzielung und zur Bestreitung ihres Lebensunterhalts durchführen. Sofern also die Versicherungsprämien wirtschaftlich für den Arzt untragbar sind, wie dies bereits bei der Geburtshilfe und insbesondere bei Humangenetikern der Fall ist[1138] und aller Wahrscheinlichkeit nach sogar noch in erhöhtem Maße bei der PID gelten wird, dürfte ihm der Abschluss einer entsprechenden Haftpflichtversicherung nicht mehr zumutbar sein. Aufgrund der Tatsache, dass sowohl bei der Geburtshilfe als auch bei der PID Großschäden zu befürchten sind, muss davon ausgegangen werden, dass PID-Zentren ebenfalls erhebliche Schwierigkeiten haben werden, einen Versicherer zu finden, der die aus einer fehlerhaften PID resultierenden Haftungsrisiken versichert und zwar zu Beiträgen, die die Grenze des Finanzierbaren nicht übersteigen. Somit bestehen erhebliche Zweifel an der Zumutbarkeit des Abschlusses einer Berufshaftpflicht für den PID-Arzt, woraus ein finanzielles Interesse an einem Haftungsausschluss resultiert.

(3) Interessen der Frau

Um abschließend festzustellen, ob ein individualvertraglich vereinbarter vollständiger Haftungsausschluss gegen den Grundsatz von Treu und Glauben verstößt, müssen die Interessen und berechtigten Erwartungen der Frau in die Abwägung einbezogen werden.

1137 Vgl. *Wenzel/Lutterbeck* Medizinrecht Kap. 5 Rn. 92.
1138 *Petry* in: Arzthaftung - Mängel im Schadensausgleich? S. 93, 104.

Gegen die Wirksamkeit eines Haftungsausschlusses spricht auf ihrer Seite, dass hiervon neben Vermögensschäden auch Schäden an hochwertigen Rechtsgütern wie Körper und Gesundheit betroffen wären.[1139] Auf Seiten des Arztes besteht hingegen nur ein finanzielles Interesse, sodass ein Haftungsausschluss keinen angemessenen Ausgleich zwischen dem vermögenswerten Interesse des Arztes an einer Enthaftung und dem Interesse der Frau am Schutz ihrer genannten Rechtsgüter darstellt.[1140]

Dies gilt umso mehr, wenn man die berechtigte Erwartung der Frau berücksichtigt, dass der Arzt die PID gem. § 3a II 1 ESchG unter Beachtung des allgemein anerkannten Standes der medizinischen Wissenschaft und Technik durchführt. Zwar berührt eine Haftungsfreizeichnung diese vertragliche Pflicht nicht unmittelbar. Sie hat allerdings zur Folge, dass der Arzt bei unsorgfältiger Behandlung aufgrund der Haftungsfreizeichnung zivilrechtlich nicht zur Zahlung von Schadensersatz verpflichtet wäre, sodass seine Pflicht zu sorgfältiger Behandlung zumindest de facto erheblich abgeschwächt wird. Ein Arzt hat deswegen kein schützenswertes Interesse daran, die PID nicht lege artis zu erbringen. Dies deutet darauf hin, dass die berechtigte Erwartung der Frau in eine sorgfältige Behandlung das Interesse des Arztes an einer Enthaftung überwiegt.

Schließlich bleibt zu berücksichtigen, dass die Frau durch die PID eine Tot- oder Fehlgeburt bzw. die Geburt eines behinderten Kindes sowie die damit zusammenhängenden psychischen, physischen und finanziellen Belastungen vermeiden möchte.[1141] Ein Haftungsausschluss würde diesem berechtigten Wunsch diametral zuwiderlaufen, sodass der Widerspruch zwischen Vertragszweck und Haftungsausschluss für eine unzulässige Rechtsausübung spricht.[1142]

(4) Gesetzliche Risikozuordnung

Ein entscheidendes Kriterium für die Frage, ob ein vollständiger Haftungsausschluss gegen Treu und Glauben verstößt, stellt schließlich noch die gesetzliche Risikozuordnung beim Behandlungsvertrag dar. Es entspricht dem Leitbild dieses Vertragstypus, dass der Behandelnde grund-

1139 Siehe dazu bereits oben S. 254 sowie *Olzen/Kubiak* JZ 2013, 495, 502.
1140 *Olzen/Kubiak* JZ 2013, 495, 502.
1141 *Olzen/Kubiak* JZ 2013, 495, 502.
1142 *Olzen/Kubiak* JZ 2013, 495, 502.

sätzlich für alle Schäden haftet, die auf einer von ihm zu vertretenden Pflichtverletzung beruhen, § 280 I BGB. Andernfalls würde die für den Behandlungsvertrag vertragstypische Kardinalpflicht zu einer dem medizinischen Standard entsprechenden Behandlung, § 630a II BGB, ausgehöhlt. Zudem bringt die gesetzliche Risikozuordnung zum Ausdruck, dass es den allgemeinen Erwartungen an einen Arzt sowie der in § 2 II 1, III MBO-Ä niedergelegten berufsrechtlichen Pflicht entspricht, er werde seine Patienten gewissenhaft, d.h. unter Beachtung des anerkannten Standes der medizinischen Erkenntnisse behandeln. Diese gesetzliche Risikoverteilung ist insbesondere deshalb interessengerecht, weil aufgrund des Fehlschlagrisikos einer medizinischen Behandlung beim Patienten ein nicht unerhebliches Restrisiko verbleibt.[1143] Es würde daher keinen gerechten Interessenausgleich darstellen, wenn man dem Patienten neben dem Fehlschlagrisiko, das bei der PID, selbst wenn man nur die Fehlerquote der einzelnen Untersuchungsverfahren berücksichtigt, die zwischen 0,5% und 5% beträgt[1144], auch noch das Risiko für Schäden aufbürden würde, die auf einem Behandlungs- oder Aufklärungsfehler beruhen.

Es bleibt somit festzuhalten, dass auch nach der grundsätzlichen gesetzlichen Risikozuordnung das Risiko für durch Behandlungs- bzw. Aufklärungsfehler verursachte Schäden beim Arzt liegt.

(5) Gesamtabwägung

Die vorangegangenen Ausführungen haben ergeben, dass ein vollständiger Haftungsausschluss das Interesse der Frau am Schutz ihrer Rechtsgüter Körper, Gesundheit und Vermögen unterläuft. Das im Vergleich dazu geringerwertige vermögenswerte Interesse des Arztes würde hingegen durch eine Haftungsfreizeichnung ausnahmslos zur Geltung gebracht. Diese einseitige Begünstigung des Arztes, die einem vollständigen Ausschluss der Interessen und berechtigten Erwartungen der Frau gegenübersteht, zeigt, dass die widerstreitenden Interessen der Parteien bei einer solchen Vereinbarung nicht in einem angemessen Ausgleich stünden. Bestärkt wird dieses Ergebnis durch die gesetzliche Risikozuordnung, nach der den Arzt das Risiko für durch von ihm zu vertretende Pflichtverletzungen trifft.

1143 Vgl. *Püster* Entwicklungen der Arzthaftpflichtversicherung S. 259.

1144 Siehe dazu oben S. 41.

Somit stellt die Vereinbarung eines vollständigen Haftungsausschlusses keinen angemessenen Interessenausgleich dar und verstößt gegen Treu und Glauben gem. § 242 BGB.

dd) Ergebnis

Die Berufung des Arztes auf einen Haftungsausschluss kommt selbst dann nicht in Betracht, wenn die Voraussetzungen für eine Nichtigkeit nach § 138 I BGB fehlen. Es liegt dann nämlich ein Fall der unzulässigen Rechtsausübung nach § 242 BGB vor, der verhindert, dass der Arzt seine Positionen aus dem Haftungsausschluss verwirklichen kann.

b) Individualvertragliche Beschränkung des Sorgfaltsmaßstabs

Eine komplette Haftungsfreizeichnung verstößt, wie soeben festgestellt, bei einem PID-Vertrag normalerweise gegen die guten Sitten sowie stets gegen Treu und Glauben. Es lässt sich jedoch nicht bestreiten, dass der Arzt insbesondere auf Grund der Schwierigkeiten eine Versicherung zu finden, die die Risiken aus seiner Berufsausübung überhaupt bzw. zumindest zu angemessenen Kosten abdeckt[1145], ein berechtigtes Interesse an einer Minimierung bzw. Begrenzung seines Haftungsrisikos hat. Dies könnte er möglicherweise durch eine Beschränkung des geschuldeten Sorgfaltsmaßstabs erreichen, etwa in der Art und Weise, dass er mit der Frau vereinbart, nicht für Schäden zu haften, die er leicht fahrlässig herbeigeführt hat.

Eine derartige Vereinbarung steht den Parteien des Behandlungsvertrages grundsätzlich offen, § 630a II BGB[1146], allerdings unter Beachtung der Grenzen der §§ 138, 242 BGB.[1147] Bei einer Beschränkung des Sorgfalts-

---

1145 Siehe dazu oben S. 260.

1146 BT-Drucks. 17/10488 S. 19 f.

1147 Regelmäßig ist auch eine Beschränkung des Sorgfaltsmaßstabs beim Arztvertrag wegen Verstoßes gegen die guten Sitten und Treu und Glauben unwirksam; *Püster* Entwicklung der Arzthaftpflichtversicherung S. 253 mwN. Eine Haftungsbeschränkung wird hingegen für wirksam gehalten, soweit es auf besondere Fähigkeiten des Arztes ankommt, die bei anderen Ärzten nicht vorhanden sind, *Deutsch* NJW 1983, 1351, 1353; *Laufs/Kern* Handbuch des Arztrechts § 93 Rn. 26.

maßstabs kommen die o.g. Argumente, die zur Sitten- bzw. Treuwidrigkeit eines vollständigen Haftungsausschlusses führen, ebenfalls zum Tragen.[1148] Insbesondere schließen sich die Einschränkung des geschuldeten Sorgfaltsmaßstabs mit der standesrechtlichen Pflicht zu einer gewissenhaften Berufsausübung, d.h. einer im Hinblick auf die betroffenen Rechtsgüter des Patienten besonders sorgfältigen Vorgehensweise[1149], kategorisch aus.[1150]

Es muss zudem beachtet werden, dass eine Beschränkung auf bestimmte Verschuldensformen mit den berechtigten Erwartungen des Patienten nach einer Behandlung lege artis[1151] und dem dem Arzt entgegengebrachten Vertrauen nicht in Einklang steht. Schließlich wird durch eine derartige Vereinbarung unter Umständen die Erreichung des mit dem PID-Vertrag bezweckten Erfolges verhindert, etwa wenn es aufgrund eines Verhaltens, für das der Arzt seine Verantwortlichkeit durch die Haftungsbegrenzung ausgeschlossen hat, zur Geburt eines behinderten Kindes kommt und die Frau die damit einhergehenden finanziellen Belastungen selbst tragen muss.

Somit ist daher eine individualvertragliche Beschränkung des Sorgfaltsmaßstabs nach § 138 BGB nichtig bzw. stellt eine unzulässige Rechtsausübung gem. § 242 BGB dar.[1152]

Neben all diesen Erwägungen spricht gegen die Wirksamkeit einer Beschränkung des Sorgfaltsmaßstabs beim PID-Vertrag entscheidend folgender Aspekt: Bei der PID muss neben den §§ 138, 242 BGB § 3a II 1 ESchG beachtet werden, der für beide Rechtfertigungsgründe des § 3a II 2

1148 Für die Unwirksamkeit einer individualvertraglichen Beschränkung des Sorgfaltsmaßstabs im Allgemeinen auch: OLG Stuttgart NJW 1979, 2355, 2356; *Bruns* Haftungsbeschränkung und Mindesthaftung S. 327; *Laufs/Kern* Handbuch des Arztrechts § 93 Rn. 26; *Katzenmeier* MedR 2011, 201, 211; *Püster* Entwicklungen der Arzthaftpflichtversicherung S. 253; **a.A.** speziell für den PID-Vertrag: *Olzen/Kubiak* JZ 2013, 495, 502, die eine Beschränkung der Haftung auf leichte Fahrlässigkeit für wirksam halten, wenn der Arzt sich gegen die Risiken der PID nicht zumutbar versichern kann.

1149 Spickhoff/*Scholz* § 2 MBO Rn. 7.

1150 *Püster* Entwicklungen der Arzthaftpflichtversicherung S. 255.

1151 *Bruns* Haftungsbeschränkung und Mindesthaftung S. 327; *Katzenmeier* MedR 2011, 201, 211; *Püster* Entwicklungen der Arzthaftpflichtversicherung S. 253.

1152 Ebenso für den normalen Behandlungsvertrag: OLG Stuttgart NJW 1979, 2355, 2356; *Bruns* Haftungsbeschränkung und Mindesthaftung S. 327; *Deutsch* NJW 1983, 1351, 1353; *Deutsch/Spickhoff* Medizinrecht Rn. 159; *Katzenmeier* MedR 2011, 201, 211; ähnlich *Püster* Entwicklungen der Arzthaftpflichtversicherung S. 253.

ESchG gilt.[1153] Danach hat die PID stets nach dem allgemein anerkannten Stand der medizinischen Wissenschaft und Technik zu erfolgen. Da diese Regelung lex specialis gegenüber § 630a II BGB ist, verdrängt sie die grundsätzlich innerhalb der Grenzen der §§ 138, 242 BGB bestehende Vertragsfreiheit der Parteien hinsichtlich des geschuldeten Standards, § 630a II BGB, bei der Vornahme einer PID.[1154] Aufgrund der zwingenden Regelung des § 3a II 1 ESchG kann der Arzt seine Haftung daher bei der PID bereits unabhängig von einem Verstoß gegen §§ 138 I, 242 BGB nicht durch eine Absenkung des geschuldeten Standards beschränken, da der allgemein anerkannte Stand der medizinischen Wissenschaft und Technik stets den Mindeststandard für die Vornahme der PID bildet.[1155] Eine individualvertragliche Beschränkung des Sorgfaltsmaßstabs scheidet daher auch wegen § 3a II 1 ESchG aus.

c) Summenmäßige Haftungsbeschränkung

Da sowohl eine komplette Haftungsfreizeichnung des Arztes als auch eine individualvertragliche Beschränkung des Sorgfaltsmaßstabs beim PID-Vertrag unwirksam sind[1156], stellt eine summenmäßige Haftungsbeschränkung die einzig verbleibende Möglichkeit zur Vermeidung einer unbegrenzten Haftung des Arztes bei fehlerhafter PID dar.

Hierbei stellt sich wiederum die Frage, ob eine solche Vereinbarung nicht sitten- bzw. treuwidrig ist.[1157]

Unter Hinweis auf die Standeswidrigkeit[1158], eine unzulässige einseitige Verschiebung der Risiken zulasten des Patienten[1159], das dem Arzt entgegengebrachte Vertrauen sowie insbesondere angesichts der zumutbaren Versicherbarkeit des Risikos[1160] wird auch eine Haftungsbeschränkung

1153 *Frister/Lehmann* JZ 2012, 659, 662 sowie oben S. 98 f.

1154 Siehe hierzu auch oben S. 148.

1155 Siehe hierzu bereits oben S. 151.

1156 Dazu siehe oben S. 252 ff.

1157 Ausführlich zum vollständigen Haftungsausschluss oben S. oben S. 252 ff. und zur Beschränkung des Sorgfaltsmaßstabs S. 265 f.

1158 *Brandt* Die Grenzen der persönlichen ärztlichen Haftung S. 58 ff.

1159 *Deutsch* Allgemeines Haftungsrecht Rn. 622.

1160 *Deutsch* NJW 1983, 1351, 1354; einschränkend *Laufs/Kern* Handbuch des Arztrechts § 93 Rn. 26 f., die eine Haftungsbegrenzung grundsätzlich ebenfalls für unwirksam halten, die sie aber ausnahmsweise anerkennen, sofern es sich um Eingriffe ohne medizinische Indikation handelt, bei denen die Haftung mit Aus-

von vielen Autoren aus denselben Gründen wie ein vollständiger Haftungsausschluss oder eine Beschränkung des Sorgfaltsmaßstabs für sitten- bzw. treuwidrig gehalten.[1161]

Ob sich mit diesen Argumenten allerdings die Sitten- bzw. Treuwidrigkeit einer summenmäßigen Haftungsbeschränkung bei einem PID-Vertrag begründen lässt, erscheint fraglich.

Anders als bei einer vollständigen Haftungsfreizeichnung oder der Absenkung des geschuldeten Sorgfaltsmaßstabs wird die standesrechtliche Pflicht aus § 2 II 1 MBO-Ä zu einer gewissenhaften, d.h. einer am medizinischen Standard ausgerichteten Berufsausübung durch eine summenmäßige Haftungsbeschränkung nicht de facto ausgehebelt. Der Arzt hat bei dieser Form der Haftungsbegrenzung nämlich ebenso wie die Frau ein besonderes Interesse an einer dem medizinischen Standard entsprechenden Behandlung. Bei einer Pflichtverletzung drohen ihm nämlich, anders als etwa bei einem völligen Haftungsausschluss, nicht nur berufs- oder strafrechtliche Sanktionen, sondern er sieht sich trotz der Haftungsbeschränkung nach wie vor den Schadensersatzansprüchen der Frau ausgesetzt, auch wenn sie auf einen Maximalbetrag gekappt sind. Da somit zumindest bei einem angemessenen Haftungsbetrag im Interesse des Patienten die Einhaltung der erforderlichen Sorgfalt durch den Schadensersatzanspruch indirekt gewährleistet wird[1162], verstößt eine angemessene Haftungsbegrenzung nicht gegen das ärztliche Standesrecht.

Ebenso ergibt sich aus dem besonderen Vertrauen der Patientin gegenüber ihrem Arzt nicht zwingend die Notwendigkeit einer unbegrenzten Haftung.[1163] Sofern die Frau nämlich aufgrund eines Behandlungs- oder Aufklärungsfehlers des Arztes einen Schaden erlitten hat, ist ihr Vertrauen in eine gewissenhafte Berufsausübung des Arztes ohnehin erschüttert[1164] und wird regelmäßig nicht durch eine vollständige Haftung wiederhergestellt.

---

nahme von Vorsatz und grob fahrlässigem Verhalten zumindest im Bereich von bloßen Vermögensinteressen ausgeschlossen werden kann oder es sich um einen Haftungsverzicht handelt, der vom Patienten, der seinerseits über Expertenwissen verfügt, ausgeht.

1161 Ausführlich zum Meinungsstand *Püster* Entwicklungen der Arzthaftpflichtversicherung S. 254 ff.

1162 Ähnlich *Bruns* Haftungsbeschränkung und Mindesthaftung S. 327; *Deutsch* VersR 1974, 301, 307; *Taupitz* MedR 1995, 475, 481; *Püster* Entwicklungen der Arzthaftpflichtversicherung S. 254.

1163 *Püster* Entwicklungen der Arzthaftpflichtversicherung S. 260.

1164 Vgl. *Püster* Entwicklungen der Arzthaftpflichtversicherung S. 260.

Schwieriger ist hingegen die Frage zu beantworten, ob eine Haftungsbegrenzung eine unzulässige Risikoverschiebung zulasten der Frau darstellt und daher den Grundsatz von Treu und Glauben verletzt. Nach der gesetzlichen Risikoverteilung trägt der Arzt bei einem PID-Vertrag das volle Risiko für Schäden, die aus von ihm zu vertretenden Behandlungs- oder Aufklärungsfehlern resultieren, die Frau hingegen das behandlungsspezifische Fehlschlagrisiko. Eine summenmäßige Haftungsbegrenzung belässt beim Arzt zwar nach wie vor das Haftungsrisiko für von ihm durch Pflichtverletzungen verursachte Schäden, allerdings begrenzt auf eine Haftungshöchstsumme. Das behandlungstypische Fehlschlagrisiko der Frau wird hingegen durch die summenmäßige Haftungsbeschränkung auf Risiken, die die Haftungshöchstsumme überschreiten und für die der Arzt grundsätzlich verantwortlich ist, erweitert.

Diese Risikoschiebung zu Lasten der Frau stellt sich aber nur dann als unzulässig dar, wenn sie gegen den Grundsatz von Treu und Glauben verstößt, d.h. die widerstreitenden Interessen von Arzt und Frau nicht in einem angemessenen Ausgleich stehen.

Gegen die Angemessenheit der Risikoverschiebung bei einer summenmäßigen Haftungsbegrenzung ließe sich zunächst argumentieren, dass auf Seiten der Frau elementare Rechtsgüter wie Körper und Gesundheit tangiert werden. Dass aber aus der Betroffenheit dieser Rechtsgüter nicht zwingend die Unangemessenheit einer summenmäßigen Haftungsbeschränkung folgt, zeigt der Vergleich mit anderen Rechtsgebieten. So gelten etwa im Personenbeförderungsrecht trotz des besonderen Obhutsverhältnisses für Körperschäden gesetzliche Haftungshöchstgrenzen, wie etwa § 9 HPflG oder § 12 I 1 Nr. 1 StVG.[1165] Auch die Haftung des pharmazeutischen Unternehmers nach § 84 I AMG für die Tötung eines Menschen bzw. eine nicht unerhebliche Körper- oder Gesundheitsverletzung ist auf die in § 88 AMG genannten Höchstbeträge beschränkt. Daraus folgt zwar nicht die Rechtmäßigkeit einer summenmäßigen Haftungshöchstgrenze beim PID-Vertrag, allerdings zeigt der Vergleich, dass eine summenmäßige Begrenzung der Haftung trotz der Betroffenheit elementarer Rechtsgüter grundsätzlich wirksam sein kann.[1166]

Schließlich muss Berücksichtigung finden, dass die Vertreter der Ansicht, die in einer summenmäßigen Haftungsbegrenzung beim Behand-

---

1165 *Bruns* Haftungsbeschränkung und Mindesthaftung S. 329; *Püster* Entwicklungen der Arzthaftpflichtversicherung S. 261 f.

1166 Vgl. *Püster* Entwicklungen der Arzthaftpflichtversicherung S. 262.

lungsvertrag einen unangemessen Ausgleich der widerstreitenden Interessen von Patient und Arzt erblicken, ihren Standpunkt gerade damit begründen, dass das finanzielle Interesse des Arztes an einer summenmäßigen Haftungsbegrenzung das Interesse des Patienten an einer vollständigen Haftung nicht überwiege, weil es dem Arzt zumutbar sei, sein Risiko zu versichern.[1167] Dann muss man eine summenmäßige Haftungsbegrenzung aber grundsätzlich für zulässig halten, wenn der Arzt sein Risiko nicht mehr bzw. nicht mehr zu noch üblichen und zumutbaren Bedingungen versichern kann.[1168] Davon ist bei der PID zumindest nach dem gegenwärtigen Stand der Dinge auszugehen[1169], umso mehr, als Ärzte ihre Haftpflichtprämien nicht ohne weiteres auf die Behandlungskosten umlegen können.[1170]

Selbst wenn man entgegen den derzeitigen Erwartungen davon ausgeht, dass dem Arzt der Abschluss einer Berufshaftplicht, die die Risiken der PID abdeckt, zumutbar ist, besteht für ihn nach wie vor ein nicht unerhebliches Restrisiko, weil die Versicherer üblicherweise Deckungshöchstsummen von 5 Mio. Euro haben.[1171] Diese Summen können aber bei der Geburt eines schwer behinderten Kindes im Einzelfall zur Deckung des gesamten Schadens nicht ausreichen.

Angesichts dieser Besonderheiten der PID ist eine individualvertraglich vereinbarte summenmäßige Haftungsbegrenzung nicht grundsätzlich unangemessen, sondern dient dazu, die widerstreitenden Interessen von Arzt und Frau in einen angemessenen Ausgleich zu bringen. Damit die Frau nicht unangemessen benachteiligt wird, muss sie im Schadensfall einen angemessenen Sockelbetrag erhalten. Als Anhaltspunkt für einen angemessen Mindestbetrag können hierbei die üblichen Versicherungssummen herangezogen werden[1172], die bei der ärztlichen Berufshaftpflicht üblicherweise 5 Mio. Euro[1173] betragen.

1167 OLG Stuttgart NJW 1979, 2355, 2356; *Laufs/Kern* Handbuch des Arztrechts § 93 Rn. 26; vgl. dazu auch *Püster* Entwicklungen der Arzthaftpflichtversicherung S. 260.

1168 *Katzenmeier* MedR 2011, 201, 211; *Püster* Entwicklungen der Arzthaftpflichtversicherung S. 260.

1169 Ausführlich dazu oben S. 260 ff.

1170 *Petry* in: Arzthaftung – Mängel im Schadensausgleich S. 93, 104; *Püster* Entwicklungen der Arzthaftpflichtversicherung S. 261.

1171 Terbille/Höra/*Bücken* Anwaltshandbuch Versicherungsrecht C § 19 Rn. 32 f.

1172 *Bruns* Haftungsbeschränkung und Mindesthaftung S. 331; *Püster* Entwicklungen der Arzthaftpflichtversicherung S. 262 f.

1173 Terbille/Höra/*Bücken* Anwaltshandbuch Versicherungsrecht C § 19 Rn. 32 f.

Es lässt sich daher das Fazit ziehen, dass insbesondere angesichts des Problems für den Arzt, der ein PID durchführt, angemessenen Versicherungsschutz zu erhalten, eine summenmäßige Haftungsbeschränkung mit einem adäquaten Sockelbetrag einen gerechten Ausgleich der Interessen von Frau und Arzt darstellt und daher beim PID-Vertrag wirksam vereinbart werden kann.

2. Haftungsausschluss oder -beschränkung durch AGB

Eine weitere Möglichkeit zur Vermeidung oder Beschränkung der Haftung des Arztes bei der PID stellt die Verwendung entsprechender formularmäßiger Klauseln dar, §§ 305 ff. BGB. Sofern sie wirksam in den Behandlungsvertrag einbezogen worden sind, § 305 II BGB, unterliegen sie der Inhaltskontrolle gem. §§ 309, 308, 307 BGB. Unabhängig davon, ob es sich um eine vollständigen Haftungsausschluss oder eine Haftungsbegrenzung handelt, sind beim PID-Vertrag Klauseln, durch die die Haftung für die Verletzung von Leben, Körper oder Gesundheit ausgeschlossen oder begrenzt werden soll, stets nach § 309 Nr. 7a BGB unwirksam.[1174] Hiervon ist auch etwaiger Schmerzensgeldanspruch nach § 253 II BGB erfasst.[1175]

§ 309 Nr. 7a BGB enthält keine Regelung für Haftungsausschlüsse oder –beschränkungen für Schäden, die nicht aus einer Verletzung des Lebens, des Körpers oder der Gesundheit resultieren. Dies betrifft bei einer fehlerhaften PID insbesondere den Unterhaltsschaden sowie den Verdienstausfallschaden, der durch die Betreuung eines behinderten Kindes entsteht. Ein formularmäßiger Haftungsausschluss oder eine Begrenzung der Haftung für diese Schadenspositionen könnten jedoch gem. § 307 I 1 BGB iVm. § 307 II Nr. 2 BGB unwirksam sein. Voraussetzung dafür ist, dass durch den Haftungsausschluss oder die –begrenzung bezüglich des Unterhalts- und Verdienstausfallschadens wesentliche Rechte oder Pflichten, die sich aus der Natur des PID-Vertrages ergeben, so eingeschränkt werden, dass die Erreichung des Vertragszwecks gefährdet erscheint.

Unmittelbar beschränken derartige formularmäßige Haftungslimitierungen oder –ausschlüsse die wesentliche Pflicht des Arztes beim PID-

1174 *Olzen/Kubiak* JZ 2013, 495, 502; ebenso für den normalen Behandlungsvertrag MünchKomm/*Wagner* § 823 BGB Rn. 699.

1175 Palandt/*Grüneberg* § 309 BGB Rn. 43.

Vertrag zu einer dem medizinischen Standard entsprechenden genetischen Untersuchung und Beratung nicht. Mittelbar bewirken sie aber nicht nur, dass die Rechtsfolge des Schadensersatzes ganz oder teilweise entfällt, sondern schwächen auch die Einhaltung der Hauptleistungspflicht des Arztes, weil er keine oder nur geringe zivilrechtliche Sanktionierungen von Pflichtverletzungen fürchten muss, die zur Geburt eines behinderten Kindes führen.[1176]

Letztlich führt die durch derartige Klauseln verursachte mittelbare Einschränkung der Hauptleistungspflicht dazu, dass die Erreichung des Zwecks eines PID-Vertrages, jedenfalls auch finanzielle Belastungen für ein behindertes Kind zu vermeiden[1177], gefährdet wird.[1178]

Somit sind entsprechende Klauseln, durch die die Haftung des Arztes für den Unterhalts- oder Verdienstausfallschaden bei fehlerhafter PID limitiert oder ausgeschlossen wird, gem. § 307 I 1 BGB iVm. § 307 II Nr. 2 BGB wegen unangemessener Benachteiligung der Frau unwirksam.[1179]

D. Zusammenfassung zur vertraglichen Haftung der Frau

Die Untersuchung der etwaigen vertraglichen Ansprüche der Frau bei fehlerhafter PID hat zu folgenden Erkenntnissen geführt: Aufgrund der hohen rechtlichen, technischen und medizinischen Anforderungen, die erfüllt sein müssen, damit eine PID durchgeführt werden kann, kann eine derartige genetische Untersuchung nur von einem Behandlungszentrum vorgenommen werden. Demnach richten sich vertragliche Ansprüche, je nach Rechtsform des Behandlungszentrums, gegen dieses bzw. gegebenenfalls zusätzlich gegen die beteiligten Gesellschafter.

Der Vertrag über eine PID ist typologisch als Behandlungsvertrag iSd. § 630a BGB und nicht als Werkvertrag iSd. § 631 BGB einzuordnen, weil die PID als medizinische Behandlung der Frau iSd. § 630a I BGB zu qualifizieren ist. Eine Besonderheit ergibt sich aufgrund des grundsätzlichen

---

1176 Vgl. *Deutsch* NJW 1983, 1351, 1353.

1177 *Olzen/Kubiak* JZ 2013, 495, 502.

1178 Ähnlich für den Sterilisationsvertrag OLG Köln VuR 1998, 138, 139 allerdings noch zu § 9 II Nr. 2 AGBG aF., der aber inhaltlich § 307 II Nr. 2 BGB entspricht.

1179 Allgemein für die Unwirksamkeit formularmäßiger Haftungsausschlüsse beim Behandlungsvertrag, die sich nicht auf eine Verletzung von Leben, Körper und Gesundheit beziehen, MünchKomm/*Wurmnest* § 307 BGB Rn. 124; Palandt/*Grüneberg* § 309 Rn. 50.

Verbots der PID nach § 3a I ESchG daraus, dass der Vertrag nur dann wirksam ist, wenn die Parteien eine Untersuchung vereinbaren, die nach § 3a II ESchG gerechtfertigt ist. Andernfalls verstößt er gegen ein gesetzliches Verbot gem. § 134 BGB und stellt sich somit als nichtig dar, sodass mangels eines wirksamen Schuldverhältnisses keine vertraglichen Ersatzansprüche der Frau wegen fehlerhafter PID in Betracht kommen.

In Bezug auf die Pflichtverletzung ist zwischen Behandlungs- und Aufklärungsfehlern zu differenzieren. Behandlungsfehler liegen nicht bereits dann vor, wenn der Arzt eine genetische Schädigung des Embryos verkennt, sondern nur, wenn das Nichterkennen darauf beruht, dass der Arzt den allgemein anerkannten Stand der medizinischen Wissenschaft und Technik bei der Untersuchung und/oder Auswertung der Untersuchungsergebnisse unterschritten hat. Da die Suche nach Schädigungen, die nicht unter die Rechtfertigungsgründe des § 3a II ESchG fallen, gem. § 3a I ESchG verboten ist, scheidet insbesondere eine Haftung für das Nichterkennen von Zusatzbefunden aus, die nicht inhaltlich mit den Rechtfertigungsgründen des § 3a II ESchG zusammenhängen. Etwas anderes gilt hingegen, wenn der Arzt die unerkannte Schädigung durch das angewendete Untersuchungsverfahren bei Anwendung des medizinischen Standards hätte erkennen müssen und das verkannte Ergebnis eine PID aus ex post-Sicht gerechtfertigt hätte.

Aufklärungsfehler kommen bei der PID insbesondere in Betracht, wenn ein Zusatzbefund diagnostiziert wird. Hierüber muss der Arzt unabhängig davon, ob dieser im Zusammenhang mit den Rechtfertigungsgründen des § 3a II ESchG steht, aufklären, weil er ansonsten das Selbstbestimmungsrecht der Frau verletzt. Anderenfalls liegt selbst dann, wenn der Befund ex ante nicht hätte erhoben werden dürfen, ein Aufklärungsfehler vor.

Zur Beurteilung des Vertretenmüssens sind regelmäßig die Zurechnungsnormen der § 31, 89, 278 BGB heranzuziehen, weil der Vertragspartner nicht selbst handelt, sondern die angestellten Ärzte.

Eine fehlerhafte PID verpflichtet das Behandlungszentrum, insbesondere den Unterhalts- und Verdienstausfallschaden der Mutter bei der Geburt eines behinderten Kindes zu zahlen. Hinzutreten Schmerzensgeldansprüche für die ungewollte Schwangerschaft mit einem genetisch geschädigten Kind sowie die Geburt bzw. eine Abtreibung, die auf verkannte genetische Schädigung des Kindes zurückzuführen ist. Schließlich steht der Frau bei der Vernichtung eines tatsächlich unauffälligen Embryos ein Schmerzensgeldanspruch wegen der Verletzung ihres Allgemeinen Persönlichkeitsrechts und zwar in der Facette des Rechts auf Familienplanung zu. Schadensmindernd sind bei der Berechnung des Unterhalts- bzw. Verdienstausfallschadens das Mutterschafts-, Kinder- und Elterngeld zu berücksichtigen. Die Anrechnung anderer familien- und erbrechtlicher Ansprüche scheidet hingegen regelmäßig aus, weil sie noch nicht tatsächlich eingetreten sind. Sollten sie sich hingegen verwirklichen, verkürzen nur der Unterhaltsanspruch der Mutter gegen das behinderte Kind sowie ein Pflichtteilsanspruch den Schadensersatzanspruch der Frau gegen das Behandlungszentrum. Eine Minderung des Ersatzanspruchs wegen eines etwaigen Mitverschuldens der Frau scheidet hingegen aus.

Aufgrund der immensen Schadenshöhen, die bei der ungewollten Geburt eines Kindes drohen, das an einer schwerwiegenden Erbkrankheit leidet, bietet sich für den Arzt die Vereinbarung einer Haftungsfreizeichnung oder zumindest einer Haftungsbeschränkung an. Haftungsfreizeichnungen sind unabhängig davon, ob sie individualvertraglich oder durch AGB vereinbart werden, immer unwirksam. Dasselbe gilt auch für Abreden über Beschränkungen des Sorgfaltsmaßstabs. Lediglich eine angemessene summenmäßige Haftungsbeschränkung, die mindestens 5 Mio. € beträgt, kann individualvertraglich vereinbart werden, nicht aber durch AGB.

E. Überblick über die deliktischen Schadensersatzansprüche der Frau

Neben der vertraglichen Haftung kommen bei fehlerhafter PID deliktische Ansprüche[1180] der Frau in Betracht. Ansprüche gegen den handelnden Arzt können ihr aus § 823 I BGB, § 823 II BGB iVm. § 229 StGB bzw. aus § 839 BGB zustehen, wenn dieser Beamter ist. Eine Haftung des Behandlungszentrums ergibt sich möglicherweise aus §§ 823 I, 31, 89 BGB bzw. aus §§ 823 II iVm. § 229 StGB, 31, 89 BGB, sofern ein weisungsfreier Chefarzt als Organ handelt, bzw. aus § 831 I BGB, wenn der handelnde Arzt Verrichtungsgehilfe des Behandlungszentrums ist. Sofern die deliktische Haftung auf § 831 I BGB gestützt wird, hat das Behandlungszentrum die Möglichkeit sich nach § 831 I 2 BGB zu exkulpieren. Allerdings unterliegt ein solcher Entlastungsbeweis in der Praxis sehr hohen Anforderungen.[1181]

Während die vertragliche Haftung eine Pflichtverletzung voraussetzt, knüpft die deliktische Arzthaftung an die Verletzung eines von §§ 823 ff.

1180 Allgemein zu den in Betracht kommenden deliktischen Anspruchsgrundlagen im Arzthaftungsrecht *Laufs/Kern* Handbuch des Arztrechts § 103-106.

1181 *Laufs/Kern* Handbuch des Arztrechts § 104 Rn. 2 mwN aus der Rechtsprechung.

BGB geschützten Rechtsguts an. Obwohl vertragliche und deliktische Haftung in weiten Teilen des Arzthaftungsrechts parallel verlaufen[1182], ergeben sich hieraus bei der Haftung wegen fehlerhafter PID erhebliche Unterschiede. Grund dafür ist, dass nicht jeder ärztliche Fehler bei der PID zu einer Verletzung eines von §§ 823 ff. BGB geschützten Rechtsguts führt.

So kommen entsprechende Rechtsgutsverletzungen der Frau von vornherein nur in Betracht, wenn der ärztliche Fehler zu einer falsch negativen Diagnosen und einer positiven Implantationsentscheidung bzw. zu einer falsch positiven Diagnose mit einer negativen Implantationsentscheidung führt.[1183] Im ersten Fall läge in der Herbeiführung der wegen der nicht bekannten Schädigung des Embryos ungewollten Schwangerschaft und Geburt eine Körperverletzung der Wunschmutter. Aber auch bei einer falsch positiven Diagnose, die zur Vernichtung des Embryos führt, wäre eine Beeinträchtigung des Rechts auf Familienplanung als Ausprägung des von §§ 823 ff. BGB geschützten Allgemeinen Persönlichkeitsrecht[1184] gegeben. Im Gegensatz zur vertraglichen Haftung scheidet ein Ersatzanspruch bei einer falsch positiven Diagnose mit positiver Implantationsentscheidung hingegen daran, dass in diesem Fall nur das von §§ 823 ff. BGB nicht geschützte Vermögen durch Aufwendungen für die erwartete Behinderung des Kindes beeinträchtigt wird.

Neben der Verletzung eines von §§ 823 ff. BGB geschützten Rechtsguts setzt die deliktische Haftung weiterhin voraus, dass die übrigen Haftungsvoraussetzungen erfüllt sind. Hieran bestehen bei der Vernichtung eines gesunden Embryos bei einer falsch positiven Diagnose keine Zweifel, sodass unter den einschränkenden Voraussetzungen, dass es sich um eine schwerwiegende Beeinträchtigung des Rechts auf Familienplanung handelt, die nur durch Zahlung einer angemessen Entschädigung in Geld befriedigend ausgeglichen werden kann, ein deliktischer Anspruch auf Ersatz des immateriellen Schadens besteht.

Problematischer stellt sich hingegen der Fall der falsch negativen Diagnose mit positiver Implantationsentscheidung dar. Die Herbeiführung der Schwangerschaft bzw. einer Abtreibung, Tot- oder Fehl- bzw. einer normalen Geburt verletzt den Körper[1185] und das Allgemeinen Persönlich-

1182 Spickhoff/*Greiner* Medizinrecht § 839 BGB Rn. 1.

1183 Vgl. hierzu oben S. 205.

1184 Palandt/*Sprau* § 823 BGB Rn. 19.

1185 BGH NJW 2008, 2846, 2847; BGH NJW 1995, 2407, 2408; BGH NJW 1985, 671, 673; BGH NJW 1981, 2002, 2003; BGH NJW 1980, 1452, 1453;

keitsrecht der Frau[1186], denn die Frau wollte zwar schwanger werden, aber gerade nicht mit einem genetisch geschädigten Embryo.[1187] Aufgrund dieses Zurechnungszusammenhangs zwischen der Pflichtverletzung und der Körperverletzung bzw. der Verletzung des Allgemeinen Persönlichkeitsrecht kann sie vom Anspruchsgegner Schadensersatz bzw. Schmerzensgeld für die mit der Schwangerschaft und Entbindung verbundenen Kosten und Belastungen verlangen und zwar selbst dann, wenn sie ohne Komplikationen verlaufen.[1188] Eine Anspruchskürzung nach § 254 II 1 Alt. 2 BGB wegen der Weigerung der Frau, das Kind abzutreiben, kommt ebenso wie bei den vertraglichen Ansprüchen nicht in Betracht.[1189]

Problematisch erscheint allerdings, ob der Unterhaltsschaden vom Zweck des Schutzes der körperlichen Integrität bzw. vom Recht auf Familienplanung als besondere Ausprägung des von § 823 I BGB geschützten Allgemeinen Persönlichkeitsrecht erfasst ist, da nur dann der erforderliche Zurechnungszusammenhang zwischen Rechtsgutsverletzung und Schaden besteht.

Durch den deliktischen Schutz des Allgemeinen Persönlichkeitsrechts sollen grundsätzlich nur immaterielle Schäden ausgeglichen werden.[1190] Etwas anderes gilt nur, sofern ausnahmsweise kommerziell nutzbare Aspekte dieses Rechts betroffen sind.[1191] Da es sich beim Recht auf Familienplanung allerdings nicht um einen vermögenswerten, sondern einen ideellen Bestandteil des Allgemeinen Persönlichkeitsrechts handelt und der Unterhaltsschaden einen materiellen Schaden darstellt, fehlt es zwischen der Verletzung des Rechts auf Familienplanung an der haftungsausfüllenden Kausalität.

Selbst wenn man die Körperverletzung als Bezugspunkt nimmt, bestehen Zweifel, ob der Unterhaltsschaden noch vom Schutzzweck der deliktischen Norm erfasst ist. Während einige Stimmen in der Literatur dies an-

---

Geiß/Greiner Arzthaftpflichtrecht B Rn. 181; *Laufs/Kern* Handbuch des Arztrechts § 99 Rn. 18.

1186 MünchKomm/*Wagner* § 823 BGB Rn. 151; *Schlechtriem/Schmidt-Kessel* Schuldrecht AT Rn. 273.

1187 *Olzen/Kubiak* JZ 2013, 495, 503.

1188 *Olzen/Kubiak* JZ 2013, 495, 503; vgl. auch *Geiß/Greiner* Arzthaftpflichtrecht B Rn. 182 mwN aus der Rechtsprechung; *Hauberichs* Haftung für neues Leben im deutschen und englischen Recht S. 198.

1189 Siehe oben S. 248.

1190 Vgl. Staudinger/*Vieweg* Eckpfeiler des Zivilrechts J 56.

1191 BGH NJW 2013, 793, 797.; BGH NJW 2000, 2201, 2201; BGHZ 143, 214, 219 f. mwN; Staudinger/*Vieweg* Eckpfeiler des Zivilrechts J 56.

nehmen, weil ein Zusammenhang zwischen der Verletzung der körperlichen Integrität der Frau und der Unterhaltsbelastung bestehe[1192], gehen die meisten[1193] davon aus, dass die Vermeidung von Unterhaltsverpflichtungen nicht mehr vom Schutz der körperlichen Integrität in § 823 I BGB gedeckt ist.[1194] Für die letztgenannte Ansicht spricht zunächst, dass die Unterhaltsbelastung nicht an die Rechtsgutsverletzung anknüpft, sondern aufgrund des Verwandtschaftsverhältnisses gem. §§ 1601 ff. BGB kraft Gesetzes entsteht.[1195] Würde man daher annehmen, dass ein Zurechnungszusammenhang zwischen der Rechtsgutsverletzung der ungewollt Schwangeren und ihrer Unterhaltsverpflichtung gegenüber dem Kind bestünde[1196], käme man zu dem widersprüchlichen Ergebnis, dass die Mutter einen deliktischen Anspruch auf Ersatz des Unterhaltsschadens hätte, der Vater, der gleichermaßen zur Zahlung von Unterhalt verpflichtet ist, hingegen nicht, da bei ihm keine Verletzung der körperlichen Integrität vorliegt. Zudem dient der Ersatz des Unterhaltsschadens nicht der Wiedergutmachung der Körperverletzung, sondern einem vermögenswerten Interesse der Frau.[1197] Da das Vermögen aber grundsätzlich nicht dem Schutz der §§ 823 ff. BGB unterliegt[1198], würde man, wenn man den Zurechnungszusammenhang zwischen Körperverletzung und Unterhaltsschaden annähme, im Ergebnis diese Grundentscheidung des Deliktsrecht umgehen.

Somit ist der Unterhaltsschaden nicht nach Deliktsrecht zu ersetzen, sodass sich das Problem, inwiefern bei der Berechnung des Unterhaltsschadens eine Vorteilsausgleichung in Betracht kommt[1199], nicht stellt.

1192 *Deuchler* Die Haftung des Arztes für die unerwünschte Geburt eines Kindes S. 122; MünchKomm/*Wagner* § 823 BGB Rn. 151, allerdings ohne nähere Begründung; *Schlechtriem/Schmidt-Kessel* Schuldrecht AT Rn. 273.

1193 BeckOK/*Spindler* § 823 BGB Rn. 752 mwN; *Geiß/Greiner* Arzthaftpflichtrecht B Rn. 183; *Olzen/Kubiak* JZ 2013, 495, 503.

1194 Offenlassend BGH NJW 1980, 1452, 1454; *Hauberichs* Haftung für neues Leben im deutschen und englischen Recht S. 197 f.

1195 *Harrer* Zivilrechtliche Haftung bei durchkreuzter Familienplanung S. 119; *Hauberichs* Haftung für neues Leben im deutschen und englischen Recht S. 197 f.

1196 So aber *Deuchler* Die Haftung des Arztes für die unerwünschte Geburt eines Kindes S. 122; MünchKomm/*Wagner* § 823 BGB Rn. 151.

1197 *Waibl* Kindesunterhalt als Schaden S. 194 f.; vgl. auch OLG Bremen VersR 1982, 959, 960; *Mertens* FamRZ 1969, 251, 252.

1198 *Geiß/Greiner* Arzthaftpflichtrecht B Rn. 183; *Olzen/Kubiak* JZ 2013, 495, 503.

1199 Zur Vorteilsausgleichung siehe oben S. 238 ff.

Sofern im PID-Vertrag eine wirksame summenmäßige Haftungsbeschränkung vereinbart wurde, wirkt sich diese meist gleichermaßen sowohl auf vertragliche als auch auf deliktische Ansprüche aus. Da der Unterhaltsschaden, der regelmäßig den größten Schadensposten ausmacht, allerdings nicht nach §§ 823 ff. BGB zu ersetzen ist, wird eine Haftungsbeschränkung bei deliktischen Ansprüchen in der Regel nicht zum Tragen kommen.

Fünftes Kapitel: Ersatzansprüche des Mannes

Als Anspruchsteller eines vertraglichen Ersatzanspruchs wegen fehlerhafter PID gegen die an der PID beteiligten Institutionen und Personen kommt zudem der Mann in Betracht.

A. Vertragliche Ersatzansprüche

Voraussetzungen eines vertraglichen Schadensersatzanspruches nach § 280 I 1 BGB sind erneut ein wirksames Schuldverhältnis, eine vom Anspruchsgegner zu vertretende Pflichtverletzung sowie ein Schaden.

I. Schuldverhältnis

1. Eigene vertragliche Ansprüche des Vaters

Ebenso wie die Frau[1200] wird auch der Mann regelmäßig Partei des PID-Vertrages sein. Der Vertragsschluss mit dem Wunschvater hat nämlich sowohl für ihn als auch das PID-Zentrum Vorteile: So hat das PID-Zentrum zwei Gläubiger für den Vergütungsanspruch, der Mann wiederum ist aus dem Vertrag berechtigt und kann etwa Auskunft über das Untersuchungsergebnis der genetischen Untersuchung verlangen.

2. Einbeziehung des Mannes in den PID-Vertrag nach den Grundsätzen des Vertrages mit Schutzwirkung zugunsten Dritter

Sofern der Mann ausnahmsweise nicht Vertragspartner des PID-Zentrums wird, könnte er durch das Rechtsinstitut des Vertrages mit Schutzwirkung

---

1200 In besonderen Fällen ist es auch denkbar, dass der Mann zu Gunsten der Frau einen echten Vertrag zugunsten Dritter, § 328 BGB, abschließt, sodass sie ein eigenes Forderungsrecht gegen den Vertragspartner erhält; *Olzen/Kubiak* JZ 2013, 495, 499.

zugunsten Dritter in den zwischen der Frau und dem PID-Zentrum bestehenden Vertrag einbezogen werden, mit der Folge, dass er eigene vertragliche Schadensersatzansprüche haben könnte. Dies setzt voraus, dass die Voraussetzungen dieses Instituts[1201] bei der PID gegeben sind.

a) Bestimmungsgemäße Leistungsnähe des Mannes

Zunächst müsste der Mann bestimmungsgemäß mit der Leistung des PID-Zentrums in Berührung kommen, also den Gefahren einer Leistungsstörung in gleicher Weise ausgesetzt sein wie die Vertragspartnerin.[1202] Zwar sind durch eine fehlerhafte PID verursachte Gesundheits- oder Körperverletzungen selbst nur bei der Frau denkbar, weil ihr der untersuchte Embryo implantiert wird. Da der PID-Vertrag aber auch den Schutz vor finanziellen Belastungen umfasst, die durch die Geburt eines erbgeschädigten Kindes ausgelöst werden[1203] und die dann den Vater ebenso wie die Mutter in Form der Unterhaltslast treffen, liegt zumindest diesbezüglich für den Mann eine bestimmungsgemäße Leistungsnähe vor wie für die Frau.[1204]

b) Berechtigtes Interesse der Frau an der Einbeziehung des Mannes

Weiterhin müsste die Frau ein berechtigtes Interesse an der Einbeziehung des Mannes in den Schutzbereich des PID-Vertrages haben.[1205] Es folgt für Ehegatten aus § 1353 I 2 HS. 2 BGB. Aber auch bei nichtehelicher Lebensgemeinschaft besteht ein berechtigtes Interesse der Frau an der Einbeziehung ihres Lebensgefährten in den PID-Vertrag, weil die Partner einer nichtehelichen Lebensgemeinschaft regelmäßig in ähnlicher Weise

---

1201 Das Institut des Vertrages mit Schutzwirkung zugunsten Dritter wird auf unterschiedliche Weise begründet, ist im Ergebnis aber allgemein anerkannt, *Looschelders/Makowsky* JA 2012, 721, 726. Vgl. zu den unterschiedlichen Begründungsansätzen etwa *Iden* ZJS 2012, 766, 766; *Looschelders/Makowsky* JA 2012, 721, 726.

1202 Vgl. allgemein zu dieser Voraussetzung *Iden* ZJS 2012, 766, 767; *Looschelders/Makowsky* JA 2012, 721, 726; Staudinger/*Jagmann* § 328 BGB Rn. 98.

1203 Siehe hierzu oben S. 231.

1204 So im Ergebnis auch *Olzen/Kubiak* JZ 2013, 495, 499.

1205 Vgl. allgemein zur Gläubigernähe *Iden* ZJS 2012, 766, 767; *Looschelders/Makowsky* JA 2012, 721, 726 f.; Staudinger/*Jagmann* § 328 BGB Rn. 100.

füreinander Verantwortung übernehmen wie in einer Ehe.[1206] Ein Misserfolg bei der PID, der zur Geburt eines behinderten Kindes führt, wirkt sich somit auf beide nichtehelichen Partner aus. Weiterhin spricht für die erforderliche Gläubigernähe, dass die Arztleistung bei der PID ebenfalls der wirtschaftlichen Familienplanung des Paares dient, sodass es ihr wesensimmanent ist, dass der vertragliche Schutz vor diesen finanziellen Belastungen nicht nur der Frau, sondern auch dem Wunschvater zukommt, weil er ebenso wie die Frau zur Zahlung des Kindesunterhalts verpflichtet ist, §§ 1601 ff. BGB.[1207]

c) Erkennbarkeit von Leistungs- und Gläubigernähe für den Schuldner

Damit das Haftungsrisiko für das PID-Zentrum überschaubar und kalkulierbar bleibt, müssen sowohl die Leistungs- als auch die Gläubigernähe für den Schuldner erkennbar sein.[1208] Der Arzt, der eine PID durchführt, weiß zum einen, dass der Wunschvater zumindest in finanzieller Hinsicht in gleicher Weise mit der Leistung in Berührung kommt wie die Frau, da beide die Unterhaltsverpflichtung für ein ungewolltes Kind trifft, §§ 1601 ff. BGB. Zum anderen ist für ihn die Schutzpflicht der Patientin gegenüber ihrem Partner erkennbar, gleich, ob beide verheiratet sind oder nicht.

d) Schutzbedürftigkeit des Dritten

Schließlich darf der Mann keine eigenen gleichwertigen, vertraglichen Ansprüche gegen das PID-Zentrum haben.[1209] An dieser Voraussetzung bestehen keine Zweifel, wenn er nicht selbst Vertragspartner ist.

3. Zwischenergebnis

Sofern der Mann nicht selbst Partei des PID-Vertrages ist, erstrecken sich zumindest die Schutzwirkungen dieses Vertrages auf ihn, sodass er einen

---

1206 *Gehrlein* MDR 2002, 638, 639; Staudinger/*Jagmann* § 328 BGB Rn. 100

1207 Vgl. BGH NJW 2007, 989, 991; so im Ergebnis für den PID-Vertrag auch *Olzen/Kubiak* JZ 2013, 495, 499.

1208 Vgl. BGHZ 181, 12, 17; *Looschelders/Makowsky* JA 2012, 721, 727.

1209 Vgl. *Looschelders/Makowsky* JA 2012, 721, 727.

eigenen vertraglichen Schadensersatzanspruch wegen der schuldhaften Verletzung von Schutzpflichten geltend machen kann.[1210]

4. § 1357 BGB

Schließlich kommt in Fällen, in denen der nicht von der Frau getrennte Ehemann kein Vertragspartner wird, eine Mitberechtigung nach § 1357 BGB in Betracht, sofern es sich beim Abschluss des PID-Vertrages um ein Geschäft zur angemessen Deckung des Lebensbedarfs handelt. Geschäfte zur Deckung des Lebensbedarfs sind dabei zunächst solche, die zur Führung des Haushalts sowie zur Befriedigung der persönlichen Bedürfnisse der Ehegatten sowie der gemeinsamen unterhaltsberechtigten Kinder erforderlich sind.[1211] Der Abschluss eines PID-Vertrages dient unter anderem dem Schutz der Gesundheit der Mutter und daher ihrem primären und ursprünglichen Lebensbedarf[1212], sodass es sich jedenfalls um ein Geschäft zur Deckung des Lebensbedarfs handelt.

Näherer Überprüfung bedarf, ob der alleinige Abschluss eines PID-Vertrages durch die Frau angemessen ist. Unangemessen sind Geschäfte größeren Umfangs, die ohne Schwierigkeiten zurückgestellt werden können und über deren Abschluss sich die Ehegatten grundsätzlich vorher verständigen.[1213] Für die Beurteilung der Angemessenheit kommt es dabei nicht auf eine Durchschnittsfamilie, sondern auf die tatsächliche Lebensführung der konkreten Ehegatten an, wie sie sich aus der Sicht eines objektiven Beobachters darstellt.[1214]

Regelmäßig werden sich Ehegatten über den Abschluss eines PID-Vertrages vorher verständigen. Dies liegt zum einen bereits in der Natur der Sache, weil die PID zwangsläufig eine extrakorporale Befruchtung voraussetzt und daher beide Ehepartner beteiligt werden müssen. Zudem soll die PID den Wunsch der Ehegatten nach einem gesunden Kind erfüllen. Sie betrifft damit einen für die weitere Lebensführung besonders bedeutsamen Bereich, über den regelmäßig eine Verständigung erfolgt. Schließlich muss der erhebliche wirtschaftliche Aufwand beachtet werden. Die

---

1210 So auch *Olzen/Kubiak* JZ 2013, 495, 499.

1211 MünchKomm/*Roth* § 1357 BGB Rn. 19; *Peter* NJW 1993, 1949, 1950.

1212 Vgl. BGHZ 94, 1, 6; *Peter* NJW 1993, 1949, 1950.

1213 BeckOK/*Hahn* § 1357 BGB Rn. 13; BT-Drucks. 7/650 S. 99; Erman/*Kroll-Ludwigs* § 1357 BGB Rn. 11; *Peter* NJW 1993, 1949, 1951.

1214 MünchKomm/*Roth* § 1357 BGB Rn. 21; *Peter* NJW 1993, 1949, 1951.

Kosten für die PID betragen nämlich pro Behandlungszyklus mehrere 1000 € und werden, da die Paare zumeist fertil sind, nicht einmal anteilig für die extrakorporale Befruchtung von der Krankenversicherung übernommen.[1215] Schließlich besteht im Gegensatz zu vielen anderen medizinischen Behandlungen bei der PID keine akute Dringlichkeit, sodass der Abschluss eines PID-Vertrages regelmäßig zurückgestellt werden kann, um eine Vereinbarung mit dem anderen Ehepartner zu treffen.

Da somit mangels Dringlichkeit und des erheblichen finanziellen Aufwands bei dem überwiegenden Teil der Ehepaare der Abschluss eines PID-Vertrages ohne vorherige Verständigung unüblich ist, scheidet mangels Angemessenheit eine Mitberechtigung des Ehemannes gem. § 1357 BGB im Regelfall aus.

II. Pflichtverletzung und Vertretenmüssen

Unabhängig davon, ob der Mann selbst Vertragspartner des PID-Zentrums oder nur in den Schutzbereich des zwischen der Frau und dem Zentrum bestehenden Vertrages einbezogen ist, ergeben sich hinsichtlich der Pflichtverletzung und dem Vertretenmüssen keine Abweichung zu den oben dargestellten Grundsätzen.[1216]

III. Schaden

Wie bereits im vierten Kapitel festgestellt, entsteht bei einer richtig positiven[1217] und richtig negativen Diagnose[1218] sowie bei einer falsch negativen Diagnose mit negativer Implantationsentscheidung[1219] kein ersatzfähiger Schaden.

1215 LSG Baden-Württemberg Urteil vom 19.07.2013 AZ: L 4 KR 4624/12; in diesem Fall haben die Kläger sogar bereits über 20.000 € für die extrakorporale Befruchtung sowie die PID aufgewendet; vgl. auch BSG Urteil vom 18.11.2014 AZ: B 1 KR 19/13 R.

1216 Siehe zur Pflichtverletzung oben S. 146 ff. und zum Vertretenmüssen oben S. 201 ff.

1217 Siehe dazu die Fallkonstellationen 1 und 2 oben S. 203 sowie S. 205.

1218 Siehe dazu die Fallkonstellationen 3 und 4 oben S. 203 sowie S. 205.

1219 Siehe dazu die Fallkonstellation 8 oben S. 205 sowie S. 228.

Zu klären bleibt daher, ob dem Mann bei einer falsch positiven Diagnose mit positiver[1220] bzw. negativer[1221] Implantationsentscheidung bzw. in der praxisrelevantesten Variante der falsch negativen Diagnose mit positiver Implantationsentscheidung[1222] ebenso wie der Frau ein ersatzfähiger Schaden entsteht.

1. Falsch positive Diagnose mit negativer Implantationsentscheidung

Sofern ein genetisch unauffälliger Embryo wegen der pflichtwidrigen falsch positiven Diagnose des Arztes nicht implantiert wird, stellt sich ebenso wie bei der Frau die Frage nach einer billigen Entschädigung in Geld gem. § 253 II BGB wegen der Vernichtung des tatsächlich implantationsgeeigneten Embryos. Da eine Körperverletzung des Mannes noch ferner als bei der Frau liegt[1223], weil der Embryo ihm nicht einmal reimplantiert werden soll, verbleibt nur die Möglichkeit, ihm wegen der Verletzung seines Allgemeinen Persönlichkeitsrechts in der Ausprägung des Rechts auf Familienplanung eine billige Entschädigung in Geld zuzubilligen. Genauso wie für die Frau stellt die Vernichtung eines genetisch unauffälligen Embryos einen massiven Eingriff in seine Familienplanung dar[1224], sodass ihm eine angemessene Entschädigung in Geld zusteht.

2. Falsch positive Diagnose mit positiver Implantationsentscheidung

Entscheidet sich die Frau trotz einer falsch positiven Diagnose zur Implantation des vermeintlich genetisch geschädigten Embryos, die dann zur Geburt eines gesunden Kindes führt, bestehen zwischen Vater und Mutter keine Unterschiede hinsichtlich des Schadens. Ersatzfähig sind nämlich jeweils nur Aufwendungen, die in Erwartung der Geburt eines behinderten

1220 Siehe dazu die Fallkonstellation 6 oben S. 204 sowie S. 206.
1221 Siehe dazu die Fallkonstellation 5 oben S. 204 sowie S. 207 ff.
1222 Siehe dazu die Fallkonstellation 7 oben S. 204 sowie S. 228 ff.
1223 Vgl. zu den Gründen, warum die Vernichtung des Embryos nach der hier vertretenen Auffassung keine Körper- bzw. Gesundheitsverletzung der Frau darstellt oben S. 209 ff.
1224 Siehe oben S. 218 ff.

Kindes getätigt wurden, wie etwa der behindertengerechte Umbau der Wohnung.[1225]

3. Falsch negative Diagnose mit positiver Implantationsentscheidung

Unterschiede zwischen dem ersatzfähigen Schaden der Frau und dem des Mannes bestehen hingegen bei einer falsch negativen Diagnose mit positiver Implantationsentscheidung, in deren Folge eine Schwangerschaft eintritt. Naturgemäß treffen die Belastungen einer wegen der genetischen Schädigung des Embryos ungewollten Schwangerschaft lediglich die Schwangere. Daher hat nur sie einen Schmerzensgeldanspruch gem. § 253 II BGB wegen einer Körperverletzung aufgrund der Beeinträchtigungen, die mit dem Austragen des Kindes, einer Tot- oder Fehlgeburt bzw. einer Geburt bzw. einer Abtreibung einhergehen.

Dasselbe gilt für durch die Betreuung der Schwangerschaft bzw. deren natürliche oder künstliche Beendigung erforderlich gewordenen Behandlungskosten. Diese fallen nämlich zunächst der Frau bzw. ihrer Krankenkasse zur Last, die den Betrag allerdings vom Behandlungszentrum wegen der Legalzession aus § 116 I SGB X bei gesetzlich Versicherten bzw. § 86 I VVG bei privat Versicherten ersetzt verlangen kann.

Hingegen sind dem Mann, sofern es wegen einer Pflichtverletzung des Arztes zur Geburt eines behinderten Kindes kommt, nur die Kosten für dessen Unterhalt bzw. gegebenenfalls sein Verdienstausfallschaden zu ersetzen. Als Vater trifft ihn ebenso wie die Mutter eine Verpflichtung zur Zahlung von Unterhalt für sein behindertes Kind, §§ 1601 ff. BGB, vor der er sich durch den PID-Vertrag gerade schützen will. Auch der Verdienstausfall entsteht adäquat kausal durch die Geburt des ungewollten Kindes, die die PID vermeiden sollte.[1226]

IV. Vorteilsausgleichung

In Bezug auf die Vorteilsausgleichung ergeben sich zu den Ansprüchen der Frau gegen das Behandlungszentrum kaum Abweichungen. Unterschiede bestehen nur bezüglich des Mutterschaftsgeldes, dass beim Mann

---

1225 Siehe dazu bereits oben S. 206.

1226 Ausführlich dazu oben S. 233.

naturgemäß nicht bei der Berechnung des Verdienstausfallschadens zu berücksichtigen ist.

V. Haftungsbeschränkungen

Sofern der Mann lediglich in den Schutzbereich des zwischen der Frau und dem Behandelnden bestehenden PID-Vertrages einbezogen ist, erscheint klärungsbedürftig, ob seine Ersatzansprüche durch eine zwischen der Frau und dem PID-Zentrum individualvertraglich vereinbarte summenmäßige Haftungsbeschränkung[1227] eingeschränkt werden. Für die grundsätzliche Abhängigkeit des Drittschutzes vom Hauptvertrag spricht neben dem Grundsatz von Treu und Glauben, § 242 BGB, auch der Gedanke des § 334 BGB, wonach dem geschützten Dritten, der seine Rechte aus den Vertragsbeziehungen der unmittelbaren Vertragspartner herleitet, regelmäßig keine weitergehenden Rechte zustehen als dem Vertragspartner des Schädigers.[1228] Zwar kann im Einzelfall auch die Annahme einer im Vergleich zum Vertragspartner gesteigerten Schutzpflicht gegenüber dem Dritten gerechtfertigt sein.[1229] Hierfür bestehen nach der Auslegung des PID-Vertrages allerdings keine Anhaltspunkte. Der in den Schutzbereich des Vertrages einbezogene Mann sieht sich bei einer fehlerhaften PID denselben finanziellen Risiken ausgesetzt wie die Frau, weil beide insbesondere im Hinblick auf den Unterhalt für ein behindertes Kind gleichermaßen verpflichtet sind, sodass aufgrund derselben Schutzbedürftigkeit von Mann und Frau keine gesteigerte Schutzpflicht zugunsten des Mannes besteht. Somit beschränkt eine wirksame summenmäßige Haftungsbeschränkung beim PID-Vertrag die vertraglichen Ersatzansprüche des Mannes in gleicher Weise wie die der Frau als Vertragspartnerin.

1227 Sowohl formularmäßige Haftungsausschlüsse bzw. –begrenzungen als auch individualvertragliche Haftungsausschlüsse bzw. Beschränkungen des Sorgfaltsmaßstabes sind beim PID-Vertrag ohnehin unwirksam, ausführlich dazu oben S. 250 ff.

1228 BGHZ 127, 378, 384; MünchKomm/*Gottwald* § 328 BGB Rn. 191; Staudinger/*Jagmann* § 328 BGB Rn. 112.

1229 BGHZ 127, 378, 385 für ein Wertgutachten über ein Grundstück; BeckOK/*Janoschek* § 328 BGB Rn. 57; *Fikentscher/Heinemann* Schuldrecht Rn. 307; **a.A.**: BGH NJW 1975, 867, 869 mit der Begründung, dass Sinn und Zweck der Einbeziehung des Dritten in den Schutzbereich darin liegen, dass dem Dritten derselbe (aber kein weitreichender) Schutz zuteil wird, als der Schuldner dem Hauptgläubiger versprochen hat.

B. Überblick über die deliktischen Ansprüchen des Mannes

Die deliktischen Anspruchsgrundlagen, auf die der Mann einen etwaigen Anspruch wegen fehlerhafter PID stützen kann, sind dieselben wie bei der Frau[1230] mit Ausnahme des § 823 II BGB iVm. § 229 StGB, weil eine ungewollte Schwangerschaft keine fahrlässige Körperverletzung des Mannes darstellt.

Dem Mann können nur Schmerzensgeldansprüche auf deliktischer Grundlage gegenüber dem Behandlungszentrum bzw. gegenüber dem handelnden Arzt bei einer falsch positiven Diagnose mit anschließender Vernichtung des Embryos wegen Verletzung seines Rechts auf Familienplanung zustehen.[1231] Wie die Wunschmutter[1232] kann der Mann für Aufwendungen, die in der Erwartung, ein behindertes Kind zu bekommen, getätigt werden, keinen Ersatz verlangen, da das Vermögen nicht von §§ 823 ff. BGB geschützt ist.[1233] Des Weiteren kann er auch den Unterhaltsschaden nicht verlangen, weil beim Wunschvater nur das Recht auf Familienplanung verletzt ist, mit dem allerdings regelmäßig nur immaterielle Schäden ausgeglichen werden können, und kein weiteres absolut geschütztes Rechtsgut.

C. Zusammenfassung

Eine Vertragshaftung des PID-Zentrums gegenüber dem Mann wegen fehlerhafter PID kommt sogar in Betracht, wenn er nicht Partei des PID-Vertrages ist, weil sich dann der Schutzbereich des Behandlungsvertrages nach den Grundsätzen des Vertrages mit Schutzwirkung zugunsten Dritter auf ihn erstreckt. Im Hinblick auf mögliche Pflichtverletzungen und das Vertretenmüssen bestehen bei den vertraglichen Ansprüchen des Mannes gegen den Behandelnden keine Abweichungen gegenüber denen der Frau. Unterschiede ergeben sich hingegen bei den ersatzfähigen Schadenspositionen bei einer auf einer pflichtwidrigen falsch negativen Diagnose beruhenden Geburt eines Kindes, weil der Vater kein Schmerzensgeld für die mit der ungewollten Schwangerschaft, Geburt oder gegebenenfalls einer

1230 Siehe hierzu oben S. 274.
1231 Siehe hierzu bereits oben S. 274.
1232 Siehe oben S. 274.
1233 Siehe oben S. 274.

Abtreibung verbundenen Belastungen verlangen kann. Im Ergebnis parallel sind wiederum Fragen der Vorteilsausgleichung und möglicher Haftungsbeschränkungen zu beurteilen. Auf deliktischer Grundlage kann der Mann lediglich eine billige Entschädigung in Geld verlangen, wenn ein vermeintlich kranker Embryo vernichtet wird. Vermögensschäden, die dem Mann durch eine fehlerhafte PID entstehen können, sind hingegen nicht nach Deliktsrecht zu ersetzen.

Sechstes Kapitel: Ersatzansprüche des Kindes

Als letzter möglicher Anspruchssteller eines Schadensersatzanspruchs wegen fehlerhafter PID kommt schließlich das Kind selbst in Betracht.

A. Rechtsfähigkeit des Anspruchstellers

Damit ein Ersatzanspruch überhaupt in Erwägung gezogen werden kann, muss der mögliche Anspruchsteller rechtsfähig sein. Diese Eigenschaft kommt gem. § 1 BGB nur lebend geborenen Menschen zu[1234], sodass Ansprüche eines totgeborenen Kindes von vornherein ebenso ausscheiden wie Ersatzansprüche des Embryos in vitro bzw. in utero. Die Geltendmachung entsprechender Schadenersatzansprüche ist daher aufschiebend bedingt durch die Lebendgeburt des Kindes.[1235]

B. Vertragliche Ansprüche des Kindes

I. Schuldverhältnis

1. Eigene vertragliche Ansprüche des Kindes gegen das Behandlungszentrum

Im Gegensatz zur (Wunsch-)Mutter und zum (Wunsch-)Vater bedarf die Frage, ob das Kind selbst Partei eines Behandlungsvertrages sein kann, deshalb besonderer Erörterung, weil es zum Zeitpunkt der PID nur ein nasciturus (d.h. ein bereits Gezeugter, aber noch nicht Geborener) bzw. vor der zwingend notwendigen extrakorporalen Befruchtung[1236] ein nondum conceptus (d.h. ein noch nicht Gezeugter) ist. Zwar wurde oben

---

1234 *Hähnchen* Jura 2008, 161, 161; Staudinger/*Kannowski* § 1 BGB Rn. 4.
1235 BeckOK/*Bamberger* § 1 Rn. 44; *Hähnchen* Jura 2008, 161, 163; Jauernig/*Mansel* § 1 BGB Rn. 4.
1236 Siehe dazu oben S. 31 ff.

bereits festgestellt, dass der Embryo bei der PID nicht selbst medizinisch behandelt wird.[1237] Das schließt jedoch nicht zwingend die Stellung des extrakorporalen Embryos bzw. unter Umständen sogar des nondum conceptus als Vertragspartei aus, weil die Parteien eines Behandlungsvertrages nicht selbst medizinisch behandelt werden müssen.[1238] Näherer Erörterung bedarf daher, ob der extrakorporale Embryo bzw. in Abhängigkeit vom Zeitpunkt des Vertragsschlusses der nondum conceptus Partei eines Behandlungsvertrages sein kann. Dies erscheint zweifelhaft, weil die Stellung als Vertragspartei Rechtsfähigkeit voraussetzt, die gem. § 1 BGB nur geborenen und lebenden Menschen zukommt.[1239] Ausnahmen bilden insofern etwa §§ 331 II, 844 II 2, 1923 II, 2101 I 1, 2108 I, 2178 BGB, die dem nasciturus und dem nondum conceptus gewisse Rechtspositionen für den Fall der Lebendgeburt zuerkennen (sog. partielle Rechtsfähigkeit), sich aber nicht auf die Stellung als Vertragspartei beziehen. Zu klären ist daher, ob der Rechtsstatus einer Teilrechtsfähigkeit in Bezug auf die Stellung als Vertragspartei ausnahmsweise auch dem Embryo vor dem Transfer oder sogar dem nondum conceptus zukommt, obwohl beide Vorstufen nach der Definition des § 1 BGB nicht rechtsfähig sind.

Hinsichtlich des nondum conceptus werden die Möglichkeit eines Vertragsschlusses und eine hierauf gerichtete Teilrechtsfähigkeit, soweit ersichtlich, nicht vertreten.[1240] Hierfür lassen sich bereits allgemeine Grundsätze des Vertragsrechts anführen, wonach die essentialia negotii eines Vertrages, wozu jedenfalls auch die Vertragsparteien zählen, feststehen müssen.[1241] Da es sich beim nondum conceptus aber mangels Vereinigung von Ei- und Samenzelle noch nicht um ein Individuum handelt, muss die Möglichkeit, Vertragspartei zu werden, abgelehnt werden.

Anders stellt sich die Situation hingegen beim nasciturus dar: Vereinzelt wird angenommen, dass er Vertragspartner sein könne[1242], weil ihm eine diesbezügliche Teilrechtsfähigkeit[1243] zukomme. Dafür ließe sich an-

---

1237 Siehe oben S. 133 ff.

1238 Jauernig/*Mansel* § 630a BGB Rn. 1.

1239 *Petersen* Jura 2009, 669, 669.

1240 Siehe hierzu auch *Hermanns-Engel* Die rechtliche Berücksichtigung des Menschen vor der Zeugung S. 128, 189 f.

1241 Vgl. MünchKomm/*Busche* § 145 BGB Rn. 6.

1242 OLG Celle VersR 1955, 408, 408 mit zustimmender Anmerkung *Weimar* VersR 1955, 409, 409; *Oertmann* Die Rechtsbedingung S. 166 f.; **a.A.**: *Hähnchen* Jura 2008, 161, 164; MünchKomm/*Schmitt* § 1 BGB; Staudinger/*Kannowski* § 1 BGB Rn. 13.

1243 *Weimar* VersR 1955, 409, 409.

führen, dass bereits das RG die Eintragung einer Hypothek sogar zu Gunsten eines nondum conceptus zugelassen hat.[1244] Allerdings sind die Eintragung einer Hypothek und die Stellung als Vertragspartei eines Behandlungsvertrages nicht vergleichbar. Während im ersten Fall etwas zugunsten des künftigen Kindes erfolgt, geht die Stellung als Vertragspartei eines Behandlungsvertrages mit Nachteilen einher, wie etwa die Pflicht zur Zahlung der vereinbarten Vergütung, § 630a I BGB. Zudem darf § 1 BGB, der die Möglichkeit Vertragspartner zu werden, auf bereits geborene Menschen beschränkt, nicht außer Acht gelassen werden. Diese Regelung beruht nicht auf einem Versehen des Gesetzgebers, sondern auf einer bewussten Entscheidung: Er wollte die Stellung des nasciturus nur durch Spezialvorschriften enumerativ für die einzelnen Materien regeln, in denen dies erforderlich erschien[1245], wie etwa in § 844 II 2 BGB sowie § 1923 II BGB.[1246] Würde man dem nasciturus eine volle oder zumindest (Teil-)Rechtsfähigkeit zum Abschluss von Verträgen zuerkennen, umginge man die in § 1 BGB und den Spezialnormen zum Ausdruck kommenden Beschränkung seiner Rechtsfähigkeit.

Denkbar wäre allenfalls, den Abschluss eines Behandlungsvertrages mit dem Embryo als Vertragspartei unter dem Aspekt zuzulassen, dass sowohl nach § 331 II BGB[1247] für den echten Vertrag zugunsten Dritter gem. § 328 BGB[1248] sowie für den mit Schutzwirkung zu Gunsten Dritter[1249] anerkannt ist, dass der nasciturus Dritter sein kann. Der Unterschied liegt allerdings darin, dass der nasciturus in diesen Fällen nur Begünstigter und nicht auch Schuldner des Behandelnden wird.[1250] Somit spricht der Vergleich mit den soeben genannten Regelungen eher gegen die Ansicht, nach der der nasciturus Vertragspartner werden kann.

1244 RGZ 65, 277, 282; *Mahr* Der Beginn der Rechtsfähigkeit und die zivilrechtliche Stellung ungeborenen Lebens S. 152.

1245 *Jakobs/Schubert* Die Beratungen des BGB S. 13; *Mahr* Der Beginn der Rechtsfähigkeit und die zivilrechtliche Stellung ungeborenen Lebens S. 140.

1246 *Mahr* Der Beginn der Rechtsfähigkeit und die zivilrechtliche Stellung ungeborenen Lebens S. 140 f.

1247 MünchKomm/*Gottwald* § 331 BGB Rn. 12; Palandt/*Grüneberg* § 331 BGB Rn. 6.

1248 BGHZ 129, 297, 305; BeckOK/*Janoschek* § 328 BGB Rn. 14.

1249 BeckOK/*Janoschek* § 328 BGB Rn. 62; MünchKomm/*Gottwald* § 328 BGB Rn. 205.

1250 *Mahr* Der Beginn der Rechtsfähigkeit und die zivilrechtliche Stellung ungeborenen Lebens S. 153.

Zu bedenken ist schließlich, dass der Abschluss eines Vertrages mit dem Embryo regelmäßig dem Willen der Behandlungsseite widerspricht, weil selbst bei negativem Befund der PID unklar bleibt, ob es zur Geburt eines Kindes und damit zur Zahlung der vereinbarten Vergütung kommt[1251], die nicht zuletzt der Kostendeckung dient.

Zusammenfassend lässt sich daher festhalten, dass sowohl dem nondum conceptus als auch dem nasciturus bezogen auf die Stellung als Vertragspartei keine Teilrechtsfähigkeit zukommt.

Aber selbst wenn man der gegenteiligen Ansicht folgt, bestünden im Hinblick auf eine PID noch weitere Bedenken bzgl. der Stellung des künftigen Kindes als Vertragspartei. Jedenfalls aufgrund fehlender Geschäftsfähigkeit eines extrakorporalen Embryos scheidet ein unmittelbarer Vertragsschluss zwischen dem Behandelnden und dem Embryo aus. Nicht ohne nähere Betrachtung lässt sich hingegen der Abschluss eines Vertrages über die PID zwischen der Behandlungsseite und dem extrakorporalen Embryo, vertreten durch die künftigen Eltern gem. §§ 1912 II, 1626 I 1, 1629 I 1, 2 BGB, verneinen. Die notwendige Vertretung durch die künftigen Eltern stellt sich bei der PID aber als problematisch dar. Die für den Vertragsschluss erforderliche Vertretungsmacht, die sich nur aus einer vorweggenommenen Sorgeberechtigung gem. § 1912 II BGB ergeben könnte, setzt unter anderem voraus, dass es sich beim extrakorporalen Embryo bereits um eine »Leibesfrucht« iSd. § 1912 I BGB handelt. Eine vom Wortlaut zweifelhafte Annahme[1252], weil sich der Embryo bei der PID nicht im Mutterleib befindet und daher kein nasciturus im traditionellen Sinne[1253] darstellt. Denkbar wäre allein eine analoge Anwendung des § 1912 II BGB auf den extrakorporalen Embryo.[1254] Dies würde aber eine planwidrige Regelungslücke und eine vergleichbare Interessenlage zwi-

---

1251 So auch *Hillmer* Patientenstatus und Rechtsstatus von Frau und Fötus im Entwicklungsprozeß der Pränatalmedizin, die sich allerdings nicht mit der PID, sondern nur mit dem Patientenstatus des Fötus bei pränatalen Untersuchungen befasst.

1252 Vgl. hierzu auch MünchKomm/*Schwab* § 1912 BGB Rn. 5, der die Anwendbarkeit des § 1912 BGB im Ergebnis davon abhängig machen will, ob die Vorschriften, die die künftigen Eltern geltend machen wollen, bereits vor oder erst mit der Nidation Anwendung finden; Palandt/*Götz* § 1912 BGB Rn. 5 sowie Staudinger/*Bienwald* § 1912 Rn. 11 wenden § 1912 BGB hingegen nur an, wenn bereits eine Schwangerschaft besteht.

1253 Staudinger/*Kannowski* § 1 BGB Rn. 23.

1254 Diese Möglichkeit schließt auch MünchKomm/*Schwab* § 1912 BGB Rn. 5 nicht von vornherein aus; ablehnend etwa Staudinger/*Bienwald* § 1912 BGB Rn. 11.

schen dem nasciturus im traditionellen Sinne[1255] und dem Embryo in vitro voraussetzen. Da sich im BGB keine speziellen Regelungen in Bezug auf die Vertretung des extrakorporalen Embryos finden, liegt eine Regelungslücke vor. Diese ist auch planwidrig, weil der historische Gesetzgeber die Möglichkeit eines nasciturus, der sich nicht in vivo, sondern in vitro befindet, nicht voraussehen und daher auch nicht berücksichtigen konnte. Schließlich müsste eine vergleichbare Interessenlage vorliegen. Sowohl dem extrakorporalen Embryo als auch dem nasciturus im herkömmlichen Sinne können nach zutreffender Ansicht bereits künftige Rechte wie etwa die Erbfähigkeit nach § 1923 II BGB, die Unterhaltsberechtigung nach § 844 II 2 BGB oder die Stellung als Dritter beim echten oder unechten Vertrag zugunsten Dritter zustehen. Da diese künftigen Rechte aber weder durch den extrakorporalen Embryo noch durch den nasciturus im herkömmlichen Sinne selbst gesichert werden können, besteht eine vergleichbare Interessenlage. § 1912 II BGB analog gibt den künftigen Eltern daher eine Vertretungsmacht im Hinblick auf die Wahrung der künftigen Rechte des extrakorporalen Embryos. Allerdings müssen die künftigen Eltern die Fürsorge über die Leibesfrucht ebenso wie die elterliche Sorge im Interesse des Kindes[1256] ausüben.[1257] Der Abschluss eines PID-Vertrages für den extrakorporalen Embryo, der darauf gerichtet ist, genetisch geschädigte Embryonen auszusondern und zu vernichtet, lässt sich jedoch schwerlich als eine dem Interesse des Kindes dienende Maßnahme interpretieren.

Es lässt sich daher festhalten, dass das künftige Kind nicht Partei des PID-Vertrages sein kann.

2. Echter Vertrag zugunsten Dritter

Ersatzansprüche aus einer durch einen echten Vertrag zugunsten Dritter gem. § 328 BGB zwischen dem PID-Zentrum und dem Kind bestehenden schuldrechtlichen Sonderverbindung[1258] sind ebenfalls ausgeschlossen. Diese würde einen eigenen Anspruch des Embryos auf eine sorgfältige medizinische Behandlung gegen das Behandlungszentrum voraussetzen,

---

1255 Staudinger/*Kannowski* § 1 BGB Rn. 23.

1256 Hk-BGB/*Kemper* § 1626 BGB Rn. 2.

1257 Vgl. *Coester-Waltjen* NJW 1985, 2175, 2176.

1258 *Looschelders* Schuldrecht Allgemeiner Teil Rn. 1139.

der aber bereits daran scheitert, dass die PID keine medizinische Behandlung des Embryos darstellt.[1259]

3. Vertrag mit Schutzwirkung zugunsten Dritter

Als einzige Möglichkeit zur Begründung von vertraglichen Ersatzansprüchen des Kindes bei fehlerhafter PID verbleibt daher nur der Vertrag mit Schutzwirkung zugunsten Dritter, sofern das Kind vor der genetischen Untersuchung in den Schutzbereich des zwischen der Frau und gegebenenfalls dem Mann und dem Behandlungszentrum bestehenden Vertrag einbezogen wurde. Da das Kind beim Vertrag mit Schutzwirkung zugunsten Dritter im Gegensatz zum echten Vertrag zugunsten Dritter keinen eigenen Anspruch gegen das PID-Zentrum auf eine dem medizinischen Standard entsprechende genetische Untersuchung und Beratung erlangt, sondern nur in den Schutzbereich einbezogen werden soll, steht die grundsätzliche Anwendbarkeit dieses Rechtsinstituts nicht im Widerspruch zu der obigen[1260] Annahme, dass der Embryo bei der PID nicht selbst medizinisch behandelt wird.

Im Folgenden ist daher zu erörtern, ob die Voraussetzungen für die Einbeziehung des Kindes in den Vertrag mit Schutzwirkung zugunsten Dritter auch bei der PID erfüllt sind.

a) Extrakorporaler Embryo als »Dritter« im Sinne des Vertrages mit Schutzwirkung zugunsten Dritter

Ein besonderes Problem ergibt sich für das mit einer genetischen Schädigung geborene Kind daraus, dass die eigentliche genetische Untersuchung am extrakorporalen Embryo erfolgt. Es muss somit geklärt werden, ob auch der nasciturus in vitro im Falle seiner Lebendgeburt Dritter im Sinne des Vertrages mit Schutzwirkung zugunsten Dritter sein kann. Da dieses Rechtsinstitut nicht ausdrücklich gesetzlich geregelt ist, finden sich dementsprechend keine Normen zu den rechtlichen Anforderungen, die an die Stellung als Dritter zu stellen sind. Denkbar erscheint jedoch, den Gedanken aus § 331 II BGB analog für den Vertrag mit Schutzwirkung zugunsten-

---

1259 Hierzu oben S. 133 ff.
1260 Siehe oben S. 133 ff.

ten Dritter heranzuziehen. Hiernach setzt die Begünstigung, anders als der Rechtserwerb, keine Rechtsfähigkeit gem. § 1 BGB voraus, sondern kann schon einem nasciturus bzw. sogar einem nondum conceptus[1261] zugewendet werden.[1262] Eine analoge Anwendung des Gedankens aus § 331 II BGB setzt erneut eine planwidrige Regelungslücke sowie eine vergleichbare Interessenlage voraus. Die Lücke wurde bereits damit begründet, dass sich im BGB keine ausdrücklichen Anforderungen für die Stellung als Dritter im Sinne eines Vertrages mit Schutzwirkung zugunsten Dritter finden. Sie ist planwidrig, weil der Gesetzgeber bereits den Vertrag mit Schutzwirkung zugunsten Dritter und damit auch die möglichen Berechtigten dieses Instituts nicht in Erwägung gezogen hat. Schließlich stellt sich die Frage, ob die Interessenlagen beim echten Vertrag zugunsten Dritter sowie beim Vertrag mit Schutzwirkung zugunsten Dritter vergleichbar sind, d.h. ob sich der Gedanke des § 331 II BGB auf den Vertrag mit Schutzwirkung zugunsten Dritter übertragen lässt. Wenn ein noch nicht Geborener oder sogar ein noch nicht Gezeugter durch die Zuwendung eines durch seine Geburt bedingten Leistungsanspruchs begünstigt werden kann, dann müssen erst recht Schutzansprüche bei einem Vertrag mit Schutzwirkung zugunsten Dritter bestehen, weil sie ein Minus zum Leistungsanspruch darstellen.[1263] Dies gilt umso mehr, als der Mensch bereits vorgeburtlich verletzt werden kann, sodass ein im Vergleich zum echten Vertrag zugunsten Dritter sogar noch gesteigertes Interesse des Gläubigers sowie des Ungeborenen am Schutz des noch Ungeborenen vor Schäden bestehen kann, die im Zusammenhang mit der vertragsgemäßen Leistung des Schuldners stehen und die den Ungeborenen in gleicher Weise wie den Gläubiger betreffen können.[1264] Daher können analog dem Gedanken aus § 331 II BGB grundsätzlich noch nicht Geborene und sogar nicht Erzeugte und damit auch der extrakorporale Embryo in die Schutzwirkungen des PID-Vertrages einbezogen sein.[1265]

1261 BGHZ 129, 297, 305; Staudinger/*Jagmann* § 331 BGB mwN.

1262 *Selb* AcP 166, 76, 104; vgl. auch *Waibl* Kindesunterhalt als Schaden S. 349.

1263 BeckOK/*Bamberger* § 1 BGB Rn. 42; vgl. MünchKomm/*Schmitt* § 1 BGB Rn. 36, 48, der § 331 II BGB analog allerdings nur auf den nasciturus und nicht auf den nondum conceptus anwendet.

1264 Vgl. BeckOK/*Bamberger* § 1 BGB Rn. 44.

1265 *Olzen/Kubiak* JZ 2013, 495, 499; vgl. auch BGHZ 86, 240, 253; BeckOK/*Bamberger* § 1 BGB Rn. 44; *Deutsch* VersR 1995, 609, 614; *Deutsch/Spickhoff* Medizinrecht Rn. 674; *Gay* Schadensersatzklagen wegen der Verletzung des „Rechtes auf eigene Nichtexistenz“ S. 82; *Medicus* Zivilrecht und werdendes Leben S. 13; MünchKomm/*Schmitt* § 1 BGB Rn. 36; Münch-

b) Bestimmungsgemäße Leistungsnähe des Kindes

Damit das Kind in die Schutzwirkungen des PID-Vertrages einbezogen ist, muss es den Gefahren der Leistung des Schuldners im Hinblick auf seine Integritätsinteressen in gleicher bzw. ähnlicher Weise ausgesetzt sein wie die Frau und gegebenenfalls der Mann als Vertragspartner.[1266] Es muss also drittbezogenes Leistungsverhalten vorliegen[1267], mit dem das Kind bestimmungsgemäß in Berührung kommt.

Zur Feststellung der Leistungsnähe sind somit zunächst die gegenüber dem Gläubiger bestehende Leistungspflicht sowie ihre Schutzrichtung zu bestimmen. Die Leistungspflicht des Behandlungszentrums bei einem PID-Vertrag besteht in einer genetischen Untersuchung und Beratung nach dem allgemein anerkannten Stand der medizinischen Wissenschaft und Technik. Hierdurch sollen Körperschäden der Frau bzw. Vermögenschäden und in Ausnahmefällen auch Gesundheitsschäden der Gläubigerseite vermieden werden, die durch die Schwangerschaft und Existenz eines ungewollten Kindes ausgelöst werden.

Am bloßen Kontakt des Kindes zu dieser Leistungspflicht bestehen bei der PID keine Zweifel, weil die Untersuchung an seinen Zellen durchgeführt wird.[1268]

Problematisch erscheint jedoch, ob sich die Verletzung dieser Pflicht auf die Integritätsinteressen des Kindes auswirkt und zwar in gleicher oder ähnlicher Weise wie auf die Wunscheltern, sodass die Nähe zur Leistung des PID-Zentrums auch bestimmungsgemäß ist.

Hiergegen könnte auf den ersten Blick sprechen, dass Leistungsstörungen bei der PID den Integritätsinteressen des Kindes im Einzelfall sogar zu Gute kommen können, etwa im Falle einer pflichtwidrig falsch negativen Diagnose.[1269] Bei dieser Konstellation führt die Pflichtverletzung nicht zu einer Schädigung der körperlichen Integrität des Embryos, weil die vom Arzt pflichtwidrig nicht erkannte genetische Veränderung schon

---

Komm/*Gottwald* § 328 BGB Rn. 205; *Selb* AcP 166,76, 128; Spickhoff/*Spickhoff* Medizinrecht § 1 BGB Rn. 15; *Reinhart* VersR 2001, 1081, 1084.

1266 Vgl. allgemein zu dieser Voraussetzung BeckOK/*Janoschek* § 328 BGB Rn. 51; *Iden* ZJS 2012, 766, 767; *Looschelders/Makowsky* JA 2012, 721, 726; Staudinger/*Jagmann* § 328 BGB Rn. 98.

1267 BeckOK/*Janoschek* § 328 BGB Rn. 51; *Gernhuber* in: FS Nikisch S. 249, 270; Staudinger/*Grüneberg* § 328 Rn. 17.

1268 Siehe zum Ablauf der PID im engeren Sinne oben S. 34 ff.

1269 Siehe dazu die Fallkonstellationen 7 und 8 oben S. 204.

bestand, sondern wirkt sich sogar schützend aus, weil sie regelmäßig dazu führt, dass sich die Frau für den Embryotransfer entscheidet und das Weiterleben des Embryos somit gesichert wird. Für die Frau hat diese Pflichtverletzung hingegen zur Folge, dass sie sich einen ungewollten Embryo implantieren lässt und daher in ihrer körperlichen Integrität und bei der Geburt des Kindes auch in ihren finanziellen Interessen geschädigt ist. Da die Pflichtverletzung in Form der falsch negativen Diagnose somit positive Auswirkungen auf die Integritätsinteressen des Kindes hat, für die Wunschmutter hingegen mit Beeinträchtigung einhergeht, könnte die bestimmungsgemäße Leistungsnähe des Embryos aufgrund der gegenläufigen Gefährdungslage von Embryo und Wunscheltern zu verneinen sein.

Umgekehrt kann dieselbe Pflicht zu einer dem medizinischen Standard entsprechenden Untersuchung und Beratung der Wunschmutter die Integritätsinteressen des Kindes aber auch schützen, wenn man sich eine pflichtwidrig falsch positive Diagnose[1270] vorstellt. Hier bewirkt die Pflichtverletzung des Arztes regelmäßig, dass sich die Frau gegen die Implantation des vermeintlich geschädigten Embryos entscheidet und der Embryo vernichtet wird. Dadurch wird die Chance des Embryos, zu einem gesunden Kind heranzuwachsen, vereitelt, sodass der Embryo den Gefahren einer derartigen Leistungsstörung sogar in besonderem Maße ausgesetzt ist.

Auch kann ein pflichtwidriges Verschweigen eines aufklärungspflichtigen und diagnostizierten Zusatzbefundes[1271], der nicht so schwerwiegend ist, dass sich die Frau gegen den Transfer entscheiden würde, zu einer Gefährdung des Kindes führen, weil bei Kenntnis der Frau gegebenenfalls noch eine entsprechende Operation in utero durchgeführt werden könnte oder zumindest eine entsprechende Schwangerschafts- und nachgeburtliche Betreuung des Kindes gewährleistet wäre.

Aus all diesen Erwägungen ergibt sich, dass sich die ärztliche Handlungspflicht bei der PID nicht nur auf die Vernichtung des Embryos richtet, die sich vielmehr als unerwünschte Nebenfolge darstellt, sondern der Frau als Entscheidungsgrundlage für die Implantation des Embryos dienen soll, sodass der Embryo den Gefahren einer Leistungsstörung sogar in stärker Weise als die Frau ausgesetzt sein kann. Dass die (verletzte) Vertragspflicht im Falle einer (vermeintlichen) Feststellung eines genetischen Defekts den Embryo nicht schützt, sondern regelmäßig zu dessen Vernich-

---

1270 Siehe dazu die Fallkonstellationen 5 und 6 oben S. 204.
1271 Ausführlich dazu oben S. 156 ff.

tung führt, ändert an dieser Bewertung nichts. Es handelt sich nämlich stets um dieselbe Pflicht zu einer dem medizinischen Standard entsprechenden genetischen Untersuchung und Beratung, die, wie gezeigt, auch dem Schutz des Embryos zu Gute kommen kann und die sich nicht in einen drittschützenden und einen nicht drittschützenden Teil aufspalten lässt. Dies gilt umso mehr, als sich vor der Untersuchung nicht feststellen ließe, ob die Vertragspflicht im konkreten Fall drittschützend ist oder nicht.

c) Berechtigtes Interesse der Frau und gegebenenfalls des Mannes an der Einbeziehung des Kindes

Schließlich müssen die Frau und gegebenenfalls der Mann als Vertragspartei ein besonderes Interesse an der Einbeziehung des Kindes in den Schutzbereich haben. Dies erscheint zumindest insofern problematisch, als es sich bei dem Kind zum Zeitpunkt der PID noch um einen extrakorporalen Embryo handelt. Da sich eine Leistungsstörung in diesem Stadium aber bis hin zur Schwangerschaft und Geburt des Kindes auswirken kann und die Eltern in diesem Fall für das Wohl und Wehe des Kindes verantwortlich sind, wie sich aus §§ 1912 II BGB iVm. 1626 I 1 BGB bzw. §§ 1626 I 1, 1631, 1601, 1618a BGB ergibt, bestehen letztlich keine Zweifel an der Gläubigernähe. Dies gilt umso mehr, als der Frau vor der Implantation das alleinige Bestimmungsrecht über das weitere Schicksal des Embryos zukommt, wie sich aus § 4 I Nr. 2 ESchG ergibt.

d) Erkennbarkeit von Leistungs- und Gläubigernähe für den Schuldner

Die Erkennbarkeit der Leistungsnähe liegt bei der PID für den Humangenetiker ohne weiteres vor. Schwieriger stellt sich hingegen die Erkennbarkeit des geschützten Personenkreises bei der PID dar, weil vor der Implantation stets die Möglichkeit einer eineiigen Mehrlingsschwangerschaft besteht. Zudem werden bis zu zwei Embryonen implantiert, um die Chancen auf eine Schwangerschaft und die Geburt eines Kindes zu erhöhen, sodass eine Mehrlingsschwangerschaft eintreten kann.[1272] Der Sinn der Begrenzung des Vertrages mit Schutzwirkung zugunsten Dritter auf einen für den

---

1272 *Olzen/Kubiak* JZ 2013, 495, 499; zum Embryotransfer oben S. 45.

Schuldner erkennbaren und abgrenzbaren Personenkreis liegt aber gerade darin, das Haftungsrisiko für den Schuldner überschaubar und kalkulierbar zu halten.[1273] Da sich jedoch auch aus den ein oder zwei Embryonen nur ein überschaubarer Kreis von Individuen entwickeln kann und damit das Haftungsrisiko des Arztes überschaubar und kalkulierbar bleibt, liegt im Ergebnis die Erkennbarkeit des geschützten Personenkreises vor.[1274]

e) Schutzbedürftigkeit des Dritten

An der Schutzbedürftigkeit bestehen keine Zweifel, weil dem Kind keine eigenen vertraglichen Ansprüche gegen den Arzt zustehen.[1275]

f) Zwischenergebnis

Die vorangegangenen Ausführungen zeigen, dass der PID-Vertrag Schutzwirkung zugunsten des Kindes entfaltet, auch wenn es zum Zeitpunkt der genetischen Untersuchung noch nicht rechtsfähig ist.[1276] Somit kann das Kind grundsätzlich vertragliche Schadensersatzansprüche gegen das Behandlungszentrum haben.

II. Pflichtverletzung und Vertretenmüssen

Schließlich muss auch bei Ansprüchen des Kindes gegen den Arzt eine Verletzung einer drittschützenden Pflicht vorliegen.[1277] Die für die PID

1273 BGH NJW 2004, 3035, 3038; *Looschelders/Makowsky* JA 2012, 721, 727; MünchKomm/*Gottwald* § 328 BGB Rn. 176.

1274 *Olzen/Kubiak* JZ 2013, 495, 500.

1275 So bereits schon oben S. 293 ff.

1276 Im Ergebnis ebenso, allerdings nur bezogen auf genetische Untersuchung während einer bestehenden Schwangerschaft bzw. im Rahmen einer genetischen Beratung vor der Zeugung *Aretz* JZ 1984, 719, 720; BeckOK/*Bamberger* § 1 BGB Rn. 44; BeckOK/*Spindler* § 823 BGB Rn. 763 f.; *Deutsch* JZ 1983, 451, 451; *Deutsch/Spickhoff* Medizinrecht Rn. 674; MünchKomm/*Schmitt* § 1 Rn. 36; *Pahmeier* Die Geburt eines Kindes als Quelle eines Schadens S. 42; Spickhoff/*Spickhoff* § 1 BGB Rn. 15; **a.A.**: *Schünemann* JZ 1981, 574, 577.

1277 Vgl. *Aretz* JZ 1984, 719, 720.

spezifischen und typischen Behandlungs- und Aufklärungsfehler[1278] stehen stets in Zusammenhang mit der Pflicht zu einer dem medizinischen Standard entsprechenden genetischen Untersuchung, Beratung und Aufklärung der Frau. Selbst wenn die Verletzung dieser Pflicht im Einzelfall, etwa bei einer falsch negativen Diagnose dem Embryo zugute kommt, liegt dennoch eine Verletzung einer drittschützenden Pflicht vor, da sich, wie bereits festgestellt, keine Aufspaltung derselben Pflicht in ein schützendes und ein nicht schützendes Element begründen lässt.[1279]

In Bezug auf das Vertretenmüssen ergibt sich keine Abweichung zu den Ansprüchen der Frau gegen das Behandlungszentrum.

III. Schaden

1. Schaden, wenn das Kind gar nicht lebend geboren wird

Ein Schaden des Kindes setzt voraus, dass sein materielles oder immaterielles Interesse kausal durch eine Pflichtverletzung des Behandelnden beeinträchtigt ist. Dies kommt von vornherein allerdings nur bei einer lebenden Geburt des Kindes in Betracht.[1280] Somit liegt in allen Fällen, in denen sich die Frau gegen die Implantation des Embryos entscheidet, unabhängig davon, ob dies auf einer Pflichtverletzung des Arztes beruht, kein Schaden des Kindes vor.[1281] Dasselbe gilt, wenn das Kind wegen einer Tot- oder Fehlgeburt bzw. einer Abtreibung nicht lebend zur Welt kommt. Fragen der Vererblichkeit solcher Ansprüche stellen sich somit nicht.

2. Schaden bei pflichtwidriger, richtig positiver bzw. richtig negativer Diagnose des Arztes und Lebendgeburt des Kindes

Da der Schaden kausal auf der Pflichtverletzung des Arztes beruhen muss, scheidet bei einer pflichtwidrig richtig positiven bzw. richtig negativen Diagnose ein Schadensersatzanspruch des Kindes aus. Die Mutter hatte

---

1278 Siehe dazu oben S. 146 ff.

1279 Siehe dazu oben S. 296.

1280 MünchKomm/*Wagner* § 823 BGB Rn. 155.

1281 Siehe dazu die Fallkonstellationen 1, 4, 5 und 8 oben S. 203 ff.

nämlich im Ergebnis die richtigen und für sie entscheidenden Informationen, um sich für oder gegen den Embryotransfer zu entscheiden. Somit beruhte die Geburt des behinderten bzw. gesunden Kindes allein auf ihrem Entschluss und nicht kausal auf einer Pflichtverletzung des Arztes.

3. Schaden bei pflichtwidrig falsch positiver bzw. falsch negativer Diagnose und der Geburt eines Kindes

In den verbleibenden Fällen der pflichtwidrig falsch positiven und falsch negativen Diagnose mit anschließender Lebendgeburt wird der Schaden des Kindes in Anwendung der Differenzhypothese[1282] festgestellt, indem die Vermögenslage des Kindes mit und ohne die Pflichtwidrigkeit des Arztes verglichen wird.[1283] Wie bereits festgestellt, entsteht der Mutter bei einer falsch positiven Diagnose kein Schaden.[1284] Das Gleiche gilt für das Kind.[1285] Die eingetretene Lage besteht nämlich in der Geburt eines gesunden Kindes. Auch bei zutreffender Diagnose hätte sich die Mutter für die Implantation und Geburt des Kindes entschieden, weil sie die PID gerade zum Ausschluss der Geburt eines genetisch geschädigten Kindes hat vornehmen lassen. Da das Kind sowohl mit und ohne die Pflichtverletzung gesund geboren wird, besteht somit keine Differenz der Vermögenslagen und damit kein Schaden.

Anders könnte dies hingegen bei einer pflichtwidrigen falsch negativen Diagnose zu beurteilen sein. Die eingetretene Vermögenslage besteht hier in der Geburt eines genetisch geschädigten Kindes. Ohne die Pflichtverletzung, d.h. bei Kenntnis der genetischen Schädigung des Embryos, hätte sich die Frau im Regelfall gegen die Implantation des Embryos entschieden. Somit wäre das Kind bei pflichtgemäßem Verhalten des Arztes nicht vorhanden, während es der Pflichtverletzung sein, wenn auch krankes, Leben zu verdanken hat. Die Möglichkeit, als gesundes Kind geboren zu werden, bestand jedoch nie, weil die Schädigung bereits im Embryo angelegt ist und auch nicht durch ein ärztliches Handeln behoben werden kann. Damit ein Schaden vorliegt, müsste die Nichtexistenz im Vergleich zu dem Leben als genetisch geschädigter Mensch somit günstiger sein. Dass

---

1282 Ausführlich dazu MünchKomm/*Oetker* § 249 BGB Rn. 18 ff.
1283 Vgl. *Pahmeier* Die Geburt eines Kindes als Quelle eines Schadens S. 42.
1284 Siehe oben S. 206.
1285 Siehe oben S. 206.

dies überhaupt festgestellt werden kann, setzt die Vergleichbarkeit der beiden Vermögenslagen voraus. Hiergegen spricht jedoch, dass der Mensch sein Leben grundsätzlich so hinzunehmen hat, wie es von Natur aus gestaltet ist und keinen Anspruch auf seine Verhütung oder Vernichtung durch andere haben kann.[1286] Zudem ist ein Votum darüber, ob die Nichtexistenz gegenüber einem Leben als Behinderter vorzugswürdig ist, nicht möglich und deshalb der Entscheidung der Rechtsordnung entzogen.[1287] Folgt man dieser Betrachtungsweise, liegt kein Schaden des Kindes vor.

Die mangelnde Vergleichbarkeit der Alternativen behinderte Existenz und Nichtexistenz führt zu dem Dilemma, dass das Kind gegen den Arzt keinen eigenen Schadensersatzanspruch hat. Deshalb wird zum Teil versucht, einen Anspruch des Kindes zu begründen, indem man als Vergleichsgrundlage nicht die Nichtexistenz heranzieht, sondern die Vermögenslage des Kindes von der Existenz als solche isoliert und mit der Vermögenssituation ohne die Pflichtverletzung des Arztes, das heißt bei Nichtexistenz vergleicht und so zum Ersatz des gesamten Vermögensaufwendungen für die eigene Existenz kommt.[1288] Für die Richtigkeit dieser Argumentation spricht auf den ersten Blick der Vergleich mit den wrongful birth[1289]-Fällen: Hier wird zur Begründung des Anspruchs der Eltern auf Ersatz des Unterhaltsschaden strikt zwischen der Existenz des Kindes auf der einen Seite und der finanziellen Belastung auf der anderen Seite getrennt, obwohl die Existenz des ungewollten Kindes und die finanzielle Belastung der Eltern untrennbar zusammenhängen. Dass diese Trennung von Vermögenslage und Existenz in Bezug auf eigene Ansprüche des Kindes aber nicht überzeugt, zeigt sich, wenn man sich zum Vergleich die auf einer Pflichtverletzung des Arztes beruhende Geburt eines ungewollten, aber gesunden Kindes vorstellt, z.B. bei einer fehlerhaft durchgeführten Sterilisation. Würde man auch hier die Existenz und die Vermögenslage des Kindes trennen, müsste dem ungewollten, gesunden Kind konsequenterweise ebenfalls ein Anspruch auf Ersatz seiner Lebenshaltungskosten zustehen. Ohne die Pflichtverletzung würde es nämlich

---

1286 BGHZ 86, 240, 254.

1287 BGHZ 86, 240, 254; *Reinhart* VersR 2001, 1081, 1083.

1288 So *Debo* Der unterbliebene Schwangerschaftsabbruch als zivilrechtlicher Haftungsgrund S. 67; *Gay* Schadensersatz wegen der Verletzung des „Rechtes auf die eigene Nichtexistenz" S. 108 ff.; *Reinhart* VersR 2001, 1081, 1085.

1289 BGH NJW 2008, 2846; BGH NJW 1995, 2407; BGHZ 124, 128; BGH NJW 1984, 2625; BGH NJW 1981, 630; BGHZ 76, 259; BGHZ 76, 249.

nicht existieren, sodass seine Vermögenslage durch das Fehlen jedweder Aufwendungen gekennzeichnet wäre, während es der Pflichtverletzung sein Leben zu verdanken hat, aber dafür auch die Kosten für die eigenen Aufwendungen tragen muss. Im Ergebnis müsste daher auch dem gesunden, aber ungewollten Kind, dass sein Leben einer ärztlichen Pflichtverletzung verdankt, ein Schadensersatz in Höhe seiner Lebenshaltungskosten gegen den Arzt zustehen. An diesem absurden Ergebnis zeigt sich, dass eine strikte Trennung von Vermögenslage und Existenz in Bezug auf eigene Ansprüche des Kindes ausscheidet.

Für einen eigenen Anspruch des Kindes könnte schließlich die unterschiedliche Behandlung des Anspruchs der Eltern und des Anspruchs des Kindes sprechen.[1290] Wenn den Eltern schon durch die Geburt eines wegen seiner Behinderung ungewollten Kindes ein Schaden entsteht, dann muss ein solcher Anspruch erst recht dem behinderten Kind als eigentlich Geschädigtem zustehen.[1291] Zu klären ist somit, ob es Gründe für die unterschiedliche rechtliche Behandlung dieser beiden Fälle gibt. Ein vertraglicher Ersatzanspruch der Eltern setzt voraus, dass sie sich ohne die Pflichtverletzung gegen die Implantation des genetisch geschädigten Kindes entschieden hätten und somit kein behindertes Kind und damit auch keine Unterhaltskosten bzw. Verdienstausfall tragen müssten. Die maßgebliche Vergleichslage ist hier, ebenso wie bei den Ansprüchen des Kindes, die Nichtexistenz. Anders als dem Kind, das keinen Anspruch darauf hat, selbst zu entscheiden, ob es zur Welt kommt oder nicht, gestattet § 4 I Nr. 2 ESchG der Frau, über die Implantation eines Embryos zu bestimmen. Wenn das Gesetz ihr aber diese Entscheidung zugesteht, dann kann ihr auch die Behauptung nicht verwehrt bleiben, dass sie ein gesundes Kind einem genetisch Geschädigten vorgezogen hätte.[1292]

Im Gegensatz hierzu müsste das behinderte Kind zur Begründung eines Schadensersatzanspruchs behaupten, besser nicht geboren worden zu sein.[1293] Auf die Nichtexistenz als Vergleichsgrundlage kann sich das Kind im Gegensatz zu den Eltern auch deshalb nicht berufen, weil es dann nicht rechtsfähig, sondern ein nullum wäre, dem also keine Ansprüche zu-

---

1290 *Stathopoulos* in: FS Canaris S. 1213, 1221.

1291 *Dannemann* VersR 1989, 676, 683; *Deutsch* VersR 1995, 609, 614; sprachlich fasst man die Ansprüche der Eltern unter dem Stichwort wrongful birth zusammen, während die Ansprüche des Kindes unter dem Schlagwort wrongful life diskutiert werden.

1292 Vgl. ebenso für Fälle der Abtreibung *Stathopoulos* in: FS Canaris S. 1213, 1221.

1293 *Deutsch* MDR 1984793, 793, 795.

stehen können.[1294] Eine rechtlich schlechtere Position als die des nullum kann es nicht geben.[1295] Im Gegensatz dazu bleiben die Eltern auch ohne das Kind Rechtssubjekte, sodass sie nicht in Widerspruch geraten, wenn sie sich auf dessen Nichtexistenz berufen.[1296]

Zudem ist zu beachten, dass die Schadensfeststellung der Eltern nicht in erster Linie an die Behinderung des Kindes, sondern an die ungewollte Existenz anknüpft, da auch die Geburt eines gesunden, aber ungewollten Kindes einen Unterhaltsschaden der Eltern auslöst. Anders stellt sich die Situation hingegen bei dem Kind dar: Auch diejenigen, die dem Kind einen eigenen Anspruch wegen wrongful life zubilligen, machen ihn stets von einer Behinderung des Kindes abhängig. Alle Gesichtspunkte sprechen somit auch für die mangelnde Vergleichbarkeit der Ansprüche der Eltern mit denen des Kindes. Daher entfällt auch der Erst-Recht-Schluss.

Die Ablehnung eines eigenen Anspruchs des Kindes birgt zwar die Gefahr, dass es spätestens beim Tod seiner Eltern nicht mehr finanziell abgesichert wäre.[1297] Es erscheint aber nicht überzeugend, lediglich aus dieser, wenn auch nachvollziehbaren Erwägung, einen eigenen Anspruch des Kindes auf Ersatz seines krankheitsbedingten Mehrbedarfs mithilfe einer rein interessenjuristischen Methode[1298] und unter Hinweis darauf, dass die Berufspflichtverletzung des Arztes zumindest gegenüber dem Kind als eigentlichem Geschädigten sonst folgenlos bliebe[1299], anzunehmen.[1300]

Um allein mit Interessen zu argumentieren, muss zunächst ein rechtlich beachtliches Interesse des Kindes als Folge der Pflichtverletzung betroffen sein.[1301] Ein solches Interesse an seiner Nichtexistenz steht dem Kind jedoch gerade nicht zu.[1302]

1294 *Aretz* JZ 1984, 719, 720; *Stathopoulos* in: FS Canaris S. 1213, 1222; in diese Richtung tendierend *Katzenmeier* in: FS Jayme S. 1277, 1286; *Katzenmeier/Knetsch* in: FS Deutsch S. 247, 278.

1295 *Aretz* JZ 1984, 719, 720.

1296 *Stathopoulos* in: FS Canaris S. 1213, 1222 f.

1297 BGHZ 86, 240, 255; *Aretz* JZ 84, 719, 721; *Deutsch* NJW 2003, 26, 27; *Pahmeier* Die Geburt eines Kindes als Quelle eines Schadens S. 44.

1298 Ausführlich dazu *Oldag* in: Fälle und Fallen in der neueren Methodik des Zivilrechts seit Savigny S. 71, 71 ff.

1299 *Deutsch* NJW 2003, 26, 27.

1300 So aber *Deutsch* MDR 1984, 793, 795; *Deutsch/Spickhoff* Medizinrecht Rn. 674; ähnlich auch *Deutsch* NJW 2003, 26, 27.

1301 *Picker* Schadensersatz für das unerwünschte eigene Leben „wrongful life" S. 24.

1302 Siehe dazu oben S. 301.

Auch der Hinweis auf die mangelnden Folgen einer Berufspflichtverletzung überzeugt nicht, da das Haftungsrecht für einen Schadensersatzanspruch stets einen Schaden voraussetzt und eine bloße Pflichtverletzung nicht genügen lässt.[1303]

Schließlich bleibt das Kind nicht schutzlos, weil es auch beim Tod seiner Eltern jedenfalls weiterhin durch sozial- und versicherungsrechtliche Vorsorge abgesichert ist.[1304]

Die vorangegangen Ausführungen zeigen somit, dass dem behinderten Kind insgesamt kein Schaden durch seine nicht verhinderte Geburt entsteht[1305], sodass eigene vertragliche Ansprüche des Kindes gegen den Arzt ausscheiden.

IV. Zusammenfassung zu den vertraglichen Ansprüchen des Kindes wegen fehlerhafter PID

Vertragliche Ersatzansprüche des Kindes wegen fehlerhafter PID scheiden aus mehreren Gründen aus: Zum einen setzt ein Anspruch stets Rechtsfähigkeit des Anspruchstellers nach § 1 BGB voraus. Diese ist aber nur gegeben, wenn das Kind überhaupt lebend geboren wird. Dies trifft allerdings in vielen Fällen einer fehlerhaften PID nicht zu. Zum anderen erstrecken sich die Schutzwirkungen des PID-Vertrages zwar auch auf den

1303 *Katzenmeier* in: FS Jayme S. 1277, 1286; *Katzenmeier/Knetsch* in: FS Deutsch S. 247, 278; *Müller* NJW 2003, 697, 706; *Winter* JZ 2002, 330, 332.

1304 *Müller* NJW 2003, 697, 706; *Stürner* JZ 1998, 317, 325.

1305 Ebenso BGH NJW 2004, 3176, 3178; BGH VersR 2002, 192, 192; BGHZ 86, 240, 251 ff.; OLG Düsseldorf VersR 1995, 1498, 1498; Anwaltshandbuch Medizinrecht/*Müller* § 2 Rn. 137; *Aretz* JZ 1984, 719, 720 f.; *Coester-Waltjen* Reproduktionsmedizin 2002, 183, 188 f.; *Katzenmeier* in: FS Jayme S. 1277, 1286; *Katzenmeier/Knetsch* in: FS Deutsch S. 247, 278; *Laufs*/Katzenmeier/Lipp Arztrecht Kap. VII Rn. 61; *Medicus* Zivilrecht und werdendes Leben S. 15; *Müller* NJW 2003, 697, 706; *Steffen/Pauge* Arzthaftungsrecht Rn. 316; *Stürner* JZ 1998, 317, 325; *Waibl* Kindesunterhalt als Schaden S. 356; *Winter* JZ 2002, 330, 336; offenlassend *Olzen/Kubiak* JZ 2013, 495, 502; *Pahmeier* Die Geburt eines Kindes als Quelle eines Schadens S. 45; *Quaas/Zuck* Medizinrecht § 68 Rn. 129; für einen eigenen Anspruch des Kindes BeckOK/*Spindler* § 823 BGB Rn. 763; *Deutsch* MDR 1984, 793, 795; *Deutsch/Spickhoff* Medizinrecht Rn. 674; *Fuchs* NJW 1980, 610, 613; *Gay* Schadensersatzklagen wegen der Verletzung des „Rechtes auf die eigene Nichtexistenz“ S. 116; MünchKomm/*Gottwald* § 328 BGB Rn. 205; *Reinhart* VersR 2001, 1081, 1087; Spickhoff/*Greiner* Medizinrecht § 839 BGB Rn. 98; *Stathopoulos* in: FS Canaris S. 1213, 1229.

extrakorporalen Embryo. Allerdings entsteht ihm im Falle seiner Lebendgeburt bei einem vom Behandlungszentrum zu vertretenden Aufklärungs- oder Behandlungsfehler kein ersatzfähiger Schaden. Ihm ist es nämlich verwehrt, sich darauf zu berufen, dass er der Pflichtverletzung sein gesundes bzw. krankes Leben zu verdanken hat.

C. Deliktische Ansprüche des Kindes

Die Geltendmachung von deliktischen Ansprüchen setzt ebenfalls die Rechtsfähigkeit des Anspruchstellers nach § 1 BGB voraus.[1306] Somit kommen deliktische Ansprüche des Kindes von vornherein nur in Betracht, wenn es lebend geboren wird. Anders als in Fällen, in denen der Arzt das Kind vor der Geburt verletzt[1307], scheiden deliktische Ansprüche des Kindes bei fehlerhafter PID aus. Zum einen wird die gesundheitliche Schädigung des Kindes nicht durch den Arzt, sondern den Gendefekt ausgelöst.[1308] Zum anderen kann sich das Kind nicht darauf berufen, dass es ohne den Fehler nicht existieren würde, denn es hat sein Leben so hinzunehmen, wie es von Natur aus gestaltet ist, und keinen Anspruch auf seine Nichtexistenz.[1309]

1306 Siehe hierzu bereits S. 289.

1307 BGH NJW 1989, 1538, 1539; BGHZ 58, 48, 49; BGHZ 8, 243, 248; BeckOK/*Spindler* § 823 BGB Rn. 763.

1308 *Olzen/Kubiak* JZ 2013, 495, 502; siehe auch S. 301.

1309 *Olzen/Kubiak* JZ 2013, 495, 502; ausführlich zur wrongful life Problematik bereits oben S. 301 ff.

Siebtes Kapitel: Schlussbetrachtung

Durch den medizinischen Fortschritt eröffnen sich immer umfassendere Behandlungsmöglichkeiten der Fortpflanzungsmedizin. Hierzu zählt die PID, die seit nunmehr 25 Jahren zur Verfügung steht und mit deren Hilfe eine Vielzahl von genetischen Veränderungen des Embryos vor der Implantation in den Mutterleib festgestellt werden können.[1310] Durch das Inkrafttreten des § 3a ESchG am 8.12.2011 sowie der PIDV vom 1.2.2014 steht diese im Vergleich zu anderen genetischen Untersuchungsverfahren vor der Schwangerschaft[1311] deutlich aussagekräftigere Behandlungsmöglichkeit nun grundsätzlich auch Paaren in Deutschland offen.[1312] Damit hat die jahrzehntelange Unsicherheit darüber, ob und unter welchen Voraussetzungen eine PID nach dem ESchG aF. durchgeführt werden darf, ein Ende.[1313] Mit dem Einzug der PID in das Spektrum der erlaubten genetischen Untersuchungsverfahren vor einer Schwangerschaft stellen sich aber zugleich neue Haftungsfragen. Ziel der vorliegenden Untersuchung war es daher, die Haftung bei fehlerhafter PID näher zu beleuchten. Dabei konzentrierten sich die Ausführungen auf die Voraussetzungen einer zulässigen PID. Zum anderen wurden die vertraglichen Haftungsfragen, die sich bei einer fehlerhaften PID stellen, ausführlich erörtert. Kurz wurde zudem auf die deliktische Haftung eingegangen, die allerdings im Vergleich zur vertraglichen bei fehlerhafter PID nur eine untergeordnete Rolle spielt, weil sie den Unterhalts- sowie den Verdienstausfallschaden nicht erfasst.

A. Zusammenfassung der gewonnenen Untersuchungsergebnisse

Seit Inkrafttreten des § 3a ESchG sowie der PIDV dürfen zugelassene Zentren in der Bundesrepublik Deutschland eine PID sowohl an pluripotenten Blastomeren, wahrscheinlich pluripotenten Blastomeren jenseits

---

1310 Zu den Fragestellungen, die mithilfe der PID beantwortet werden können, siehe oben S. 46 ff.

1311 Vgl. hierzu oben S. 27.

1312 Vgl. zu den Voraussetzungen, die erfüllt sein müssen, damit die Vornahme einer PID gerechtfertigt ist oben S. 67 ff.

1313 Zur Rechtslage vor Inkrafttreten des § 3a ESchG siehe oben S. 55 ff.

des 8-Zellstadiums als auch an multipotenten Trophoblasten durchführen[1314], soweit die übrigen Voraussetzungen des § 3a ESchG und insbesondere des § 3a II ESchG vorliegen.[1315] Erlaubt ist die PID nunmehr für Paare, die ein hohes genetisches Risiko für die Vererbung von schwerwiegenden Erbkrankheiten aufweisen, bzw. bei denen mit hoher Wahrscheinlichkeit eine Tot- oder Fehlgeburt zu erwarten ist. Sie stehen nun nicht mehr vor dem Dilemma, sich Hilfe im Ausland suchen zu müssen, auf eine Schwangerschaft zu verzichten oder die genannten Risiken bei einer Schwangerschaft in Kauf zu nehmen. Zudem schafft das Gesetz Klarheit für Ärzte, die sich bisher aufgrund der umstrittenen Rechtslage und den daraus resultierenden strafrechtlichen Risiken selten zur Vornahme einer PID bereit erklärten.

Durch die begrenzte Zulassung der PID stellen sich erstmalig Fragestellungen in Bezug auf die Haftung bei fehlerhafter PID und zwar vor allem im Vertragsrecht.

Grundsätzlich können vertragliche Ersatzansprüche der Frau gegen das Behandlungszentrum sowie, je nach Rechtsform dieses Zentrums, darüber hinaus gegen dessen unbeschränkt haftende Gesellschafter entstehen.[1316]

Der Vertrag über eine PID ist typologisch als Behandlungsvertrag iSd. § 630a BGB zu qualifizieren, denn die genetische Untersuchung stellt sich als medizinische Behandlung der Wunschmutter dar.[1317] Damit ein Ersatzanspruch wegen Verletzung einer Pflicht aus dem Behandlungsvertrag entstehen kann, muss der Vertrag wirksam sein.[1318] Eine Besonderheit der PID liegt aber darin, dass sie nur in Fällen des § 3a II ESchG gerechtfertigt ist. Dies führt bei einer vertraglichen Vereinbarung, die von vornherein eine nicht nach § 3a II ESchG gerechtfertigte Untersuchung zum Gegenstand hat, zu ihrer Nichtigkeit nach § 134 BGB iVm. § 3a I ESchG, so dass vertragliche Schadensersatzansprüche ausscheiden.[1319]

Anknüpfungspunkte für einen Ersatzanspruch der Frau bilden die pflichtwidrige Verletzung der Behandlungs- und/oder Aufklärungspflichten[1320], die durch die Regelung des § 3a ESchG stark beeinflusst werden.

1314 Siehe oben S. 75 ff.

1315 Ausführlich zu den beiden Rechtfertigungsgründen des § 3a II ESchG siehe oben S. 96 ff.

1316 Hierzu oben S. 120 ff.

1317 Siehe oben S. 127 ff.

1318 Siehe oben S. 141 ff.

1319 Hierzu oben S. 144.

1320 Siehe oben S. 146 ff.

Im Gegensatz zu normalen Behandlungsverträgen können die Parteien eines PID-Vertrages die geschuldeten Behandlungsstandards nicht frei vereinbaren. Mindeststandard bildet nach § 3a II ESchG zwingend der allgemein anerkannte Stand der medizinischen Wissenschaft und Technik.[1321] Typische Behandlungsfehler bei der PID sind Diagnose- und Befunderhebungsfehler, die dem geschuldeten Standard nicht entsprechen.[1322] Aufklärungsfehler kommen insbesondere im Hinblick auf Zusatzbefunde in Betracht.[1323] Darunter versteht man Untersuchungsergebnisse, nach denen unter der diagnostischen Fragestellung nicht gesucht wurde, mit deren Auftreten aber durchaus zu rechnen war.[1324] Da sich Zusatzbefunde bei der PID nicht vermeiden lassen[1325], muss das Behandlungszentrum stets über die Möglichkeit des Auftretens von Zusatzbefunden aufklären.[1326] Zudem besteht eine Aufklärungspflicht über diagnostizierte Zusatzbefunde und zwar unabhängig davon, ob der festgestellte Zusatzbefund ex ante eine PID hätten rechtfertigen können oder nicht.[1327] So wird zwar die eng begrenzte Zulassung der PID auf die in § 3a II ESchG genannten Rechtfertigungsgründe unterlaufen und zudem ergeben sich hieraus gewisse Unterschiede zur PND und zum Schwangerschaftsabbruch.[1328] Allerdings ist eine vollständige Aufklärung der Frau de lege lata unumgänglich, weil sie ansonsten in ihrem Selbstbestimmungsrecht verletzt wird. Eine Aufklärungspflicht besteht zudem für eine festgestellte Konduktoreigenschaft des Embryos[1329], also eine Dispositon für die Vererbung einer genetischen Schädigung, die bei dem untersuchten Embryo selbst nicht in Erscheinung tritt. In Ausübung ihres Selbstbestimmungsrechts kann die Frau allerdings auch auf die Aufklärung über diagnostizierte Zusatzbefunde verzichten.[1330] In diesem Fall stellt das ärztliche Verschweigen kein pflichtwidriges Unterlassen und damit auch keinen Aufklärungsfehler dar.[1331] Das Nichterkennen von Zusatzbefunden, die eine PID aus ex ante-Sicht ge-

---

1321 Dazu oben S. 148 ff.

1322 Siehe oben S. 152 ff.

1323 Ausführlich zur Aufklärungspflicht über Zusatzbefunde siehe oben S. 156 ff.

1324 *EURAT* Eckpunkte für eine Heidelberger Praxis der Ganzgenomsequenzierung S. 66.

1325 Siehe oben S. 158.

1326 Siehe oben S. 160 f.

1327 Siehe oben S. 162 ff.

1328 Siehe oben S. 175 ff.

1329 Hierzu oben S.192.

1330 Siehe oben S. 191.

1331 Hierzu oben S.194.

rechtfertigt hätten, ist als Behandlungsfehler zu qualifizieren, wenn mithilfe des angewendeten Untersuchungsverfahrens derartige Schädigungen bei Wahrung des allgemein anerkannten Standes der medizinischen Wissenschaft und Technik hätten erkannt werden müssen.[1332] Das Übersehen von Zusatzbefunden, die keine PID gerechtfertigt hätten, begründet hingegen keine Haftung des Behandlungszentrums, selbst wenn die Schädigung bei einer Diagnostik nach dem allgemein anerkannten Stand der medizinischen Wissenschaft und Technik erkannt worden wäre.[1333]

Ein ersatzfähiger Schaden der Frau iSd. §§ 249 ff. BGB kommt nur bei Diagnose- und Befunderhebungsfehlern, die zu einer falschen Diagnose geführt haben, in Betracht.[1334] Aufklärungsfehler in Form des Verschweigens einer richtigen Diagnose können ebenfalls einen Schaden verursachen, weil die Frau ihre Implantationsentscheidung in diesem Fall auf falscher Tatsachengrundlage fällt. Eine behandlungsfehlerhafte falsch positive Diagnose mit anschließender Geburt eines gesunden Kindes führt zur Ersatzpflicht für die Kosten eines bereits vor der Geburt erfolgten behindertengerechten Umbaus.[1335] Bei einer pflichtwidrigen falsch positiven Diagnose mit negativer Implantationsentscheidung muss das Behandlungszentrum eine billige Entschädigung in Geld für die Vernichtung des Embryos zahlen, also immateriellen Schadensersatz.[1336] Die Kosten für einen weiteren Behandlungszyklus stellen hingegen keine ersatzfähige Schadensposition dar.[1337]

Den in der Praxis wichtigsten Behandlungsfehler macht die falsch negative Diagnose mit positiver Implantationsentscheidung aus.[1338] Kommt es zur Geburt des Kindes, sind sowohl der Unterhaltsaufwand für das ungewollte und behinderte Kind als auch der Verdienstausfall, der der Mutter durch die Betreuung des behinderten Kindes entsteht, ersatzfähig.[1339] Des Weiteren kann die Frau die Behandlungskosten für Schwangerschaftsbetreuung und Abtreibung bzw. Geburt[1340] sowie Schmerzensgeld[1341] für die hiermit verbundenen Belastungen verlangen.

1332 Siehe oben S. 195 ff.
1333 Siehe oben S. 198 ff.
1334 Dazu oben S. 205 ff.
1335 Siehe oben S. 206.
1336 Hierzu oben S. 208 ff.
1337 Siehe oben S. 227.
1338 Siehe oben S. 228 ff.
1339 Hierzu oben S. 229 ff.
1340 Oben S. 233.

Sofern ein materieller Schaden entstanden ist, muss eine Vorteilsausgleichung in Betracht gezogen werden.[1342] Sie setzt voraus, dass der durch die Pflichtverletzung erlangte Vorteil gegenwärtig vorhanden ist und seine Anrechnung dem Zweck des Schadensersatzes entspricht. Auf den Unterhalts- bzw. Verdienstausfallschaden sind daher Kinder-, Eltern- sowie Mutterschaftsgeld anzurechnen. Anspruchskürzend wirken sich auch ein Unterhaltsanspruch der Mutter gegen das behinderte Kind sowie ein Pflichtteilsanspruch in Bezug auf Unterhalts- bzw. Verdienstausfallschaden aus, sofern sie bereits entstanden sind. Eine Kürzung des Ersatzanspruchs auf Grund von Mitverschulden kommt hingegen bei einer fehlerhaften PID regelmäßig nicht in Betracht.[1343] Es ist der Mutter weder zumutbar, das genetisch geschädigte Kind abtreiben zu lassen, sofern der Gendefekt während der Schwangerschaft entdeckt wird und die Voraussetzungen für eine Abtreibung nach § 218a StGB vorliegen, noch kann von ihr verlangt werden, das Kind zur Adoption freizugeben.

Aufgrund der immensen Höhen, die ein Schadensersatzanspruch insbesondere bei der ungewollten Geburt eines Kindes, das an einer schwerwiegenden Erbkrankheit leidet, erreichen kann sowie der erheblichen Schwierigkeiten des Behandlungszentrums, Versicherungsschutz zu angemessenen Konditionen zu erlangen, besteht ein erhebliches Interesse an einer Haftungsfreizeichnung bzw. -begrenzung. Angesichts der besonderen Situation bei einem Behandlungsvertrag sowie der Beteiligung von Ärzten sind Haftungsbeschränkungen erhebliche Grenzen gesetzt.[1344] Individualvertraglich ist nur die Vereinbarung einer Beschränkung auf eine angemessene Höchstsumme möglich. Hierbei empfiehlt sich mindestens ein Sockelbetrag von 5 Mio. €, weil dies auch die übliche Deckungssumme bei ärztlichen Berufshaftpflichtversicherungen ist. Haftungsfreizeichnung oder Beschränkungen des Sorgfaltsmaßstabs sind hingegen immer unwirksam. Dasselbe gilt für jede Form der Haftungsbeschränkung durch AGB.

Zumindest in Bezug auf einige Schadenspositionen bei fehlerhafter PID kann die Frau ihre Ansprüche gegen das Behandlungszentrum bzw. gegen den handelnden Arzt auf deliktische Anspruchsgrundlagen stützen.[1345] Da

---

1341 Dazu siehe oben S. 235.
1342 Siehe oben S. 238 ff.
1343 Siehe oben S. 248.
1344 Hierzu oben S. 250 ff.
1345 Siehe oben S. 274 ff.

das Vermögen allerdings nicht von den §§ 823 ff. BGB geschützt ist, besteht kein Anspruch bezüglich des Unterhalts- bzw. Verdienstausfallschadens, der bei der Geburt eines ungewollten Kindes entsteht. Keine Unterschiede ergeben sich hingegen zwischen der vertraglichen und deliktischen Haftung bei einer auf einem ärztlichen Fehler beruhenden falsch positiven Diagnose mit negativer Implantationsentscheidung sowie bei einer falsch negativen Diagnose mit positiver Implantationsentscheidung. Hier steht der Frau eine billige Entschädigung in Geld für die Vernichtung des nur vermeintlich kranken Embryos bzw. für die mit der ungewollten Schwangerschaft und Abtreibung bzw. Geburt verbundenen Belastungen zu. Des Weiteren sind auch die hiermit verbundenen Behandlungskosten zu ersetzen, weil die Herbeiführung einer wegen der genetischen Schädigung des Embryos ungewollten Schwangerschaft eine Körperverletzung bzw. eine Verletzung des Allgemeinen Persönlichkeitsrechts der Frau darstellt. Eine Anspruchskürzung unter dem Aspekt des Mitverschuldens wegen der Weigerung der Frau, einen Schwangerschaftsabbruch vornehmen zu lassen, scheidet wie auch schon bei den vertraglichen Ansprüchen aus.[1346]

Auch Ansprüche des Mannes kommen bei fehlerhafter PID in Betracht.[1347] Selbst wenn er nicht Vertragspartei des Behandlungsvertrages ist, wird er jedenfalls in die Schutzwirkungen des zwischen dem Zentrum und der Frau bestehenden Behandlungsvertrages einbezogen.[1348] Eine Mitberechtigung aus § 1357 BGB kommt hingegen nicht in Betracht, denn der Abschluss eines PID-Vertrages durch einen Ehegatten ist unüblich, sodass es an der Angemessenheit fehlt.[1349] Abweichungen zum Anspruch der Frau ergeben sich naturgemäß bei den ersatzfähigen Schäden. Schmerzensgeld für die Schwangerschaft, Geburt bzw. Abtreibung eines ungewollten Kindes sowie die hierfür erforderlichen Behandlungskosten entfallen. Dasselbe gilt für den Vorteilsausgleich in Bezug auf das Mutterschaftsgeld.[1350] Die übrigen Schadenspositionen können hingegen auch vom Mann geltend gemacht werden. Anspruchsmindernd wirkt sich gegenüber vertraglichen Ersatzansprüchen des Vaters eine zwischen der

1346 Hierzu oben S. 248.
1347 Siehe oben S. 279 ff.
1348 Hierzu oben S. 279 ff.
1349 Dazu oben S. 282 f.
1350 Siehe oben S. 285.

Mutter und dem Behandlungszentrum wirksame und individualvertraglich vereinbarte summenmäßige Haftungsbegrenzung aus.[1351]

Deliktische Ansprüche stehen dem Mann nur bei der Vernichtung eines tatsächlich gesunden Embryos zu.[1352] In diesem Fall ist er nämlich in seinem Recht auf Familienplanung verletzt, sodass ihm eine billige Entschädigung in Geld zusteht. Ansonsten scheitern deliktische Ansprüche des Mannes daran, dass er durch die fehlerhafte PID nicht in einem absolut geschützten Rechtsgut verletzt ist.

Ansprüche des Kindes gegen das Behandlungszentrum bzw. gegen den handelnden Arzt wegen fehlerhafter PID setzen dessen Rechtsfähigkeit voraus, also seine Lebendgeburt.[1353] Zwar ist das Kind niemals selbst Vertragspartei oder durch einen echten Vertrag zugunsten Dritter aus dem Behandlungsvertrag berechtigt. Allerdings erstrecken sich die Schutzwirkungen des PID-Vertrages auch auf das Kind.[1354] Dennoch scheiden vertragliche Ansprüche in Anlehnung an die wrongful life-Rechtsprechung aus, weil dem Kind der Einwand verwehrt ist, bei sorgfaltsgemäßen Verhalten des Arztes nicht geboren worden zu sein.[1355] Dasselbe gilt für die Deliktshaftung.[1356]

B. Ausblick

Die Untersuchung hat ergeben, dass sich die haftungsrechtlichen Fragen, die durch die begrenzte Zulassung der PID auftreten können, in das System des Arzthaftungsrechts einordnen und lösen lassen. Insbesondere ermöglicht das geltende Arzthaftungsrecht eine angemessene Kompensation der Schäden, die den (Wunsch-)Eltern durch eine fehlerhafte PID entstanden sind. Zu bemängeln ist hingegen, dass das durch einen ärztlichen Fehler behindert geborene Kind als eigentlich Geschädigter beim Tod seiner Eltern auf die Fürsorge durch die Gemeinschaft angewiesen ist, weil es keine eigenen vertraglichen und/oder deliktischen Ansprüche gegen das Behandlungszentrum erhält. Dieses Ergebnis muss aber de lege lata hingenommen werden.

1351 Hierzu oben S. 286 f.
1352 Zu etwaigen deliktischen Ansprüchen des Mannes siehe oben S. 287.
1353 Siehe oben S. 289.
1354 Oben S. 298 ff.
1355 Siehe oben S. 301 ff.
1356 Hierzu oben S. 306.

Trotz dieser bestehenden Möglichkeit, die Haftungsprobleme bei fehlerhafter PID zu lösen, sind dennoch einige Klarstellungen des Gesetzgebers wünschenswert. So wäre etwa eine ausdrückliche Regelung wünschenswert, inwiefern eine PID an Blastomeren erlaubt sein soll, von denen man aktuell nicht weiß, ob sie noch totipotent oder schon pluripotent sind.[1357]

Zum anderen besteht gesetzgeberischer Handlungsbedarf in Bezug auf die Aufklärung über Zusatzbefunde.[1358] Nur wenn eine klare Regelung darüber geschaffen wird, ob und unter welchen Voraussetzungen die Frau über festgestellte Zusatzbefunde aufzuklären ist, kann gewährleistet werden, dass der mit der begrenzten Zulassung der PID verfolgte Zweck, eine Selektion nur anhand schwerwiegender Schädigungen des späteren Kindes durchzuführen, effektiv umgesetzt wird. Andernfalls droht eine schleichende Ausweitung der PID zu einer Standardbehandlung im Rahmen der extrakorporalen Befruchtung, der auch die Ethikkommission nur begrenzt begegnen kann, da insbesondere für eine PID nach § 3a II 2 ESchG nur geringe Anforderungen vorliegen müssen.[1359]

1357 Kritik am Totipotenzbegriff sowie Vorschläge zur Präzisierung dieses Begriffs finden sich etwa bei *Advena-Regnery/Laimböck/Rottländer/Sgodda* Zeitschrift für medizinische Ethik 2012, 217, 217 ff.; *Laimböck* Deutsche Hebammenzeitschrift 2012, 46, 47.

1358 Hierauf weist etwa auch Spickhoff/Müller-Terpitz Medizinrecht § 3a ESchG Rn. 16 hin.

1359 Angesichts dieser Probleme wird von einigen vorschlagen die PID und andere Verfahren der Fortpflanzungsmedizin in einem neuen Fortpflanzungsmedizingesetz zu regeln, vgl. etwa *Gassner/Kersten/Krüger* Fortpflanzungsmedizingesetz, Augsburg-Münchener-Entwurf; vgl. auch *von Wietersheim* Strafbarkeit der Präimplantationsdiagnostik S. 312, die vorschlägt, die Regelung zur Strafbarkeit der PID stärker an § 218a II StGB auszurichten.

Literaturverzeichnis

Advena-Regnery, Barbara / Laimböck, Lena / Rottländer, Kathrin / Sgodda, Susan Totipotenz im Spannungsfeld von Biologie, Ethik und Recht in: Zeitschrift für medizinische Ethik 2012, S. 217-236

Aretz, Henning Zum Ersatz des Schadens, nicht abgetrieben worden zu sein in: JZ 1984, S. 719-721

Aschhoff, Sylvia Ansprüche gegen gesetzliche und private Krankenversicherungen bei künstlicher Fortpflanzung, Dissertation, Baden-Baden 2011

Bamberger, Heinz Georg (Hrsg.) / Roth, Herbert (Hrsg.) Beck'scher Online Kommentar BGB, München Stand 1.11.2014 (zitiert: BeckOK/*Bearbeiter* § BGB)

Beckmann, Rainer Präimplantationsdiagnostik und Embryonenschutzgesetz zugleich Besprechung von LG Berlin, ZfL 2009, 93 ff. in: ZfL 2009, S. 125-131

Beckmann, Rainer Rechtsfragen der Präimplantationsdiagnostik in: MedR 2001, S. 169-177

Beckmann, Rainer Rechtsfragen der Präimplantationsdiagnostik in: ZfL 1999, S. 65-68

Beier, Henning M. Zum Status des menschlichen Embryos in vitro und vivo vor der Implantation in: Reproduktionsmedizin 2000, S. 332-342

Beier, Henning M. Totipotenz und Pluripotenz – Von der klassischen Embryologie zu neuen Therapiestrategien S. 36-54 in: *Oduncu, Fuat S. (Hrsg.)* Stammzellenforschung und therapeutisches Klonen, Göttingen 2002 (zitiert: *Beier* in: Stammzellenforschung und therapeutisches Klonen)

Beier, Henning M. Die Phänomene Totipotenz und Pluripotenz: Von der klassischen Embryologie zu neuen Therapiestrategien in: Reproduktionsmedizin 1999, S. 190-199

Beitz, Ulrike Zur Reformbedürftigkeit des Embryonenschutzgesetzes – Eine medizinisch-ethisch-rechtliche Analyse anhand moderner Fortpflanzungstechniken, Dissertation, Frankfurt am Main 2009

Böckenförde, Ernst-Wolfgang Menschenwürde als normatives Prinzip in: JZ 2003, S. 809-815

Böckenförde-Wunderlich, Barbara Präimplantationsdiagnostik als Rechtsproblem - Ärztliches Standesrecht, Embryonenschutzgesetz, Verfassung, Dissertation, Tübingen 2002

Brandt, Dieter Die Grenzen der persönlichen ärztlichen Haftung nach geltendem Recht und unter Berücksichtigung der Strafrechtsreform, Dissertation, Mainz 1965

Braun, Susanne Das Risiko der persönlichen Haftung für Gesellschafter ärztlicher Berufsausübungsgemeinschaften und Medizinischer Versorgungszentren in: MedR 2009, S. 272-276

Brewe, Manuela Embryonenschutz und Stammzellgesetz – Rechtliche Aspekte der Forschung mit embryonalen Stammzellen, Berlin, Heidelberg 2006

Bruns, Alexander Haftungsbeschränkung und Mindesthaftung, Habilitation, Tübingen 2003

Buchholz, T. / Clement-Sengewald, A. Möglichkeiten und Grenzen der Polkörperdiagnostik in: Reproduktionsmedizin 2000, S. 343-353

Bundesärztekammer Memorandum zur Präimplantationsdiagnostik, Berlin 2011 abrufbar unter http://www.bundesaerztekammer.de/downloads/Memorandum-PID_ Memorandum_17052011.pdf zuletzt besucht am 16.04.2013 (zitiert: *BÄK* Memorandum zur Präimplantationsdiagnostik)

Bundesärztekammer Musterrichtlinie zur Durchführung der assistierten Reproduktion, Nouvelle 2006 in: Deutsches Ärzteblatt 2006, A1392-1403 (zitiert: *BÄK* DÄBl. 2006)

Bundesärztekammer Richtlinie zur prädiktiven genetischen Diagnostik in: Deutsches Ärzteblatt 2003, A 1297-A 1305 (zitiert: *BÄK* DÄBl. 2003)

Bundesministerium für Gesundheit Fragen und Antworten zur Präimplantationsdiagnostikverordnung (PIDV) abrufbar unter http://www.bmg.bund.de/praevention/ praeimplantationsdiagnostik/fragen-und-antworten-pidv.html zuletzt besucht am 27.2.2013 (zitiert: *BMG* Fragen und Antworten zur Präimplantationsdiagnostikverordnung)

Buselmaier, Werner / Tariverdian, Gholamali Humangenetik für Biologen, Berlin 2006

Bydlinski, Franz Grundzüge der juristischen Methodenlehre, 2. Auflage, Wien 2012

Caesar, Peter (Hrsg.) Präimplantationsdiagnostik – Thesen zu den medizinischen, rechtlichen und ethischen Problemstellungen, Bericht der Bioethik-Kommission des Landes Rheinland-Pfalz vom 20. Juni 1999 abrufbar unter http://www.mjv.rlp.de/Ministerium/Bioethik/binarywriterservlet?imgUid=106abd7c -3ef6-474c-956ec7e7d5805b52&uBasVariant=11111111-1111-1111-1111-1111111 11111 zuletzt besucht am 28.02.2013 (zitiert: *Bioethik-Kommission des Landes Rheinland-Pfalz* Präimplantationsdiagnostik)

Coester-Waltjen, Dagmar Reformüberlegungen unter besonderer Berücksichtigung familienrechtlicher und personenstandsrechtlicher Fragen in: Reproduktionsmedizin 2002, S. 183-198

Coester-Waltjen, Dagmar Künstliche Fortpflanzung und Zivilrecht in: FamRZ 1992, S. 369-373

Coester-Waltjen, Dagmar Der Schwangerschaftsabbruch und die Rolle des künftigen Vaters in: NJW 1985, S. 2175-2177

Crombach, G. / Giers, G. Rhesus- und Thrombozytenantigene: Molekulare Diagnostik und Grundlagen antikörpervermittelter Fetopathie S. 109-117 in: *Beckmann, M. W. / Dall, P. / Fasching, P. A. et alii* Molekulare Medizin der Frauenheilkunde – Diagnostik und Therapie, Darmstadt 2002 (zitiert: *Crombach/Giers* in: Molekulare Medizin in der Frauenheilkunde)

Dannemann, Gerhard Arzthaftung für die unerwünschte Geburt eines Kindes in: VersR 1989, S. 676-683

Debo, Arno Der unterbliebene Schwangerschaftsabbruch als zivilrechtlicher Haftungsgrund, Dissertation, Söcking/Starnberg 1986

Dederer, Hans-Georg Zur Straflosigkeit der Präimplantationsdiagnostik – Anmerkung zu BGH, Urt. v. 6.7.201 in: MedR 2010, S. 819-822

Denker, Hans Werner Forschung an embryonalen Stammzellen – eine Diskussion der Begriffe Totipotenz und Pluripotenz S. 19-35 in: *Oduncu, Fuat S. (Hrsg.)* Stammzellenforschung und therapeutisches Klonen, Göttingen 2002 (zitiert: *Denker* in: Stammzellenforschung und therapeutisches Klonen)

Deuchler, Wolfgang Die Haftung des Arztes für die unerwünschte Geburt eines Kindes (»wrongful birth«) – Eine rechtsvergleichende Darstellung des amerikanischen und deutschen Rechts, Dissertation, Frankfurt am Main et alii 1984

Deutsch, Erwin Allgemeines Haftungsrecht, 2. Auflage, Köln et alii 1996

Deutsch, Erwin Anmerkung zu BGH JZ 1983, 447 in: JZ 1983, S. 451-452

Deutsch, Erwin Das behindert geborene Kind als Anspruchsberechtigter in: NJW 2003, S. 26-28

Deutsch, Erwin Das Kind oder sein Unterhalt als Schaden – Eine methodische Grundfrage des geltenden Rechts in: VersR 1995, S. 609-617

Deutsch, Erwin Embryonenschutz in Deutschland in: NJW 1991, S. 721-725

Deutsch, Erwin Haftungsfreistellung von Arzt oder Klinik und Verzicht auf Aufklärung durch Unterschrift des Patienten in: NJW 1983, S. 1351-1354

Deutsch, Erwin Unerwünschte Empfängnis, unerwünschte Geburt und unerwünschtes Leben verglichen mit wrongful conception, wrongful birth und wrongful life des anglo-amerikanischen Rechts in: MDR 1984, S. 793-795

Deutsch, Erwin Freizeichnung von der Berufshaftung in: VersR 1974, S. 301-307

Deutsch, Erwin / Spickhoff, Andreas Medizinrecht – Arztrecht, Arzneimittelrecht, Medizinprodukterecht und Transfusionsrecht, 7. Auflage, Berlin et alii 2014

Deutscher Ethikrat Die Zukunft der genetischen Diagnostik – von der Forschung in die klinische Anwendung, Stellungnahme vom 30.4.2013 abrufbar unter http://www.ethikrat.org/dateien/pdf/stellungnahme-zukunft-der-genetischen-diagnostik.pdf zuletzt besucht am 18.12.2014

Deutscher Ethikrat Stellungnahme vom 8.3.2011 zur Präimplantationsdiagnostik, BT-Drucks. 17/5210

Deutsche Forschungsgemeinschaft (DFG) DFG-Stellungnahme zum Problemkreis »Humane embryonale Stammzellen«, 1999, abrufbar unter http://www.dfg.de/download/pdf/dfg_im_profil/reden_stellungnahmen/archiv_download/eszell_d_99.pdf zuletzt besucht am 1.3.2013

Deutsches IVF Register Annual 2011 – German IVF-Registry in: Journal für Reproduktionsmedizin und Endokrinologie 2012, S. 453-484

Deutsches IVF Register DIR Jahrbuch 2010 in: Journal für Reproduktionsmedizin und Endokrinologie 2011, Supplementum 2, S. 1-40 (zitiert: *Deutsches IVF Register* Journal für Reproduktionsmedizin und Endokrinologie 2011)

Deutsches Referenzzentrum für Ethik in den Biowissenschaften (Hrsg.) Forschungsklonen abrufbar unter http://www.drze.de/im-blickpunkt/forschungsklonen zuletzt besucht am 23.05.2013

Deutsches Referenzzentrum für Ethik in den Biowissenschaften (Hrsg.) Präimplantationsdiagnostik, abrufbar unter http://www.drze.de/im-blickpunkt/pid zuletzt besucht am 15.08.2012

De Vos, A. / Staessen, C. / De Rycke, M. / Verpoest, W. et alii Impact of cleavage-stage embryo biopsy in view of PGD on human blastocyst implantation: a prospective cohort of single embryo transfers in: Human Reproduction 2009, S. 2988-2996 (zitiert: *De Vos/Staessen* Human Reproduction 2009, 2988)

De Vos, Anick / Van Steirteghem, André Aspects of biopsy procedures prior to preimplantation genetic diagnosis in: Prenatal Diagnosis 2001, S. 767-780

Di Bella, Marco Verordnung zur Regelung der Präimplantationsdiagnostik (PIDV) in: RDG 2014, S. 38-39

Diedrich, Klaus et alii Reproduktionsmedizin im internationalen Vergleich - Wissenschaftlicher Sachstand, medizinische Versorgung und gesetzlicher Regelungsbedarf, Berlin 2008 (zitiert: Diedrich/*Bearbeiter* Reproduktionsmedizin)

Diedrich, K. / Griesinger, G. / Al-Hasani, S. / Schöpper, B. / Fondel, G. / Hellenbroich, Y. / Gillessen-Kaesbach, G. / Cordes, T. Präimplantationsdiagnostik – Indikationen und erste Erfahrungen in: Der Gynäkologe 2012, S. 41-46 (zitiert: *Diedrich/Griesinger* Der Gynäkologe 2012)

Dije, Susanne Präimplantationsdiagnostik aus rechtlicher Sicht, Dissertation, Aachen 2001

Duttge, Gunnar Wider den prinzipienvergessenen Zeitgeist bei der rechtsethischen Beurteilung der Präimplantationsdiagnostik in: ZStW 2013, S. 647-658

Egozcue, J. Of course, not in: Human Reproduction 1996, S. 2077-2078

Eiben, B. / Held K. R. / Hammans, W. / Schmidt, W. PCR und FISH zur raschen Chromosomenanalyse S. 85-91 in: *Beckmann, M. W. / Dall, P. / Fasching, P. A. et alii* Molekulare Medizin der Frauenheilkunde – Diagnostik und Therapie, Darmstadt 2002 (zitiert: *Eiben/Held/Hammans/Schmidt* in: Molekulare Medizin in der Frauenheilkunde)

Enders, Christoph Würde- und Lebensschutz im Konfliktfeld von Biotechnologie und Fortpflanzungsmedizin in: Jura 2003, S. 666-674

Engisch, Karl (Begr.) / Würtenberger, Thomas (Hrsg.) Einführung in das juristische Denken, 11. Auflage, Stuttgart 2010

Epping, Volker (Hrsg.) / Hillgruber, Christian (Hrsg.) Beck'scher Online-Kommentar GG, München Stand 01.12.2014 (zitiert: BeckOK/*Bearbeiter* Art. GG)

Erbs, Georg (Begr.) / Kohlhaas, Max (ehem. Hrsg.) /Ambs, Friedrich (Hrsg.) Strafrechtliche Nebengesetze, München 199. Ergänzungslieferung Stand Juli 2014 (zitiert: Erbs/Kohlhaas/*Bearbeiter*)

Erlinger, Rainer Strafrechtliche Würdigung der PID – Zum Streitstand S. 65-81 in: *Dierks, Christian (Hrsg.) / Wienke, Albrecht (Hrsg.) / Eisenmenger, Wolfgang*

(Hrsg.) Rechtfragen der Präimplantationsdiagnostik, Berlin, Heidelberg 2007 (zitiert: *Erlinger* in: Rechtsfragen der Präimplantationsdiagnostik)

Erman, Walter (Begr.) Bürgerliches Gesetzbuch Handkommentar mit AGG, EGBGB (Auszug), ErbbauRG, LPartG, ProdHaftG, UKlaG, VBVG, VersAusglG und WEG, 13. Auflage, Köln 2011 (zitiert: Erman/*Bearbeiter)*

Eser, Albin / Koch, Hans-Georg Forschung mit humanen embryonalen Stammzellen im In- und Ausland – Rechtsgutachten zu den strafrechtlichen Grundlagen und Grenzen der Gewinnung, Verwendung und des Imports sowie der Beteiligung daran durch Veranlassung, Förderung und Beratung Mai 2003 abrufbar unter http://www.dfg.de/download/pdf/dfg_im_profil/reden_stellungnahmen/2003/gutachten_eser_koch.pdf zuletzt besucht am 1.3.2013

EURAT Projektgruppe (Hrsg.) Stellungnahme – Eckpunkte für eine Heidelberger Praxis der Ganzgenomsequenzierung, Heidelberg 2013 (zitiert: EURAT Eckpunkte für eine Heidelberger Praxis der Ganzgenomsequenzierung)

Faßbender, Kurt Präimplantationsdiagnostik und Grundgesetz – Ein Beitrag zur verfassungsrechtlichen und dogmatischen Strukturierung der aktuellen Diskussion in NJW 2001, S. 2745-2753

FAZ (Hrsg.) Präimplantationsdiagnostik – Der PID-Pionier und die Grenzen des Gesetzes, Artikel vom 21.12.2010 abrufbar unter http://www.faz.net/aktuell/politik/ inland/praeimplantationsdiagnostik-der-pid-pionier-und-die-grenzen-des-gesetzes-1581462.html zuletzt besucht am 21.8.2013

Flume, Werner Allgemeiner Teil des Bürgerlichen Rechts Zweiter Band – Das Rechtsgeschäft, Berlin et alii 1965

Franzki, Harald Neue Dimensionen in der Arzthaftung: Schäden bei der Geburtshilfe und Wrongful life als Exponenten einer Entwicklung? in: VersR 1990, S. 1181-1185

Frister, Helmut Notwendige Korrekturen beim »Embryonenschutz« S. 81-98 in: *Institut für Rechtsfragen der Medizin (Hrsg.)* Aktuelle Entwicklungen im Medizinstrafrecht, Baden-Baden 2013 (zitiert: *Frister* in: Aktuelle Entwicklungen im Medizinstrafrecht)

Frister, Helmut Die »Dreierregel« im Embryonenschutzgesetz in: GuP 2012, S. 10-13

Frister, Helmut Strafrecht Allgemeiner Teil, 6. Auflage, München 2013 (zitiert: *Frister* Strafrecht AT)

Frister, Helmut Zum Anwendungsbereich des § 3a ESchG S. 223-233 in: *Dencker, Friedrich (Hrsg.) / Galke, Gregor (Hrsg.) / Voßkuhle, Andreas (Hrsg.)* Festschrift für Klaus Tolksdorf zum 65. Geburtstag, Köln 2014 (zitiert: *Frister* in: FS Tolksdorf)

Frister, Helmut / Börgers, Niclas Rechtliche Probleme bei der Kryokonservierung von Keimzellen S. 93-123 in: *Frister, Helmut (Hrsg.) / Olzen, Dirk (Hrsg.)* Reproduktionsmedizin - Rechtliche Fragestellungen, Düsseldorf 2010 (zitiert: *Frister/Börgers* in: Reproduktionsmedizin)

Frister, Helmut / Lehmann, Maja Caroline Die gesetzliche Regelung der Präimplantationsdiagnostik in: JZ 2012, 659-667

Frister, Helmut / Lindemann, Michael / Peters, Th. Alexander Arztstrafrecht, München 2011

Frister, Helmut / Olzen, Dirk / Sachs, Michael Rechtsfragen S. 471 -477 in: *Beckmann, M. W. / Dall, P. / Fasching, P. A. et alii* Molekulare Medizin der Frauenheilkunde – Diagnostik und Therapie, Darmstadt 2002 (zitiert: *Frister/Olzen/Sachs* in: Molekulare Medizin in der Frauenheilkunde)

Frommel, Monika Die Neuregelung der Präimplantationsdiagnostik (PID) durch § 3a Embryonenschutzgesetz (ESchG) und der Anwendungsbereich der auf der PIDV basierenden Landesgesetze, Gutachten vom 10.02.2014 abrufbar unter http://www.jura.uni-kiel.de/de/personen/professorinnen-und-professoren-im-ruhe stand/GutachtenPIDV2014.pdf zuletzt besucht am 23.06.2014 (zitiert: *Frommel* Gutachten zur PIDV 2014)

Frommel, Monika Die Neuregelung der Präimplantationsdiagnostik durch § 3a Embryonenschutzgesetz in: JZ 2013, S. 488-495

Frommel, Monika Der Streit um die Auslegung des Embryonenschutzgesetzes S. 831-848 in: *Herzog, Felix (Hrsg.) / Neumann, Ulf (Hrsg.)* Festschrift für Winfried Hassemer, Heidelberg 2010 (zitiert: *Frommel* in: FS Hassemer)

Frommel, Monika Deutscher Mittelweg in der Anwendung des Embryonenschutzgesetzes (ESchG) mit einer an den aktuellen wissenschaftlichen Kenntnisstand orientierten Auslegung der für die Reproduktionsmedizin zentralen Vorschrift des § 1, Abs. 1; Nr. 5 ESchG unter besonderer Berücksichtigung der Entstehungsgeschichte des ESchG in: Journal für Reproduktionsmedizin und Endokrinologie 2007, S. 27-33

Frommel, Monika Embryonenselektion – ethische, verfassungsrechtliche und strafrechtliche Problematik in: Reproduktionsmedizin 2002, S. 158-182

Frommel, M. / Geisthövel, F. / Ochsner, A. / Kohlhase, J. et alii Welche Untersuchungsmethoden betreffen die Neuregelung der Präimplantationsdiagnostik (PID) durch § 3a Embryonenschutzgesetz (ESchG) und die das Verfahren regelnde Rechtsverordnung (PIDV)? in: Journal für Reproduktionsmedizin und Endokrinologie 2013, S. 6-17 (zitiert: *Frommel/Geisthövel* Journal für Reproduktionsmedizin und Endokrinologie 2013)

Fuchs, Maximilian Die zivilrechtliche Haftung des Arztes aus der Aufklärung über Genschäden in: NJW 1981, S. 610-613

Gardner, R. L. / Edwards, R. G. Control of the Sex Ratio at Full Term in the Rabbit by transfering Sexed Blastocysts in: Nature 218 (1968), S. 346-348

Gassner, Ulrich / Kersten, Jens / Krüger, Matthias et alii Fortpflanzungsmedizingesetz, Augsburg-Münchener-Entwurf, Tübingen 2013

Gay, Reiner Schadensersatzklagen wegen der Verletzung des «Rechtes auf die eigene Nichtexistenz" («Wrongful Life") – Eine rechtsvergleichende Untersuchung an Hand des deutschen und des angloamerikanischen Zivilrechts, Dissertation, Erlangen, Nürnberg 1989

Gehrlein, Markus Anmerkung zu BGH vom 19.2.2002 AZ: VI ZR 190/01 in: MDR 2002, S. 638-639

Gehrlein, Markus Grenzen der Schadensersatzpflicht des Arztes für Unterhaltsaufwand bei ungewollter Schwangerschaft in: NJW 2000, S. 1771-1772

Gehrlein, Markus Grundwissen Arzthaftungsrecht, München 2013

Gehrlein, Markus Kompaktwissen Arzthaftungsrecht – aktuelle Rechtsprechung und Entwicklungen in der Praxis, München 2007

Geiger, Jutta / von Lampe, Claudia Das zweite Urteil des Bundesverfassungsgerichts zum Schwangerschaftsabbruch: BVerfG, Urteil vom 28. Mai 1993, 2 BvF 2/90. 4/92, 5/92 – Ein Schritt vorwärts, zweite Schritte zurück in: Jura 1994, S. 20-30

Geiß, Karlmann (Begr.) / Greiner, Hans-Peter Arzthaftpflichtrecht, 7. Auflage, München 2014

Gernhuber, Joachim Drittwirkungen im Schuldverhältnis kraft Leistungsnähe – Zur Lehre von den Verträgen mit Schutzwirkung für Dritte S. 249-274 in: *Nikisch, Arthur* Festschrift für Arthur Nikisch, Tübingen 1958 (zitiert: *Gernhuber* in: FS Nikisch)

Giesen, Dieter Geburt eines ungewollten Kindes – Wertverwirklichung oder Schadensereignis? – Zur Problematik einer Gerichtsentscheidung über die Abgrenzung zwischen unmittelbarem und mittelbarem Schaden in: FamRZ 1970, S. 565-572

Giesen, Dieter Schadensbegriff und Menschenwürde – Zur schadensrechtlichen Qualifikation der Unterhaltspflicht für ein ungewolltes Kind in: JZ 1994 S. 286-292

Gillessen-Kaesbach, G. / Hellenbroich, Y. Humangenetik S. 23-50 in: *Speer, Christian / Gahr, Manfred* Pädiatrie, 4. Auflage, Heidelberg 2012 (zitiert: *Gillessen-Kaesbach/Hellenbroich* in: Pädiatrie)

Giwer, Elisabeth Rechtsfragen der Präimplantationsdiagnostik – Eine Studie zum rechtlichen Schutz des Embryos im Zusammenhang mit der Präimplantationsdiagnostik unter besonderer Berücksichtigung grundrechtlicher Schutzpflichten, Dissertation, Berlin 2001

Gossens, V. / Harton, G. / Mouton, C. / Scriven, P.N. / Traeger-Synodinos, J. / Sermon, K. / Harper, J.C. ESHRE PGD Consortium data collection VIII: cycles from January to December 2005 with pregnancy follow-up to October 2006 in: Human Reproduction 2008, S. 2629-2645

Grimm, Tiemo / Holinski-Feder, Elke Klinische Beispiele für monogene Erkrankungen S. 280-306 in: *Murken, Jan (Hrsg.) / Grimm, Tiemo (Hrsg.) / Holinski-Feder, Elke (Hrsg.) / Zerres, Klaus (Hrsg.)* Taschenlehrbuch Humangenetik, 8. Auflage, Stuttgart 2011 (zitiert: *Grimm/Holinski-Feder* in: Taschenlehrbuch Humangenetik)

Grunsky, Wolfgang »Kind als Schaden« in: Jura 1987, S. 82-86

Grunsky, Wolfgang Neue höchstrichterliche Rechtsprechung zum Schadensersatzrecht in: JZ 1986, S. 170-177

Grunsky, Wolfgang Neue höchstrichterliche Rechtsprechung zum Schadensersatzrecht in: JZ 1983, S. 372-379

Günther, Hans-Ludwig / Taupitz, Jochen / Kaiser, Peter Embryonenschutzgesetz, Stuttgart 2008 (zitiert: Günther/Taupitz/Kaiser 1. Aufl.)

Günther, Hans-Ludwig / Taupitz, Jochen / Kaiser, Peter Embryonenschutzgesetz, 2. Auflage Stuttgart 2014

Hähnchen, Susanne Der werdende Mensch – Die Stellung des Nasciturus im Recht in: Jura 2008, S. 161-165

Handyside, A. H. / Kontogianni, E. H. / Hardy, K. / Winston, R. M. L. Pregnancies from biopsied human preimplantation embryos sexed by Y-specific DNA amplification in: Nature 1990, S. 768-770 (zitiert: *Handyside/Kontogianni* Nature 1990, 768)

Hardy, Kate / Warner, Anne / Winston, Robert M. L. / Becker, David L. Expression of intercellular junctions during preimplantation development of the human embryo in: Molecular Human Reproduction 1996, S. 621-632 (zitiert: *Hardy/Warner* Molecular Human Reproduction 1996, 621)

Harmann, Lena Das Recht des Patienten auf Aufklärungsverzicht in: NJOZ 2013, S. 819-825

Harrer, Herbert Das Recht auf Familienplanung als sonstiges Recht im Sinne von § 823 I BGB in: Der Amtsvormund 1990, S. 509-516

Harrer, Herbert Zivilrechtliche Haftung bei durchkreuzter Familienplanung, Dissertation, Frankfurt am Main 1989

Hart, Dieter Arzthaftungsrecht – Wissensbasis und Rezeption in der Literatur und Rechtsprechung S. 85-116 in: *Hart, Dieter (Hrsg.)* Ärztliche Leitlinien im Medizin- und Gesundheitsrecht, Recht und Empirie professioneller Normbildung, Baden-Baden 2005 (zitiert: *Hart* in: Ärztliche Leitlinien im Medizin- und Gesundheitsrecht)

Hart, Dieter Ärztliche Leitlinien – Definitionen, Funktionen, rechtliche Bewertungen in: MedR 1998, S. 8-16

Hauberichs, Sabine Haftung für neues Leben im deutschen und englischen Recht – Eine Darstellung am Beispiel der unerwünschten Geburt eines gesunden Kindes, Dissertation, Berlin et alii 1998

Heldrich, Andreas Schadensersatz bei fehlgeschlagener Familienplanung – Entscheidungsbesprechung zu LG Itzehoe, FamRZ 1969, 90 in: FamRZ 1969, S. 455-461

Henking, Tanja Wertungswidersprüche zwischen Embryonenschutzgesetz und den Regelungen des Schwangerschaftsabbruchs? – Am Beispiel des Verbots der Präimplantationsdiagnostik, Dissertation, Baden-Baden 2010

Henking, Tanja Präimplantationsdiagnostik – Neues Gesetz, neue Probleme in: ZRP 2012, S. 20-22

Hermanns-Engel, Karl-Joseph Die rechtliche Berücksichtigung des Menschen vor der Zeugung – Eine Untersuchung zum deutschen, französischen und englischen Zivilrecht, Dissertation, Osnabrück 1997

Hillmer, Agnes Patientenstatus und Rechtsstatus von Frau und Fötus im Entwicklungsprozeß der Pränatalmedizin, Dissertation, Frankfurt am Main 2004

Honsell, Heinrich Herkunft und Kritik des Interessebegriffs im Schadensersatzrecht in: JuS 1973, S. 69-75

Huber, Ulrich Die Rechtsstellung des Treugebers gegenüber Gläubigern und Rechtsnachfolgern des Treuhänders S. 399-421 in: *Wahl, Eduard (Hrsg.) / Serick, Rolf / Niederländer, Hubert* Rechtsvergleichung und Rechtsvereinheitlichung – Festschrift zum fünfzigjährigen Bestehen des Instituts für ausländisches und internationales Wirtschaftsrecht der Universität Heidelberg, Heidelberg 1967 (zitiert: *Huber* in: FS Wahl)

Hübner, Heinz Allgemeiner Teil des Bürgerlichen Gesetzbuchs, 2. Auflage, Berlin, New York 1996 (zitiert: *Hübner* Allgemeiner Teil)

Hübner, Marlis / Pühler, Wiebke Die neuen Regelungen zur Präimplantationsdiagnostik - wesentliche Fragen bleiben offen in: MedR 2011, S. 789-796

Hufen, Friedhelm Präimplantationsdiagnostik aus verfassungsrechtlicher Sicht in MedR 2001, S. 440-451

Iden, Daniel Einführung: Einbeziehung Dritter in Schuldverhältnisse und Drittschadensliquidation in: ZJS 2012, S. 766-773

Jakobs, Horst Heinrich (Hrsg.) / Schubert, Werner Die Beratung des BGB §§ 1-240 Teil 1, Berlin, New York 1985

Janda, Constanze Medizinrecht, 2. Auflage, Konstanz, München 2012

Jarass, Hans / Pieroth, Bodo Grundgesetz für die Bundesrepublik Deutschland Kommentar, 13. Auflage, München 2014

Joecks, Wolfgang / Miebach, Klaus Münchener Kommentar zum StGB, 2. Auflage, München

Band 1 – §§ 1-37 StGB, 2011

Kaelin, Lukas Biotechnik am Beginn menschlichen Lebens – Eine Analyse mit Theodor W. Adornos Gesellschaftstheorie, Wien 2010

Katzenmeier, Christian Der Behandlungsvertrag – Neuer Vertragstypus im BGB in: NJW 2013, 817-824

Katzenmeier, Christian Arzthaftpflicht in der Krise – Entwicklungen, Perspektiven, Alternativen in: MedR 2011, S. 201-216

Katzenmeier, Christian Versicherungsrechtliche Vorsorge statt »Schadensfall Kind«. Der »arrêt Perruche« und die »Loi relative aux droits des malades et à la qualité du système de santé« als Anstoß für die Einrichtung eines »pränatalen Hilfsfonds«? S. 1277-1289 in: *Mansel, Heinz-Peter (Hrsg.) / Pfeiffer, Thomas (Hrsg.) / Kronke, Herbert (Hrsg.) et alii* Festschrift für Erik Jayme Band 2, München 2004 (zitiert: *Katzenmeier* in: FS Jayme)

Katzenmeier, Christian / Knetsch, Jonas Ersatzleistungen bei angeborenen Schäden statt Haftung für neues Leben: Rechtsentwicklung in Frankreich – Anregungen für das deutsche Recht S. 247-282 in: *Ahrens, Hans-Jürgen (Hrsg.) / Bar, Christian von (Hrsg.) / Fischer, Gerfried (Hrsg.) et alii* Medizin und Haftung Festschrift für Erwin Deutsch zum 80. Geburtstag, Berlin, Heidelberg 2009 (zitiert: *Katzenmeier/Knetsch* in: FS Deutsch)

Kaya, Eylem Rechtsfragen medizinischer Versorgungszentren auf Gründungs- und Zulassungsebene, Dissertation, Baden-Baden 2012

Kern, Bernd-Rüdiger Unerlaubte Diagnostik – Das Recht auf Nichtwissen S. 55-69 in: *Dierks, Christian (Hrsg.) / Wienke, Albrecht (Hrsg.) / Eberbach, Wolfram (Hrsg.) / Schmidtke, Jörg (Hrsg.) / Lippert, Hans-Dieter (Hrsg.)* Genetische Untersuchungen und Persönlichkeitsrecht, Berlin, Heidelberg 2003 (zitiert: *Kern* in: Genetische Untersuchungen und Persönlichkeitsrecht)

Kersten, Jens Präimplantationsdiagnostik und Grundgesetz – Ausblendung, Instrumentalisierung und Respektierung des Verfassungsrechts – S. 97-125 in: *Rosenau, Henning (Hrsg.)* Ein zeitgemäßes Fortpflanzungsmedizingesetz für Deutschland, Baden-Baden 2012 (zitiert: *Kersten* in: Ein zeitgemäßes Fortpflanzungsmedizingesetz für Deutschland)

Kindhäuser, Urs (Hrsg.) / Neumann, Ulfrid (Hrsg.) / Paeffgen, Hans-Ullrich Nomos Kommentar Strafgesetzbuch, 4. Auflage, Baden-Baden

Band 1 Allgemeiner Teil §§ 1-79b StGB, 2013

Kirkegaard, Kirstine / Hindkjaer, Johnny Juhl / Ingerslev, Hans Jakob Human embryonic development after blastomere removal: a time-lapse analysis in: Human Reproduction 2012, S. 97-105

Kempter, Marco Medizinische Sorgfaltsstandards – Einfluss medizinischer Verhaltensregeln auf den zivilrechtlichen Sorgfaltsmaßstab, Dissertation, Berlin 2005

Körner, Uwe In-vitro-Kultur menschlicher Embryonen – Medizinische Möglichkeiten und Konsequenzen in: Ethik in der Medizin 2003, S. 68-72

Kollek, Regine Präimplantationsdiagnostik, 2. Auflage; Tübingen, Basel 2002

Kramer, Ernst A. Juristische Methodenlehre, 4. Auflage, Bern 2013

Kreß, Hartmut Präimplantationsdiagnostik: Anschlussfragen für das Embryonenschutz- und Gendiagnostikgesetz und Auswirkungen auf das Stammzellgesetz in: ZRP 2011, S. 68-69

Krüger, Matthias Präimplantationsdiagnostik de lege lata et ferenda S. 69-95 in: *Rosenau, Henning (Hrsg.)* Ein zeitgemäßes Fortpflanzungsmedizingesetz für Deutschland, Baden-Baden 2012 (zitiert: *Krüger* in: Ein zeitgemäßes Fortpflanzungsmedizingesetz für Deutschland)

Krüger, M. / Berchtold, C. Präimplantationsdiagnostik nach Änderung des Embryonenschutzgesetzes in: Der Gynäkologe 2012, S. 65-70

Krüger, M. / Gollnick, J. Zur Präimplantationsdiagnostik nach dem Grundsatzurteil des Bundesgerichtshofs in: Der Gynäkologe 2010, S. 955-958

Krüssel, J. S. / Baston-Büst, D. M. / Beyer, I. / Hirchenhain, J. / Hess, A. P. Der lange Weg zum Präimplantationsdiagnostikgesetz – Wie es dazu kam und was es bedeutet in: Der Gynäkologe 2012, S. 141-145 (zitiert: *Krüssel/Baston-Büst* Der Gynäkologe 2012)

Kubiciel, Michael Grund und Grenzen des Verbots der Präimplantationsdiagnostik in: NStZ 2013, S. 382-386

Kunig, Philip Der Grundsatz informationeller Selbstbestimmung in: Jura 1993, S. 595-604

Kunz-Schmidt, Susanne Präimplantationsdiagnostik (PID) – der Stand des Gesetzgebungsverfahrens und der aktuellen Diskussion in: NJ 2011, S. 231-239

Laimböck, Lena Frühe Zellstadien und Totipotenz in: Deutsche Hebammenzeitschrift 2012, S. 46-50

Lange, Hermann / Schiemann, Gottfried Schadensersatz, 3. Auflage, Tübingen 2003

Lankers, Winfried Zur Abwälzung von Unterhaltskosten in: FamRZ 1969, S. 384-388

Larenz, Karl (Begr.) / Canaris, Claus-Wilhelm Methodenlehre der Rechtswissenschaft, 3. Auflage, Heidelberg 1995

Laufs, Adolf Fortpflanzungsmedizin und Menschenwürde in NJW 2000, S. 2716-2718

Laufs, Adolf / Katzenmeier, Christian / Lipp, Volker Arztrecht, 6. Auflage, München 2009

Laufs, Adolf (Begr. u. Hrsg.) / Kern, Bernd-Rüdiger Handbuch des Arztrechts, 4. Auflage, München 2010 (zitiert: Laufs/Kern/*Bearbeiter* Handbuch des Arztrechts)

Laufs, Adolf Schädliche Geburten – und kein Ende in: NJW 1998, S. 796-798

Laufs, Adolf / Reiling, Emil Schmerzensgeld wegen schuldhafter Vernichtung deponierten Spermas? in: NJW 1994, S. 775-776

Lee, Jung-Ho Die aktuellen juristischen Entwicklungen in der PID und Stammzellforschung in Deutschland – Eine Analyse der BGH-Entscheidung zur PID, Gesetzesnovellierung des ESchG und EuGH-Entscheidung zur Grundrechtsfähigekit des Embryo in vitro, Dissertation, Frankfurt am Main 2013

Lehmann, Michaela Die In-vitro-Fertilisation und ihre Folgen – Eine verfassungsrechtliche Analyse, Dissertation, Frankfurt am Main 2007

Lejeune, Christine Wrongful Life – Das Kind als Vermögensschaden, Bremen 2009

Lindemann, Michael Das Bild des Arztes in der neueren strafgerichtlichen Rechtsprechung S. 9-30 in: *Arbeitsgemeinschaft Medizinrecht (Hrsg.) / Institut für Rechtsfragen der Medizin (Hrsg.)* Brennpunkte des Arztstrafrechts, Baden-Baden 2012 (zitiert: *Lindemann* in: Brennpunkte des Arztstrafrechts)

Lindenau, Lars Das Medizinische Versorgungszentrum – Rechtliche Grundlagen und Ausblick in die GKV, Heidelberg et alii 2008

Linz, U. / Degenhardt, H. Die Polymerase-Kettenreaktion – Ein Überblick in: Naturwissenschaften 77 (1990), S. 515-530

Löwe, Walter Anmerkung zu LG Itzehoe VersR 1969, 265 f. in: VersR 1970, S. 430-431

Looschelders, Dirk Schuldrecht Allgemeiner Teil, 12. Auflage, München 2014

Looschelders, Dirk Schuldrecht Allgemeiner Teil, 11. Auflage, München 2013

Looschelders, Dirk / Makowsky, Mark Relativität des Schuldverhältnisses und Rechtsstellung Dritter in: JA 2012, S. 721-728

Looschelders, Dirk / Roth, Wolfgang Juristische Methodik im Prozeß der Rechtsanwendung, Berlin 1996 (zitiert: *Looschelders/Roth* Juristische Methodik)

Ludwig, M. / Diedrich K. Die Sicht der Präimplantationsdiagnostik aus der Perspektive der Reproduktionsmedizin in: Ethik in der Medizin 1999, S. 38-44 (zitiert: *Ludwig/Diedrich* Ethik Med 1999)

Mahr, Jürgen Thomas Der Beginn der Rechtsfähigkeit und die zivilrechtliche Stellung ungeborenen Lebens – Eine rechtsvergleichende Betrachtung, Dissertation, Frankfurt am Main 2007

Manssen, Gerrit Staatsrecht II Grundrechte 11. Auflage, München 2014

Martis, Rüdiger / Winkhart-Martis, Martina Arzthaftungsrecht Fallgruppenkommentar, 4. Auflage, Köln 2014

Mastenbroek, Sebastiaan / Twisk, Moniek / van Echten-Arends, Jannie / Sikkema-Raddatz, Birgit et alii In Vitro Fertilization with Preimplantation Genetic Screening in: The New England Journal of Medicine 357 (2007), S. 9-17 (zitiert: *Mastenbroek/Twisk* The New England Journal of Medicine 357 (2007))

Maunz, Theodor (Begr.) / Dürig, Günter (Begr.) Grundgesetz Kommentar, München, 72. Ergänzungslieferung 2014 (zitiert: Maunz/Dürig/*Bearbeiter)*

Mayer-Maly, Theo Handelsrechtliche Verbotsgesetze S. 103-112 in: *Fischer, Robert (Hrsg.) / Gessler, Ernst (Hrsg.) / Schilling, Wofgang (Hrsg.) et alii* Festschrift für Wolfgang Hefermehl zum 70. Geburtstag am 18. September 1976, München 1976 (zitiert: *Mayer-Maly* in: FS Hefermehl)

McArthur, S. J. / Leigh, D. / Marshall, J. T. / Gee, A. J. / De Boer, K. A. / Jansen, R. P. S. Blastocyst trophectoderm biopsy and preimplantation genetic diagnosis for familial monogenic disorders and chromosomal translocations in: Prenatal Diagnosis 2008, S. 434-442 (zitiert: *McArthur/Leigh* Prenatal Diagnosis 2008, 434)

Medicus, Dieter Zivilrecht und werdendes Leben, München 1985

Medicus, Dieter (Begr.) / Petersen, Jens Bürgerliches Recht – Eine nach Anspruchsgrundlagen geordnete Darstellung zur Examensvorbereitung, 24. Auflage, München 2013

Mertens, Hans-Joachim Ein Kind als Schadensfall? – Betrachtungen zum Urteil des LG Itzehoe vom 21.11.1968 in: FamRZ 1969, S. 251-256

Metzmacher, Angela Der Schadensausgleich des Probanden im Rahmen klinischer Arzneimittelprüfungen, Dissertation, Baden-Baden 2010

Michael, Lothar / Morlok, Martin Grundrechte, 4. Auflage, Baden-Baden 2014

Michalski, Lutz Des Apothekers Kind in: JA 1979, S. 186-191

Mildenberger, Elke H. Der Streit um die Embryonen: Warum ungewollte Schwangerschaften, Embryoselektion und Embryonenforschung grundsätzlich unterschiedlich behandelt werden müssen in: MedR 2002, S. 293-300

Möller, Karl-Heinz / Hilland, Ulrich Kryokonservierung von Keimzellen – Rechtlicher Rahmen und Vertragsgestaltung S. 125-151 in: *Frister, Helmut (Hrsg.) / Olzen, Dirk (Hrsg.)* Reproduktionsmedizin Rechtliche Fragestellungen, Düsseldorf 2010 (zitiert: *Möller/Hilland* in: Reproduktionsmedizin)

Montag M. / Köster, M. / van der Ven, K. / Bohlen, U. et alii Kombinierte Translokations- und Aneuploidieuntersuchungen nach Polkörperbiopsie und array-Comparative Genomic Hybridisation in: Journal für Reproduktionsmedizin und Endokrinologie 2010, S. 498-502

Montag, M. / Toth, B. / Strowitzki, T. Polkörper- und Präimplantationsdiagnostik S. 269-286 in: *Diedrich, Klaus (Hrsg.) / Ludwig, Michael (Hrsg.) / Griesinger, Georg (Hrsg.)* Reproduktionsmedizin, Berlin, Heidelberg 2013

Müller, Gerda Fortpflanzung und ärztliche Haftung S. 355-372 in: *Deutsch, Erwin (Hrsg.) / Klingmüller, Ernst / Kullmann, Hans Josef* Festschrift für Erich Steffen zum 65. Geburtstag am 28. Mai 1995, Berlin, New York 1995 (zitiert: *Müller* in: FS Steffen)

Müller, Gerda Unterhalt für ein Kind als Schaden in: NJW 2003, S. 697-706

Müller-Terpitz, Ralf Der Schutz des pränatalen Lebens, Tübingen 2007

Müller-Terpitz, Ralf Der Embryo ist Rechtsperson, nicht Sache in: ZfL 2006, S. 34-42

Murken, Jan / Kainer, Franz Pränatale Diagnostik S. 397-423 in: *Murken, Jan (Hrsg.) / Grimm, Tiemo (Hrsg.) / Holinski-Feder, Elke (Hrsg.) / Zerres, Klaus (Hrsg.)* Taschenlehrbuch Humangenetik, 8. Auflage, Stuttgart 2011 (zitiert: *Murken/Kainer* in: Taschenlehrbuch Humangenetik)

Nationaler Ethikrat (Hrsg.) Genetische Diagnostik vor und während der Schwangerschaft Stellungnahme, Berlin 2003

Neelmeier, Tim Die einrichtungsbezogene Patientenaufklärung in: NJW 2013, S. 2230-2233

Neidert, Rudolf Brauchen wir ein Fortpflanzungsmedizingesetz? in: MedR 1998, S. 347-353

Neidert, Rudolf Embryonenschutz im Zwiespalt zwischen staatlichem Gesetz und ärztlicher Lex artis in: ZRP 2006, S. 85-87

Nieschlag, Eberhardt / Behre, Hermann M. / Nieschlag, Susan Andrologie 3. Auflage, Heidelberg 2009

Nixdorf, Wolfgang Zur ärztlichen Haftung hinsichtlich entnommener Körpersubstanzen: Körper, Persönlichkeitsrecht, Totenfürsorge in: VersR 1995, S. 740-745

Ogilvie, Caroline Mackie / Braude, Peter R. / Scriven, Paul N. Preimplantation Genetic Diagnosis – An Overview in: Journal of Histochemistry & Cytochemistry 53 (2005), S. 255-260

Oertmann, Paul Die Rechtsbedingung (condicio iuris) – Untersuchungen zum Bürgerlichen Recht und zur allgemeinen Rechtslehre, Leipzig, Erlangen 1924

Oldag, Jutta Methode und Zivilrecht bei Philipp Heck (1858-1943) S. 71-103 in: *Rückert, Joachim (Hrsg.)* Fälle und Fallen in der neueren Methodik des Zivilrechts seit Savigny, Baden-Baden 1997 (zitiert: *Oldag* in: Fälle und Fallen in der neueren Methodik des Zivilrechts seit Savigny)

Olzen, Dirk Erbrecht, 4. Auflage, Berlin, Boston 2013

Olzen, Dirk / Kaya, Eylem Der Behandlungsvertrag, §§ 630a-h BGB in: Jura 2013, S. 661-671

Olzen, Dirk / Kubiak, Magdalena Die Haftung des Arztes bei fehlerhafter PID in: JZ 2013, S. 495-504

Palandt, Otto (Begr.) Bürgerliches Gesetzbuch, 74. Auflage, München 2015 (zitiert: Palandt/*Bearbeiter)*

Pahmeier, Lydia Die Geburt eines Kindes als Quelle eines Schadens, Dissertation, Göttingen 1997

Pestalozza, Christian Ein späte und mißliche Geburt: Die Verordnung zur Regelung der Präimplantationsdiagnostik in: MedR 2013, S. 343-350

Peter, Jürgen »Schlüsselgewalt« bei Arzt- und Krankenhausverträgen – Ein Beitrag zum Anwendungsbereich des § 1357 BGB im Arztrecht in: NJW 1993, S. 1949-1954

Petersen, Jens Die Rechtsfähigkeit des Menschen in: Jura 2009, S. 669-670

Petry, Michael Entwicklung der Schadensaufwendungen im Heilwesenrisiko S. 93-105 in: *Arbeitsgemeinschaft Rechtsanwälte im Medizinrecht e.V. (Hrsg.)* Arzthaftung - Mängel im Schadensausgleich? S. 93-105, Heidelberg et alii 2009 (zitiert: *Petry* in: Arzthaftung – Mängel im Schadensausgleich?)

Picker, Eduard Schadensersatz für das unerwünschte eigene Leben »Wrongful Life«, Tübingen 1995

Plagemann, Hermann (Hrsg.) Münchener Anwaltshandbuch Sozialrecht, 4. Auflage, München 2013 (zitiert: Anwaltshandbuch Sozialrecht/*Bearbeiter*)

Pöttgen, Nicole Medizinische Forschung und Datenschutz, Dissertation, Frankfurt am Main 2009

Pohlmann, André Die Haftung wegen Verletzung von Aufklärungspflichten – Ein Beitrag zur culpa in contrahendo und zur positiven Forderungsverletzung unter Berücksichtigung der Schuldrechtsreform, Dissertation, Berlin 2002

Prütting, Dorothea (Hrsg.) Fachanwaltskommentar Medizinrecht 3. Auflage, Köln 2014 (zitiert: Prütting/*Bearbeiter* Medizinrecht)

Prütting, Hans (Hrsg.) / Wegen, Gerhard (Hrsg.) / Weinreich, Gerd (Hrsg.) BGB Kommentar, 9. Auflage, Köln 2014 (zitiert: PWW/*Bearbeiter*)

Pschyrembel, Willibald Klinisches Wörterbuch, 266. Auflage, Berlin 2015 (zitiert: *Pschyrembel* »Stichwort«)

Püster, Dominique Entwicklung der Arzthaftpflichtversicherung, Dissertation, Berlin, Heidelberg 2013

Quaas, Michael / Zuck, Rüdiger Medizinrecht, 3. Auflage; München 2014

Ratzel, Rudolf / Heinemann, Nicola Zulässigkeit der Präimplantationsdiagnostik nach Abschnitt D, IV Nr. 14 Satz 2 (Muster-)Berufsordnung – Änderungsbedarf? in MedR 1997, S. 540-543

Ratzel, Rudolf (Hrsg.) / Luxenburger, Bernd (Hrsg.) Handbuch Medizinrecht, 2. Auflage, Bonn 2011 (zitiert: Ratzel/Luxenburger/*Bearbeiter)*

Rebmann, Kurt (Hrsg.) Münchener Kommentar zum Bürgerlichen Gesetzbuch, 3. Auflage, München (zitiert: MünchKomm/*Bearbeiter* 3. Aufl.)

Band 2 – Schuldrecht Allgemeiner Teil (§§ 241 – 432) 1994

Reinelt, Ekko Schadensersatz beim Kauf empfängnisverhütender Mittel in: FamRZ 1970, S. 572-576

Reinhart, Andreas »Wrongful life« – gibt es ein Recht auf Nichtexistenz? in: VersR 2001, S. 1081-1088

Reiß, Marc Rechtliche Aspekte der Präimplantationsdiagnostik: unter besonderer Berücksichtigung der Rechte der von einem Verbot betroffenen Paare, Dissertation, Frankfurt am Main 2006

Renzikowski, Joachim Die strafrechtliche Beurteilung der Präimplantationsdiagnostik in: NJW 2001, S. 2753-2758

Riedel, Ulrike »Kind als Schaden« – Die höchstrichterliche Rechtsprechung zur Arzthaftung für den Kindesunterhalt bei unerwünschter Geburt eines gesunden, kranken oder behinderten Kindes, Frankfurt am Main 2003

Robbers, Gerhard Sicherheit als Menschenrecht – Aspekte der Geschichte, Begründung und Wirkung einer Grundrechtsfunktion, Habilitation, Baden-Baden 1987

Robert-Koch-Institut (Hrsg.) Gesundheitsberichterstattung des Bundes Heft 20 Ungewollte Kinderlosigkeit, 2004 (zitiert: *Robert-Koch-Institut* Gesundheitsberichterstattung des Bundes)

Römermann, Volker Die PartG mbH – eine neue attraktive Rechtsform für Freiberufler in: NJW 2013, S. 2305-2310

Rohe, Mathias Anmerkung zu BGHZ 124, 52 in: JZ 1994, S. 465-468

Rolfs, Christian (Hrsg.) / Giesen, Richard (Hrsg.) / Kreikebohm, Ralf (Hrsg.) / Udsching, Peter (Hrsg.) Beck'scher Online Kommentar Sozialrecht, Stand 1.9.2014, München (zitiert: BeckOK Sozialrecht/*Bearbeiter*)

Roxin, Claus Strafrecht Allgemeiner Teil Band 1, 4. Auflage, München 2006

Ruso, Berit / Thöni, Magdalena Quo vadis Präimplantationsdiagnostik? in: MedR 2010, S. 74-78

Säcker, Franz Jürgen (Hrsg.) / Rixecker, Roland (Hrsg.) Münchener Kommentar zum Bürgerlichen Gesetzbuch, 6. Auflage, München (zitiert: MünchKomm/*Bearbeiter)*

Band 1 – Allgemeiner Teil (§§ 1 – 240 BGB, ProstG, AGG) 2012

Band 2 – Schuldrecht Allgemeiner Teil (§§ 241 – 432) 2012

Band 4 – Schuldrecht Besonderer Teil II (§§ 611 – 704 BGB, EFZG, TzBFfG; KSchG) 2012

Band 5 – Schuldrecht Besonderer Teil III (§§ 705-853 BGB, Partnerschaftsgesellschaftsg, ProdukthaftungsG) 2013

Band 7 – Familienrecht I (§§ 1297-1588 BGB, VersorgungsausgleichsG, GewaltschutzG, LebenspartnerschaftsG) 2013

Band 8 – Familienrecht II (§§ 1589-1921 BGB, SGB VIII) 2012

Sauer, Heiko Juristische Methodenlehre S. 172-192 in: *Krüper, Julian (Hrsg.)* Grundlagen des Rechts, 2. Auflage, Baden-Baden 2013 (zitiert: *Sauer* in: Grundlagen des Rechts)

Saueressig, Christian Die Auslegung von Gesetzen: Eine Einführung in: Jura 2005, S. 525-532

Schiemann, Gottfried Schmerzensgeld für fehlgeschlagene Sterilisation - Entscheidungsrezension zu OLG Braunschweig, NJW 1980, 643 in: JuS 1980, S. 709-713

Schlechtriem, Peter / Schmidt-Kessel Martin Schuldrecht Allgemeiner Teil, 6. Auflage, Tübingen 2005 (zitiert: *Schlechtriem/Schmidt-Kessel* Schuldrecht AT)

Schlösser, G. Die Arzthaftpflichtversicherung – Am teuersten sind Geburtshilfeschäden in: Der Gynäkologe 2011, S. 870-870

Schlüter, Julia Schutzkonzepte für menschliche Keimbahnzellen in der Fortpflanzungsmedizin, Dissertation, Berlin 2008

Schlund, Gerhard Stehen einem durch Röteln geschädigten Kind und seinen Eltern wegen nicht erfolgter Schwangerschaftsunterbrechung Schadensersatzansprüche gegenüber dem Arzt zu? in: ArztR 1982, S. 64-69

Schmider, Anneke Die Präimplantationsdiagnostik als Herausforderung für Medizin und Gesellschaft – Eine ethische Analyse, Dissertation, Freiburg im Breisgau 2010

Schmutzler, A. G. / Filges, I. / Al-Hasani, S. / Diedrich, K. / Miny, P. Zukunft des Aneuploidiescreenings – Priorität Diagnostik in: Der Gynäkologe 2014, S. 263-269 (zitiert: *Schmutzler/Filges* Der Gynäkologe 2014)

Schneider, Angie Der Behandlungsvertrag in: JuS 2013, S. 104-108

Schneider, Susanne Rechtliche Aspekte der Präimplantations- und Präfertilisationsdiagnostik Dissertation, Frankfurt am Main et alii 2002

Schneider, Susanne Auf dem Weg zur gezielten Selektion – Strafrechtliche Aspekte der Präimplantationsdiagnostik in: MedR 2000, 360-364

Schnorbus, York Schmerzensgeld wegen schuldhafter Vernichtung von Sperma – BGH, NJW 1994, 127 in: JuS 1994, S. 830-836

Schroth, Ulrich Die gesetzliche Regelung der PID – De lege lata und de lege feranda in: ZStW 2013, S. 627-646

Schroth, Ulrich Stammzellenforschung und Präimplantationsdiagnostik aus juristischer und ethischer Sicht S. 530-568 in: *Roxin, Claus (Hrsg.)* Handbuch des Medizinstrafrechts, 4. Auflage, Stuttgart 2010 (zitiert: *Schroth* in: Handbuch des Medizinstrafrechts)

Schroth, Ulrich Die Präimplantationsdiagnostik im Lichte des Strafrechts in: NStZ 2009, S. 233-238

Schroth, Ulrich Forschung mit embryonalen Stammzellen und Präimplantationsdiagnostik im Lichte des Rechts in: JZ 2002, S. 170-179

Schünemann, Hermann Schadensersatz für mißgebildete Kinder bei fehlerhafter Beratung Schwangerer? – Zugleich Anmerkung zum Urteil des OLG München vom 27.2.1981, JZ 1981, 586 in: JZ 1981, S. 574-577

Schulze, Reiner/ Dörner, Heinrich et alii Bürgerliches Gesetzbuch Handkommentar, 8. Auflage, Baden-Baden 2014 (zitiert: Hk-BGB/*Bearbeiter)*

Schumann, Eva Anmerkung zu BGH MedR 2010, 851 ff. in: MedR 2010, S. 848-851

Schwinger, Eberhard Präimplantationsdiagnostik Medizinische Indikation oder unzulässige Selektion?, Bonn 2003

Seifert, B. / Paulmann, B. / Seifert, D. et alii Studie zur klinischen Etablierung der Präimplantationsdiagnostik in: Journal für Reproduktionsmedizin und Endokrinologie 2014, S. 12-17

Selb, Walter Schädigung des Menschen vor Geburt – ein Problem der Rechtsfähigkeit? in: AcP 166 (1966), S. 76-128

Selb, Walter Eltern wider Willen – Geburtenplanung und Schadensersatzrecht in JZ: 1971, S. 201-208

Sigel, Walter Zivilrechtliche Haftung bei fehlgeschlagener Sterilisation, Dissertation, Tübingen 1978

Soergel, Hans Theodor (Begr.) Bürgerliches Gesetzbuch mit Einführungsgesetz und Nebengesetzen (zitiert: Soergel/*Bearbeiter)*

Band 2 - Allgemeiner Teil 2, §§ 104-240 BGB, 13. Auflage, Stuttgart 1999

Band 5/2 - Schuldrecht §§ 823-853 BGB, ProdHaftG, UmweltHG, 12. Auflage, Stuttgart 1999

Band 12- Schuldrecht 10, §§ 823-853 BGB, ProdHaftG, UmweltHG, 13. Auflage, Stuttgart 2005

Spickhoff, Andreas (Hrsg.) Medizinrecht, 2. Auflage, München 2014 (zitiert: Spickhoff/*Bearbeiter* Medizinrecht)

Spickhoff, Andreas Patientenrechte und Patientenpflichten – Die medizinische Behandlung als kodifizierter Vertragstypus in: VersR 2013, S. 267-282

Spickhoff, Andreas / Petershagen, Jörg Der praktische Fall – Bürgerliches Recht: Kindesunterhalt als Schaden in: JuS 2001, S. 670-673

Stathopoulos, Michael Schadensersatz und Persönlichkeitsschutz des behinderten Kindes S. 1213-1230 in: *Heldrich, Andreas (Hrsg.), Prölss, Jürgen (Hrsg.), Koller, Ingo (Hrsg.) et alii* Festschrift für Claus-Wilhelm Canaris zum 70. Geburtstag Band I, München 2007 (zitiert: *Stathopoulos* in: FS Canaris)

Staudinger, Julius von (Begr.) Eckpfeiler des Zivilrechts, Neubearbeitung, Berlin 2014 (zitiert: Staudinger/*Bearbeiter* Eckpfeiler des Zivilrechts)

Staudinger, Julius von (Begr.) J. von Staudingers Kommentar zum Bürgerlichen Gesetzbuch mit Einführungsgesetzen und Nebengesetzen, (zitiert: Staudinger/*Bearbeiter)*

Buch 1 – Allgemeiner Teil – Einleitung zum Bürgerlichen Gesetzbuch, §§ 1-14 BGB, Verschollenheitsgesetz, Neubearbeitung, Berlin 2013

Buch 1 – Allgemeiner Teil – §§ 134-138, ProstG, Neubearbeitung, Berlin 2011

Buch 2 – Schuldrecht – Einleitung zum Schuldrecht; §§ 241-243, Neubearbeitung, Berlin 2015

Buch 2 – Schuldrecht - §§ 249-254, Neubearbeitung, Berlin 2005

Buch 2 – Schuldrecht - §§ 255-304, Neubearbeitung, Berlin 2014

Buch 2 – Schuldrecht - §§ 328-345, Neubearbeitung, Berlin 2009

Buch 2 – Schuldrecht - §§ 823 E-I, 824, 825, Neubearbeitung, Berlin 2009

Buch 4 – Familienrecht §§ 1896-1921 BGB, Neubearbeitung, Berlin 2013

Steck, Thomas (Hrsg.) Praxis der Fortpflanzungsmedizin – Manual für Praxis, Labor und Klinik, Stuttgart, New York 2001

Steffen, Erich Formen der Arzthaftung in interdisziplinär tätigen Gesundheitseinrichtungen in: MedR 2006, S. 75-80

Steffen, Erich / Pauge, Burkhard Arzthaftungsrecht – Neue Entwicklungslinien der BGH-Rechtsprechung, 12. Auflage, Köln 2013

Steinke, Verena / Rahner, Nils / Middel, Annette / Schräer, Angela Präimplantationsdiagnostik – Medizinisch-naturwissenschaftliche, rechtliche und ethische Aspekte, Freiburg, München 2009 (zitiert: *Steinke/Rahner* Präimplantationsdiagnostik)

Stürner, Rolf (Hrsg.) Jauernig Bürgerliches Gesetzbuch mit Allgemeinem Gleichbehandlungsgesetz (Auszug), 15. Auflage, München 2014 (zitiert: Jauernig/*Bearbeiter*)

Stürner, Rolf Das Bundesverfassungsgericht und das frühe menschliche Leben - Schadensdogmatik als Ausformung humaner Rechtskultur? in: JZ 1998, S. 317-330

Strech, Daniel Analyse und Kritik der medizinisch-ethischen Diskussion zur Präimplantationsdiagnostik, Dissertation, Düsseldorf 2003

Tamm, Marina Der Haftungsumfang bei ärztlichem Fehlverhalten und Rechtsdurchsetzungsfragen im Arzthaftungsrecht in: Jura 2009, S. 81-91

Tamm, Marina Der Haftungsgrund für ärztliches Fehlverhalten im Lichte der Schulrechtsmodernisierung und der neuen Rechtsprechung in: Jura 2008, S. 881-890

Taupitz, Jochen Anmerkung zu BGHZ 124, 52 in: JR 1995, S. 22-25

Taupitz, Jochen Das Berufsrisiko des Arztes: Entwicklung, Steuerung und Risikominimierung in: MedR 1995, S. 475-482

Taupitz, Jochen Der deliktsrechtliche Schutz des menschlichen Körpers und seiner Teile in: NJW 1995, S. 745-752

Taupitz, Jochen / Jones, Emily Das Alles oder Nichts-Prinzip im Arzthaftungsrecht - Quotenhaftung S. 67-83 in: *Arbeitsgemeinschaft Rechtsanwälte im Medizinrecht e.V. (Hrsg.)* »Waffen-Gleichheit« Das Recht in der Arzthaftung, Berlin, Heidelberg 2002

Terbille, Michael (Hrsg.) Münchener Anwaltshandbuch Medizinrecht, 2. Auflage München 2013 (zitiert: Anwaltshandbuch Medizinrecht/*Bearbeiter*)

Terbille, Michael (Begr.) / Höra, Knut (Hrsg.) Münchener Anwaltshandbuch Versicherungsrecht, 3. Auflage, München 2013 (zitiert: Terbille/Höra/*Bearbeiter* Anwaltshandbuch Versicherungsrecht)

Thüsing, Gregor Wertende Schadensberechnung, Habilitation, München 2001

Thurn, Peter Das Patientenrechtegesetz – Sicht der Rechtsprechung in: MedR 2013, S. 153-157

Tinneberg, Hans Rudolf / Michelmann, Hans Wilhelm / Naether, Olaf G. J. Lexikon der Reproduktionsmedizin, Stuttgart 2007 (zitiert: *Tinneberg/Michelmann/Naether* »Stichwort«)

Tolmein, Oliver Präimplantationsdiagnose – Neues Gesetz schafft Wertungswidersprüche in GuP 2011, S. 161-166

Uhlenbruck, Wilhelm Formulargesteuerter Medizinbetrieb – haftungsrechtliche Prävention oder Haftungsfalle S. 1123-1141 in: *Kern, Bernd-Rüdiger (Hrsg.) / Walde, Elmar (Hrsg.) / Schroeder, Klaus-Peter (Hrsg.) / Katzenmeier, Christian (Hrsg.)* HUMANIORA Medizin – Recht – Geschichte – Festschrift für Adolf Laufs zum 70. Geburtstag, Berlin et alii 2006 (zitiert: Uhlenbruck in FS Laufs)

Universitäres Interdisziplinäres Kinderwunschzentrum Düsseldorf abrufbar unter http://www.uniklinik-duesseldorf.de/fileadmin/Datenpool/einrichtungen/unikid_id459/dateien/Kinderwunsch-Broschuere.pdf zuletzt besucht am 21.08.2012

Vieweg, Klaus Embryonenschutzgesetz und Vertragsrecht S. 981-995 in: *Küper, Wilfried (Hrsg.) / Welp, Jürgen (Hrsg.)* Festschrift für Walter Stree und Johannes Wessels zum 70. Geburtstag, Heidelberg 1993 (zitiert: *Vieweg* in: FS Stree/Wessels)

Vogel, Martin Pathologie der Plazenta: Frühschwangerschaft und Abort S. 519-539 in: *Dietel, Manfred (Hrsg.) / Klöppel, Günter (Hrsg.)* Pathologie – Mamma, Weibliches Genitale, Schwangerschaft und Kindererkrankungen, 3. Auflage, Berlin, Heidelberg 2013 (zitiert: *Vogel* Pathologie)

Vollmer, Silke Genomanalyse und Gentherapie – Die verfassungsrechtliche Zulässigkeit der Verwendung und Erforschung gentherapeutischer Verfahren am noch nicht erzeugten und ungeborenen menschlichen Leben, Dissertation, Konstanz 1989

Von Wietersheim, Eva Marie Strafbarkeit der Präimplantationsdiagnostik – PID de lege lata und de lege feranda, Dissertation, Baden-Baden 2014

Voß, Andreas Die Durchkreuzung des manifestierten Familienplanes als deliktische Integritätsverletzung in: VersR 1999, S. 545-551

Voß, Andreas Vernichtung tiefgefrorenen Spermas als Körperverletzung? – Deliktsrechtliche Probleme ausgelagerter Körpersubstanzen des Menschen, Dissertation, Lage 1997

Waibl, Katharina Kindesunterhalt als Schaden – Fehlgeschlagene Familienplanung und heterologe Insemination – zugleich ein Beitrag zum Arzthaftungsrecht, München 1986

Waibl, Katharina Kindesunterhalt als Schaden (»wrongful birth«) – Vertragliche Ansprüche der Eltern im Falle fehlgeschlagener Familienplanung in: NJW 1987, S. 1513-1521

Wank, Rolf Die Auslegung von Gesetzen, 5. Auflage, München 2011

Weimar, Wilhelm Anmerkung zum Urteil des OLG Celle vom 15.12.1954 in: VersR 1955, S. 409-409

Wenzel, Frank (Hrsg.) Handbuch des Fachanwalts Medizinrecht, 3. Auflage, Köln 2013 (zitiert: Wenzel/*Bearbeiter* Medizinrecht)

Weschka, Marion Präimplantationsdiagnositk, Stammzellforschung und therapeutisches Klonen: Status und Schuz des menschlichen Embryos vor den Herausforderungen der modernen Biomedizin, Dissertation, Berlin 2010 (zitiert: *Weschka* Präimplantationsdiagnostik, Stammzellforschung und therapeutisches Klonen)

Winter, Thomas Leben als Schaden? Vom Ende eines französischen Sonderwegs in: JZ 2002, S. 330-336

Wussow, Robert-Joachim Umfang und Grenzen der ärztlichen Aufklärungspflicht in: VersR 2002, S. 1337-1345

Yoon, Sung-Ku Der Unterhalt für ein Kind als Schaden – Eine rechtsvergleichende Darstellung zur deutschen und südkoreanischen Rechtslage hinsichtlich der Arzthaftung für neugeborenes Leben, Dissertation, Frankfurt am Main 2012

Zippelius, Reinhold Juristische Methodenlehre, 11. Auflage, München 2012

Zippelius, Reinhold Verfassungskonforme Auslegung von Gesetzen, S. 108-124 in: *Starck, Christian (Hrsg.)* Bundesverfassungsgericht und Grundgesetz, Festgabe aus Anlaß des 25jährigen Bestehens des Bundesverfassungsgerichts, Band 2, Tübingen 1976 (zitiert: *Zippelius* in: BVerfG und GG)